风华正茂的岁月

在莫斯科李哈乔夫汽车厂实习的日子

中国第一汽车集团公司◎编

人民出版社

第一汽車製造廠奠基紀念

毛澤東

毛泽东主席题词"第一汽车制造厂奠基纪念"。

1958 年 2 月 13 日，一汽厂长饶斌（左一）、党委书记赵明新（右二）、第一副厂长兼总工程师郭力（右一）陪同毛泽东主席视察一汽。

上图：1958 年 5 月 21 日，毛泽东（右二）在中南海怀仁堂草坪上，观看我国第一辆东风牌小轿车。
下图：1958 年 5 月 22 日，刘少奇（右三）在中南海怀仁堂草坪上，由厂长饶斌（右二）陪同观看东
风牌小轿车。

1962 年 6 月 16 日，
周恩来到一汽视察。

1958 年 9 月 19 日，
邓小平等到一汽视察。

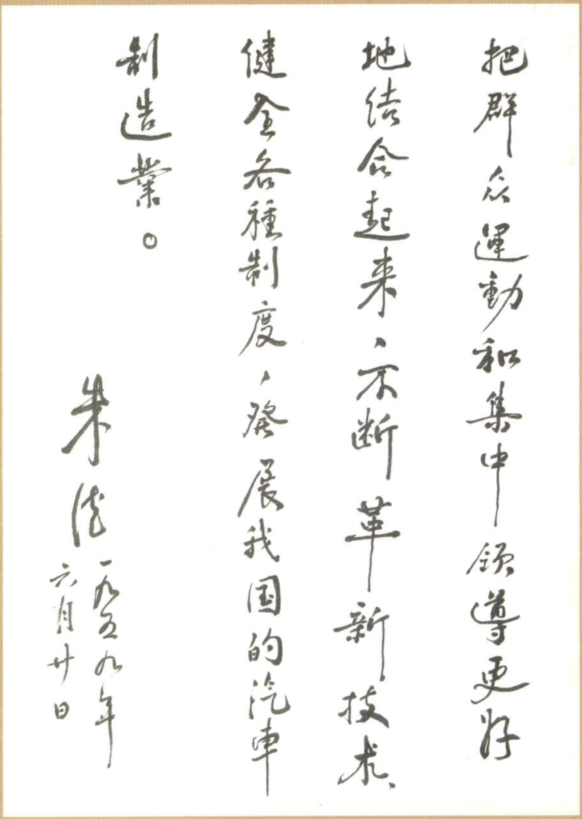

把群众运动和集中领导更好
地结合起来，不断革新技术，
健全各种制度，发展我国的汽车
制造业。

朱德 一九五九年
六月廿日

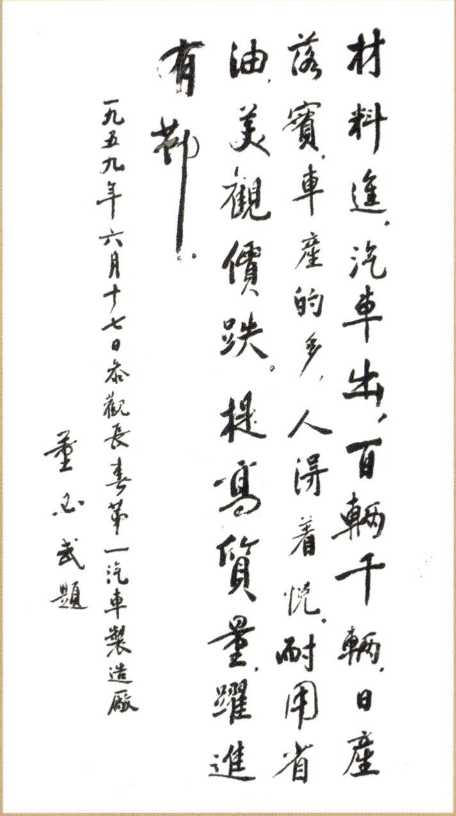

材料进，汽车出，百辆千辆日产
落实，车产的多，人浮着悦，耐用省
油，美观价跌，提高质量跃进
有期

一九五九年六月十七日参观长春第一汽车制造厂

董必武题

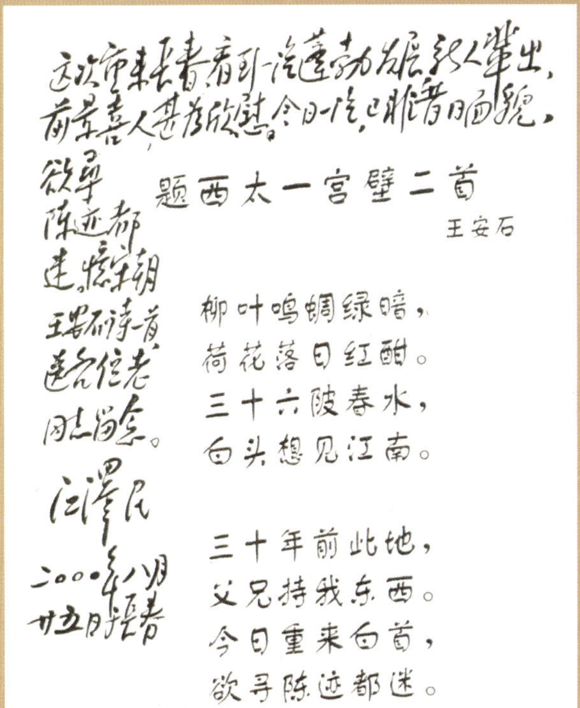

这次来长春看到汽车制造厂新人辈出，
前车喜人甚为欣慰，今日信口吟昔日面貌，
欲寻陈迹都迷。北宋朝王安石诗一首，送名闻寰宇。

江泽民
二〇〇〇年八月
廿五日于长春

题西太一宫壁二首

王安石

柳叶鸣蜩绿暗，
荷花落日红酣。
三十六陂春水，
白头想见江南。

三十年前此地，
父兄持我东西。
今日重来白首，
欲寻陈迹都迷。

左上图：1959 年 6 月 20 日，朱德为
一汽题词。

右上图：1959 年 6 月 17 日，董必武为
一汽题词。

下图：江泽民曾在一汽工作过八年，
参加了赴苏联实习。2000 年他第三
次视察一汽时，借用王安石的诗并
作批注，表达了他对一汽的关爱和
鼓励。

历史影像中的一汽建设

扫描二维码观看影像视频

 1958 年，长春电影制片厂摄制的纪录片《乘东风 展红旗》。

 中央新闻纪录电影制片厂摄制的纪录片《第一辆汽车》。

 1997 年，由一汽集团电视台录制的纪录片《中国人的红旗》。

序 言

——创造历史奇迹的人们

李 刚

中国建设自己的汽车工业，首要的大事是培训人才。因此，从1953年初到1956年前后四年时间，第一汽车制造厂（以下简称"一汽"）向苏联斯大林汽车厂*派出9批共519名实习生。这项重大的学习举措，对一汽顺利建厂、一汽的发展乃至全国汽车工业的发展都产生了深远的影响。本书就是这些实习生中的一百多位同志回忆那些难忘岁月的文集。

我应约为本书作序，主要是因为我曾是一汽派员赴苏实习这件事的参与者，可借此机会追述一下当时的一些有关情况。

在1950年中苏友好同盟互助条约签订后，双方政府对建立中国的汽车工业十分重视——在第一批苏联援建的45个项目中（包括军工），一汽项目的规模仅次于鞍钢。关于派遣实习生问题，双方政府在1951年就开始协商，1952年7月中方正式提出，当年9月15日双方达成派遣250名实习生的协议。执行协议的任务落在孟少农同志肩上。他那时任重工业部汽车工业筹备组副主任兼中国驻苏大使馆商务参赞处一汽项目"总订货人代表"。我、陈祖涛、潘承烈、窦英伟等人，在莫斯科协助他工作。我们对组织和派遣实习生事都非常积极。在孟少农同志倡议

---

* 斯大林汽车厂，俄文简称"吉斯厂"，1956年6月更名为李哈乔夫汽车厂，俄文简称"吉尔厂"。在回忆文章中，大家对实习单位有斯大林汽车厂、李哈乔夫汽车厂、吉斯厂、吉尔厂等不同提法，本书不再统一。

下，我们编出实习生的专业设置，提出实习生名额，反复与国内和苏方进行请示和磋商。我们当时认为，一汽要三年建成，时间紧迫，要实习的岗位太多，原定 250 人的名额肯定不够。于是在 1953 年初，向苏联外交部对外经济司司长古谢夫提出追加到 450 名和 630 名的要求，并说当年就可派去 160 名。他态度十分积极，口头表示支持并同意以后再补办增加名额的手续。吉斯厂对接待中国实习生一事也非常重视，上至厂长弗拉索夫，下至专管一汽项目的厂副总工程师博依科、一汽设计室主任茨维特科夫和有关车间的技术科长，都作了精心的接待准备，为我们挑选最优秀的实习导师。苏方派到一汽的总专家希格乔夫上任临行前，在莫斯科详细地向我了解中国工程技术人员的水平，他说："你们一定要派优秀的中国专家来实习，让他们把技术带回去，和我们苏联专家一起工作，只靠我们，人手是不够的。"

1953 年上半年过去了，我们派去的只有陈善述等由参加设计转为实习的 8 名同志。7 月份，孟少农回国前遭到了茨维特科夫的批评："你们让大好的时光白白流去，不派人来，将来你们要发生多少困难！毁坏多少设备！那时哭也没有用了。我要向毛主席告你们的官僚主义！"这生动地表现了他们对培养我国实习生的迫切心情。1953 年 7 月 15 日，当一汽开始破土动工的消息传到莫斯科后，古谢夫坐不住了，他紧急召见了我，对我说："实习生续签合同的事以后再说，有多少人先来多少人，赶紧办护照，来前半个月通知我们，给他们准备好住的地方就可以了。你们要赶紧派人来学，才能在开工之前赶回厂去工作，不然就晚了。"那时，我们处于一方面要求苏方大量接纳实习生，另一方面又派不出人的尴尬局面。因为国内政审手续烦琐。于是我立即向商务参赞李强和张闻天大使作了汇报，并用长途电话转告国内的孟少农、饶斌和郭力同志。后来在他们向国内有关部门呼吁和奔走下，直到 11 月才迎来了李子政带队的第一批 39 名实习生。我向李子政同志介绍了苏方情况。1954 年 1 月郭力副厂长来了，因他是实习团的总负责人，我和陈祖涛向他做了全面汇报，陪他拜会了吉斯厂的领导，又到外地高尔基等厂去参观。此后实习工作在郭力同志领导下走上了正常轨道。不久潘承烈和窦英伟都转去实习团，我在商参处留守，在工作之余也定期到该厂发动机车间技术科做编外实习生，直到 1954 年底回国。

一汽这次大批量到国外实习的特点，一是成套性强。关键岗位配套——实习生中有厂长、处长、车间主任、工长、调整工，由工厂领导层到基层，关键岗位齐全；部门配套——涵盖全厂前方生产、辅助生产和后方管理等 36 个部门；专业配套——包括汽车产品设计、工艺制造、计划管理、财务管理、质量管理、辅助生产技术等几十种专业；人力资源配套——实习生的来源大致包括：厂内 204 名，领导部门 46 名，行业外 40 名，统配大、中专应届毕业生 200 多名，他们出身于革命干部、工人和知识分子，年龄大多二十几岁，少数大于 30 岁。二是对口性强。实习生和导师的岗位、专业完全对口，便于言传身教。三是因人、因岗位施教，理论和实践结合，上课和实际操作相结合，缺什么补什么。实习时间因岗位特点而异，由 8 个月至一年半不等。有的人甚至补习了中学的数、理文化课。于是此后有的领导干部成了优秀的工厂管理者，有些老工人成了优秀的技师和专家，有的知识分子补足了动手操作的一课，做到了文武双全。

实习导师的热情传授和实习生的刻苦努力，是实习取得成效的关键，也是本书的中心内容。回忆录中以他们的亲身体会，描述了很多生动感人的故事。讲述了实习导师的"真诚、热情、无私的帮助"。回忆了他（她）们如何走上了"淡泊名利""为祖国而学习""源于学习和实习的锻炼"的人生道路。说明此次实习影响了他们终生的事业。我想读者也会从中受到感染。

一汽 1953 年破土兴建，1956 年开工生产，仅用了三年时间，其规模和水平在当时算是亚洲第一，缩短了与世界汽车生产差距六七十年，打下了我国本土汽车制造业的基础。建厂后全厂立即开展工艺和生产管理，两年达到单班满负荷的设计生产能力。投产不久，立即开展财务和经济核算管理，开工当年即盈利，两年上缴利润1.6亿元，相当于总投资6亿元的27%，1963年累计上缴利润总计已超过6亿元，回收全部建厂投资。建厂后迅速开展了产品开发工作，三年内开发试制了变型车和"东风""红旗"轿车在内的14种新产品，其中"红旗"轿车以其优越的性能（V型8缸发动机、液压自动变速箱、空调等先进技术）、舒适端庄的车身和造型，被选用为政府礼宾车，迎送外国首脑及国家领导人。建厂后还迅速开展了产品质量管理、对外采购和售后服务工作。产品制造精度达到原产品设计水平，并以其坚固、耐用，热销全国，受到用户热烈欢迎，同时组织出口到保加利亚、越南和蒙古等国。

在20世纪50年代，一汽作为一个现代化的大型载重汽车制造厂，其建厂速度之快，质量之高在我国工业史上是一大奇迹。即便按今天世界的标准来衡量，也算是很成功的。成功的因素很多，但这批留苏实习生功不可没，在一汽各个生产建设的岗位上都有他们的贡献。此后，这批实习生中的三百多人陆续调离一汽，支援了中国汽车和军工等行业，发挥了重要的作用。

50年代一汽的奇迹是在特定的条件下产生的，现在已经成为历史。这519名实习生中已有许多同志离开了人世。他们当年奋发学习和献身汽车工业和国家社会主义建设的精神，值得人们永远怀念和发扬光大。

当前我们的国家已经走上了太平盛世之路。随着人们生活水平的不断提高，社会逐渐实现"摩托化"已是一个不争的事实。我国本土汽车工业虽然也发生了翻天覆地的变化，但从长远上看，尤其是我国加入了WTO后，遇到了强烈的竞争和挑战。我们怎么办？半个多世纪前发生在一汽的事情可能会给我们提供一些有益的历史经验。这也许是这本回忆录可能给我们的启发和教育。

谢谢韩玉麟和冯云翔同志为出版这本回忆录所作的组织工作。谨以此为序。

2002 年 1 月

（李刚，1926 年生，1948 年清华大学毕业，1952 年赴苏，1954年底回国。曾任一汽厂长、中国汽车工业公司总经理，曾被选为中共十二届中央候补委员，第七、第八届全国政协常委。）

目 录

友谊记忆　地久天长

——在苏联汽车厂实习人员的岁月

李岚清

　　新中国成立后，经过三年的经济恢复期，国家制订了国民经济和社会发展第一个五年计划，并迅速开展大规模经济建设。当时面临的重大问题之一，就是需要大量经济建设人才。当时人才的主要来源，一是从解放区和战场下来的干部，这是主力；二是国民党时期留下的各类人员，其中有不少学者、专家和技术业务人员；三是从欧美回国的留学人员，主要是高端科技专家，人数很少；四是由解放区送到苏联学习的干部和烈士子弟；五是新中国自己培养的大学生、中专生和军政大学培养的青年知识分子。然而所有这些，都远远不能满足需要，特别是对高端人才的需要。为此，中央决定选派大批青年到苏联和东欧国家学习，其中有的去上大学，有的派到工厂去实习。据了解，仅在 20 世纪 50 年代的短短七八年间，我国派到苏联学习和实习的就有一万多人，这是新中国历史上第一波留学潮，对新中国的建设和发展发挥了重要作用。仅第一汽车制造厂派到苏联汽车厂实习的就有 519 人。这批实习人员中，大多数同志毕生为我国汽车工业的建立和发展作出了重大的贡献，尽管有些同志后来因工作需要从事其他工作，但他们始终怀有"汽车人"的深厚情结，关怀和支持我国汽车工业的发展。

　　20 世纪 50 年代曾是中苏关系史的重要阶段，也是中苏两国人民友谊的黄金时代。然而到 50 年代末，中苏关系迅速恶化，到 80 年代中后期虽然中苏关系逐步缓和，但又遇到苏联解体等历史变故，很少

本文作者李岚清在莫斯科的汽车厂中国实习人员宿舍前留影。

有人回顾那段中苏友好的具体史实。等到中俄关系完全恢复，当年曾亲历那段友好历史的留苏人员大都年事已高，在这方面留下的翔实史料并不多。因此，人民出版社出版的这本书，在某种意义上来说，为中苏关系史特别是中苏两国人民的友谊增补了一些具体史料，弥足珍贵。

我也是当年赴苏实习的一员，最后一批实习人员的党总支书记（后因实习人员陆续回国改为支部）兼领队，也是我国驻苏使馆商务参赞处实习生党委委员，对那一段具体史实了解比较全面，根据记忆做如下一些梳理和补充。

一

在我国第一个五年计划期间，中苏签订了由苏联帮助我国建设 156

项重大工业项目的协议，其中两个最大的项目是鞍山钢铁公司和一汽。鞍钢是老厂改造和扩建项目，一汽是平地新建的项目。由于我国当时一穷二白，就连能批量生产汽车零部件的工厂都没有。因此一汽是计划新建的具备汽车生产全过程的大型企业。许多年后，有人批评一汽是"大而全"，不符合产业专业化分工的原则，这主要是他们不了解当时我国根本不存在专业化产业链的条件和背景。苏联援建方式是苏方负责工厂全部设计和供应成套设备，派专家来厂指导设备安装、调试、投产，并进行人员培训，其中包括选派人员到苏联汽车厂实习。工厂的土木建筑施工以我方为主，建厂的投资为六亿五千万元人民币，由我方承担。

1952年年初，为进行建厂的前期工作，由重工业部汽车工业筹备组派驻莫斯科的"五人小组"与苏方筹划联系。"五人小组"的领导是孟少农同志，其他成员有：李刚、陈祖涛、潘承烈、窦英伟。这五位同志在苏联的身份是"A3-1"（汽车厂-1号）项目的代表，"A3-1"就是俄文"第一汽车厂"的缩写，他们回国后又都调到一汽工作，因此可以说他们是一汽最早的职工。他们既是向苏联派出实习人员协议的签约者，其实也是与苏联汽车厂接触最早的"实习人员"，我们常戏称他们是比一汽第一批还早的"第零批"赴苏实习人员。

这几位同志是创建我国汽车工业的最早参与者，并为我国汽车工业的建设和发展作出了重要贡献。特别是孟少农同志，抗战前考入清华大学，后随校西迁至西南联大，毕业后被派往美国麻省理工学院深造，获硕士学位并在福特汽车等公司工作。抗战胜利后，他先是回清华大学筹建汽车工程系，不久赴解放区工作。新中国成立后，调重工业部筹划创建我国的汽车工业，并作为一汽项目中方总代表与苏方筹划建厂前期工作。孟少农同志从苏联回国后曾任一汽副厂长兼副总工程师、二汽总工程师等领导工作，是中科院学部委员（即现在的院士）、汽车界公认和敬仰的科技泰斗。李刚同志早年毕业于清华大学，新中国成立后调重工业部参加筹建汽车厂并任驻苏的中方代表。从苏联回国后，调一汽工

1953 年 7 月，在长春隆重举行第一汽车厂的开工建设奠基典礼，毛泽东主席亲自为第一汽车厂正式命名并为基石题字。在奠基典礼上从全体建设者中选拔五名青年共产党员参加奠基仪式（左二为本文作者李岚清）。

作，先是担任技术工作，后曾任厂长、中国汽车工业公司总经理、董事长等领导工作。陈祖涛同志 1939 年由延安送到苏联，少年时代就在苏联学习成长。他在著名的鲍曼高级技术学院学习时，就曾到苏联汽车厂实习过。1951 年他大学毕业回国后，由周恩来总理派去苏联参与一汽的先期筹划工作，回国后在一汽技术部门任领导工作，曾任二汽总工程师、中国汽车工业公司总工程师、总经理，离休前为国家科委专职委员。潘承烈同志早年毕业于清华大学，从苏联回国后在一汽工作，后调至中科院等单位从事研究工作，为我国著名企业管理学者。窦英伟同志早年毕业于中国人民大学，俄语翻译专家。他们都为筹建和建设我国汽车工业做了许多工作和重要贡献。

1952 年我从复旦大学毕业，与上海各大学的一千多名同学一起响应党的号召，离开江南故土奔赴祖国千里冰封的东北参加即将开始的大规模经济建设。现在回想起来，人生也难得有这样的机遇，当时那种满怀激情的情景至今记忆犹新。当我们离开上海时，上海市政府在火车站为我们举行了欢送大会。我们经过两天两夜的旅程到达沈阳时，东北人民政府为我们举行了欢迎大会，高崇民副主席发表了诚挚热情的欢迎讲话，还请我们观看了鲁迅艺术学院演出的苏联话剧《莫斯科的黎明》。我们到东北工业部报到后，我被分配到长春，介绍信上写的是去"毛泽东汽车拖拉机坦克制造厂"，当我到中共长春市委报到时，我被告知中央已决定这三个厂分别建设，让我到保密代号为"652 厂"（一汽当时的保密代号）筹备处去报到，参加建厂筹备工作。当时中央从各地选调来大批领导干部、军队转业干部、大学生和技术工人。除个别从国外留学归来的专家和少数学过机械的老大学生外，几乎没有人懂汽车制造。从筹建工作一开始，在厂长饶斌、郭力等同志领导下，全厂掀起学文化和学技术热潮，许多从战场下来和地方转业的干部，他们白天工作边干边学，晚上进夜校学习，渴望尽快摘掉缺文化和不懂技术的"白帽子"。经过刻苦努力，他们后来都成为汽车专家。与此同时，按照中苏两国的协议，我方选派人员去苏联汽车厂实习，包括工厂领导、处室和车间领导、分配来的部分大学生和关键岗位的工长等，主要是在

一汽副厂长兼副总工程师孟少农工作照片。

莫斯科斯大林汽车制造厂（后改名为李哈乔夫汽车制造厂），也有少数人在莫洛托夫汽车制造厂（后改名为高尔基汽车制造厂）。由于工厂建设规划是三年建成，计划 1956 年投产，因此苏方对派人赴苏实习非常重视，经常催促尽快派出，否则会影响工厂建成后的正常投产。当时我们遇到的最大困难是语言问题，俄语培训至少需要一年左右的时间，很难大批派出。为此，1953 年先选派了陈善述、李松龄、汪声鎏、丁敏华、李传祚、刘经传、忻元达、高忠华 8 位毕业于清华大学等高校并有外语基础的同志赴苏实习。这就是一汽第一批派到苏联实习的人员。从 1954 年开始，选拔的许多同志已经过一年的强化俄语培训，开始由郭力厂长率领分批赴苏实习。根据一汽提供的资料，从 1953 年开始至 1957 年，先后共派出 518 人，而我在名单中未找到我们党支部委员章松林同志，应当是 519 人，是当时我国赴苏实习的最大群体之一。这里要说明一下，也有同志说一汽派出实习人员是从 1951 年开始的，这种说法也有一定道理。我国向苏联派出实习人员首先是从 1951 年开始的，第一批是 20 人，其中有一位是黄一然同志。新中国成立后，经过短短的三年经济恢复期，国家制订了第一个五年计划，开展了大规模经济建设，在 156 项工程中，第一汽车制造厂是其中最重要的项目之一。

1952 年《东北日报》报道，东北人民政府举行大会欢迎参加东北经济建设的高等学校毕业生抵达沈阳。本文作者李岚清代表来自上海的 1200 名同学致答词。

黄一然同志与饶斌、郭力、孟少农等同志是同期最早的领导人，是我国汽车工业的奠基者，也是颇受我国汽车人景仰的革命前辈。关于饶斌、郭力、孟少农同志的事迹都有过介绍和报道，我想把一汽第一位赴苏实习人员黄一然同志介绍一下。

黄一然同志1908年生，1933年5月加入中国共产党，在当时复杂的斗争中，一度与组织失去联系，但他一直在积极找党并继续从事革命工作。抗日战争时期，他在上海等地参加文化界救亡协会，任救护慰劳委员会主任委员，后赴山西抗日前线工作。1941年春到延安，恢复了党的关系，任中共中央财经部秘书主任等职。抗战胜利后，党中央从延安选调部分干部北上，派他到鞍山钢铁公司任制铁部主任和基建处处长。1951年选派他赴苏联实习，当他知道苏联将帮助我们建汽车厂，便向张闻天大使提出想学汽车制造的意愿，经张大使与有关部门商议后同意派他去斯大林汽车厂实习。1954年回国后任长春第一汽车制造厂副厂长。他出身外文排字工人，没有正式学历，自学成才，他和沈鸿同志（曾任第一机械工业部副部长，《毛泽东选集》中记有他的事迹）都是我们心目中自学成才的典范。黄一然同志不但很有学问，而且通晓英语、俄语。早在1936年，受鲁迅的鼓励，他和夫人赵洵就共同翻译了肖洛霍夫的名著《静静的顿河》，由上海光明书局1936年出版（原书现存上海图书馆）。黄一然同志还有译著《日本经济与经济制裁》，由汉口上海杂志公司1938年出版（原书现存国家图书馆）。

黄一然同志是一位学者型的领导，且待人亲切平易。一汽的工厂设计、工艺技术设计和组织设计是由苏联提供的。他对我们说，由于我们实行的是"党委领导下的厂长负责制"，他们实行的是"一长制"，我们既要学习他们管理工厂的理论和经验，也不能照搬照抄，我们要设计一套适合我国国情管理现代化大型企业的管理制度来。他还把我们几个人组织成一个小组进行分工和研究，亲自指导。我记得他殷切地对我们说过，饶斌厂长是一位有战略思想和组织能力很强的领导人，但他太忙，我们在这方面要多下点功夫，深入研究，当好他的助手。要搞一套科学的管理制度，不仅为了一汽，对其他大型工业企业也有用。当我去苏联实习前，他又强调上述意见，还叮嘱说，我们和留学生不一样，留学生没有实际工作经验，老师讲什么学什么。我们去实习，要带着问题学，

本文作者李岚清在苏联实习时参观莫斯科大学。

本文作者李岚清参观莫斯科汽车展。

2000 年，本文作者李岚清在莫斯科接受莫斯科大学荣誉教授职衔。

不仅学人家怎么做，还要考虑回来后怎么做，从理论和实践相结合的角度进行思考。他的这些话对我很有教益。我将在苏联实习和向专家学到的知识和经验，结合我国国情写成有关管理规章制度，用到一汽的有关工作实践中，出版了书籍，还应聘到东北人民大学去讲课。黄一然在我的心目中，不仅是领导，也是我们的老师。他1957年调离一汽后曾任哈尔滨工业大学副校长、我国驻苏联大使馆政务参赞、北京大学副校长，"文化大革命"期间遭受迫害，1979年病逝。

1952年我参加一汽筹建工作时，由于我在复旦曾选修过俄语，厂里让我参加翻译和编制工厂建设总体计划的工作。1956年组织上决定派我率领最后一批同志赴苏实习。其他派赴苏联实习的同志都要经过一年脱产俄语学习。当时我是饶斌厂长的秘书，工作特别忙，无法长期脱产学习俄语，所幸我的俄文文字阅读和翻译没有问题，只经过三个月俄语口语培训就出国了。

说到"实习生"这个名词，当时是与"留学生"对应而言的。留学生是指到苏联去上大学的学生，由驻苏使馆教育处管理。"实习生"主要是在国内已经大学毕业或担任不同级别的领导干部（也有部分岗位的老技工），到苏联汽车厂去实习的，由驻苏使馆商务参赞处管理。苏联朋友从来不用"实习生"称呼我们，而称我们为"青年专家"。有一次我到莫斯科大学参观，陪同我们参观的校领导知道我们的学历和工作背景后，好奇地问我为什么不到他们大学来进修副博士（硕士）学位？当我解释后，他们才有所理解。

二

苏联斯大林汽车厂原是1915年从意大利菲亚特汽车厂引进的卡车生产线，由于十月革命、内战等原因，长时间未能批量生产。1929年苏联实行第一个五年计划，将该厂列入重大技术改造和扩建项目。当时正逢美国经济"大萧条"，该厂从美国引进不少设备和技术。美方还派专家赴苏现场指导，苏方也派人到美国汽车厂实习，一汽的总专家希格乔夫就曾在美国实习过。1931年该厂已达年产2.5万辆卡车，1937年扩大到年产6万辆。就卡车厂而言，当时苏联的斯大林汽车厂，在世界上也算规模较大和技术比较先进的。我们最初生产的"解放牌"卡车，是按苏联提供的图纸和设备生产的，但我们的设备全是新的，再加上对生产工艺和质量要求十分严格，连苏联专家都说"解放牌"卡车的质量比他们厂"吉尔牌"卡车还好。

我们在苏联汽车厂实习的方式，主要是由苏方指定相应部门和车间的领导为主要导师，负责个别授课，同时也安排有关部门的专家授课并跟班工作，掌握关键业务和技术。白天上班，晚上复习整理学习笔记，思考将来回国后如何结合我国实际情况建立相应的制度和开展工作，这种既有理论又有实践的学习非常有效。我实习的部门是计划和劳动工资的两个处，主要是由处长、科长和主要车间的领导负责讲课，并与他们一起工作。那些苏联老大哥、老大姐严肃认真又友好亲切的形象，至今仍留在我的记忆中。我的主要实习指导老师是工厂的计划处长普洛崔洛夫、副处长华西列耶夫娜，以及劳动工资处长高里当斯基。他们都是五十多岁的长者，既有实践经验又有理论，指导我们实习很认真，对我们从无到有学会管理现代化工厂很有帮助。我回国后，高里当斯基又作为专家来华继续帮助我们工作。第一机械工业部请他到北京给司局长讲企业管理课，开始他有顾虑，认为自己不了解我国国情，担心他讲的对我国不完全适用，便要求我和他一起备课并给他当翻译。新中国原来没有现代化大企业，当时我们主要学苏联，但他们实行的是"一长制"，一切由厂长说了算，我们实行的是"党委领导下的厂长负责制"，因此也不能完全照搬。我们在苏联专家帮助下，结合我国国情探索实行了一套大型工厂的管理体制，特别是"厂内经济核算制"和严格的质量管理等制度，得到第一机械工业部的肯定和推广。1958年东北人民大学（现

援建一汽的专家组组长希格乔夫在现场指导工作。

1956 年一汽正式建成投产。

本文作者李岚清在苏联汽车厂实习时与苏联专家们一起研讨问题（载于苏联《汽车人报》1957 年 5 月 11 日）。

在的吉林大学）通过一汽领导请我和冯云翔、陈金荣同志去讲课。我们讲的企业管理学，对他们来说是全新的内容，而且又是理论和实践相结合的，很受师生欢迎。该校经济学院院长关梦觉先生坚持要给我们正式发聘书。虽然我们推辞说："来讲课是厂里的任务，不需要报酬，更不需要聘书和名分。"关先生说不收报酬可以，但聘书不可不发，否则名不正言不顺，他还是坚持聘请我们为该校经济研究所兼职研究员。回想我们这些当年的青年人能走上大学讲坛，与我们去苏联实习和苏联专家的帮助是分不开的。我一生中到高校等处讲过很多课，第一课是从东北人大开始的，从不接受报酬也是从那次开始的。这也是党对我们这一代人培养的应有的初心和使命。

三

我们在苏联实习时，遇到苏共历史上的重大事件，即苏共二十大，由于赫鲁晓夫作的内部秘密报告，透露出明显的反斯大林内容，在苏联国内不得人心，那时东欧有的国家也发生严重的政治动荡。他为争取我们党对他的支持，当时尚未公开暴露他反华的面目。由于中苏人民之间的深厚友谊和我国派出人员的优良表现，仍处于中苏友好的时代，对我们顺利完成实习任务并没有影响。当时苏联汽车厂的领导对我们实习很重视，安排教育处领导专门负责这项工作，对国内去考察的其他同志接待也很热情。有一天厂长克留诺夫打电话找我到他办公室，见到了一位国内来的领导同志，厂长向我介绍他是交通部长王首道同志，并介绍我是国内派来实习的青年专家，王首道同志亲切地和我握手，说一汽已建成投产了，生产的"解放牌"汽车很不错啊！他在国务院负责交通运输工作，借这次访问欧洲回国途经莫斯科，特地来汽车厂学习考察。他带的翻译不懂业务和技术，交流上比较困难，厂长向他介绍工厂情况时，就让我来翻译，并让我和他一起陪同参观。王首道同志看得很认真，也问得很详细。老一辈领导同志的那种求知好学的精神，给我留下了深刻印象。我们在苏实习期间，深感苏联人民的热情友好，不但在指导我们实习上认真负责，假日有时还邀请我们到他们家里做客，交流彼此的文化，这对加深相互了解和友谊很有帮助。

那时的苏联，战后的恢复工作已经完成，经济建设进行顺利，人民生活水平较高，衣、食、住、行方面不但有保障，当时的物价也比较稳定，公共交通很方便，地铁也是世界一流的，地铁站就好像是一座一座美丽的宫殿，不少人已拥有自己的小轿车。我们读过不少列宁的著作，也瞻仰过他的陵墓（当时还有斯大林遗体），然而给我印象最深的是，参观其故居时看到介绍列宁所说的"共产主义等于苏维埃政

本文作者李岚清（前排右四）和实习的同志们与苏联汽车厂同事共度假日。

权加全国电气化"那句话。当时苏联正在大规模建设各种发电站，包括非常有名的古比雪夫水电站，向全国电气化的目标大步迈进。当时我们还是个严重缺电的国家，相比之下，我们深感电力充足也是一种幸福。由于缺电，一汽必须建设自己的热电厂才能保证生产和职工生活，这是建厂最优先的项目。但承担该项目的苏方电力设计院，对此并不了解，开始误以为自备电厂只是备用的，况且他们当时正忙于国内大中型电力工程设计和建设，对这个项目顾不上。后经苏方一汽项目总负责人亲自交涉，他们才理解这个项目的紧迫性和重要性，并很快提供了设计图纸。"全国电气化"不但是人民幸福生活的需要，更是美好未来的象征。事实证明，文明发达的社会，其终端能源主要是电。当今的信息网络、物联网、智能家庭、智能社会等都离不开电，就连

参观列宁故居（后排右三为本文作者李岚清）。

汽车都已进入了电动时代。当年列宁这一高瞻远瞩的战略眼光，至今仍值得钦佩。我们在与俄罗斯人接触中，感到有许多值得我们学习的地方，感受较深的是他们的总体文化素质较高，特别是他们有爱读书的良好习惯，例如在公共汽车上可以看到大部分人都在看书，就好像我们现在看手机一样普遍。

在实习过程中，我们的所见所闻也并非一切都好，也看到一些消极现象。最突出的是感到工厂党委的作用严重弱化，其地位几乎与工会差不多，也看不出党员和非党员有什么明显区别，上班工作，下班回家，看不出有什么严肃的组织生活，与我们当时基层党团组织的作用以及严格的组织生活和组织纪律，形成鲜明对比。当然，还有不少俄罗斯男性过度嗜酒的问题，他们喝酒不是用小酒杯，而是用喝水的大玻璃杯，往往是一醉方休，有时能看到醉汉躺在街上，不时也能看到耍酒疯的。我们实习的女同志遇到这些人都学会提前防范躲避，幸好没有发生过什么事故。后来有人发现我从不喝酒，好奇地问我，不喝酒当年在苏联怎么应对那些喝酒的场合。一是我们是去学习的，喝酒的场合很少；二是俄罗斯的酒文化和我国不一样，他们主要是自己喝，对你喝不喝并不太在意。偶尔遇到联欢场合，俄罗斯朋友喝酒，我们喝水，互相干杯，也很热闹。我参加过两次红场的节日阅兵和群众游行，阅兵还是我们以前常在电影纪录片中看到的样子，雄赳赳、气昂昂，但一到群众游行，就乱了套，特别是男性就从大衣里的口袋中拿出整瓶酒狂喝乱唱乱叫，通过红场检阅台时，我还亲耳听见有些人高喊自己万岁。这也从一个侧面反映苏联人民在后斯大林时代对领导层的心态。当时苏联人民的基本生活虽然有保证，但品种比较单一，例如在食品方面，主食主要是面包、土豆、油炸馅饼、用机器包的饺子（用机器包饺子，我记得在一本《知识就是力量》杂志上看到过，这还是俄罗斯人的一大发明），牛奶也比较便宜。蔬菜主要是圆白菜、洋葱，肉类主要是牛肉和海鱼，水果很少且比较贵。我们主要在工厂餐厅用餐，只有早餐和节假日自己才做饭。早餐比较简单，一般是一个主食面包、一段香肠和一杯牛奶。蔬菜的种类较少，我们爱吃的主要是俄罗斯红菜汤。当时我国经济虽然比他们落后很多，但食品的花样品种还是比他们丰富得多。我曾问过苏联朋友，为什么蔬菜主要是圆白菜，回答是这种蔬菜适合大量生产，原来他们是用现代工业生产的理念来种菜。当时我就想，我们学苏联，可千万不能把原有的各种蔬菜都拔掉，就只大量生产圆白菜呀！可不能搞赫鲁晓夫所谓的"土豆烧牛肉的共产主义"！有一次我在给爱人写信中提到水果很少。她竟从长春给我邮寄了一盒橘子，我收到后很高兴，打开一看，全都长绿毛了！在日用工业品方面，除照相机、胶卷、电唱机、唱片等质量又好又便宜外，其他由于过度强调大规模生产，虽然价格便宜，但产品品种比较单调，多样化的日用小商品较少。

在此我想强调，当时苏联朋友对我们友好是主流，对我们帮助也是真诚的。有这样一个例子令人难忘。当时他们工厂有一台过去从国外进口的3500吨大压床，这是压制卡车大钢梁的关键设备，第二次世界大战以后西方国家已禁止向苏联出口，于是他们决定自己为我们制造。由于这台设备太高太大，现有的车间无法使用，他们竟然为此专门新建了一个车间，制造了两台，一台给我们，另一台他们自己用。为了运输这台设备，我们铁道部门还采取了一些特殊措施，才把这台庞然大物运到一汽。我记得孟少农同志后来对我们说过：不管怎么说，在我们一无所有的情况下，只用了三年时间，就帮助我们建成了一个年产3万辆的卡车厂，苏联朋友们尽力了。我想这是经过那一段历史的同志们的共同感受。

1956年11月彭真同志访苏时，为了解苏联的情况，使馆让我们去汇报，由于我们是生活在苏联基层老百姓当中的群体，所以在汇报我们的实习和生活的同时，也把我们所见所闻如实向使馆做了汇报。彭真同志对我们的学习生活很关心，还给我们作了形势报告，我印象特别深刻的是，他没有发言稿，在讲到国内形势时，列出一系列详尽的数据，他超凡的记忆力，令人十分钦佩。当我们知道国内经济建设进展顺利，大家很受教育和鼓舞，进一步激励我们更加努力学习，不负组织上对我们的重托。

四

1957年，当我们实习进入了第二个年头时，国内也发生了一件重大事件，即开展了反右派斗争。当这一消息通过信件传到了同志们当中，由于不了解究竟怎么一回事，大家思想上产生了波动。不久使馆通知我去开会，在实习生党委会上，张化东参赞向我们传达了国内反右派运动的形势后说，鉴于国外的特殊情况，中央决定在苏联只组织社会主义思想学习，不搞反右派运动。希望大家集中精力搞好学习，完成学习任务。会后我向同志们传达并组织学习，这样大家的思想都很快安定下来，专心投入工作和学习。当我们完成实习任务回国，反右运动已经进入尾声，也无人受到波及，同志们都把实习时学到的知识和经验，结合我国的实际情况投入创建我国汽车工业的事业中去。回忆当时我听到中央这个决定时，第一反应是从内心坚决拥护中央的决定。因为国内派来苏联实习的大都是共产党员，是爱党爱国的热血青年，我实在看不出我们的同志中有"右派"。同时我想，国家在那样困难的情况下，挤出钱来选派我们出国学习，如果在国外搞起政治运动，大家互相批斗起来，不但学习无法正常进行，弄不好跑了几个也极有可能。正是中央这一重大决定，整体保护了当年的留苏人员。1957年11月，毛主席在莫斯科大学向留苏学子发表了"世界是你们的，当然，我们还在，也是我们的，但归根结底是你们的。……你们朝气蓬勃，好像早晨八九点钟的太阳，希望寄托在你们身上"的著名讲话，表达了对留苏学子的高度信任和殷切希望。现在看来，中央这一决定的意义就更加深远重大，那一代的留苏青年也没有辜负党的期望。

五

在我们去苏联实习的同时，苏联还先后派出二百多位专家来华帮助我们建设一汽，为首的总专家先是希格乔夫，后为库兹涅佐夫（他回国后曾担任过苏中友协会长）。我国的汽车工业从无到有，只用了三年时间就建成了现代化汽车制造工厂，根本原因是在中国共产党领导下，迅速进行大规模经济建设的战略决策，以及那个年代举国上下努力学习、艰苦奋斗的结果，应当说与苏联的帮助也是分不开的。特别是苏联专家们的专业水平、敬业精神和友好态度，给我们留下深刻印象，有的专家

1954 年，苏联专家组组长希格乔夫在一汽现场示范推车。

还获得了我国劳动模范的称号，与江泽民同志在动力处和热电厂一起工作的苏联专家基列夫就是一例。20 世纪 60 年代以后，经历了中苏关系破裂的漫长岁月，然而 50 年代两国人民之间播下的友谊种子并未枯萎。1985 年，中苏关系尚未正式恢复之前，对外友协派我率领民间友好代表团访苏。尽管相距我回国近三十年，然而两国人民之间的友谊犹存。那次我还特别在使馆邀请了在一汽工作过的总专家希格乔夫等老朋友会面，当回顾在一汽工作的美好岁月时，倍感亲切。我访问明斯克，白俄罗斯部长会议主席接待我时也友好热情，表示愿意直接与天津友好交流，建立经贸关系。当时我是天津市副市长。那时我们已与多个外国城市建立友好合作关系，我当然表示欢迎。然而苏联中央有关部门的陪同人员事后对我说："他们没有这个权力。"特别有趣的是，在那次访问列宁格勒（现在的圣彼得堡）的行程中，在一次由汉学家举办的欢迎招待会上，有一位叫施格宁的汉学家用流利的京味汉语发表了热情友好的讲话。我在致辞时提道,我认识的苏联朋友中,有两位汉语比我讲得好,一位是您,另一位是 1957 年代表苏联共青团中央,邀请和组织我们参加第六届世界青年和大学生联欢节的金发帅哥。施格宁听后大为惊喜,大声说:"那个小伙子就是我呀!"大家听了都很惊喜,我更是喜出望外地说:"我怎么没有看出,您的头发呢?"他摸着自己的光头笑着说:"老了呗。"那热烈友好的气氛,引得大家哄堂大笑。

随着中苏关系逐步正常化,我们相隔二三十年没有接触的朋友又能重逢。例如 1991 年我陪同江泽民同志访苏时,见到新中国成立初期曾担任国务院经济总顾问的阿尔希波夫(曾任苏联部长会议副主席)、一汽的总专家希格乔夫、基列夫等老朋友。阿尔希波夫是当时周恩来总理邀请来华的,从 1950 年至 1958 年在华工作 8 年,对帮助我们建成包括一汽在内的 156 项重大工程项目作出了重要贡献,与陈云等老一辈我国

基列夫(中)和翻译刘人伟(左)及中国留学生。

1957年，江泽民同志在长春火车站送别苏联专家基列夫回国。

领导人结下了深厚的友谊。即使在中苏关系恶化的漫长岁月中，他不但没有发表反华言论，而且对推动苏中关系正常化发挥了重要作用。2009年在深圳召开的中国国际人才交流大会上，他还被评为"新中国60年最有影响的海外专家"之一。那次与苏联老朋友的会见，大家谈起昔日相处的美好时光，好似过去播下的友谊的种子再次开出了美丽的鲜花。江泽民同志还指着我对希格乔夫说："当年他还给您当过翻译啊！"我插话说："那是偶尔客串，正式翻译是郑树森。"希格乔夫一听到"郑树森"

1986 年，本文作者李岚清率中苏友协代表团访苏时，会见援建一汽专家组组长希格乔夫和司格林等朋友。

三个字，立即说："小胖子（郑的外号）啊，他好吗？请代我向他问好！"我退休后，2007 年两国同时举办中俄友好年，中央派我再次访问俄罗斯，其间又见到施格宁等老友，彼此格外高兴，遗憾的是不少人已经故去。我深深地感到，不同国家和民族之间的关系，民间交流特别是青少年之间的交流，对彼此之间的友好合作产生了深远影响。

　　我们在与苏联专家一起工作时，他们出于对中国同志的友好，有时也给我们讲一些苏联高层的故事。例如 1958 年来华的专家高里当斯基向我讲过时任一汽总专家库兹涅佐夫的遭遇。他说苏联卫国战争前，库兹涅佐夫是莫斯科轿车厂的厂长（生产"莫斯科人牌"小型轿车）。当工厂建成投产前夕，流水生产线上的轿车其他各部分已装配完成，正等待玻璃厂的挡风玻璃安装好就可下线，为此厂长亲自去玻璃厂催交玻璃。轿车厂建成投产在当时是一项重大事件。新闻记者们都在现场采访报道，其中有一位记者询问在场的副厂长第一辆轿车何时可以出厂？这

江泽民同志在中国驻苏联大使馆会见苏联友人。

本文作者李岚清会见苏联援华总顾问阿尔希波夫。

　　1953 年 8 月，饶斌厂长与援建一汽专家组组长希格乔夫研究工作（中立者为翻译郑树森，外号"小胖子"）。

　　苏联老朋友司格林（右）。

位副厂长说，就剩安装挡风玻璃了，再过两三个小时就能下线。这位记者喜出望外，立即打电话向克里姆林宫报喜，斯大林听到后也十分高兴，指示汽车下线后立即开过来，他在办公室等着。谁知玻璃厂出了点问题，汽车晚了几个小时才开到克里姆林宫。斯大林看了，乘坐轿车转了一圈，还算圆满，也并未挨批评，大家松了一口气。谁知不久法院传讯厂长，法官对厂长说："上面说你犯了欺骗政府罪（指汽车未按时送到），我判处你最轻的缓刑二年，你也不要辩解，也不影响你工作，你回去继续当厂长。"本以为此事总算了结，不幸的是卫国战争爆发，司法部下令全部罪犯收监迁至远东劳改，其中就包括库兹涅佐夫。那时汽车厂也部分迁至远东，我的导师也迁至远东当车间主任，库兹涅佐夫就被分配在他的车间劳动。原来的领导现在竟在自己手下劳改，自然处处关照和保护他。他说，当时他的待遇较好，分配的食品也较多，还有

1986 年，本文作者李岚清（右）率中苏友协代表团访苏时会见援建一汽专家组组长希格乔夫。

酒，劳改人员就差多了。为了不让老领导受累挨饿，于是他就把两人的食品合在一起吃、一起喝，成为患难之交。所谓"欺骗政府"，其实大家都知道是那位副厂长说话随便惹的祸，当时厂长并不在场。但法官说罪是上面定的，缓刑也不影响他继续当厂长，就不去申诉了。当汽车工业部长李哈乔夫听说厂长被送至远东劳改，这下子可急坏了，他找了一个机会当面向斯大林解释，斯大林听说后，似乎他并不知道这件事，便指示部长快派飞机去把厂长接回莫斯科，此事终于以喜剧方式收场。高里当斯基还对我说，尽管这样，当赫鲁晓夫反斯大林时，库兹涅佐夫很不以为然，认为反斯大林就是否定革命的历史特别是伟大卫国战争的历史。他还强调说，库兹涅佐夫是位好同志，不推诿，勇于担当，难能可贵，他对中国非常友好，回国后曾任苏中友协主席。上面提到的所谓厂长犯了欺骗政府罪，我一直难以想象。1958 年 5 月，我们送一汽生产

1958 年，在中南海邓小平、彭真观看东风牌小轿车，左二为本文作者李岚清。

的第一辆国产轿车到中南海展示,请中央领导和正在召开的中共八大二次会议的代表察看,会中休息时,老一辈的党和国家领导人和与会代表都出来看车,延续好几天。毛主席看车的那天,正是当天散会以后,饶斌厂长要准备大会发言便和代表们一起返回驻地了,他并不知道毛主席来看车,只是由厂里在那里值班的同志向毛主席做了介绍。事后饶斌同志对未能陪同主席看车感到内疚,但绝不可能也不曾有任何人因此追究过什么。

苏联朋友有一次还给我讲过一个有趣的笑话。当时莫斯科广播电台的气象预报经常不准,预报有雨往往是晴天,预报晴天往往下起雨来,因此有人把撒谎称为"莫斯科的天气预报"。有一天斯大林把气象局局长找来问道:"你们气象预报的准确率究竟有多高?"局长答道:"40%左右。"斯大林说:"那好,以后你们就反过来报,测出下雨就预报晴天,这样准确率不是还能达到60%吗?!"

六

在苏联实习的岁月中,在紧张学习的同时,我们的日常生活也是丰富多彩的,有不少有趣的花絮。

把 15 误认为 50

我们当时是由长春乘火车出发经满洲里出境,到苏联国土的第一站是奥德堡,由于苏联的铁路是宽轨,我们需要等候改换车厢的底盘,安排在车站餐厅用餐。奥德堡与满洲里虽只有一线(国境线)之隔。我们好像到了另一个世界。那里的人头发是金色的,鼻子比较大,看到的房屋与我们国内的也很不一样。车站的餐厅很气派,我们进餐厅时还有一位留金色大胡子穿燕尾服的人很有礼貌地向我们打招呼和拉门。这就是我进入苏联国土认识的第一个俄罗斯人,第一印象还不错,俄罗斯人文明、有礼貌。火车由西伯利亚大铁路驰向莫斯科。沿途没有高楼大厦，主要是森林和湖泊，偶尔看到一些村落，房屋主要是用圆木砌垒的墙体，很有特色。特别是贝加尔湖的风光，令人有一种诗意美感的陶醉，好像一幅又一幅美丽的风景画面。当火车到达伊尔库斯克、新西伯利亚等地后，才看到一些楼房。旅程有一个星期，虽然漫长，但因为人多，我们约定尽量讲俄语，大家唱俄文歌曲，朗诵普希金等人的诗，有时还和列车员们聊天，也不太寂寞。在我国境内的餐车上的厨师是北京饭店的，食品非常好吃。到苏联境内，则换成莫斯科一家大餐厅的厨师，虽然俄式西餐很丰富，服务也很热情周到，但有的同志还是不太适应，吃得不多。抵达莫斯科后，受到使馆商务参赞处和李哈乔夫汽车厂的有关负责人的欢迎，并用大客车把我们送到住所。我们看到莫斯科的景色，不仅跟国内不一样，也跟我们沿途看到的不一样，特别是莫斯科克里姆林宫及附近那些五颜六色、形状奇特的建筑，很新鲜，好像来到了另一个童话世界。

当我们到达住所安顿好后，商务参赞处同志给我们每人先发一张100卢布的大票（我们每月生活费是400卢布），并告诉我们午、晚餐都可在工厂餐厅用餐，但早餐要自己准备，可以到附近的商店购买。当大家正在犯愁不知道商店在哪里时，有一位学习操作的技工同志抢先自告奋勇地说："来时看到附近有个面包店，我去买！"于是有的同志也请他代购，一共15个。他就拿了一个大网兜去了面包店。店里的老太太问他买什么？他说"黑奶吧"（面包），又问他要几个？他一下想不起来15个的俄文怎么说了，于是他先伸出五个手指，然后又伸出十个手指，表示要15个，并将100卢布的大票交给她。谁知老太太误解了，以为他要买50个，于是就把他网兜拿过来往里放面包，当超过15个时，他连忙摆手示意不要再放了，但老太太不理解继续往里放，直到装满50个。这位同志着急，一时无法用俄语与她交流，心想100卢布钱总是够了，老太太说要给他找钱，他也听不懂，顾不上，背着装满面包的大网兜就赶紧往回走，老太太一直跟着他追到了我们的住所，才把误会说清楚。当我们向气喘吁吁的老太太（苏联人不喜欢"老太太"这个称呼，喜欢称她们"姑娘"）表示歉意时，她连忙说"没关系，没关系。"此事也激励大家更努力地学习，提高俄语表达能力。

这也是苏中友谊

在莫斯科，我们居住的公寓附近是一所中学，有些高中女生看到我们都是青年人，有时我们下班回住所后，她们就来住所找我们的小伙子聊天。初期鉴于中苏友谊，我们也未加干预，后来越来越多，越加频繁。党支部研究认为，我们来实习的任务很重，下班后要整理笔记、学习、思考，不能因此受到影响，同时我们也有严格纪律，实习期间不能与外国异性谈恋爱、结婚。我便去找中学校长商谈解决这一问题。当我将此情况和要求向她说明时，未料到她完全不理解，还很高兴地说："这很好啊！这不正是苏中人民友谊的体现吗？"经过我耐心地解释，她才有所了解。最后我们达成的协议是：平时不来我们宿舍，假日我们有时间可以共同组织一些友谊联欢活动。这样既不影响我们学习，又能开展民间友谊活动。我们这批同志没有一个违反纪律，都集中精力完成了实习任务。

大画家列宾让我爱上了俄罗斯音乐

在苏联实习时，除了学习与汽车有关的知识外，我们也爱好苏联的文化艺术。记得有一次去参观莫斯科特来齐亚科夫画廊，名为"画廊"，实为苏联国家美术博物馆，馆内收藏了大量俄罗斯和其他斯拉夫民族艺术家创作的名画。在馆藏的大量作品中，有一幅作品，不仅在当时深深地吸引了我，而且给我留下了长久的记忆，这就是列宾创作的一幅肖像画。我知道列宾是19世纪的俄罗斯现实主义绘画大师，但不知道画中人是谁？经讲解员介绍，才知道是俄罗斯民族乐派"五人强力集团"中的著名作曲家穆索尔斯基。这是在穆索尔斯基临终前不久，列宾在圣彼得堡士兵医院简陋的病房中为他画的一幅肖像。作品虽然画的是生命垂危时刻的音乐家，但观众从画面上并未感到这位音乐家已病入膏肓。他微低着头，目光炯炯，像在倾听着乐曲，又像在构思着新的乐章。列宾的确是一位能深刻描绘各种人物内心世界的杰出肖像画家。

　　绘画作品的巨大感染力，使我对绘画作品中的人物产生了强烈的好奇。穆索尔斯基是个什么样的人？又是什么样的音乐家？带着这些好奇和疑问，我直接去了高尔基大街音乐书店，向售货员打听有没有穆索尔斯基的唱片？售货员拿出唱片的目录，向我介绍了他的作品。我发现其中有一首叫《莫斯科河上的黎明》的乐曲，是穆索尔斯基作曲的歌剧《霍万斯基之乱》的前奏曲。于是我就买了这张唱片。其实，当时我并不知道穆索尔斯基的音乐究竟是什么样子的。回到宿舍在唱机上一放，我立刻陶醉在诗画般的意境之中，脑海中呈现出黎明前莫斯科河畔宁静而美丽的画面。随着旋律的发展，黎明的景象越来越清晰。当音乐进入尾声，音符越来越轻直至终止时，我的脑海中仿佛出现了一轮红日缓缓升起，莫斯科河及两岸的美景如诗如画地展现在面前。这是多么美丽的意境啊！这张唱片也成了我最爱听的唱片之一，进而吸引我深入了解穆索尔斯基其人其事，知道了一些他的其他作品，特别是《图画展览会》。这个包含十幅音画的钢琴套曲，是穆索尔斯基为了纪念他的一位

穆索尔斯基画像（列宾作）。

31

画家朋友，根据其众多绘画作品中的十幅图画创作的。穆索尔斯基的确是一位能用音符来描述人物内心世界和展示风景图画的音乐天才。我过去虽然也爱好音乐，也听过西欧的一些经典名曲，但对俄罗斯古典音乐并不了解。这是我的初次接触，从此以后，我带着好奇心，又从列宾的肖像画中了解到其他一些著名的俄罗斯音乐家，例如俄罗斯民族乐派的"五人强力集团"，浪漫乐派大师柴可夫斯基和现代音乐大师肖斯塔科维奇等和他们的作品，让我对俄罗斯音乐产生了浓厚的兴趣，再加上宿舍里的扩音器经常播放俄罗斯音乐，使我逐渐成为一个俄罗斯音乐的爱好者。

我们是最早会唱《莫斯科郊外的晚上》的中国人

1957年，莫斯科举办了有130多个国家、3万多人参加的第六届世界青年和大学生联欢节盛会。我国也派出了庞大的代表团与会。苏联共青团中央也邀请我们参加联欢节，主要是参加中国代表团的活动，同时也可帮他们当翻译。那次联欢节举办得很成功。来自世界各国的青年和大学生欢聚在一起，既有精彩的文艺表演和体育比赛，又有各种规模的对话和交流，加深了彼此之间的了解，播撒了友谊的种子。当各国代表团的车队在莫斯科大街巡游时，我还特地为我国代表团拍下了一张照片。就在那次，我第一次见到了胡耀邦同志（他是中国青年代表团团长），认识了许多文艺界的同志，以后他们都成了我国著名的艺术家。为了迎接联欢节，1956年我们学会唱一些新的俄罗斯歌曲，其中包括著名的《莫斯科郊外的晚上》。这首歌词曲都非常优美，至今我还能用俄文完整地唱完四段，这也是那次联欢节留给我们的永久的记忆。

有趣的是，2001年7月我代表中国政府去莫斯科为北京申办2008年奥运会，我们在我国驻俄罗斯大使馆会见并宴请莫斯科市市长卢日科夫等俄罗斯朋友。武韬大使请来了俄罗斯的音乐家来演奏。当乐队演奏《莫斯科郊外的晚上》这首乐曲时，卢日科夫市长问我：

本文作者李岚清在苏联汽车厂专门为联欢设计制造的大客车前留影。

本文作者李岚清为联欢节中国代表团引领花车拍的照片。

2001 年，本文作者李岚清在莫斯科为北京申奥在大使馆与莫斯科市市长卢日科夫一起唱《莫斯科郊外的晚上》。

"你在莫斯科学习过，会不会唱这首歌曲？"我说："会！"他又问："会唱几段？"我说："四段。"他有些意外地说："太难得了。现在即使在俄罗斯几乎都没有人会唱四段，连专业歌唱家也只会唱两三段，怎样？我们唱给他们听听?!"我欣然同意。我们完整地唱完四段后，气氛非常热烈，大家又一起唱起《喀秋莎》《遥远　遥远》《莫斯科·北京》等歌曲。那次，当我到达莫斯科时，大使告诉我有些人企图干扰、破坏我们申奥，我便把此情况告知卢日科夫市长，请他关注。他用坚定的语气叫我放心。那次在莫斯科申奥的气氛很好，我至今还对他心怀谢意。

我们在莫斯科期间的文化生活不只是音乐，对俄罗斯其他文化艺术也有更多的了解。例如我们过去虽然看过高尔基和托尔斯泰的"三部曲"和一些革命战争文学作品，如《静静的顿河》《日日夜夜》《钢铁是怎样炼成的》《卓娅和舒拉》等，但当我们假日参观托尔斯泰、普希金等文豪的故居或博物馆时，还是身临其境地被俄罗斯文学感染，以至于日后又阅读了许多名著。当时有一本《远离莫斯科地方》的小说，是描写俄罗斯人在艰苦的战争年代，到远东抢建输油管道的壮丽史诗，对我们这些正在投身于建设新中国的青年，更能引起心灵共鸣和精神鼓舞。我们在假日里还有丰富多彩的文化生活。当我们第一次接触芭蕾舞艺术时，就欣赏了俄罗斯艺术大师乌兰诺娃表演的芭蕾舞《天鹅湖》，给我留下了特别深刻的印象。有趣的是多年后我再次访问苏联，在莫斯科国家大剧院观看国际芭蕾舞比赛，当评委入场时，全场起立向一位神采奕奕的老太太鼓掌致意，发现她正是乌兰诺娃。能有机会再次见到她，我感到很高兴，而更高兴的是，我国的芭蕾舞演员在这次国际舞台上获得了优异成绩。我们在假日看电影，欣赏各种音乐会，观看马戏团表演，

参观俄罗斯文学泰斗托尔斯泰故居（居中者为本文作者李岚清）。

35

还参观夏令营、孤儿院等，那些俄罗斯青年和孩子们亲切友好的身影，至今仍留在我美好的记忆中。记得有一个小女孩曾问我："叔叔，中文难吗？"我说："不难，比你们俄文容易。"她说："不会吧，我以为俄文是世界上最容易学的，不管怎样，我会学中文，长大了我要到中国去。"我记得还看过一场由艺名叫"铅笔"的著名喜剧演员表演的讽刺"过度包装"的小品。剧情是一个顾客买一件小商品，售货员用一层一层纸盒为顾客包装，当顾客被弄得啼笑皆非时，他竟拿出一个巨大的纸箱，把顾客抱起来也扔进纸箱里"包装"起来！俄罗斯式的幽默把我们笑得前仰后翻。我退休后篆刻过一方讽刺过度包装的印章，也许是从他那里得到的潜在灵感。

再见　美丽的城市莫斯科

1957年深秋，我们一汽的同志按计划完成了在苏联的实习。同志们实习所在的单位，都用不同方式热情表达欢送，对我们在实习中的优秀表现予以赞赏和高度评价。我起草了一封由全体同志签名的感谢信，表达我们对工厂和苏联朋友的深切谢意，工厂的厂报还专门进行了报道，并发表了热情友好的评论。我们也在住所与苏方管理人员举办了告别晚会，气氛热烈，依依不舍。当时我们在客厅中有一台大型电视机。我们离开后，电视机怎么处理？开始有的同志主张带回去送厂里做个纪念。我提出，国内连电视台都没有，带回去没有用，还是送给与我们朝夕相处，对我们关怀照顾的苏联老太太吧，大家一致赞成。在那次告别晚会上，当我们赠送给她时，她很激动，这不仅是因为这当时在苏联也算是很贵重的礼物，更是象征我们共同留下的一份珍贵友谊。

当年出国时，中央对留苏学子"学习好，纪律好，身体好"三项要求，我们做到了，大家怀着一颗报国之心踏上归途。当列车徐徐驶进长春时，饶斌厂长亲自到车站迎接我们。他的到来，不仅使我们感到意外和激动，而且更感到未来如何进一步做好工作，成为一名合格的"汽车人"的责任。据我所知，不但一汽 519 位同志没有辜负祖国的培养和教育，当时派到苏联学习的那一代青年也是如此。大家的血液里充满着爱党爱国的基因。这一代人在实现中华民族伟大复兴的征途中，已跑完了自己的一棒，没有辜负 1957 年毛主席在莫斯科大学讲话中对大家的殷切期望。从 20 世纪 90 年代初到 21 世纪初，我在国务院工作期间，曾担任中俄人文交流合作委员会中方主席，曾多次访俄，又结识了许多新朋友，深感中俄两个伟大民族之间的友谊根深叶茂，地久天长。当看到今日在以习近平同志为核心的党中央领导下，祖国更加繁荣昌盛、欣欣向荣，实现中华民族伟大复兴的中国梦越来越近，看到中俄友谊之花越开越茂盛，在构建人类命运共同体的道路上携手奋进，感到十分高兴。

2019 年 9 月 10 日

2020 年 3 月 5 日再次修改

（李岚清，1932 年出生于江苏镇江，中国共产党党员。1952 年复旦大学毕业后到长春参加一汽建设，曾任饶斌厂长秘书，1956 年率队赴苏联汽车厂实习。1960 年由一汽调北京国家机关工作。1972 年调湖北十堰参加二汽建设，曾任发动机厂党委第一书记。1978 年调北京负责筹建三汽（重型汽车项目），后因项目停建调任国家外资委任国外贷款办公室负责人。1982 年后曾任外经贸部外资局局长、天津市副市长、外经贸部副部长、部长、国务院副总理。中共十三届中央候补委员，中共十四届中央委员、中央政治局委员，中共十五届中央委员、中央政治局委员、常委。）

一汽向苏联选派实习生始末

陈祖涛

一汽是由毛泽东主席和斯大林亲自商定、"一五"期间苏联援建我国的 156 项重点工程之一。为确保中央三年建成长春汽车厂并出车决定的实现，一汽先后向苏方派出从厂长到调整工总计 519 名实习生。我从开始便参与了这项工作。事隔半个多世纪，将它回忆起来，也算是对那一段难忘岁月的纪念。

我是最早赴苏的一汽代表

要回忆这一段历史，先得从我个人讲起。我是 1939 年 11 月到苏联，1951 年 2 月提前半年从莫斯科包曼技术学院毕业回国的。回来后，周总理问我想干什么工作，我说，我学的是机械，一直在苏联的汽车厂里实习，想搞汽车。总理一听非常高兴，说苏联要援建我们搞汽车厂，你赶紧回去，代表一汽同苏联打交道、实习。所以，后来人们说我是一汽的第一名职工。当时，我驻苏大使馆刚建立不久，我国在那里没有一个留学生和实习生。于是，我问总理，我回到莫斯科找哪里？总理说，我给你写个条子，你就到我们大使馆去，找张闻天大使。于是，总理提笔便给我写了一封信。拿着总理这封信，我还有一个难处不好跟总理说，就是我当时还算苏联公民，持有的是苏联红护照，于是我就问总理的秘书马列该怎么办。马列同志想了想说，如果按正常手续，办起来特别麻烦，少说要半年。他要我干脆就这样回去，以后慢慢办。反正当时两国

38

本文作者陈祖涛（右二）在莫斯科时，与在苏实习的饶斌厂长（左一）、实习生及苏联朋友在一起。

关系非常好，来来往往像走亲戚一样，没关系。这样，我就拿着总理的信，马上回到莫斯科，找到张闻天大使。张大使看了信后，就叫我到商务处找高竞生参赞，高竞生参赞就叫我住在商务处。后来，156 项工程的办事处都设在那儿，一栋别墅，很多房间。住下后，我便到斯大林汽车厂、全苏国立汽车设计院去实习。因此，我不仅是一汽的第一名职工，也是一汽最早赴苏的代表。由于我俄语好，要发挥我的作用，让我负责与苏联有关部门联系。

1951 年末，一汽的初步设计搞好了。实际上，从 1950 年毛主席访苏和斯大林商定搞汽车厂后，苏方便开始了初步设计的工作。于是，我带着十几大本初步设计飞回北京，在汽车工业筹备组，由老江泽民 * 主持进行翻译。1952 年 4 月，陈云同志领导中央财经委审批通过了初步

* 本书中共出现两位江泽民同志。其中一位是曾任国家主席，另一位是当年中国汽车工业筹备组负责人之一，人们通常称后者为"老江泽民"。

39

设计，5月，我又把它带回莫斯科。苏方根据初步设计，开始进行技术设计。不久，孟少农作为一汽驻苏总代表来到莫斯科，李刚也来了，我们三个人组成一个小组，住在大使馆商务处，全权代表一汽办理苏方援建的一切事务。

派实习生一事的提出和确定

苏方对援建一汽的工作抓得非常紧，技术设计1953年上半年就完成了。国内准备动工，孟少农先期回国，参加开工典礼，这样，就委托当时在莫斯科的沈鸿审批苏方的技术设计。那时，中苏关系特别好，苏方对援建一汽非常重视，曾先后专门召开三次部长会议研究。苏方的工作人员非常尽心尽力，我们对他们也非常信任，加之我们也没搞过汽车厂，什么也不懂，审批实际上就是办个手续。沈鸿很幽默，他对我说，我们只管点头就行了。

技术设计审批之后，具体做什么工作由斯大林汽车厂援建中国一汽办公室承担，主要的负责人是他们的工艺处长茨维特科夫，下面包括有关的技术科长，所有参与的人都是有经验的专家，年纪都比较大。我就在这个援建办公室中实习。在工作进行当中，他们开始酝酿考虑要我们派实习生的问题。斯大林汽车厂援建一汽总负责人、厂长弗拉索夫以及具体负责的副总工程师博依科都跟我说，要搞这么大一个汽车厂（当时年产三万辆已经很了不得）一定要派实习生来，否则掌握不了，因为我们不可能派那么多专家去。当时，我很年轻，这么大的事，怎么做得了主？就问茨维特科夫都需要什么人，请他们开个清单，我向国内汇报。这样，他们就发动所有的技术科长开清单：中国要掌握这些技术，需要哪些专业的人。他们的技术科长有的是常在一汽办，有的是随叫随到，纷纷开始列清单。这样还不够，他们又叫我去跑，说我熟悉他们厂的情况，看看哪些岗位必须派人。我跑了工具系统的好几个部门，包括很多自己有单间的特殊设备，像磨剃齿刀的机床。他们嘱咐我，这些地方千万别漏，一定要派实习生来。在酝酿过程中，他们逐步提出，你们的厂长要来，你们所有职能部门的处长要来，又发展到你们的技术科长、生产科长都要来，后来说这还不够，你们关键岗位的调整工要来，特种设备的工人要来。我说，来的人太多，我们也难啊。后来平衡来平衡去，形成了这五百多人实习专业的清单，返回国内。所以说，这五百多人的清单不是一次形成的，而是逐步形成的。后来从厂长郭力到各处长、车间主任全来了，而且又来了为数不少的工段长、调整工。五百多人的实习生，是从厂长到调整工的一整套班子。

从第一个实习生到大批实习生

1952 年下半年，国内开始向苏联派遣实习生。国内第一批派来的实习生二十多人，包括后来曾担任一汽副厂长的黄一然同志。因为我俄语好，莫斯科情况熟，他们来到后，高竞生参赞便叫我来帮助他们办手续。所以，他们去实习，都是我一个个帮助他们联系办的手续，他们中我记得有叶选平、马宾，等等。黄一然来苏联前是鞍钢的副总经理，到了苏联后，他说想改行搞汽车，张大使便让我帮助他去联系。他办了手续到斯大林汽车厂实习，斯大林汽车厂很热情，专门给了他一个房间。应该说，他是一汽来苏的第一个实习生，但他不包括在后来的那五百多人之内。

1953 年年初，一汽派来陈善述、刘经传、汪声銮等 8 名同志，加强我们三人小组的工作。因为我们那时工作不太多，孟少农、李刚我们三人商量后，孟少农说，都叫他们到厂里实习吧。这样，我就帮他们办了手续，到斯大林汽车厂去实习了。这是在五百多人清单形成前来实习的，所以，后来人们称他们是"零"批实习生。

五百多人清单确立后的第一批实习生，是郭力带队的。由于郭力当

41

时在国内有工作离不开，1953年年底由李子政带39人先期到达，1954年年初，郭力带剩下的十几人来到莫斯科。郭力来到后，我和李刚向他做了汇报。郭力实习厂长职责，主要在斯大林汽车厂实习，也看了其他几个厂。我和黄一然、李刚陪他看了高尔基汽车厂、莫斯科人汽车厂等。所以，郭力对整个汽车生产过程、管理，以及各个部门都很熟悉。郭力在莫斯科期间，第二批、第三批实习生逐渐来到，实习生有百余人。那一年的国庆节，为庆祝建国五周年，在斯大林汽车厂召开了有全体实习生，以及苏方有关部门人员参加的庆祝联欢会，非常隆重热烈，斯大林汽车厂厂报发了三个整版有关中国国庆和实习生的消息和文章。

从"零"批实习生开始，大家的学习热情都非常高，非常刻苦。每个人都是按岗位实习，回去干什么工作，就实习什么岗位，一个萝卜一个坑。苏联指派的导师都是很强的人，他们非常认真负责，使这些同志很快都掌握了回国后将担负的工作。

饶斌厂长是1954年初冬来的，我给他当翻译。他是厂长，没有办实习生手续。他要了解的部门是斯大林汽车厂厂长克雷洛夫亲自圈定的，按组织机构，每个地方都要转一圈，待一两天。饶斌非常好学、非常勤奋，每到一处，都问得非常仔细。同时，我还陪同他拜访了汽车设计院等有关单位。

当时，我在莫斯科除实习和办理一汽的事务外，还兼做张闻天大使的特别翻译，包括和苏方有关的秘密会谈、重大宴会都由我做翻译。所以，张大使就想把我留在大使馆，不想叫我回国。我几次跟他要求回国，说我到点了，他都不放我走。这样饶斌来后，我就求饶斌鼓动张大使放我回国。饶斌果然说动了张大使，于是，1955年3月，我就与饶斌同机回到祖国。

我回国之后，一汽仍然按五百多人清单陆续向苏方派实习生，最后一批是1956年由李岚清带队的。

旧中国没有汽车工业，当时，我们的同志们对汽车生产一无所知或知之甚少，通过赴苏实习，很快成为汽车生产一个方面的行家，为一汽建成出车，结束中国不能生产汽车的历史，发挥了巨大作用。

这些赴苏实习的同志中，后来很多人成为汽车生产的专家，不少同志担负了重要的领导工作。当今的党和国家领导人江泽民、李岚清，也都参加了当年的实习。许多同志讲，如果说一汽是中国汽车工业的摇篮，那么，赴苏实习便是摇篮的摇篮，这是不为过的。

（陈祖涛，1928 年出生，1939 年赴苏联，1951 年莫斯科包曼技术学院毕业回国后，很快又返回莫斯科，并在斯大林汽车厂实习。1955 年回国，先后任一汽生产设备处副处长、发动机车间技术副主任、工艺处副处长、工厂设计处处长兼总工程师，第二汽车制造厂（以下简称"二汽"）总工程师，中国汽车工业工程有限公司（以下简称"中汽"）公司总工程师、总经理，国家科委专职委员等职。）

一切都那么新鲜

陈善述

到莫斯科去

我是 1952 年 9 月从清华大学毕业到汽车工业筹备组的。开始临时住在北京西四附近一个学校里，等待安排。我们一部分人去了长辛店坦克厂，一部分人留在筹备组。没几天负责接待我们的同志通知我去学俄文。不久我们搬到了扁担厂附近一个四合院住。我们准备去苏联的八个人住在一个大房间。老江泽民同志告诉我们，孟少农同志现在莫斯科，要我们去协助工作。因为很快要去，来不及去学校学俄文了，因此安排俄文翻译每天上午教我们两个小时俄文课，其他时间由我们自己复习。

过了元旦我们就准备走了。去外交部办护照，检查身体，打预防针，领钱去做衣服，买箱子。那时去苏联主要是乘火车，一月底我们就踏上了去莫斯科的旅程。

到莫斯科时，使馆有车来接我们，住在商务处。工作组已有孟少农、陈祖涛、李刚等同志。当时具体工作不多，我们就安心继续学习俄文，由一位苏联中山大学学生每天上午来教课。生活是供给制，吃饭不要钱，伙食很好。菜是一人一份，汤是一大桶蟹肉卷心菜汤，随便吃。"内容"很丰富，我们叫它共产主义汤，是各取所需，不受限制的。

当时大使是张闻天同志，有一天开会听他传达中央报告。他坐在一个藤椅上，戴着眼镜，手里拿着几张纸，态度从容，温文尔雅，不急不慢地讲着，有时看看写在纸上的提纲。老同志向我们介绍，他就是有名

本文作者陈善述（三排右四）同斯大林汽车厂工具一车间青年在列宁山参加植树后合影。

的洛甫同志，做过党中央书记的。没想到这么有名的革命家竟是这样平易近人，休息时和同志们谈笑自若，一点架子没有。

　　周末参加使馆的一些活动，经常看到瞿秋白同志的女儿独伊和她的丈夫李何。他们是新华社驻莫斯科记者，写过很多关于苏联的报道，活泼生动。李何身体清瘦；独伊身材修长，风度翩翩，一看就是很有文化素养的。还看到朱总司令的女儿朱敏，她正在莫斯科学教育，新婚不久，黑黑胖胖的，舞跳得很好。她在卫国战争中被德国法西斯抓走，关在集中营里，历经磨难。战争胜利后经斯大林下令寻找，几经周折才找到。

　　一次叶季壮部长率团访苏，我们就跟着他们一起参观了不少工厂和集体农庄，一切是那么新鲜，使我们增加了不少感性认识。

　　我们还参加了陈祖涛和赵淳媛的婚礼。婚礼简单朴素，我们8人小组为他们准备了诗歌朗诵和歌曲，热热闹闹，欢声笑语不断。

4月，我们开始下厂实习，我的专业是汽车零件的热处理。我们8个人就搬到离斯大林汽车厂不远的一个公寓楼里。这套公寓有三间，我们住了两间，另外还有卫生间、厨房。下厂后就开始给我们发生活费，每月700卢布。1954年开始，国内开展增产节约运动，每月生活费改为600卢布。三顿饭除早饭在宿舍里自己买点面包、黄油、果酱、牛奶吃，中午和晚上都在工厂食堂吃，这样每月大概需要300多卢布。多的钱主要都买书了，所以回国时带回一大箱书，这对我们搞技术工作的人来讲，是最宝贵的财富。

那时在莫斯科实习的人还不多，我们支部开始有5个人，一个学化学的不久就回国了，只剩下4个人。我们8个人当中就我一个党员，其他7位青年团员就参加党支部一起活动，除非一些纯是党内的事，团员不参加。支部书记黄一然同志，是一位参加过大革命时期上海工人起义的老同志，大革命时他是一个青年徒工。当时他在斯大林汽车厂边学习边实习，数学从代数几何学起，做习题一丝不苟。他的学习精神、思想修养和对事业的执着有很强的感染力。他鼓励我们学习历史，提高觉悟。组织委员是陈祖涛同志，我是宣传委员，负责每周去使馆拿报纸和有关文件。还有一位是蔡和森的女儿蔡妮同志，她是学医的，正在莫斯科一家医院实习。她不大懂中文，因此活动时，我们讲中文，陈祖涛给她当翻译。虽然远离祖国，人也不多，但是组织生活还是很认真进行的，有时学习文件，有时谈形势，交流情况。陈祖涛和蔡妮是革命先辈的子女，多年在苏联学习，都很朴实真诚。他们卫国战争时吃过不少苦，有时讲一些在苏联的趣事。谈到战争时期的艰苦，食品供应困难，有时吃不饱，几个人去田里挖土豆，在野地里烧，肚子吃得鼓鼓的。战时蔡妮参加过救护伤员的工作。他们当中年龄大一点的都要求上前线打法西斯，不少人为此牺牲了生命。我们努力从这些生动感人的故事中吸收革命的营养。为了赢得革命的胜利和一个和平的环境，千百万革命者英勇斗争流血牺牲，献出了宝贵的生命，我们真应当十分珍惜这鲜血换来的美好时光。

真诚的友谊

20世纪50年代，社会主义阵营正在不断发展壮大，欣欣向荣。由于中国革命的胜利，苏联人民感到有了可靠的大后方，在我们心目中苏联的今天就是我们的明天，这种同志情谊使我们生活在苏联人民的真心关爱之中。

在实习的第一天，教育处的叶果洛夫同志领我去热处理车间，将我介绍给技术科长杰辽申同志，一位资深的热处理工程师。他作风严谨，技术科的同志很敬佩他，也有些怕他。但他对我却很亲切，为我制订了详尽的实习计划，并告诉我怎样一步步深入。如果在现场碰着，他会随时给我解释有关工艺和质量问题。技术科还指定一名年轻工程师具体指导我，帮我找资料，讲解工艺文件，讲完了陪我到现场去看。中午还陪我一起去食堂吃饭，有时他的女朋友也一起去。

开始时，为了提高我们的俄语水平，每天下午我们去教育中心学习两个小时俄语。晚上回到宿舍，一方面复习白天学的俄语课文背单词，一方面捧着字典，啃俄文金属学，以增加专业单词量，每天都要到12点才入睡。这样大概经过三个月，初步过了语言关，可以较为顺利地谈话交流了。

在实习过程中还安排了有关专家一对一讲课。普里基洛夫讲化学热处理，史宾尼可夫斯基讲感应加热，卡拉晓夫讲喷丸强化，基托夫讲金相学。这几位在苏联都是知名专家，发表过多篇文章。他们讲课内容非常精练，把最重要的关键问题理论联系实际地讲授，一面讲解，一面提问讨论。这些课程使我受益匪浅。我们还联系去莫斯科钢铁学院旁听，下班后就买一个夹肉面包边吃边走赶去上金属学的课，每周三次。老师是有名的古里亚夫教授，他讲课非常清楚，看见几个中国青年坐在后面，下课时走过来问我们有什么问题。有时我们准备了问题向他提出，他非常耐心细致地讲解，对我们启发帮助很大。

按计划有一个月在中央实验室实习，他们把多年的各种实验研究报告都对我开放。我像发现了宝藏一样。可惜那时没有现在这样的复印技术，只好拼命地摘录在笔记本上。

友好的关怀

苏联同志在业余活动方面也非常关心我们，特意安排了共青团工具厂团支部的一些姑娘们，有时也有小伙子，参加为我们组织的活动。支部书记叫娜佳，经常参加活动的还有卡佳、卓娅、尼娜……这些活动内容多样，有星期六义务劳动，植树活动，去高尔基公园游园，去艺术画廊欣赏名画，去他们乡间别墅做客，去郊外树林里野餐，去大剧院观看乌兰诺娃表演的芭蕾舞剧《天鹅湖》，"五一"节、十月革命节参加游行，冬天去滑雪场滑雪。苏联青年非常开朗热情，在活动时他们唱歌跳舞，还教我们和他们一起唱一起跳，使我们的周末生活充满欢乐。

我还深深地怀念我们的俄语老师安娜，她当时还在莫斯科大学读研究生攻历史。她父亲是老布尔什维克，丈夫是斯大林汽车厂机械工程师，待人和蔼又很风趣。她上课时充满激情，在讲苏联女英雄柴依金娜（海鸥）悲壮感人的故事时，声情并茂。她一面讲课一面和我们对话，不断纠正我们的发音和语法。她请我们去听音乐会，了解俄罗斯文化。请我们去她家做客，准备了八宝鸭、甜菜汤、蛋糕点心等。饭后边喝茶边听音乐，直到深夜才依依话别。

先进的技术

斯大林汽车厂为了包建一汽，专门组织了"第一汽车厂办公室"。

热处理车间是由瓦依柯夫负责，他是一位有丰富经验的热处理工程师。他们是尽心尽力的，采用的技术、设备都是当时最好的。设备分交考虑也很周到，哪些由中国自己做，哪些关键的要求高的由他们提供，都很清楚，工艺文件齐全，包括工艺卡、操作规程、各种金相检查方法和标准，很多标准成为我们汽车行业参考标准沿用至今。还提供了组织设计一套科学管理方法，为我们产品设计开发，材料、工艺实验研究做了周到的安排。所以那时苏联同志讲，若有人问最好的汽车在哪里，那就是中国的"第一汽车厂办公室"。从热处理技术讲，很多工艺如气体渗碳、感应加热热处理，很多连续式自动化设备，在中国都是首次在生产中应用，为我国热处理技术的发展打下了良好的基础。

我觉得，更为重要的是为我国培养了一支专业齐全的管理技术队伍，这对我国汽车工业的发展是非常重要的。

两次重大事件

我们在莫斯科实习期间（1953.2—1954.4），在苏联发生了两件重大的事件，一件是斯大林的逝世，另一件是贝利亚事件。

当时斯大林不仅是苏联人民的领袖，也是世界革命的无可争议的导师。卫国战争的胜利，苏联人民社会主义建设的巨大成就，使斯大林的威信如日中天。1953 年 3 月 6 日清晨，电台不断播送哀乐和苏共中央关于斯大林逝世的公告。那些天莫斯科气温特别低，铅灰色的天空不时飘着雪花，整个莫斯科、全苏联都沉浸在哀伤之中，人们的心情，像失去依靠似的，特别沉重。使馆中的中国同志同样万分悲痛。斯大林的遗体安放在工会大厦，那天各外国代表团瞻仰遗容，中国代表团走在最前面。我们一批年轻人抬着中国领导人送的花圈，相继进入工会大厦。我们看到当时苏联领导人、各国共产党领导人站在两旁守灵，轮流值班，每次 8 人。哀乐声中人们凝重地走过安睡在鲜花丛中的斯大林遗体，低头默哀，对斯大林的离去悲痛不已。

3个多月后，6月下旬，当时苏联部长会议第一副主席、克格勃的负责人贝利亚被捕。

那时我们对苏联的一切都认为是完美无缺的，是我们追求的榜样。我们对斯大林的认识受联共党史很深的影响，因此对贝利亚事件只是又一次感到阶级斗争的激烈尖锐。我们对苏联的了解是很表面的，并不知道苏联深层次的真正情况。

（陈善述，1927年出生，1952年毕业于清华大学机械系，1953年赴苏联实习热处理技术。回国后，曾先后任一汽热处理车间副主任、工艺处副处长，二汽工艺处处长、副总工程师，南京汽车集团有限公司（以下简称"南汽"）副总工程师等职。）

时间短暂　基础牢实

丁敏华

60多年时光流逝，当时的青年，如今都已成为白发苍苍的老人，但回忆起当年在莫斯科斯大林汽车厂实习的经历，还历历在目。

1952年7月，我们结束了一年国内实习返回北京汽车局，进行学习和总结。9月，我和一部分同学被分配到长春汽车厂，正当我们雀跃着准备动身时，领导上通知我们8人留下，以后就在局里突击学习俄文，准备去苏联。这8人是陈善述、高忠华、汪声銮、李松龄、刘经传、李传祚、忻元达和我。

1953年元月，我们8名小伙子登上列车前往莫斯科。当时国际列车尚未开通，需要乘国内列车到满洲里，再换乘苏方列车去莫斯科。在满洲里登上苏方列车时，发现列车上所有乘务员都是苏联同志，我们一下子就觉得到了异国他乡。列车经过七八天的奔波，终于到达了我们向往已久的莫斯科。

大使馆商赞处同志将我们接回商赞处。当时为筹建汽车厂，我方已有以孟少农副厂长为首的4人代表团常驻莫斯科，其余三位是李刚、陈祖涛和潘承烈。此时才知道，斯大林汽车厂正在编制施工设计，希望中方人员加盟，以便将来在实施中协助苏方工作。苏方看到我们8人刚从大学毕业，无工厂经验，不适合从事这项工作，建议我们改为下厂实习。但是我们原来持有的公务护照不能下厂，必须通过大使馆送回国更换后才可以。这样我们就不得不在商赞处暂住一段时间。这也正好给我们机会，一方面多学习些俄文，另一方面也可多熟悉一下莫斯科，为以

苏联导师鲁托维诺夫正在为本文作者丁敏华（右）讲解夹具工作原理。

后下厂实习做些准备。

正在此时，我们国家一个经济代表团到达莫斯科，我们8名实习生有幸随团活动，参观了莫斯科及附近的二十多家工厂，如斯大林汽车厂、"莫斯科人"小轿车厂、红色无产者机床厂、轴承厂、刃具量具厂等，使我们大开眼界，对当时苏联工业的情况有了初步认识。

4月初，我们8人开始下厂实习。那天早晨在厂总工程师室里，由各单位派人将我们分别带去，我的专业由原在国内分配的夹具设计，改为夹具制造。来接我们的是一位年纪较大的妇女，名叫达姬娅娜·阿法娜希芙娜，她是工具一车间的教育干事，兼管工具三车间。当时高忠华和李传祚到工具一车间，我到工具三车间。达姬娅娜办事十分干练，她带我们熟悉车间环境，认识车间、工段和各科室的领导。中午在食堂里预先占好座位，以节省我们的排队时间，并教我们熟悉菜谱。以后又督促导师尽快制订实习计划。由于她的帮助，使我们在较短时间内熟悉了这个完全陌生的环境，顺利地开始实习。有些苏联女同志戏称她是我们的俄国妈妈，可惜后来她因病离开了工作。

工具三车间有三个工段：夹具制造工段、非标机床制造工段和压铸模制造工段。另有一个镗工部为这三个工段服务。我的导师是技术科长鲁托维诺夫。按照实习计划，我先在技术科初步熟悉一下夹具制造工艺编制方法，然后到夹具制造工段劳动，时间在半年以上，重点放在磨工、镗工和钳工装配。磨工中特别是小平磨，过去在国内工厂实习时，见到的只能磨平面，但在这里配上一些夹具和修正砂轮后，就可以磨制各种特殊形状的工件，如 V 形、弧面、齿条，甚至渐开线齿形，并可达到较高的精度。工具三车间的镗工部在当时是具有相当规模的，有 4 台瑞士 SIP 厂出品的坐标镗床，还有两台当时比较先进的光坐标镗床。该厂坐标镗有一套独特的操作和测量方法，比一般书本介绍得更为快捷可靠。经过一个月的学习，我基本了解了这些方法，也能操作机床，加工一些简单的工件了。夹具装配的最大特点是成套性，因为每套夹具往往都有几十个甚至上百个零件，总装时哪怕缺少一个零件，也装配不起来。该厂采用的钳工负责制就保证了这一点，具体来说就是每套夹具的零件经过粗加工后，由派工员直接派送到钳工小组，以后的热处理及精加工由钳工负责派送，因为钳工掌握装配进度才能保证最后总装。

经过半年多的车间劳动实践后，再回到技术科，我已能独立编制一些较简单的夹具工艺，并且对正确率有相当的把握，遇到什么问题也能随时到车间去向师傅们请教，得益很多。

实习期间，厂方为了提高我们的俄文水平，先后请过三位俄文教师，每天下午 4 点到 6 点教我们俄文。课后我还旁听夜大的金属工艺学，很晚才回宿舍。实习生活是很紧张的。

工具一车间的共青团组织活动能力很强，对我们这批中国团员十分关心。以书记娜佳为首的积极分子，经常利用假日组织我们参加"星期六义务劳动"，参观博物馆、艺术画廊，或到公园和莫斯科郊外去游览，以增加我们对俄罗斯的文化艺术和乡土人情的了解，也使我们紧张的实习生活得到放松和调剂。

当时在斯大林厂实习的，还有黄一然同志，他是由当时的东北工业部派赴苏联实习的。这位老同志具有较高的英语、俄语水平，文化素养很高，有时参加我们的政治学习，给我们讲述他参加革命的亲身经历和一些革命道理，使我们深受教育。他回国后调一汽任副厂长，分管生产准备和工具厂，但不久即调往哈工大。

1953 年年末，我们迎来了以郭力副厂长为首的第一批实习生，他们住在离厂较远的斯大林厂宿舍区。到工具三车间实习的有张善棠、李正铭、贺富才、陈悦和谢洪瑞 5 人。作为先行者的我帮助他们熟悉环境和师傅们，以利早日进入实习计划。

我实习结束时，车间举行了简短而隆重的欢送仪式，并赠送纪念品。临行的那天，车间里很多苏联同志前来送行。我们登上东去的列车，和相处了一年的导师和师傅们依依不舍地挥泪告别。

在苏联实习，虽说只有短短的一年时间，但为以后的工作打下良好的基础，使我能满怀信心地投身到一汽的建设中去。

（丁敏华，1928 年出生，1951 年清华大学毕业，1953 年 4 月赴苏联斯大林汽车厂实习。1954 年 4 月回国后，曾任一汽工具二车间、冲压车间工艺组长、工艺处技术科副科长、副总工程师，1985 年调上海汽车拖拉机公司任铸锻事业部总工程师。）

青年时代的往事

李传祚

我是 1952 年年底由汽车工业筹备组抽出先学俄语，随即派往莫斯科斯大林汽车厂实习的，1954 年年初回国，分配在长春第一汽车厂工具车间工作。虽在苏联仅一年多时间，可是对我的一生却有着巨大的影响。

当年我国尚无真正的汽车工业。记得 1951 年，天津汽车修配厂自己用砂模铸造发动机本体，制造了一台吉普车，要开到北京作为国庆献礼，可是在半路就抛锚了，给我的印象特深。

在斯大林汽车厂我才有了真正的汽车工业的概念。我学的是量具制造。作为检验汽车零件的工具，量具经常要保证到 0.001mm 的精确度。当时对我来说，这种生产方式是多么的新颖奇妙，是多么的不容易啊！这是旧中国从未有过的规模生产。什么"块规""光学平玻璃""精密量规""精密刻线"等等，过去都是外国货，很少看到。现在不但自己能修，而且要生产，我算是开了眼界。所以我是确确实实想把它学会，为自己的祖国贡献一点力量。

我另一印象是苏联人民对中国人民的友好。那时刚刚解放，从中学到大学，我在旧社会所见的"洋人"总是盛气凌人，看不起中国人的。而当时初到莫斯科，斯大林汽车厂就派了一辆"吉姆"车让我们周游全市。有一次看电影，买票排队，人们听说我们是中国人，立刻请我们到前面去买票，把我们当做友好的客人，当时真使我感动。

那时离德国法西斯投降已有 7 年，但是莫斯科仍让我看到了战争带给人们的苦难。和我们交往的人群中有太多的人在战争中失去了亲人，而且街道中留下很多的建筑废墟，不易清理，这是"地毯"式轰炸造成的。妇女显然多于男子。我的导师康涅希金，是位残疾军人，他给我看他的大腿，常带着自豪和严肃的神情，对我讲起保卫莫斯科时的艰辛。那时莫斯科城被围，城内快断粮了，城外的地里还埋着未收的土豆，妇女和儿童就趁着夜晚，偷偷出城区挖土豆。军民一致抗击法西斯，终于将德军歼灭在莫斯科城下，使我不由得对他们充满敬意。

我的导师不但在学习技术上按规划给我上课，而且在生活上也给我指导。比如告诉我吃禽类时可用手拿着骨头啃，这是礼节允许的等等。特别有一次中午我要了两份荷包蛋（一盘三个），他说："李，这样不行，太多了。"我说："我们规定要吃够400卢布伙食费。"他说："你们国家还在抗美援朝，省一点吧！"说真的，那时国家为了使我们在国外不显得太寒酸，为我们预备了皮大衣、呢大衣、毛料大衣、毛料西服，每月700卢布的津贴，并规定不准节省伙食费来买高级耐用消费品。而那时我们在国内吃肉是不易的。所以我们感到很惭愧。不久大使馆召集我们开会，张闻天大使讲话，把我们的津贴降为600卢布，我们一点意见也没有。而且我们那批实习生都把剩余的津贴买了技术书籍。回国时大家寄了大量书籍，寄费都是一大笔开支。到了一汽，我分在临时工具车间，我和丁敏华把带的书办了个小图书馆，让大家借阅。

一汽的设计是斯大林汽车厂完成的，而且是以斯大林汽车厂做蓝本设计的。我们实习的最后阶段就是参加此项设计工作，并按个人所学的专业，设计个人所实习过的部门。我设计的就是工具车间量具工部。据说，斯大林汽车厂的前身"阿模"厂是以福特厂作蓝本的。当时，量具工部有些关键设备，像螺纹磨、齿轮磨都是西方进口的，我们的导师要我都代以苏联机床型号，我全部都选用了苏联机床。但导师看后，将几部车床、铣床等改用了捷克机床型号。我问他为什么？他说："这些机床精密可靠，比苏联的好。"这时，我才理解，有些机床可能由于美国等西方国家禁运，只能用苏联机床。而有的机床，捷克的价廉物美就用捷克的了。可见苏联专家对我们的确是无私的，他们并不隐讳苏联机床的不足之处。我很佩服这种直率的精神，做人的准则。

苏联同志对人的热情、真诚完全是袒露在外的。他们认为我们是"热水瓶"，中国人常常是不愿显露的。刚到苏联，和他们各民族的姑娘、小伙子手挽手，唱着歌，拉着手风琴走在大街上，很不好意思，慢慢就了解了他们的性格。我永远记得那个呵护着我们的女干部——达姬娅娜·阿法娜希芙娜。有一次我可能因为饮食不适，上厕所晕倒了，被工友送回宿舍。可是到宿舍后吃完药慢慢就好了，我就坐起来写笔记。她急急赶来，进门看我坐着，便很生气，当问清情况，又关心地看我吃的药，要我躺下休息，才赶回工厂工作去了。她的关怀完全是发自内心的。还有我们的俄语女教师，她既美丽又热情，为我们读马克·吐温的作品，和我们练习对话。我由于在国内学俄语的时间短，基础不好，有一次她问我做的什么工作，我说："我做的工作，小零件落地就找不到啦。"她听了很生气，认为我在戏弄她。可是第二天她从丈夫那里得知，量具工部仪表修理时的螺丝落地确实很难找，她就真诚地向我道歉。过圣诞节了，她把教我们的报酬办了很丰盛的晚餐，请我们全体赴宴，还准备了烤鹅，放罗伯逊唱的《伏尔加船夫曲》，让我们充分领略俄罗斯文化的风格。回忆起来很多事使人难忘。

现在我已是 73 岁的老人，回忆起青年时代的事，真有无限的感慨。目前，苏联已经解体，但苏联朋友的身影还常出现在我的眼前，友情永远在我心中，谨以此文缅怀我们的友情吧。

（李传祚，1929 年生，1951 年南开大学机械系毕业，1953 年赴苏实习。回国后，曾任一汽工具车间工程师，核工业部 404 厂工程师，404 厂四分厂、五分厂副厂长、总工程师，南京工程学院研究员等职。）

第"零"批实习生

刘经传

我是"零"批实习生的一员

1951年7月我从清华大学机械系来到汽车工业筹备组，和其他院校数十名同届同学一起参加实习，翌年全部留汽车工业筹备组分配工作。其中连我8人于10月编成小组，任务是自学俄文。当时的教材只有清华大学编的俄语速成课本。不会发音，就在筹备组内找了一位据说会八国语言的老人来教我们发音。后来才知道他的发音十分蹩脚。学到年末，通知我们置装，办理外交公务护照，准备赴苏工作。当时我不知道是什么工作。1953年1月乘火车到满洲里，住了一晚，第二天过境，换乘苏联火车。一上车，我们的语言就抓瞎了。我们说的俄语，列车员不懂，列车员说的俄语，我们也不懂。有一位好心的列车女医生常到我们包厢来帮助我们学一些俄语单词和发音。同车的硬卧全被赴苏的朝鲜青年包了，我们改在软卧。有的朝鲜青年会中文，有时也过来和我们聊天。车上的伙食是俄式西餐，8人中唯独汪声銮不能适应，餐车专为他做了煎鸡蛋、白菜汤等能适合他口味的菜。经过七天旅程到了莫斯科。我们在大使馆商务参赞处住下待命。

原定我们的工作是到斯大林汽车厂的"一汽办"，和他们一起为一汽做工厂设计，然后回长春参加施工。但当时工厂设计已收尾，我们的参与已无意义，于是决定将我们改为一汽赴斯大林汽车厂的实习生。后来人们戏称我们是第"零"批实习生，因为第一批实习生是一年后由郭

"零"批实习生和两位俄文老师合影。后排自左至右：李松龄、刘经传、忻元达、丁敏华、高忠华、陈善述。前排左一汪声銮、右一李传祚，中间为两位俄语老师。

力副厂长带队赴苏实习的。由于一汽首先开工的将是工具车间，商定将我们8人全部分配在斯大林汽车厂工具车间实习，我的专业定为锻模制造。孟少农副厂长来到之后，认为一汽开工生产调整时需要有人掌握产品设计文件及其管理，决定分出一人到设计处实习。他召集8人开会时了解到我的数学较好，就当场决定把我改到设计处实习，同时还决定把陈善述改到热处理车间、汪声銮改到冲压车间、忻元达改到锻造车间实习。我没有汽车设计的知识，向李松龄借得一本俄文书《汽车》。该书开头讲发动机特性曲线，我看不懂，就去请教孟少农。他哈哈大笑，开玩笑说："汽车设计师连发动机特性曲线都不懂，实在可笑。"

在商务处待命期间，有几件难忘的事。一是参加过向斯大林遗体告别仪式；二是我们祝贺陈祖涛婚礼，李刚和其他人唱歌，我吹口琴伴奏；三是请了一位曾到中国学古文的苏联人教我们俄文，他常用文言文说中文，挺滑稽的。我们还利用上街买报学习俄文。还有商务处餐桌上的罗宋汤味道特好，而且吃完可添，我们笑称其为"共产主义汤"。为了下厂实习，将我们原来的外交公务护照换为普通公务护照。

4月下厂前，我们迁居到离厂不远的一套标准三室家属宿舍，8人住两室，另一室住着一对苏联夫妇带着一个小男孩，兼照顾我们。他们通知我们到派出所登记，我们听不懂，光是"Паспорт"（护照）一词就闹了好大一阵才弄明白。从此开始了我们在苏联百姓中的独立生活。

第二天进厂，先到厂部，该厂副总工程师接见。然后，我由一位名为莎拉的老太太带到了设计处。见过处长斯莫林（先前他曾到中国为我厂选定车型"ЗИС–150"，我们出国前和他见过面），我被领到传动设计科，由科长福明当导师。从此开始了我独自在苏联人中的实习。首先遇到的仍是语言问题。我的发音不准，就连"您好"也说不好，常惹得他们大笑。在这样的环境中俄语进步特快，过了两个月，就可以用我的蹩脚俄语和他们比较自由地交流了。一年之后，我的俄语水平大大超过了国内脱产学了两年的同志，还充当了他们的临时翻译。发音也纠正了许多，至少不再被设计处的人笑话了，还曾得到过他们的称赞。

我并非在该厂设计处工作过的第一个中国人。第一个在这里工作过的中国人是老江泽民。他曾于40年代在该处当过传动设计科的设计师。一位白发老先生对我讲，Маслов（老江泽民的俄文名字）是个很好的人，受到周围人们的尊敬，并拿着他珍藏多年的刻有中文名字"江泽民"和俄文名字"Маслов"的图桌、毛刷和图尺给我看。他还说，Маслов的乡音（我们可理解为四川音）太重，俄语的发音很滑稽，并学着举例说明，然后大笑。我告诉他和周围的人，老江泽民是中国汽车工业筹备组负责人时，他们都很高兴，并要我回国后，向他问好。我也因有前辈在同处、同科、同专业工作过而感到高兴，并使我不因只身处于异国而感到孤单。

考虑到我是到设计处实习的第一人以及回国时适逢生产调试，所以我的实习计划不只是学习汽车传动系统的设计技术，而是包括设计处的技术文件管理、组织设计（机构设置、职责、工作路线等）、标准化管理、金属和非金属材料、各试验室和设计科（整车、发动机、车身等）的技术和操作在内的一个庞大的计划。此外，还要上俄语课以及专职教师单为我讲授的汽车理论、汽车设计课程。在实习车身设计时，汪声銮还被安排到设计处和我一起实习绘制车身主图板。现在回想，对于一个刚出校门，没有学过汽车专业课，没有俄语基础的人安排这样的实习计划，实在是过于庞大了。但这是一汽建设和开工前生产调试的需要，这个计划必须完成。

实习期间，适逢他们为一汽、解放牌汽车制作图纸和技术文件，以及编写设计处组织设计。整个设计大厅热火朝天，横挂着大幅红布标语："苏中友谊万岁""为了一汽"等等。他们经常加班加点，工作十分认真。图纸上的俄文字句旁都要留出填写中文译文的空间。他们常把我叫到图桌旁咨询，问图纸和文件是否能看懂，应该如何修改才能使中国人看懂。他们感谢我的"帮助"，其实这样的事对我熟悉这些设计文件和回国后的工作大有帮助，是我应该感谢他们。他们的美术师曾将车头上"解放"标徽旁的图案给我看，问我图案是否具有中国风格。为了适应冲压工艺的需要，他们把国内寄去的发动机罩盖子上的"第一汽车制造厂"字样做了一些修改，问我能否识别，并要我在图纸上签名确认，这是在"解放"原版俄文图上唯一的中国人签名。

我们的业余生活十分紧张和丰富。每天早餐时听有线新闻广播和天气预报，晚间复习整理实习所得。参加星期六义务劳动和郊游；参加"五一"和十月革命节红场游行；瞻仰列宁墓；参观各博物馆和名胜古迹；欣赏文艺演出、杂技和大剧院的《天鹅湖》；我们还曾在文化宫表演过合唱、独唱和口琴；邀请他们参加我国使馆的国庆节晚会；我曾多次观看各种汽车的拉力赛，很有收获。周日常上书店，买专业书几乎花去了全部生活费结余。实习结束时，我们曾请经常组织我们活动的工具厂共青团员到我们住处吃一顿自制中餐,可惜的是鸡汤的油太多,苏联姑娘怕胖而点滴未沾。设计处朋友请我们到餐馆吃饭,我不能喝酒,他们说"为国际主义干杯",我勉强喝了一小杯葡萄酒,结果全吐了,他们只得搀扶我回家。

实习结束前,我曾要求延长一些实习期,但未获准。我们回国时,在长春下火车时,发现全部产品图纸和技术文件和我们同车到达,这才悟到我未获准实习延期的原因:为了配合生产准备,我厂设计处急需帮助翻译、消化、管理这些图纸和文件。

回厂后,我比在苏联实习时更加繁忙和紧张。多次在厂内外报告赴苏联观感;向即将赴苏实习的人介绍实习经验;向设计处的人讲课传授实习所得;随时解答大家提出的技术和管理问题;翻译和解释组织设计;等等。经常工作到深夜,有时就干脆睡在办公室。所带回的几百本书都编了号,成立了小型图书馆,供众人借阅。当设计处搬移办公室时还要在夜间巡逻,保卫所有设计文件。

1955年,苏联设计专家费斯塔来我厂工作两年,他是斯大林汽车厂的副总设计师,我在苏时他曾为我讲解过汽车总布置设计,是我的另一位导师。这时我被委派专门跟随专家学习和负责组织及记录专家的咨询,时常还兼做翻译。这就成了我在苏联实习的继续,而且是结合我厂实际工作的实习,收获极大。我曾随专家参与"解放"车各零部件的生产调试,外协产品的选点和鉴定,为结合我国国情而对"解放"做"三大缺陷"的改进和"大型现代化"设计工作,最后整理了《苏联设计专家建议》上下两册。

1959年我出国途经苏联,逗留一个多月,在实习过的设计处拜会了当年的导师和朋友,倍感亲切。他们帮助我在该厂并到莫洛托夫汽车厂(即位于伏尔加河畔的ГАЗ汽车厂)和一些协作厂收集我厂改进"红旗"轿车所需的有关技术资料。当时按照他们上层的规定,收集这些资料受到限制,必须办理繁杂的手续,但是下面的人员对我这个老实习生却十分热情，毫无保留。老朋友还驱车带我到他们的别墅做客，看了过去德军到过的离莫斯科最近的村庄。我曾专程到莫斯科人汽车厂看望帮助我厂建设的总顾问希格乔夫。他一边接待我，一边还要对着调度话筒大声地指挥生产。他表示，十分怀念一汽和在一汽的日日夜夜，并希望再次应邀到一汽当顾问。此外，我还访问了即将到我厂帮助生产"红旗"轿车的整车设计、发动机设计、整车试验和车身制造专家，回答了许多他们关心的赴我厂应知道和应准备的问题。

我厂建厂40周年时我的导师费斯塔已81岁高龄，应邀参加庆典(应邀参加的还有齿轮专家格拉西尼科夫以及已故的希格乔夫和基列夫两位专家的女儿)。师生再次相逢，共同追忆往事，缅怀已故的希格乔夫和当年帮助一汽建设的许多苏联专家以及斯大林汽车厂设计处的同事，他还特别提到印象深刻的饶斌、郭力、孟少农等领导和其他一汽设计处的同事。他参观了一汽、一汽大众和汽研处（重组后的设计处）以及大量的新产品，连声说："你们是好样的，没有想到一汽40年的进步和变化如此之大。"我和一些老同事还陪他参观了他来华时的设计处所在地——伪皇宫。找到他原来的办公室，方知该室竟是过去溥仪"登基"的"金銮宝殿"。经过说明，负责展室的小姐特许我们在"禁止拍照"的地方摄影留念。我还请他签名和盖章留念。这是40年前我们熟悉的签名和当年他在长春时刻用的中俄文图章。他回国后，曾和我有通信和电话联系，曾对我们的邀请和接待一再表示感谢。一年后得知他去世的消息，不胜伤感。

忆黄一然同志二三事

在苏实习期间，有幸和革命老前辈黄一然同志相识。他曾是上海工人，参加过上海工人暴动。暴动失败后，党组织通知他立即转移，他连双目失明的孤身老母都未能告别，远远眺望后离去。后曾在哈尔滨以电影院经理的身份掩护革命工作。之后又在上海文化界从事党的地下工作。解放后由党组织派往苏联学习。他对汽车有兴趣，就安排在斯大林汽车厂作为特别学员学习。我们实习生中除陈善述是党员之外，其余 7 人都是团员，有时也参加党支部活动。他是党支部书记，亲自主持这些活动。记得他曾多次组织我们一起学《社会发展史》，大家学得非常认真。他在苏学习十分刻苦，除学习汽车产品和生产等专业内容外，还要补习一些初中基础课程，我曾被指定辅导他三角和代数课的习题。他关心年轻人的成长，时常给我们讲一些革命故事。例如：上海工人暴动斗争以及周扬、夏衍等人的故事。他还教育我们学一些中国历史和文化知识，以更深地理解中国革命，例如，建议我们学习范文澜著的《中国通史》，我回国后就按他所说买了该书。当我们对见到的苏联某些不良社会现象有议论时，他教育我们：太阳的黑子是挡不住太阳光辉的。他回国后曾任一汽副厂长，主管生产后方工作。不久调任我国驻苏使馆文化参赞。我于 1959 年到莫斯科时拜见了他，共同回顾往事。他十分关心一汽生产建设和老同志的情况，我就我所知一一作了介绍。他还帮助我联系途经捷克时参观工厂事宜。以后得知他后来调任北大副校长。

（刘经传，1930 年出生。1948 年进入清华大学机械系学习。1951 年调到汽车工业筹备组实习，1952 年任技术员。1953 年 2 月赴苏联实习。1954 年 4 月后一直在一汽工作，曾任副处长、处长、汽研所所长、一汽总设计师、副总工程师，解放汽车工业联营公司总工程师、常务董事。1995 年 5 月退休后，在一汽咨询委员会任委员等职。）

真情常在　友谊永存

李松龄

　　我是 1953 年 1 月至 1954 年 4 月在苏联莫斯科斯大林汽车厂实习的，是最早派到该厂的一批实习生。在这 16 个月的时间里，我广泛地感受到向往已久的社会主义苏联的美好，也深深地感受到苏联人民对新中国的热爱和深厚的友谊。多少感人的场面直到今天仍然历历在目，现在回想起来还总是有一种十分幸福和美好的感受。

　　火车刚刚驶入苏联境内不久，列车员便来敲我们房间的门，当时我们几个人你看看我，我看看你，竟不会用俄语说一声"请进"，因为我们在国内只是自学了两个月的俄语，水平实在太差。列车员只好满脸含笑地自己拉开了门，然后像老朋友一样地坐在我们中间，跟我们比比画画地谈起来，可见苏联人民对我们这几个新中国的使者是多么地热爱了。有一天晚饭后，我们几个人到大街上去散步，只见有一位手持鲜花的男同志径直向我们走来，非常热情地把鲜花送给我们，十分诚挚地向我们说，他手里的鲜花本来是预备到医院去看望朋友的，现在决定把鲜花送给我们。还口口声声地称呼我们是"伟大的中国人民"。

　　我们到斯大林汽车厂实习以后，苏方除对我们实习安排非常认真以外，还特意指定一位分管教育的老太太玛利娅安排我们每个星期日的休闲活动，她亲切地自称是我们的苏联妈妈。她和一位共青团支部书记娜佳组织几位共青团员卓娅、娃丽娅、卡佳、安娜等，把我们每个星期天的活动都安排得丰富多彩。夏天到郊外森林里去采野果，到森林湖泊里去游泳，大家玩得很痛快！常常是从早上一直玩到天黑，连中午饭都要在外面吃。在归途上我们总是手挽着手地亲切交谈,有时候还一齐纵情歌唱,回到宿舍总要到夜里十点钟左右。一天玩下来可真累呀!有时候我们就跟他们说,还是比较轻松地去电影院看看电影吧,她们总是说那多没意思!哪怕是冬天,也要到郊外去滑雪。有一次在冬日的森林雪景里,我们还有幸地看到了莫洛托夫等苏联领导人去打猎。我印象最深的是有一次到他们某个同志的郊外别墅去游玩,那是一个很大的庭院,满园碧绿,我们都随便地坐在草地上吃沙拉,有的人在旁边还拉着手风琴。我们一边吃着沙拉,一边欣赏着圆舞曲,那可真是别有风味啊!原来苏联人民的假日生活是这样的丰富多彩呀!由于他们每个星期天都为我们安排活动,我们参观了雄伟壮观的莫斯科大学、国家大剧院,各式各样的博物馆,欣赏了四个小天鹅曼妙的舞姿,和那栩栩如生优美传神的油画,使我们真正感受到艺术的享受。啊!苏联青年的文化生活,是多么健康、活泼,充满了青春气息,他们是那样地热爱生活。

本文作者李松龄(右五)在苏实习期间,假日和苏联朋友一起游泳戏玩。

我们去苏联的主要目的当然是学习。一开始，我们还需要学习俄语，先后有三位老师教过我们俄语，记忆最深的一位俄语老师是一位副博士研究生，专门攻读中国近代史的。她是想尽办法要认识我们，接触我们，主动要求教我们俄语的。她对我们几个人非常喜爱，把我们请到家里吃了一顿晚饭竟然花费了400卢布，而当时我们每月的工资也不过是700卢布。餐桌上单是干鲜果品就有希腊核桃、保加利亚葡萄等难以买到的珍品，把我们待如上宾。我们回国以后还按照她的愿望给她寄去了一本《太平天国》，为她写副博士论文提供资料。我的实习指导教师克鲁浜尼柯夫是一位德高望重的长者，他年轻时曾在美国实习过，他意味深长地对我说："我现在教你的很多都是当时美国还没有的东西，例如指导生产的各种金相标准等等。"他教我的不仅仅限于车间的生产工艺，还教我怎样进行汽车生产中各种工具的失效分析，如曲轴钻头折断、螺丝滚轮崩牙等等，把他们的研究报告一一拿给我阅读。他们都是与美、德等先进工业国家的同类产品进行对比检查分析，然后得出改进结论的，这对我回国后的工作大有帮助。他们所有的研究报告我们都可以看，有些他本人不熟悉的特种专业如高频加热还特意聘请本厂权威专家萨伯里扬柯夫副博士为我们举办专题系列讲座，对我们中国实习生真正做到了毫无保留。

在实习过程中，有一件事使我终生不忘。那年进入夏季以后，我发现在我的书桌抽屉里竟然有一袋又鲜又大的草莓果，我问是谁放进来的？实验员玛丽娅笑着对我说："是我家院子里新长熟的草莓，拿来给你尝尝的！"以后很长时间，我一开抽屉都有一袋草莓放在那里，那可真是让我感动得说不出话来呀！她对待我简直像对待自己的孩子一样。后来回国后在哈尔滨我还真的碰到了她的孩子，他是作为演员到中国进行访问演出的。他高兴地对我说，临来中国以前他妈妈还特意嘱咐他到中国要找一找我。嘿！我们还真是在哈尔滨巧遇了，这真可谓是"无巧不成书"。

为了能够更多地学到一些知识，有一段时间，我们晚上到莫斯科钢铁学院夜校去听课，讲课教授正是我们久仰大名的古里亚耶夫。每次课后，古里亚耶夫教授总是走过来亲切地向我们问长问短，问我们有没有听不懂的地方，有时也交谈一些关于中国的情况。

苏联人民热爱中国人民，中国人民也同样热爱苏联人民。出国以前，我在学校里看过很多苏联电影和小说，对斯大林同志无限敬仰，这次有机会到莫斯科，总盼望着"五一"节可以在游行队伍里亲眼看到检阅台上的斯大林同志。但谁能知道刚刚到了3月初就传来了斯大林同志病重的消息，到了3月5日斯大林同志竟不幸逝世了，闻讯后我们真是不胜悲恸。那时候我们还住在大使馆，大使馆派我们到圆柱大厅去送花圈，三个人抬一个大花圈，我抬的正是周恩来总理送的花圈。进入灵堂，只见斯大林同志穿着元帅服静静地躺在那里，旁边是马林科夫、布尔加宁等领导人在守灵。在这种非常悲恸的氛围中，我们低着头目不斜视地默哀片刻，放下花圈后就赶快退出了灵堂。后来斯大林遗体转送到列宁墓，当时去瞻仰斯大林遗容的苏联公民排队有一公里长，我们也去瞻仰了斯大林遗体。斯大林仍然是身着元帅服静静地躺在水晶棺里，面容跟生前没有什么变化。而列宁则已是面色苍白，但容貌仍和生前照片一样。以后我们又专门到郊外的列宁遗物博物馆去瞻仰列宁遗物，给我印象最深的是他那一件小大衣，上面还有一个被暗杀时枪弹穿过的圆洞。由于我看过苏联小说《卓娅和舒拉的故事》，并为卓娅不屈的爱国精神所感染，还特意到远郊卓娅墓前去看望，在卓娅墓前默哀良久。

在苏联实习的16个月很快就过去了，在短短的16个月里，除了圆满地完成了实习任务以外，还深深地感受到苏联人民对中国人民的友谊，现在回忆起来，仍然是真情常在、友谊永存。同时也深深地体验到了苏联社会主义社会的无限美好。带着对社会主义社会的向往和热爱，我决心为祖国的社会主义和共产主义理想奋斗终身，勇往直前地投入到建设我们社会主义祖国的洪流中去。

（李松龄，1929年出生，1951年毕业于清华大学机械系。1953年赴苏联实习。回国后，先后任一汽工具厂技术员、工程师、车间副主任、技术科副科长、一汽总工程师室主任工程师、副总工程师。）

难忘的赴苏实习

李子政

新中国成立初期，在长春市建设我国的汽车生产基地，当时叫652厂，即第一汽车制造厂。记得那是1952年9月，我在哈尔滨坦克厂任党委书记兼副厂长的时候，接到组织上的通知，调我到652厂工作，首先到大连俄专班学习俄语。

在大连俄专班的日子

我从哈尔滨直接到北京报到，汽车工业筹备组组长郭力同志告诉我，第一批赴苏学习汽车制造技术的学员已在大连俄专学习。交给我的任务是，参加学校党委，组建学员支部，负责党员的政治审查、学习和生活管理工作。随之，我便赶赴大连。

当时大连俄专刚刚组建不久，校舍坐落在地势较高的西岗，是一座绿树掩映的小楼，离斯大林广场很近。我们的学习生活十分紧张，每天早晨6点钟起床，然后跑步做操，然后上课，一学就是一天，还有晚自习。这样紧紧张张学习了一年多，确实收获很大。

学员经过近一年的学习，开始做赴苏的准备工作。这时，有三位学员在政审中不合格，说他们有历史问题，而且，还说问题比较严重。我觉得应该对具体情况具体分析，应该实事求是，又经内查外调之后，我于1953年8月，到了北京国家公安部，直接向副部长陈龙同志汇报。陈龙同志曾是我的老领导，当年他任东北局保卫部长，我任松花江军区

70

警卫团政委，我们彼此有较深的信任基础。我向陈龙副部长汇报：第一位同志是北京坦克厂调来的技术干部，在郑州读中学时集体参加了三青团。我们在郑州找到了他的班主任老师（我地下党工作者），证明他参加三青团的时间很短，而且没干过任何坏事。第二位同志是上海记者，在当时参加了地下党，因工作关系，他经常接触社会上各阶层的人，不能说这就是问题。第三位同志是我的老厂哈尔滨坦克厂的技术员。抗战胜利后，国民党为了争夺东北统治权，到处招兵买马，封官许愿，他这样被裹进去两个月，也没有带过兵，更没有打过仗。说实在的，这三位同志的问题，在今天看来，根本算不上什么问题，但在当时的历史条件下，问题就不那么简单了。陈龙副部长听了汇报后，问我是什么态度。我说，我们刚刚建国，培养人才不容易，何况对他们调查是清楚的。我保证他们三人不会出问题。最后经陈龙同志批准，他们三位终于获得了极其珍贵的赴苏学习的机会，大家也为他们没有掉队而高兴。后来，他们先后都成为我国汽车工业战线上的骨干。

赴苏学习，实现梦想

1953 年秋天，我们从大连返回长春，许多同志还是第一次到长春的一汽建设基地。那时许多人住在临时工棚，我们被安排在市内条件较好的伪皇宫住下来。经过短期的出国教育后，我们再度来到北京，进行检查身体和办理护照。记得我的护照是享受外交官豁免的红本，并领到 1200 元置装费。其他学员办的是蓝本护照，发 600 元的置装费。然后，在王府井一家指定的服装店裁制出国服装。那时 600 元可不是小的款项，每人做了两套西服，两套中山装，还买了一套毛衣毛裤、一套内衣、一双皮鞋，置了这么些东西，钱还没有用完。

在北京办理完出国手续和置装，我们又回长春准备出国。出发前郭力同志和饶斌同志都同我谈了话。郭力同志深感建设一汽担子太重，多

本文作者李子政（右）和实习生竺培曜（左）1955 年在莫斯科火车站留影。

次请求要再派一位厂长来支持工作，自己专心抓技术工作。饶斌同志就是在这个背景下从东北局调来任厂长的。郭力同志改任副厂长兼总工程师。郭力同志平易近人，饶斌同志气质大度。他们说，一汽将派多批同志赴苏联学习，我们是第一批，每批学习一年，要我在苏联做两年带队的思想准备，有事向我国驻苏使馆汇报，由使馆负责处理我们的涉外事宜。

随后，我向学员们传达了两位厂长的指示。学员们都充分认识到了首批出国任务的光荣和重大，表示一定要虚心向苏联学习，把斯大林汽车厂的生产技术和管理经验学到手。我们在 1953 年 10 月底登车北上，到哈尔滨转车，由满洲里出关。

我们在路上走了十几天，每天都感到新奇，都很兴奋。站台上的苏联人不时投来友善的目光，车上的苏联工作人员问寒问暖，我们的车厢时常飘来轻柔的乐曲和歌声。美梦成真的幸福随着列车高速奔跑，滚滚前行的车轮洋溢着社会主义故乡的温情。列车上的服务员是些漂亮的俄罗斯姑娘，她们每天不知疲倦地为我们送水送饭。负责我们学员生活的王达勋同志深受感动，将我们的小费一下子全部赠予了一位服务员。后来餐车主任找到我说，小费应交给他统一分配。我们也只有表示歉意。这段当年赴苏车上的插曲，几十年后我依然记忆犹新。

斯大林汽车厂

斯大林汽车厂位于莫斯科南部工业区，是苏联著名的汽车厂之一。我们到达莫斯科火车站时，该厂教育处的大客车老早就在站前迎接我们。大家身在异国他乡，内心却是宾至如归般的踏实。我们同斯大林汽车厂干部职工们的友谊，从此拉开了序幕。

我们在莫斯科的学习、工作和生活，组织上是由我国驻苏使馆负责。在斯大林汽车厂，我们学员按自己将来从事的专业，对口学习冷热加工技术，还要掌握每台设备的性能和工序工艺的操作，任务相当繁重。每天早晨 8 点上班，中午休息一小时，下午又接着工作，晚上回宿舍后在灯下整理学习笔记和资料。我们的食宿条件相当优越，学员四人一个房间，有冷热水，有活动室。苏联朋友的生活是丰富多彩的，经常举行舞会和演讲，给人一种生活充实的美感。学员每人每月发 600 卢布，包括交通、食宿和日常生活费用。一般 400 卢布就够用，一年下来可节约 2000 卢布，回国时可以买些纪念品。我作为领队，平时常常需要同苏联朋友沟通，每逢遇到苏联朋友的生日或婚丧嫁娶等情况，都要主动参加聚会或拜访。苏联是个注重礼仪的国家，送些小礼物是非常好的事，这些开支都由个人承担，所以我从苏联回来带的纪念品就很少了。

在斯大林汽车厂学习时，还有两件事值得一提。一是战后和民俗的原因，苏联女性常常主动接触男性，我们的一名学员和一名苏联妇女的关系出了格。那位妇女的丈夫在酒后气冲冲地找到我，要我交出那个学员。为使矛盾不进一步激化，我耐心和他解释，并佯装听不懂他的话，请他明天同他的领导一起来解决这个问题。他走后，郭力同志感到问题的严重性，他让我去使馆向张闻天大使作了汇报。大使听后十分生气，指示将这个学员立即送回国。由于纪律严明，处理果断，对其他学员起到了很好的警示教育作用，此后再也没有发生类似的事情。

另一件事轰动了斯大林汽车厂。1953 年冬天的一个上午，厂方通知我下午休息，晚上去看一件绝密产品——给毛主席装配的防弹轿车。这件事在苏联保密程度也是很高的，我也不能告诉任何人。中午我在一个小酒馆吃饭，对面坐着个年轻人，他有意翻了翻内衣，露出了短枪。他告诉我，他是便衣警察，中国同志外出，他们常常要在暗中保护，我非常佩服苏方的周密安排。

我上了有轨电车，本来 20 分钟就可以赶到厂里，可是一个小时过去了，车还在走，一直没有我要下车的站。我急忙问售票员是怎么回事，她笑着向我解释：上班时间过了，这个时间我们的车不走那条线。她还热情地说，我们送你到地铁门口，乘地铁很快就会到的。

莫斯科的地铁分上中下三层，地铁站十分宽敞明亮，装饰富丽堂皇。因为我刚来不久很少坐地铁，在上层买了票，却不知上哪列车，就又跑到中层买票，没等我看清站次，车又开了。我又跑到下层，同样又是没有赶上车。就这样我折腾了七八次，上上下下地跑，买了一把票。这时我跑得满头大汗，又渴又饿，十一点多，我还站在那里不知所措。这时出现一个便衣警察，他看我手里拿着好多车票，知我迷了路，告诉我说，进了地铁，只要不出站，买一次票就够了，到哪里下车都行。他热情地带我上车下车，一直送我到工厂大门口。后来，几乎全厂都知道我在地铁迷路几个小时出不来，还是安全部的警察送回来的故事。此后，我画了一张无轨电车的地铁站线路图，发给学员，以免再出类似笑话。

郭力厂长同饶斌厂长来莫斯科

饶斌同志接郭力同志任厂长后，技术方面的重担落在了郭力身上。1954 年 2 月，郭力带着另一些学员来到斯大林汽车厂。郭力同志是

1933 年考入哈尔滨高等工业专科学校（哈工大前身）的，次年加入中国共产党，是我党的早期工业干部。在苏期间，沈鸿代表一机部，郭力代表第一汽车厂，我作为留苏学员的党总支书记，同驻苏使馆保持着密切的联系。

郭力同志在苏联期间，有三件事使我印象很深刻。一是他来时，代表一汽赠送给斯大林汽车厂一个象牙制作的工艺品，这是一份比较贵重的礼物，苏方回赠我们一辆大客车（后来给一汽托儿所用来接送孩子了），并举行了隆重的交接仪式。我同郭力坐在主席台上，双方充满友谊激情的致词，由陈祖涛同志翻译。坐在我身旁的一位苏联同志听了陈祖涛的翻译，惊讶地对我说："你们从哪里请来这么好的翻译！我们苏联人能讲这么纯正俄语的人也不多。"他们哪里知道，他是陈昌浩的儿子，从小在苏联长大，还是毛岸英的同学哩！

二是郭力同志每天废寝忘食地工作。他缜密细致，责任心强，一汽生产汽车的前期技术准备工作的重担都压在他身上，他把管理学员的事全部交给了我，自己埋头收集设备技术资料，产品工艺流程，工装图纸种类分析，另外，同苏方签订设备到货日期等等工作都要关照。他忘我的工作态度，使我很钦佩。我回国主持一方面的工作后，郭力同志的优良工作作风对我影响至深。

第三件事是件趣事，可以说明苏联人民对我们的友好。我们在斯大林汽车厂的环境里，没有条件配备专车，外出或开会都是搭公交车。有一次我和郭力同志一起外出开会，临行前换了一套衣服，上车后才发现谁也没带钱。售票员看我们在口袋里摸了半天，一脸的窘相，便笑呵呵地说："中国同志，不用买票了。"车上也响起善意的笑声。我们又一次感受到苏联人民的同志之情。

1954 年 9 月，饶斌厂长从长春火热的建设工地来到莫斯科斯大林汽车厂学习和考察。他用一个月的时间，全面了解斯大林汽车厂的情况，检查了技术装备的准备情况，向学员讲述了基地建设和国内的大好形势。他富于鼓动性的演讲，给学员们留下了深刻的印象。

真诚的支援

我在苏联斯大林汽车厂亲身感受到，苏联同志对一汽建设的支援是无私而真诚的，对此，我至今仍怀着深深的感激之情。

先从一汽的厂区布局和厂房的建筑风格说起。厂区大门、中央大道，两侧排列的车间、分厂，从热电厂眺望全厂，那种气势正是新中国朝气蓬勃的缩影。一汽无论在产品、技术、设备还是管理方面，当年在亚洲都是屈指可数的，甚至当时的斯大林汽车厂也没有我们一汽漂亮。这是有目共睹的事实。单从我们一汽的产品来说，解放牌汽车应用的技术，是斯大林汽车厂的工程师们在改进自己产品基础上推出的最新技术，也是苏联当时较为先进的，在世界上也不是落后的。此后，解放牌在中国大地上一直称雄了二十多年。再看一汽的设备和工装工艺。当时"二战"结束不到七年，苏联处在百废待兴的重建时期，为支援建设一汽，苏方克服了许多困难，动员了自己的机器制造业，为我们赶制设备，自己还不能生产的，就向西方订货，尽力提供较为先进的东西给我们。记得有一台大压床，西方以种种借口取消了苏方的订货合同。为了保证我们出车，斯大林汽车厂动员干部职工拆除自己厂房的屋顶，自力更生地为我们赶制大压床。至于斯大林汽车厂为一汽培养实习生，提供优越的学习环境，在管理和技术上毫无保留，后来又派许多专家来一汽现场指导，更是为一汽建设打下了良好的基础。

当年苏联对一汽建设的援助，苏联人民伟大的国际友谊，我们永远不会忘记。

我们在苏联斯大林汽车厂学习的五百多名同志，后来都因此成为中国汽车工业战线上的中坚骨干。他们有的先后从一汽出发远征，在全国各省市，凡是有汽车制造工业的地方，都曾留下他们的足迹。

我如今年过八旬，当年风华正茂的学友，如今同我一样步入晚年，还有一些学友的名字已经刻在墓碑之上，但是他们生命之花在祖国汽车工业的花园中永不凋落。

（李子政，1921 年出生，1938 年参加革命，1953 年赴苏联实习。回国后，先后担任一汽铸造分厂厂长、二汽党委书记等职。）

别梦依稀叙开端

潘承烈

时光的流逝犹如江河东流水，一去不复返。现在追忆将近半个世纪前的莫斯科斯大林汽车厂的实习岁月，它既遥远得恍如隔世般依稀若梦，而又清晰得仿佛就在昨天。

我作为祖国汽车工业建设初期曾身历其境的一员，想稍多花一点笔墨先谈谈赴苏实习的前奏与过程。

我是1950年清华大学机械工程系毕业的。我们是新中国成立后第一届统一分配的大学本科毕业生。毕业前学校要大家填写工作志愿，当听说新中国将要建设"毛泽东汽车厂"时，在校选修过汽车工程、内燃机等课程的同学，好些都填了希望分配到未来的汽车工业岗位上去。

那时重工业部下面设立了汽车工业筹备组，1950年暑假后，从清华、交大毕业的二十多名工科毕业生被分配到这里。在孟少农同志主持下，大家自己选择了未来的专业方向，然后被派到对所选专业来说最能学到东西的企业去实习一年。工学院毕业生自然都选设计、工艺之类专业。我由于到汽车筹备组报到晚了，有一个"生产管理"专业始终尚属空白，所以就让我学了这个专业。接着到大连机车车辆厂去实习，因为当时那儿有苏联专家。这样我从跨出校门一踏上工作岗位便与管理结下了不解之缘。

建设一个大型的汽车制造企业，对我们是一个全新的事业。为了做好准备，当时提出了在正式建设汽车制造厂之前，先搞一个汽车装配厂，由苏联提供全部零部件进行装配，并借以练兵。这个厂的厂址选在北京衙门口，一块难得的好地方。这个装配厂代号为 752 厂，而定点在长春的制造厂则代号为 652 厂。

由于长春的建设进度加快，为了不再分散力量，752 厂的方案随之取消。

1952 年春，北京成立了留苏预备部，凡要去苏联学习和实习的，都先经过那儿进行俄语强化训练并进行政审。该校在 4 月开始上课。汽车筹备组派出了五个人去那儿学习，包括张鹏、胡善甫、张曰骞、谢渊和我。当时这五个人是为 752 厂培养的，分别按汽车装配、工具管理、发动机设计、模具制造和生产管理这样几个专业分工。后来由于 752 厂方案撤销，我们也就归并到了一汽的五百多人的成套实习计划中。

"一五"期间苏联援建的 156 项重点项目中，一些突出的项目如一汽、鞍钢、有色冶金等，都派出专人到我驻苏大使馆商务参赞处常驻，以便与苏方在交付设计、设备等方面保持经常联系，其身份称之为"总订货人代表"。孟少农便在 1952 年赴莫斯科担任了这个角色。那时我驻苏大使是张闻天。

随着一汽设计工作的进展，孟的工作量增加，需要增添助手。我在北京留苏预备部的学习于暑期结束，于是在 1952 年 10 月 15 日便派我去莫斯科协助孟少农工作。不久，李刚、窦英伟也去了。我们与早在莫斯科学习和生活的陈祖涛一起在孟少农领导下从事联系国内与沟通苏方的工作，其中包括制订赴莫斯科汽车厂实习的实习生专业分工等。

1954 初，郭力同志亲自率领一大批一汽的有关处室、车间负责人及技术骨干与技工来到莫斯科，开始为期一年的生产实习。在这批人之前，先有陈善述、刘经传等八人已先在那儿实习。

郭力抵莫后不久便去拜访了张闻天大使，向大使汇报了一汽的筹建情况，并向他反映了我们派遣实习生由于国内对他们政治审查过严过慢，苏方向我们提出意见。因为一汽已于 1953 年 7 月 15 日破土动工，三年建成出车的目标也已确定。如按当时的派遣速度，可能到正式开工

本文作者潘承烈 1954 年夏在克里姆林宫前留影。

生产时会因人员准备不足而造成延误。经大使向国内反映后，后来派遣实习生的进度便大为加快。

转眼就到了 1954 年的春节，大家下班后在一起包饺子，热热闹闹地欢聚在一起，度过了一个远离家人的春节。

实习生按照事先确定的专业到各自的岗位开始实习。每人都有指定的苏方老师，并且由他们事先制订出一年的实习计划。但对不少同志来说，在与苏方老师沟通时，语言上还存在一定障碍。后来实习团团长郭力同志宣布任命我为实习总干事，这样当谁在沟通时出现困难便找我去为他与苏方联系、沟通和解释。

至于我自己，实习是在厂生产调度处，学习专业是全厂总调度。我的导师是该处副处长阿历克赛·阿历克申德洛维奇·加达洛夫。他是个十分认真、工作严谨、一丝不苟的人。事先为我制订的一年实习计划长达三十多页，涉及到生产调度业务的各个方面。他认为学习全厂总调度，必须要以掌握生产作业日历计划为基础。作业计划如果越不周密，就越会造成调度被动。而零件储备量定额工作更是作业计划中的核心环节。因此在我的实习计划中，这些都占了十分重要的位置。

在生产调度处实习的还有唐云显和范恒光。唐学的是机械加工车间的计划调度，范学的是毛坯车间计划调度。他们也各有在调度处内这两个科的导师。

导师十分忙碌，大部分时间都在车间解决生产中发生的各种问题。我一般在上班后便在生产调度处我的座位上等着，他下车间时便带我下去。在各个车间、各条生产线他结合工作给我讲解每个生产环节生产的是什么，工艺上有何特点，生产组织和生产管理上又有什么特点。这样整整用了半年时间才把整个莫斯科汽车厂跑了个遍，等于半年参观了一个大型汽车制造企业。他还不时问我，你是不是觉得现在"吃"得比原来饱一点了？意思是你对企业管理的理解，在感性上、在知识上是否感到比以前更充实一些了？说实在的，经过这半年的"有导向的参观"，我对一个企业的运营开始有了一个整体的、比较完整的认识和领会。

他由于白天很忙，总是马不停蹄地到下面处理问题，所以总是在下班之后，在生产调度处职工都回家后，才回到自己办公室，然后招呼我进去，开始给我讲课。按照我实习计划的进度，把要学的内容一步步展开。

有一次他问我，你是哪一年生的？我说是 1928 年。他说你生的那一年我就已经在这个厂工作了。他不但勤于实践，更善于思考总结，把他从实践中得来的感性知识，归纳、提炼，上升到理性认识。由于他有丰富的实际经验又有理论，生产调度处有的人对我说，他们把他称为"教授"。

每次他给我讲课时，总是先打开他身后的保险柜，拿出锁在里面的他的手稿，字迹密密麻麻、整整齐齐。他一面讲，一面翻着手稿有选择地给我念。我自经过留苏预备部，后又在使馆商务参赞处每天的俄文学习（按规定，那时驻外使馆的工作人员都必须每天请人来教一个小时的该国语言），我的俄文水平已大有提高，我的听写速度已完全跟得上他给我讲课和念手稿的速度了。

就这样，我在生产调度处的一年实习，白天到基层去走动、观察，增加对企业生产活动的感性知识，下班之后又跟着老师进行理论学习，逐步对企业活动有了一个系统的了解，使我感到这一年的实习生涯是在不断有所收获，有所提高中度过的。

有一段时间，我在总调度台实习。一次看到厂生产主任库茨聂佐夫在调度电话里向一个车间主任催一个紧急件，他怒气冲冲地吼着："你在明天 8 点以前不交出来，我就砍你的脑袋。"苏联的"一长制"作风在此表现得淋漓尽致。这时郭力同志告诫我："你可别把这一套学回去。"

由于下班后往往要听导师讲课，所以我回到宿舍总比按时下班的其他同志晚。给我印象深刻的是，那年农历除夕夜，在我回到宿舍时，大家的"饺子宴"已成残局。郭力同志见到我回来，便告诉我刚才他已向大家宣布让我当实习总干事的事，不少人也来向我祝贺。

当我结束一年实习的时候，我写下的听课笔记已达五十万字。我又抓紧时间重新誊清一遍。为了保持原状，这两份资料都是用俄文写的。1954 年年底我们这一批人学成归国。1955 年春节刚过我开始在一汽的生产调度处上班。领导上给我的任务是：日常业务暂时先别介入，首先把学来的东西全部译成中文，然后向厂生产调度处以及各个车间生产调度科的全体人员讲课，每日讲半天。这样共延续了整整三个月，把"西天"取来的"经"原原本本地照搬到了一汽。

厂技术教育处于 1955 年 5 月把我的讲稿以《汽车制造厂的作业日历计划工作》为名，作为内部资料印发，后来成为我们汽车拖拉机企业生产调度系统的主要业务参考资料。

这份资料印出后，我给加达洛夫也寄去了一本，后来来厂的苏联专家告诉我，他在收到后十分高兴，举着向生产调度处的职工们说，潘承烈的书都已问世了。

但极为不幸的是，这位把大半生献给了莫斯科斯大林汽车厂的我的业务引路人，于1955年晚些时候因脑部病变而过早地离开了人世，没有来得及把他锁在保险柜中的那一摞摞用他多年心血所积累下来的手稿付印成书正式出版，而我的这本中文资料竟成为对他一年辛勤教导的一份小小怀念与对他过早辞世的凭吊。

在斯大林汽车厂的这一年实习，为我对企业管理的理解打下了扎实的专业基础，使我受益终身。

（潘承烈，1928年出生，1950年清华大学机械工程系毕业，分配到重工业部汽车工业筹备组工作，1952年赴莫斯科中国驻苏大使馆商赞处常驻，1954年在斯大林汽车厂实习生产管理。回国后，先后在一汽生产准备处、生产调度处、总工程师办公室担任科长职务。1979年调离一汽，在中科院负责推广优选法。1980年调中国企业家协会，任副秘书长，中国企业家联合会副理事长。）

赴苏实习漫忆

胡　成（胡育德）

1953 年冬季，我们三十多名实习生，乘火车出发，去苏联实习。一路上吃的不习惯，节省不少饭票，这些是早已预付了钱的。到莫斯科约半年以后，知道这些饭票可在高级的莫斯科铁道饭店使用。那个饭店阔极了，店中间还有奏乐舞台，奏乐助餐。

进入苏联国境时，一般情况下对外国人检查很严。但对我们中国实习生检查很松，打开箱子盖略微看看就行了。

听说当时苏联妇女与男人的比例很悬殊，女多男少，找丈夫不容易。我们第一批到斯大林汽车厂实习的人，当时大概因为百货公司积压了一批水獭皮子，在规定的金钱数目内，我们都戴上了水獭皮帽子，穿上了水獭皮领子大衣。一排几十个身着这种高级衣帽的中国实习生，上下班很显眼，招来许多中国籍的妇女来我们宿舍参观。其中有个中国籍苏联女学生，她的父母都是中国人，第一次世界大战时期到俄国的。她是莫斯科一个师范大学的学生，她见我们中国人很是亲热。她说："我是中国人，我不会说中国话。"在我们宿舍里用中俄文混合交谈。第二次她又来了，直接说想嫁给中国实习生。她看中我们实习生中实习电修车间主任的王振同志。王振当时穿的毛衣上绣着"和平"二字，她说要穿这个毛衣的。当时王振同志壮健英俊，一表人才。王振同志说，谢谢你的美意，但我在抗美援朝战争中已选下女朋友，有婚姻之约。女方才讪讪而去。

在当时情况下，他们有妇女工作养活男人及孩子的。我是在发电厂实习的，有个女工程师就是这样。我下班时看到她的丈夫领着孩子在厂门口接她，天天如此。有些妇女虽有工作，但工种不好也难找丈夫。我参观一个沼气站，规模不小，有很多青年且不少是漂亮的姑娘。站长跟我说，因为她们处理粪便，有"臭姑娘"称号，找丈夫非常困难。站长为此唏嘘不已。

我们在苏联实习时，和苏联人朝夕相处，生活习惯不同，矛盾难免，但在当时中苏友好的时代，也就不成什么问题了。我们中国实习生自己洗衣服，同宿舍的苏联男人讥笑我们，说男人干女人的活计，没意思。俄国人吃茶放糖，他们说茶苦你们怎么能喝得下，我们说这正是茶的好味道。俄国人说你们把西红柿和鸡蛋混合炒着吃，如果分开吃不更有天然味道吗？俄国人一般吃饭先喝汤，与中国人习惯相悖。这些生活上的事，给我留下很深的印象。

当然，记忆更深的还是实习的专业。莫斯科李哈乔夫汽车厂在我们实习时叫斯大林汽车厂，斯大林逝世后改用该厂第一任厂长的姓名为厂名。50年前该厂每年生产汽车10万台，有职工5万人。生产线是两班开动，第三班要检修。各生产车间配合得很好，源源不断将零件和外协件保质保量按时装成部件，然后在总装配线上合成汽车，3分钟内就能装成一辆载重卡车。整个工厂是按美国福特汽车厂设计的。

我们这一批实习生大概都没见过这样的流水线式生产的工厂。实习生刘登云同志去机械加工车间实习时，他的导师问他技术，他什么都不知道。他的导师说你回中国做三年车工、钳工再来实习吧。刘登云并未气馁，而是不顾一切扑下身子刻苦学习。一年后回国，任沈阳重型机械厂厂长，为此后的第一、第二重机厂培养了大批人才，为我国工业建设立下了汗马功劳。

我是学动力的，先在热电厂学习。热电厂不但供电而且供热。切不可小看热水暖气，在东北地区，暖气是保证生产的重要条件。一汽1954年建厂时期，因暖气供不上，影响了建设。当时借用几个火车头

本文作者胡成（胡育德）1954年与实习导师在斯大林汽车厂门前留影。

供暖气，但时断时续。1955年起采用在苏联学习的暖气供应办法，一直安全供暖气至今。

在苏联期间，我对动力供应的各方面都进行了实习，回国后运用到实际工作中，都是行之有效的东西。我在担任一汽总动力师期间，对动力系统特别重要的人员，如值班工程师、值班主任、值班长等值班时的主要负责人，特别重视，亲自组织笔试和口试，然后给予任用。岗位工人则由车间主任等审查考试。

在苏联学到的还有一个重要方面，就是十分关心各种动力设备的状态，把心思放在动力设备上。负责人要经常巡视自己管辖下的设备。要建立一套设备有计划的巡视和检修制度，切实施行。还有一件事，是动力系统要有一批抢修队伍，在事故发生后能最快地修复动力设备，在规定的时间前送出动能。这个队伍即使在深夜，也能迅速组成赶赴现场。

岁月啊，半个世纪快过去了，昔日长春市郊孟家屯这个小屯已建设成为世界闻名的汽车城了。我们这些人在生产第一辆解放牌卡车时虽然尽过绵薄之力，但主要还是数万职工的努力。祝你们在入世后的新世纪再努力，再创辉煌。

（胡成，1918 年生，1937 年参加八路军，1953 年调一汽，后赴苏联实习。回国后任一汽动力处处长，1957 年调第一重型机器厂，1962 年调第一机械工业部，1964 年调东北重型机械学院（后改名燕山大学）任副院长、副校长，1985 年离休。）

苏联人民的诚挚友情永志不忘

王达勋

我是 1953 年 11 月中旬一汽派赴苏联的第一批 39 人实习团的实习生，到莫斯科斯大林汽车厂实习机修车间主任。我们由第一铸造车间主任李子政领队先行到达，随后郭力厂长也于 1954 年 1 月到厂。郭力厂长在与苏方商谈和一汽建设有关重要问题的同时兼任实习团的领队与党支部书记，李子政兼任副书记，动力处长胡成兼任组织委员，我兼任学习委员。

我们到莫斯科以后，首先去中国驻苏联大使馆聆听了张闻天大使的重要讲话。他说："由苏联全面援助建设的第一汽车制造厂是我国第一个五年计划的重大建设项目，你们是派来的第一批参加培训的实习生，你们的任务就是要在斯大林汽车厂向苏联同志老老实实地学习，学会生产载重汽车的生产技术与管理的知识技能，回国按计划顺利地大量生产出自己制造的载重汽车。"张大使还对我们在苏联期间要注意加强同苏联同志的团结、增进中苏人民之间的友谊和遵守外事纪律方面提出了要求。

在我们之前，已有刘经传、陈善述、汪声銮等 8 位同志在厂实习，郭力组织他们给我们介绍实习经验，并与斯大林汽车厂有关领导协商后明确了我们实习的总方针和具体要求。明确总的方针是："学会组织生产，重点学习特种技术操作和适当必要的理论知识。"提出的具体要求是："要老老实实、恭恭敬敬地学，实事求是有分析地学，要联系中国的国情，不能一切照搬，要有科学态度和独立自主的精神。"苏联的有关领导对我们的学习日程也作了周密的安排：聘请了较好的俄语教师，在前半年安排一定时间学习俄语；分配去实习的各个单位，都安排了有较高专业知识素养与工作经验较丰富的工程师、专家讲授专业技术知识，担任实习指导。

我实习的主要导师是机修车间主任埃·依·施米略夫同志。在他的指导下，我的实习分三段进行：首先用了一个月的时间，对车间组织系统、各科室的主要管理业务以及生产情况，作了一般的了解；然后用了十个月的时间，全面系统地深入学习设备维修理论、操作技术和管理知识；最后又用了一个月的时间，了解导师施米略夫同志担任车间主任的工作方法和经验，并向他请教了在实习中还没完全弄懂的一些感兴趣的

本文作者王达勋（前排右三）1954年在斯大林汽车厂机修车间实习期间同苏联同志在莫斯科参加庆祝"五一"节游行活动时的合影。前排右起第一人为实习生刘金钺，第二人为苏联导师、主任工艺师达东诺夫，第五人为实习生李绍瀛，第六人为实习生何秀坤，第九人为实习生王德元。

问题。

  在一年的实习过程中，导师们全面系统地向我们讲授了他们的生产技术知识与管理经验，热情耐心地回答我们所提出的疑难问题。施米略夫导师详细地讲解了他们为一汽机修车间所作的施工设计；机修车间副主任兼液压实验室主任马开也夫导师给我们讲授了机床液压传动装置的维修技术和试验研究工作经验；主任工艺师达东诺夫导师在给我们讲授机床大修工艺技术时，专门向我们介绍了斯大林汽车厂为提高机床大修效率所采用的较为先进的修理法；其他所有不同岗位的专业导师也都是毫无保留地向我传授各种专业知识和他们的宝贵经验，包括汽车工厂各种通用设备与专用设备的理论知识和维修技术、非标准设备的制造工艺、设备润滑技术、备件加工工艺以及苏联当时普遍应用的设备计划预修制等等，使我们受益匪浅。在我下生产现场实习一些大型重点机床，如大型落地镗床、大型立式车床、大型龙门刨床和齿轮加工机床的操作技术时，工长拉布基、洛瓦更、涅特维捷耶夫等导师都耐心地向我们讲解如何操纵机床的各种控制手柄，在加工中常使用什么刀具、夹具、量辅具等，机床容易出现什么故障和清除这些故障的方法。他们把所知道的一切知识和经验都教给了我们，使我们深受感动。

  在一年的实习过程中，郭力厂长以身作则，严格要求自己，他走遍斯大林汽车厂的每个部门，学习了管理工厂的各种知识。在郭力同志和党支部的领导下，我们全体实习生，不论是领导干部，还是技术人员和工人，都起早贪黑、废寝忘食地学习，较好地完成了实习任务。我在实习期间，共记下了 12 本笔记，这些笔记如实记录了在实习过程中各位导师的讲课内容，包括主要导师施米略夫同志的讲课，苏共车间党支部书记依里宁、车间技术科长米·彼特洛夫、车间副主任巴里亚科夫和马开也夫、主任经济师斯劳丽拉、主任会计师尼柯拉耶夫、工具室主任乌沙科夫斯基、主任工艺师达诺夫等导师的讲课。实习笔记还记录了机修车间各种机床设备及其性能与这些机床设备所常用的刀、量、辅、夹具，机床大修工艺的典型案例，备件加工工艺过程的典型案例。笔记中还记录了车间有关管理制度和业务流程等情况，如经济计划的编制与考核，车间如何接受订货，如何安排生产作业计划及计划的审批、下达和考核，如何进行产品质量检验与管理，还有总产值、商品产值的统计和上报，车间成本核算的方法和内容等。

当时，同我一起在机修车间实习的成员还有：车间技术科科长刘金钺工程师，经济计划科王德元科长，工艺师徐荣华、李绍瀛，设计师冯逸骥，工长牛振海、程庆华、谈卜麟、张铎、邓如松、何秀坤、姜立言等同志。他们在实习过程中也都如实记录了他们自己的实习内容和心得。1954年12月回国后，这些实习笔记记载的心得和内容，在机修车间的设备安装、生产调试和开工生产中都发挥了积极的作用。特别还应提到的是，当时在斯大林汽车厂机械处实习设备科长的姚家瑞同志，回国时曾带回一本苏联出版的《机械制造企业设备统一计划预修制度》，后来经姚家瑞同志翻译后在我国机械工业出版社出版，这一制度及设备修理的复杂系数在我国机械工业企业的设备维修管理中曾经较长时期地应用推广，发挥了重要的作用。

在苏联的一年实习生活是使人永志难忘的，我们一直生活在浓郁的中苏人民友谊的氛围中。不论你在街上，去商店，在公园里，或是在去工厂的电车上，到处可以遇见从来不认识你的人向你问好，和你握手，热情而亲切地向你询问各种问题，从生活到有关人民中国各方面的建设成就。当我们走进车间实习现场时，车间的苏联职工同志，不管是青年人，老年人，还是姑娘们，都会主动上来和我们谈话，表示非常高兴同我们认识。他们和我们很快成了好朋友。休息日，指导老师、车间技术科的米·依·彼特洛夫科长和青年工人尼克来与其他一些实习导师、苏联朋友都曾邀我们到家去做客，用丰盛的饭菜和水果热情招待我们。年轻的工人导师尼克来家住在莫斯科郊区的集体农庄里，他热情地骑着自己的摩托车带我到他家做客；返回时，他父亲为了我的安全，要尼克来专门乘车送我回住地。我们也曾经在休息日邀请苏联导师到我们住处做客，我们包饺子招待他们。

在1954年国际劳动节的那一天，我们中国实习生同车间的苏联同志一起满怀豪情地参加了庆祝游行。在车间庆祝俄国十月革命节的纪念会上，我代表中国实习生向苏联人民致以由衷的节日祝贺。1954年10月1日，斯大林汽车厂的厂报为庆祝中华人民共和国建国五周年特地出版了专刊，刊登了斯大林汽车厂副总工程师阿·博依科署名的题为《为加强中苏友好合作而努力》的文章，还刊登了机修车间技术科米·依·彼特洛夫科长和我们10名中国实习生的合影，以及我和秦秉常、刘金钺、徐荣华、谈卜麟5名中国实习生表述感谢苏联导师帮助、增进中苏友谊的短文。当我们见到专刊后，由衷感到中苏人民之间的深厚友谊无比温暖。

当我们顺利完成实习任务即将回国的时候，我们都怀着依依不舍的心情，向导师和苏联朋友们一一道别，互送礼物和纪念品，互相祝愿幸福美好的未来。我的主要指导老师施米略夫车间主任把他撰著的《立式多轴半自动车床》一书赠送给了我，至今我还珍藏着。负责管理车间合理化建议的恩·符·彼特洛夫工程师，老钳工出身，参加过1905年在列宁格勒的第一次俄国大革命。我去实习的那一年，他虽然已是73岁高龄头发斑白的老人，见到我们中国实习生还像年轻人那么热情。他经常关注与询问我们的生活与学习情况，询问新中国各方面的建设情况。他说："伟大的苏中两国人民的亲密友情是牢不可破的，我们以亲兄弟般的感情热爱中国人民，我们愿意尽力帮助兄弟的中国人民尽快地建立起自己的汽车工业。"他和我在实习中结识的各位苏联导师那些诚挚友好的形象，深深留在我的记忆中。苏联人民支持我们新中国建设汽车工业的诚挚友情和给我们的援助，使我们永志不忘。

（王达勋，1921 年 1 月出生，1943 年武汉大学机械系本科毕业，1945 年 7 月在中原解放区参加革命工作，1953 年 11 月由一汽首批派往苏联莫斯科斯大林汽车厂，任机修车间实习车间主任。1954 年 12 月回国后，历任一汽机械处副处长兼机修车间主任、技术处处长、机械动力处处长、一汽副总工程师等职。1980 年 9 月调四川重型汽车制造公司任副总经理兼总工程师和发动机厂厂长。1983 年 8 月调二汽任科学技术协会主任（副厂级），1986 年离职休养。）

我们是中苏友好的历史见证人

张善棠

60 多年前中国汽车工业一片空白，共和国刚成立，国家建设多么需要汽车呀，人民多么渴望汽车呀。就在这个时候，毛泽东主席莫斯科之行签订了苏联援建我国 156 项工业建设项目，其中就有汽车工业。国内聚集了全国优秀人才参加第一汽车厂的建设，并选派了五百多名各类技术、管理干部去莫斯科实习。第一汽车制造厂是苏联斯大林汽车厂全面援建的。经过三年建设，建成了年产 3 万辆卡车阵地，并且在投产 7 年后收回投资，从此，中国有了自己的汽车工业，解放牌汽车奔驰在全国各地。到了 1958 年，我国自行设计、配套、制造生产了"东风""红旗"小轿车。多么激动人心呀，中国能制造自己的汽车了，这鼓舞了全国人民，支援了全国建设。更重要的是培养了许多人才，以后，每个汽车厂几乎都有一汽人在那里工作。第一汽车制造厂还包建了二汽，从此，北京、天津、柳州、杭州等地相继生产了汽车。中国第一汽车制造厂成了中国汽车工业的摇篮。而这些胜利的成果是以苏联支援中国第一汽车制造厂为开端的。

同志加兄弟，友谊深如海

我们一行三十多人是第一批去苏联学习的。临行前，厂长饶斌同志在长春电影制片厂召见了我们这批实习生，他中肯的语言、殷切的希望，使与会的同志受到很大的鼓舞，大家一致表示要努力学习苏联的经验，并将其带回祖国，为中国汽车工业出力，为祖国争光。我们一致发出誓言："好好学习，挑起汽车工业的重担。"

火车在苏联国土上奔驰，途经许多城市。一天早上我被从梦中惊醒，有人在叫喊："莫斯科快要到了！"窗外欢迎的人群举着中苏友好的旗帜，高呼着："中国兄弟你们好！乌拉！乌拉！"下车以后两国同志热烈地拥抱，好像久别重逢的亲人，我们都流下了激动的泪水。苏联政府早已为我们准备了一栋环境优美、内部清洁整齐的普通公寓。我们被分配在四人一间的房间内，每个房间都有一名共青团派来的姑娘做向导，我们就在这座舒适公寓中度过了一年时光。苏联人非常好客，他们中的许多人从没见过中国人，但是，他们对中国五千年的文明和中国人民在抗日战争中的英勇表现十分钦佩。他们十分清楚中国人民是国际共产主义大家庭的重要成员，中华民族是勇敢勤劳的民族。他们十分敬仰中国人民的精神。尤其是中国人黑头发、黑眼睛，举止庄重，更使他们觉得和蔼可亲。在大街上经常有男女老少与我们热情拥抱，并拍照留念。在路上遇到陌生的行人，他们都会道一声："中国兄弟你们好！"

有一次中国驻苏大使馆招待我们到大剧院看芭蕾舞，四十余名中国实习生都清一色地穿戴着当时十分高贵的礼服：呢子大衣，水獭皮帽，有次序地进入东西两个包厢。这个情景当时轰动了全场的观众，他们全部起立鼓掌并高呼："中国兄弟你们好！"这个场面成了芭蕾舞表演的开幕式。我们见到这种情景也十分感动，同时自豪地感到中国人民在共产党、毛主席的领导下真正翻了身。苏联人民就是用这种热情来对待中国人民的。

对中国的工程，质量第一，办事认真

苏联援建了一汽的全部工程。为了保证质量，在每张图纸上、工艺

本文作者张善棠（中）在住地附近与苏联朋友合影。

卡上都盖着"A3-1"的印鉴，就是要引起每个职工的注意，要表现出高度的责任感和兄弟般的热情。"A3-1"工程的质量是一点也不能降低的，他们之间虽然有时也会发生一些矛盾，但质量第一的原则是不能放弃的，就是争论得面红耳赤也不能在质量上让步。

苏方为我们派遣的导师素质也是一流的，同时还专门设立检查机构，不但检查工程质量，还检查培训质量，使整个工程具有整体性。他们的目标是让中国人把整套技术都带回去，并能独立操作。

历史经验应该继承和发扬

60多年来，世界在变，中国汽车工业也大大地发展了。如果没有苏联的援助，中国工业也不会发展得这么快，没有斯大林汽车厂的支援，也不会有中国汽车工业的今天。两国人民的友谊源远流长，我们这一批人是中苏友好历史的见证人。

苏联援建一汽的成功经验也为我们今天提供了有益的借鉴。首先，引进国外的先进技术必须坚持成套性，特别是人员培训的成套性。必须学什么干什么，不可以学而不用，更不能"镀金"式地走过场，否则，只会浪费人才，浪费资金，耽误工程进度。其次，别人的技术先要照搬，然后再改进。当时建设"一汽"时，党委做出决定：干部和职工必须以党性保证，专家的建议必须执行。所以，直到建成以后我们才开始进行不断的改进，后来"一汽"自己创造了不少业绩，生产轿车不就是按照中国实际创造的管理经验么！

（张善棠，1925 年出生，1950 年在上海柴油机厂工作，任工会主席。1953 年赴苏联实习，回国后，曾任一汽车间主任、二汽工具厂厂长、二汽副厂长、副经理等职。）

赴苏实习的二十个月

张曰骞

一

我于 1950 年毕业于清华大学机械系汽车专业。我们是解放后新中国第一批毕业的大学生，国家对我们爱护备至。周总理还亲自给我们在北京毕业的大学生作形势报告，鼓励我们到国家最需要的地方去，使我们深受鼓舞。

我毕业后即被分配到中央重工业部汽车工业筹备组（汽车局前身）工作。1952 年被派去北京俄语专科学校留苏预备班学习俄语。1953 年底前往苏联莫斯科斯大林汽车厂实习。

二

我的实习专业为汽车发动机设计，到斯大林汽车厂总设计师处报到。当时已有刘经传同志在实习汽车整车设计，他给我介绍了很多情况，使我对总设计师处的情况很快就熟悉起来，受益匪浅。我的实习导师是副总设计师米哈依洛夫同志，他是一位年长且严肃、认真、一丝不苟的导师。他请人给我编制了详细的实习大纲。汽车发动机是汽车的心脏，它设计的好坏对汽车起着至关重要的作用。汽车发动机设计比较复杂，牵涉到理论的、工艺的、生产的方方面面。原规定我们实习生的实习期限为一年，这显然是很不够的，我就请求郭力厂长延长我的实习时

本文作者张日骞（左一）在斯大林汽车厂总设计师处为之举行的欢送会上。

间。郭力厂长很快就同意我延长实习时间，并说实习时间可以由我自己定。在几百名实习生中我是最特殊的一个了。

我在总设计师处除了在图板上进行设计外，很多的时间是泡在图书资料室，那里有很多很好的设计试验报告和资料，我不是要就是抄。按工厂规定，这种资料是不能给的，但苏联同志硬是给我弄出来，叫我放在皮包里，就可以通过大门的门卫。另外，我用了很多时间跑车间，因为在汽车厂工作不了解生产和工艺是不行的，如发动机、底盘、车架、车身、铸造、锻造、油漆、热处理等等车间我都跑。工人们很愿意给我介绍他们的设备和生产工艺，我得益不少。后来饶斌厂长来工厂参观学习，主要是我带着他参观的，他很满意。

在工厂里，产品设计和工艺生产总是一对矛盾。有一次，我跟着导师米哈依洛夫同志去参加设计与生产工艺的大讨论，或者说是辩论会，辩论得很激烈，工艺上要求设计让步，但最后米哈依洛夫同志斩钉截铁地说："我不同意！我不签字！"辩论会只好结束。在斯大林汽车厂，总设计师的权威确实是很高的，但要改进提高产品设计又确实是很难的，这是计划经济的体制问题，此事在后来的工作中给我的感触很深。

由于斯大林汽车厂生产的汽车是 20 世纪 40 年代前从美国引进的老式汽车，它的发动机是老式的侧置式气门的老发动机，性能差，体积大并且重，因此，他们正在从头设计全新的下一代 V–6 发动机来替换它。V–6 的主任设计师正是我最好的朋友阿列克塞也夫同志，我们两人的图板正好排在一起。这是一个机会，我可从头了解如何设计一个大量生产的先进的全新的发动机。阿列克塞也夫同志给我详细介绍了他的设计，并多次带我去参加他们设计发动机的讲座会，我获益颇多。

为了更好地使我了解发动机的研究、试验和发展，米哈依洛夫导师还联系安排我到苏联汽车拖拉机研究所实习一个月。那里的气派很不一般，都是学者式的研究人员，他们的收入很高，一进食堂就看得出是相当高级的餐馆。有位研究员导师给我讲解了一部分他们的研究课题，使我开阔了眼界。

为了扩充我对发动机的全面了解，实习计划中又给我补充了到与发动机有关的附件厂去参观学习，这对我以后的工作很有帮助。

斯大林汽车厂的总设计师带我参加了豪华大客车的道路试验，让我了解一下道路试验的基本知识。这次道路试验，使我有机会穿越乌克兰全境，一路都是绿油油的田地。基辅城虽然不太大，但是非常美。最后，我们到达世界著名的雅尔塔城，它是一个有名的历史性的旅游胜地。

三

我在苏联莫斯科斯大林汽车厂实习了 20 个月。在这 20 个月中，在苏联导师和朋友们真心实意、热情无私的培养下，使我很快对汽车发动机设计熟悉起来。在这 20 个月里，我始终生活在中苏人民真诚的友谊之中。这20个月使我终生难忘。

在我实习结束的时候，斯大林汽车厂总设计师处为我举行了一个很隆重的欢送会，墙上挂着列宁和毛主席的像，由我的导师、副总设计师米哈依洛夫同志致欢送词，并在会上赠送给我刻有名字的全套照相机、感光器和放大机等，留作永远的纪念。最后在大家热烈鼓掌的时候，我激动地流下了泪水。

20个月的实习结束了，我启程回国。很多苏联同志到火车站为我送行，他们带来了很多鲜花，我两手都抱不下，是列车员帮我把鲜花送到火车上去的。火车徐徐开动了，大家依依不舍地挥手告别。我带着苏联人民的友谊离开了莫斯科。

（张曰骞，1922年出生，1950年清华大学机械系毕业，1953年赴苏实习汽车发动机设计。回国后曾任一汽设计处发动机设计科科长，二汽产品设计处副处长，东风汽车工业联营公司总设计师等职。）

一束记忆的花枝

王治宝

我生在河北农村，是个农民的儿子。从我 1944 年 15 岁进北京当学徒开始，直到后来成长为一名领导干部——二汽锻造厂厂长，这期间党和国家给了我很多的信任和机会。特别是 50 年代党和国家对我的一系列培养，为我后来的成长打下了良好的基础。1950 年我考入国家重工业部的北京重工业学校。学习两年后，还未毕业就被抽调到第一汽车制造厂，并被送去大连学习俄语。1953 年底又被第一批送到苏联莫斯科斯大林汽车厂进行为期一年的实习。1954 年底回国参加第一汽车制造厂锻造厂的设备安装和工艺调试工作。1956 年我又考入了长春汽车拖拉机学院夜校部第一期。学习三年后因所学机制专业对锻造不适用，经本人提出、组织研究决定，1959 年我又被送到哈尔滨工业大学压力加工专业插班学习了三年。

这一时期是我学习的黄金时期，也是我一生中最难忘的时期。在这段令人难忘的岁月里，尤其难忘的是在苏联学习时感受到的中苏人民的伟大友谊。当时中苏两国人民的友好和亲密之情是难以用语言来描述的，也是今天的人们所难以想象的。一桩桩往事至今还历历在目……

中国情结

我们一到莫斯科就感受到了苏联人民对中国人民的特殊感情。有一位苏联工程师曾给我看他收藏的一本中国地图册。地图册上清楚地标明了中国解放战争中每个城市的解放时间。一个外国人如此关心中国人民的革命事业，把中国人民的革命事业当做他们自己的事业，这件事使我非常感动。

当年在莫斯科的任何地方，苏联人民只要得知我们是中国人时就表现得特别友好，又是握手又是拥抱。有时碰到喝醉酒的苏联人，我们得赶紧躲开，否则，他们会热情起来没完，让你非常尴尬，不知所措。我当时还不能理解为什么苏联人会有这种中国情结，对我们这么友好，只是感到作为一名中国人的自豪和幸福。

不用排队

记得有一次我们去莫斯科广场一家最大的百货公司，公司门口排着很长很长的人龙（当时苏联物资紧缺，供不应求），当维持秩序的警察得知我们是中国人时，立即给予我们特殊待遇——让我们先进去无须排队。那些已经排队多时的苏联人不但没有意见，反而把我们当做贵宾，露出乐意和高兴的神情。而当我们最终什么也没买，空着手出来时，他们都露出很惊讶的样子，仿佛在说你们有这么好的机会进去，为什么不买点东西呢？真可惜！

牛奶汤

我们在莫斯科实习的时候，每天进食堂吃饭都要先排队买菜单（即点菜开票）。有一次我和一位中国同事在锻造车间实习，吃午饭的时候，由于我们对菜单的内容不是很了解，我们两人各买了一盘有牛奶的米汤（不记得汤名了）。等到服务员给我们端上来一看，我们都傻眼了，一尝有股很浓的牛奶味。以前在国内时，因为国家经济困难，我们都没喝过牛奶。这第一次喝牛奶汤，真是很不习惯，我们都只是勉强喝了几口，剩下了一大半。不想就这么件小事被邻桌的苏联同志看见了，反映到了教育科。

下午我们正在车间干活时，教育科科长找到了我们两个，询问事情的原委，不仅没有一句责备我们浪费的话，反而关切地问我们是否没有吃好饭，是不是食堂的服务不周等等。这件事使我们感到了苏联人民对我们无微不至的关怀。

更衣室的老太太

我们实习车间的更衣室，有两位老太太，每天负责我们上下班的更衣和衣服的保管工作。当时我和另一位中国同事在这个车间实习，她们对我们特别友好，经常询问我们国家人民的生活情况，还把我们邀请到她们家里去做客，把我们当贵宾招待。

有一次，我在车间里不慎被电瓶车撞倒了，电瓶车一侧的两个实心橡胶轮子从我的右小腿轧了过去。这可吓坏了当时在场的老工长，他跑过来抱起我放到电瓶车上，就直奔卫生所。两位老太太听说此事，急得都哭了。她们含着眼泪来看我，当看到我安然无恙（这真是一个奇迹）时，她们又破涕为笑，紧紧地拥抱我。经过一年时间的相处，我们建立了很深的感情。当我们实习结束回国前向她们告别时，两位老人拉着我们的手久久不愿松开，并伤心地哭了很长时间，当时我们也被感动得流下了热泪。

保加利亚少女

那个年代不仅苏联人民对中国人民非常友好，社会主义阵营其他国家人民也对中国人民非常友好。记得有一次在莫斯科召开一个大会，我在会上代表中国发言，莫斯科的报纸报道了这件事。谁知没过多久，我突然收到了一封来自保加利亚首都索菲亚的信。信是索菲亚的一位女中学生写的，她说在报纸上看到了我的发言，特来信对我表示祝贺。信中还表达了对我的爱慕之情，希望能和我交朋友……现在的人可能会觉得很浪漫或不可思议，然而这一切都是当时的真实情景。

调整专家

伊万·瓦西里耶维·亚历山大洛夫是斯大林汽车厂技术科负责新产品锻模调试的专家，我们回国后，在我们进行设备调试生产期间，他被派到中国来了。

当时他已年近六十，在我们一起工作近一年的时间里，我从他身上确实学到了很多东西。他渊博的知识、高超的技术和丰富的实践经验，他作为一个老布尔什维克的思想品德和道德情操，他对工作和事业的那种一丝不苟、精益求精的精神，都成为我的榜样。在他的认真教诲和无私的传、帮、带下，我在技艺上提高很快，于1956年被提升为技师，并被誉为中国的"小亚历山大"。我还接受了记者的采访。我的事迹登了报纸，还上了《人民画报》。当然这一切成绩的取得都是党和国家的培养，恩师的传授，以及人民群众的爱戴和鼓励的结果。

我们这批去苏联实习的人中有中国汽车工业第一批模锻生产的技术工人。一汽是中国汽车工业的摇篮，也是模锻生产技术的摇篮。此后，我负担起我国自己设计的"东风"、"红旗"、越野新车型的模锻工艺调试工作，保障了批量生产的顺利进行，并把这项技术毫无保留地传授给了更多的人。

回顾我的经历，虽然为党和人民做了一些工作，但也深感有些工作没有做好，有愧于党和国家的培养和人民的期望。如果有来生的话，我会更加努力地去做好每一件工作。

（王治宝，1929 年出生，1944 年参加工作，1952 年调一汽，1953 年赴苏联实习。曾任一汽锻造厂副厂长。1966 年调第二汽车制造厂，先后任二汽锻造厂厂长、东风汽车公司副总工程师等职。）

我们掌握了液压传动技术

谈卜麟

1952 年 11 月，我在华东工业部机械技术局技术室工作了一年多后，突然领导找我谈话，要我参加国家重点建设项目第一汽车制造厂工作并出国实习。一个在旧社会当了四年学徒，仅进同济高工学了三年，刚参加工作不久的人，在新中国成立之初，就能参加大型汽车工厂工作，我感到既光荣又责任重大。11 月 17 日，我入团三周年那天，萧凤霖、张善棠和我等 5 名同志踏上了北上的路。在北京办完手续就去大连造船厂俄专，和来自全国的很多同志一道学习俄语。1953 年 7 月 1 日又从大连到了长春，进入一汽在伪满皇宫办的俄语班继续学习，并通过业务考核、政治学习与审查，确定我实习职务是液压设备检修工长。11 月初，在李子政同志带领下，我们第一批 30 多名实习生经哈尔滨乘上开往莫斯科的列车。

专业实习液压传动

1953 年 11 月 10 日，我们到了莫斯科，住在斯大林汽车厂的单身宿舍，住处离厂不远，可以乘有轨电车直达。这批实习生中，到机修车间和机械处的人最多，有王达勋、刘金钺、牛振海、程庆华、李绍瀛、王德元和我等十个人。实习的职务有车间主任、技术科长、计划和调度科长、机工、钳工和液压工长、工艺员、设计员等。

我实习的地点是机修车间液压工部，它在有色金属厂房内。我的导师是米哈尔·阿力克山特洛维奇·马克耶夫，他是机修车间副主任、液压试验室主任、工程师。试验室和液压工部在一块儿。液压工部设有主任，有职工 20 多人，包括设计员、工艺员、机工、钳工和试验室的液压设备调整工（电工出身），另外还有一位铸造造型工，工人大部分是高级老技工。

由于斯大林汽车厂当时的设备大部分来自美国，液压元件是维克斯（Vickers）公司的。为解决维修用元件，液压工部花了很大力量试制，终获成功，除自用外还供给外厂。其试制和使用经验对发展苏联的液压元件行业发挥了很大作用。

实习导师制订技术理论教学和实际操作培训计划，经批准后执行。技术理论主要讲液压传动，包括元件和系统。讲授元件的功能、结构、工作原理、工作参数、主要零件的材质和冷热加工及公差配合、易损部位、装配、调整和试验方法，以及修理方法。液压系统则包括系统的组成、分类、适用范围及其优缺点、调整要求与方法、故障现象的原因分析和排除。这些都由导师亲自讲授，每天一个半小时。业余时间复习笔记和阅读相关书籍，并提出问题。理论学习延续了三个季度。

操作实习分三个阶段——钳工、机工和液压设备调整。钳工实习各种液压元件的修理、装配、调整和试验验收，重点是如何保证质量。机工实习掌握各种主要零件所用的材料、冷热加工要求和方法、工艺流程、特殊工夹具、质量保证要点，对试验台和特殊夹具都画了草图。液压设备调整实习要去各汽车生产车间才能进行。开始由试验室的调整工带着去，边干边教，逐步做到来了任务后，找出系统图，根据故障现象分析原因，提出修理方案，经同意后独自前去消除故障，直到能够独立前去工作。

为使部分俄语学得不够的实习生提高俄语水平，工厂专门开了俄语学习班。

我买了液压传动和机械加工方面的俄文书籍五十多本。

友谊篇章永记难忘

实习的生活是紧张的，而与导师和汽车厂职工们的关系又是极为融洽的，他们把来自新中国的年轻实习生当做自己的亲人和朋友。经过二战的洗礼，苏联人民都知道新生活来之不易，愿意帮助新中国的建设，他们毫无保留地把自己的知识、经验传授给我们。每逢节假日，工厂和共青团组织我们去参观或郊游。我们拜谒了列宁、斯大林陵墓，参观了克里姆林宫和高尔克村——列宁的最后住处；到大剧院观看芭蕾舞剧《天鹅湖》。导师和老师们邀请我到家去玩，专门为我做俄式点心，有的还带我们到郊外自己的别墅（菜园子）去玩。劳动节、十月革命节邀请我们去参加他们的队伍一块儿游行。

1954年10月1日是中华人民共和国成立五周年纪念日，厂方在工厂俱乐部举行了盛大的庆祝文艺晚会和舞会，当天厂报《斯大林人》出了纪念专刊，发了社论《光荣的五年》和厂、处、车间领导的文章，报道了"建设中的第一汽车厂"，还刊载了实习生秦秉常、王达勋、刘金钺、徐荣华和我的纪念文章。

实习要结束了，凡是我提出需要的资料，有关方面都一一给了我。导师赠送了一本《涅克拉索夫诗集》，工部职工送了纪念品。特别令我难忘的是厂里的一位老工程师彼特洛夫写了一首诗《为了友谊》，送给我们10位实习生。

旧中国没有汽车工业、汽车生产设备制造业和液压元件制造业。新中国建国初期要是没有社会主义苏联的援助，很难在三年时间里建成第一汽车制造厂。回国后，我被分配到机修车间（以后改为机电分厂和设备修造厂）技术科工作，在机械处和机修车间领导下，成立了液压技术组和液压钳工组，主要任务是：组织全厂机械员学习液压传动检修基础知识；统计全厂液压设备和液压元件品种、规格及数量；收集液压系统图；编制液压元件试制计划，做好技术和物资准备，落实试制；配合各汽车生产车间设备调试和生产调试；配合苏联液压专家工作和完成所交代的任务。经一年的努力，叶片式油泵试制成功，许多重要而特殊的液压元件都进行了测绘。到一汽建成时，一支经过初步锻炼的液压检修队伍已初具规模（技术人员有史纪定、侯乃强、齐仕达、陆仁元、丁学达和朱有成，液压钳工有钱芸洲、张龙祥、张履安、杨培君、张国忠等）。

（谈卜麟，1930 年出生，1951 年上海同济高工毕业，1953 年赴苏联实习。回国后，曾任一汽机修车间、机械处、机电分厂、机动处工程师、副科长，二汽工程师、科长、专业厂副厂长、二汽副总机械师等职。）

实习生活中的苦与甜

刘金钺

当举国上下庆祝建党 80 周年时，我领着孙子孙女参观了中国历史博物馆的党史展，在我国大量生产的第一辆解放牌汽车前伫立良久，往事历历在目，不禁心潮澎湃，感慨万千。

我国为了创建自己的汽车工业，在建立中国第一汽车厂之前就派了五百多人，分期分批去苏联斯大林汽车厂学习。我是第一批三十多名实习生中的一员，时间是从 1953 年 11 月到 1954 年 11 月。记得我们那期的书记是与我们一块实习的第一汽车厂副厂长、我国汽车工业创始人之一——郭力同志。他是来向斯大林汽车厂厂长学习的。那时我们学习小组都是按以后回国的工作岗位组织的。我们机修车间学习小组就是由以后的车间主任王达勋、技术部主任刘金钺和工部主任牛振海、程庆华、张铎等同志组成的。

那时我们都是为了中国汽车工业的创建而来，而且绝大多数都是第一次出国远离家乡。我们面对的老师是说俄语的苏联人，学习的技术和设备是以前在国内从未见过、未听说过的新玩意儿，太多的东西需要我们听懂、理解、记忆、熟练，可想而知我们这些人面对着多少困难。其中语言是头等难题。虽然我们在出国前学了一些俄文，但是现在要在工作上同苏联同志进行交流，便不那么轻松了。于是，我们用手比画，拿实物手把手地学，晚上在汽车职工学校学。好在大家总的都是干的本行，日子久了，就都摸索出一套学习的途径。

和学习比起来，生活上的困难可说是更大了。首先，每天吃饭

本文作者刘金钺（右三）1954 年在莫斯科参加"五一"国际劳动节游行，出发前在厂门口留影。右四为作者导师。

时，在餐厅听不懂人家在说什么。我们弄不清苏联朋友说 100 黑 100 白是什么意思，可是服务人员就拿来了一碟面包，其中 100 克是黑面包，100 克是白面包。叫菜就更困难了，许多人不会点自己想要的菜，打手势又不管用，又耽误大家排队的时间。我们有位同志一连几个星期尽吃煎鸡蛋，大家问他为什么，他大口大口嚼着鸡蛋说："我最喜欢吃鸡蛋了。"后来他才道出实情，原来他要别的菜，人家苏联同志听不懂，只有说："鸭以叉"（鸡蛋的译音），人家才听得懂。我们还有一位同事，每天晚上都会去各个宿舍转悠，手里捧着一大把零钱，挨个地问大家能不能把它们换成一张大票。我们见到很奇怪，他说："我买东西听不懂售货员说的钱数，只好给他一张大票，让他把余钱找给我。"听完后大家都哈哈大笑。这当然不是嘲笑，而是赞赏他与困难斗争的精神。

　　郭力书记决定买一台电视机放在会议室里，晚上大家凑在一起看，会俄文、听得懂的同志给大家讲。那时是 1953 年冬，我们都没见过电视，在莫斯科也很难买到，记得那是潘承烈在深夜排长队买回来的。我还清楚地记得是一台"和平"牌黑白电视，大家高兴极了，看电视就像过节。看电视不只学了俄语，更进一步了解了苏联社会。

　　生活上的困难还有很多。我们发现俄国朋友比我们喝水少，睡觉少，穿衣少。为了适应，我们又没有喝自来水的习惯，渴了就忍一忍，困了就扛一扛。可是在莫斯科的冬天，深夜只盖苏联人习惯的两床薄毯子，实在冻得睡不着。国内知道我们穿着毛衣毛裤睡觉，给我们运来了大红花棉被，我们每天清晨，从暖和的印着中国花朵的被窝里爬出来，心中是多么感谢祖国同胞的关怀呀！

　　苏联朋友对我们特别友好热情，我们就住在汽车厂单身职工宿舍，所以大家见面时，不论在餐厅或大街上，又打招呼又握手，互相问候。他们还总问我们有没有困难，表示愿帮助我们。有的见面时还要拥抱、亲脸（虽然我们不习惯，但是人家如此热情，我们也要尊重）。平时学习紧张，大家总盼着"袜子搁在鞋里"（俄语"星期天"的谐音）。在这天，实习老师与苏联朋友总是邀请我们到家去做客、参观博物馆或郊游。直到现在我家人都爱吃的苹果酱与牛肉饼，还是我从苏联师母那儿学会如何做的呢！"五一"节与俄国十月革命节，厂内一定邀请我们参加他们的队伍一块游行。我们在街上同他们一块跳舞、唱歌、高声喊"乌拉"。

　　我们在苏联学习了整整一年。每一天都是在勤奋的学习和愉快的生活中度过。现在回忆往事，我仍会激动不已。每当我走在大街上，看着我们国家自己生产的汽车在奔驰，心中不禁感慨：在我们年轻力壮的时候，曾经为着这一天的到来，那么刻苦地学习。虽然我只是一块小小的铺路石，可看到我国汽车工业的飞速发展，我仍有说不出的高兴。

（刘金钺，1921 年出生，清华大学机械工程专业毕业，1955 年
11 月赴苏联实习。曾在清华大学、重工业部汽车工业筹备组、一汽、
第一机械工业部任职，离休前任中国汽车工业总公司副总工程师。）

学习——人生永恒的主题

秦关湘

我 1951 年毕业于上海交通大学机械系汽车专业，由国家统一分配至中央重工业部汽车工业筹备组，由训练处派往北京南池子汽车实验室及沈阳机械五厂，实习后分至以胡亮为处长的军工处工作。后调 652 厂（一汽），并去大连俄专学俄文准备出国。

1953 年冬，北京—莫斯科列车通过满洲里驶入苏联境内，车外广袤的西伯利亚大地一望无际，还有大片的森林及美丽的湖泊。时值严冬，白雪皑皑。车内广播用的是俄语，节奏很快，俄语学得好的同志也只能听懂几个单词，不能连句理解，加上时差，大伙错过一顿晚餐，印象深刻。七昼夜后抵达莫斯科，住斯大林汽车厂吉斯工人村。从此，由李子政率领的一汽第一批实习生数十人开始了异国的新生活。

到莫斯科初期，因语言和生活习惯而闹的笑话比比皆是。语言成了实习的最大障碍，必须设法过关。实习团采取业余俄语补课措施。不少人还订了《真理报》《消息报》，加强阅读，提高语言能力。实习时带上字典，随时查阅。实习是每人一个岗位，导师单独教练，人人各自为战，真是逼上梁山。就这样，大家刻苦学习，勇于实践，或数月，或半年，人人在实习、在生活上过了关，俄语能应付自如了。

在我实习的工具生产计划科长岗位上，五十余岁的导师计划细致具体，安排严密周全，态度耐心和蔼。他对我热情爱护，谈吐也很诙谐，既是老师，又像兄长、朋友。他对生产汽车的几万种工具、刀具、量具、夹具以及小模具等的生产准备，计划、材料供应、毛坯准备、机加工、热处理，检验、入库、保管、包装、分发等整个生产流程，调度和信息流程计划方法（工具计划的特殊方法），以及报表管理，图纸管理，档案管理等全面、系统地介绍、讲授、现场指导。凡牵涉到的车间、工部、工段及有关部门、科室，一律亲自带我去见习，并请人家介绍示范。一年多实习，紧张有序，了解情况既深入又全面，既有管理方面的，又有技术和生产方面的，使我收获很大。

导师曾在一次谈话中告诉我："我们正在为中国汽车厂办三件大事：（一）培训好各种管理、技术和工人等成套的人才；（二）为一汽制造好生产汽车的各种刀具、量具、夹具、模具等等，并且数量上足够使用，直至一汽自己的工具生产能保证汽车生产为止；（三）编制汽车厂的组织设计，在他们厂总结经验教训的基础上，改进各部门的组织设计，以便中方能组织好生产，管理好工厂。"

本文作者秦关湘（后排中）在莫斯科参加"五一"国际劳动节游行留影。

郭力厂长是我们实习团的总负责人，除了他自己实习汽车厂厂长这个重要、复杂、牵涉面广的职务外，还要负责设备、工装、工具的订货、催交和一汽工厂技术设计和工厂组织设计方面的工作。他作为一汽的代表在"吉斯"厂工作。连我的导师都说："你们有个厂长在这里实习和工作，他很能干，俄语也讲得很好，了不起！"

吉斯厂职工看到中国实习生学习努力、认真、刻苦、作风正派，赞扬说："你们这代年轻人是中国将来的希望！"我实习的工具系统的职工看到我们很少外出活动和游玩，关心地说："列宁讲过，不会休息的人，就不会工作！"他们共青团就组织我们一些人参加他们周六义务劳动、野营，参加"五一"劳动节和十月革命节游行。我们也参观了列宁墓和克里姆林宫。我还到过莫斯科大学和动力学院，到过导师的家中。这样除了在工厂实习外，我们利用节假日和休息时间，更多地接触了苏联社会，拓宽了视野，调剂了身心，建立了更广泛的友谊。这也符合郭力厂长要我们更多地了解苏联和苏联人民的期望。苏联普通工人还是很关怀我们实习生的。记得有一次我晚班下来，已午夜，出厂门后有一年轻小伙子招呼我坐他的摩托车回工人村宿舍，我毫不犹豫地跨上了摩托车的后座，他风驰电掣般飞快地超越了飞驰的小轿车，不到 7 分钟就抵达工人宿舍（平时乘电车约 40 分钟），他告诉我他是摩托车运动员。第二天我将此"奇遇"告诉分配工长（中年妇女）时，她关切地批评说："年轻人！下次决不能这样干！莫斯科是苏联首都，各种人都有，很复杂，要注意安全，不要被坏人驮走了！"

1954 年底，我们第一批人学完回国，在火车上又一次听到"Говорит Москва"广播时，就能连句听懂俄语了，也不再误餐了。

一汽领导为建设工厂，以培训人才为根本和先行工作，先后派遣了若干批，数百人去苏联培训、学习。他们学成后回国，在一汽建设、生产准备和投产中都努力把学到的东西运用到实际工作中去，发挥了重要的作用。投产后，一汽厂党委和厂领导为继续提高职工素质，大力提倡和组织各种业余学习。学政治、学经济、学管理、学技术、学操作技能，各级领导带头学。这种不断学习和提高，使一汽人能自强不息，奋发向上，不断创新，使企业永葆青春活力，立于不败之地。企业受益匪浅，职工也受益匪浅。1958年底，我和我妻子张鼎华被调至核工业部，参加原子能工业的建设。当时原子能工业对我国是一个全新的高科技含量的新兴工业，全世界也只有苏、美、英、法少数几个大国掌握。我国是第五个搞原子能工业的国家。对我俩来讲，原子能是新的业务，技术十分生疏，一切得从头开始。是一汽那种勤于学习，敢于创新的好传统鼓励和推动我们在新的岗位上努力学习，克服困难，以致后来能掌握尖端科技，做出自己的贡献。又过了二十余年，在1983年春，我又回到了汽车工业系统，到了重汽公司。我听到了当时行业内流传的一句话："要学习，到一汽……"事隔多年，一汽还继续保持这个优良的传统，一汽真是一个长盛不衰的学习型企业。看来，学习，对一个企业来说，是一个永恒的主题；学习，对一个人的人生来说，亦是一个永恒的主题。

（秦关湘，1929年出生，1951年毕业于上海交通大学机械系，1953年11月赴苏联实习。回国后，曾任一汽工具处生产计划科科长、核工业部二局二处、六一五所、五〇四厂、四〇五厂科长、工程师、车间主任、工艺试验室主任、副厂长兼总工程师、济南重型汽车集团公司董事长等职。）

电机联通的情谊

胡启新

1952 年 10 月，上海电机厂领导通知我，拟筹建第一汽车制造厂，先派一批人员到苏联实习，叫我立即动身到大连俄专学习俄语。我当时心情非常激动，抗战胜利后国民党挑起内战，弄得民不聊生，在毛主席共产党的英明领导下，人民生活得到初步安定，我爱人从失业中被培养为上海第 58 中学的教师，今又培养我成才，我深深感到只有共产党才能救中国。大连俄语专修班共有两个班，约 90 人。1953 年 6 月间我们

本文作者胡启新（前排右三）实习期满时，在车间办公室与电修车间同志合影。

迁到长春，由一汽直接领导我们学习，学员亦相继增加了几个班。厂领导饶斌、郭力经常看望我们，并带我们参观了轰轰烈烈的一汽施工场地，勉励我们好好学习，为祖国作出贡献，给我们很大的鼓励。

1954年1月，我们这批实习生来到了苏联斯大林（后改为李哈乔夫）汽车厂。我们是对口学习，我被安排在动力处电机修理车间实习。该车间负责全厂电气设备的维修工作，内设工艺和计划两个管理科室和绕线、连线、浸漆烘干、机械加工、钳工等生产班组。我的导师是工艺科长基列夫。他为我编制实习计划，解决技术上疑难问题。他知识渊博，认真负责，结业时请我到他家吃晚饭，并和他全家摄影留念。工程师拉蒙·巴洛斯是西班牙共产党员，反佛朗哥战争失败后到苏联。他非常热情，给我讲解电机结构时，由于我俄语尚未精通，他总是耐心反复地给我讲解。当得知我尚未加入中国共产党，即向与我同来实习的王振建议回国后介绍我入党。结业时他送给我合家照一张留念。

在一年的实习中，对我影响最深的是在工人指导下实际操作，如电机的绕线、嵌线、浸漆、装配，电器的一般维修，以及一般机械加工的简单操作，通过实际操作增加了感性认识。在工作中我们和苏联人民结下了深厚的友谊，临别时我们摄影留念并互送纪念品。

在实习期间，斯大林汽车厂组织我们参加了下列几项活动：

参观克里姆林宫和谒见列宁墓；

参加工厂组织的"五一"游行方队；

参加集体农庄的秋收；

参加苏联十月革命节的庆祝游行活动。

通过这些活动，我真切地感到苏联人民是勤劳的人民，热情好客，给予了我们无私的援助。

厂长饶斌同志很关心我们的实习，1954年秋，他来到我们实习生宿舍看望，介绍了一汽建设情况，勉励我们好好实习。和我们一起实习的郭力副厂长经常关心我们的实习和生活情况，叮嘱我们吃好睡好才能实习好，不能把生活费节约下来买工业用品。

我们首批来到该厂动力处实习的有胡成处长，王振（电修车间主任）以及陈昆瑞、朱槐之、章培成和我。我们白天到各岗位实习，晚上回到一个宿舍，生活娱乐在一起，那次到集体农庄劳动也是在一起活动的。

江泽民同志当时也在该厂实习，他经常来看我们大家。江泽民同志对我们非常热情和诚恳，我们相处得十分融洽。回国后，江泽民同志担任了动力处的副处长，我当时是动力处电修车间工艺科科长。江泽民同志既是我们的学友，也是我们的领导。他经常深入车间，和我们一起研究解决技术上的难题，我们工作得很愉快。

随着生产设备进入调试阶段，苏联专家陆续来到一汽。1955年5月间，王振主任的导师罗申来到我车间指导工作，他在生产和技术方面的经验都比较丰富。有一次高频淬火设备发生故障，在他指导下很快修好了。他经常到我们车间与科技人员和工人师傅谈心，发现问题随时指出。为感激他的无私援助，我曾在家设便宴招待他，并与他合影留念。

（胡启新，1917年出生，1943年毕业于西北电气设备修理工学院电机系，1954年赴苏联实习。曾任一汽动力处电修车间工艺科长、长沙电器厂副总工程师等职。）

刻苦实习打基础

刘石洞

1952 年初春，得到一个非常令人兴奋的消息，由原重工业部下达通知，要在北京重工业学校工人班抽调一批同志去学习俄文，然后去苏联学习。我是第一批被批准的 11 名同志之一。消息传开，全校师生都为我们高兴，不少师生为我们题词祝贺，并表达希望。离校时，学校领导为我们召开欢送会，何长工部长和学校领导与我们合影留念。

我被分配到汽车工业筹备组（汽车局前身），后转到长春 652 厂，到厂前去北京俄文专修学校学习。

1953 年 7 月我来到长春，和原在大连学习俄文的同志一起，等待赴苏实习。在长春等待期间，厂领导和有关部门给我们作报告，介绍建厂有关情况，使我们学到和懂得了很多知识，初步认识了建设第一汽车制造厂的重大意义。1953 年 11 月，我们被批准第一批赴苏联实习的 39 名同志，离开长春，踏上赴苏旅程。

精心传授刻苦学习

我虽是工人出身，但对生产要求比较高的量具是不熟悉的，学习掌握量具生产技术比较困难。到苏联后，车间给我们制订了学习计划，指定了实习导师，针对量具制造特点有重点地进行学习。我学习的第一重点是利用二级工具生产量具中的样板。导师耐心地给我讲解他们的一整套二级工具的使用方法，在他们的帮助指导下，我很快地自制了一套二级工具，并利用它制造样板。但是在制造比较复杂的量具时，要在光学样板磨床上加工，我没有干过，也没有见过。我的另一个导师就亲自讲解，并多次手把手地教我操作。还有制造有角度的量具，他们采用磁力正弦虎钳，这种工具是由比较有经验的老工人操作的，他们热情地给我示范操作，讲解技术要求，一直到我掌握了，他们才放心。在量具制造工艺方面，由量具主管工艺师给我讲解制造工艺、生产流程。在生产管理方面由他们的工部主任、工长讲解生产管理、作业计划，在他们的指导下进行实践。经过刻苦学习，我终于学会并掌握了该方面的技术和管理。

总之，在一年的实习过程中，总能感受到苏联同志对我们的热情与真诚，对我们的实习积极帮助，毫无保留，他们总是希望我们多学点东西。也正是在他们的帮助指导下，我学到了不少东西，为我以后掌握现代化生产技术和企业管理打下了良好的基础。

兄弟友谊永存

在苏联实习的一年中，在车间里和苏联同志交谈时，他们都很想多了解中国的情况，很关心中国的建设和发展，说毛泽东是伟大的领袖，周恩来是伟大的外交家。谈到中苏友谊时总是说，只要中苏两国人民团结起来，就能抵御任何侵略势力，保卫世界和平。在制作解放牌汽车头上的"第一汽车制造厂"字样的模具时，苏联同志关心地问，为什么不称毛泽东汽车厂？我们向他们作了解释。他们认为中国领导人非常谦虚，称毛泽东是中国人民的伟大领袖，也是苏联人民最亲密、最伟大的朋友。

在生活方面，苏联同志对我们非常关心。我的工人导师就经常问我们在苏联是否习惯了，喜欢吃什么，不喜欢吃什么。到食堂吃饭，要排队买饭票，他总是把我让到他前面，吃完了还等我一起走。苏联朋友还经常到我们住的地方来看望我们，要我们把有困难的事情告诉他们。苏联朋友怕我们在节假日寂寞，车间的团组织轮流派团干部陪我们出去玩，或到有纪念意义的地方参观。在参加苏联的"五一"节游行时，他们安排两位姑娘陪我一天，一步也不离开。游行中途，我的工人导师还在我耳边小声问我是否需要方便，这样的细节他们都关心到了。十月革命节快到了，工具一车间副主任柯尔斯基请胡善甫同志和我到他家做客。为了招待我们，他特意把在外地学习的女儿和她的男朋友及他的内弟都叫来，准备了丰盛的饭菜、酒水，席间谈笑风生，饭后还组织了家庭舞会，使我们度过了幸福、快乐的一天。

苏联同志对待中国同志亲如兄弟，使我们有着犹如在家的感觉。在苏联实习、生活的一年，使我终生难忘。

（刘石洞，1930 年出生，北京重工业学校毕业，1953 年 11 月赴苏联实习。曾任一汽工具厂工具管理科长、工具厂厂长、党委书记等职。）

一年打下五十年基础

秦秉常

1950 年我从清华大学机械系毕业，分配到汽车工业筹备组。1952年调到一汽，学习一年俄文。1953 年赴苏实习，专业是复杂刀具制造。在大学和刀具直接有关的课程我只学过一门"工具学"，对于复杂刀具可谓一窍不通，甚至连复杂刀具实物都没见过，而赴苏实习一年却为我一生从事刀具专业打下了坚实的基础。

学俄文

从中学到大学学了十年英文，对俄文一字不识。而赴苏实习不可能配翻译，回国后所有的图纸、资料和技术书籍又都是俄文的，因此，刚到一汽就送我们到大连俄专及一汽俄文班学习一年俄文。通过学习使我有了一点俄文基础，能应付一般的生活会话。到苏联开始实习时，厂方又利用业余时间专门为我们组织俄文班，请苏联老师为我们讲授俄语，特别是提高听和说的能力，使我们能够在实习中和工人及技术人员直接用俄文进行交谈。

实习中，导师要求我用俄文写实习笔记和实习报告，这一方面便于导师检查和了解我的实习情况和接受能力，有针对性地对我进行辅导，另一方面，也加速提高了我用俄文写作和阅读俄文技术书籍的水平。周末假日逛书店买技术书是我的一大嗜好，每次回来都抱回一大摞书，从不空手。实习一年买回来几百本有关刀具技术的俄文书籍，对我提高阅读俄文的能力，提高刀具专业的技术水平，解决实际生产中的难题，以及后来开发、研制刀具新产品、新技术都起了很大作用。

实习导师

我的实习导师卡其林是一位工人出身，有着丰富实践经验，并且具有深厚的技术理论水平，获得副博士学位的技术领导。他根据我的实际水平和将来的需要制订了一份非常详细具体长达几十页的实习计划，除直接涉及复杂刀具制造工艺外，还安排实习有关的精密技术测量、刀具的切削试验、复杂刀具的设计、二级工具的设计，以及刀具在生产线上的使用等。这使我能够比较全面地掌握刀具专业的知识，为今后的发展和深造打下良好的基础。我实习的每一阶段，都有具体负责的导师，带我到现场观看并讲解重点工序，让我亲手操作关键机床。下班后又进行辅导，了解我实习的深度，回答实习中的疑难问题，检查我的实习笔记，帮助改正技术上的错误，甚至连俄文语法和拼写上的差错也一一帮我纠正。这对促进我深入实习和提高俄文水平有极大帮助。

我在技术科实习二级工具设计的导师格拉斯考夫非常热爱中国。他努力学习中文，会说会写一些简单的中文语句。他除按实习计划指导我实习二级工具设计，还将未列入计划、新从美国引进的圆盘拉刀的图纸、工艺和二级工具全套拿给我学习，让我仔细抄写和描绘下来，并带我到现场观看工人实际操作。别人看见说，你们厂将来没有这种刀具，不需要学。而他说，这种刀具是新从美国引进的，实习计划上虽然没有，但你们将来也会用上的。果不其然，1960年初，底盘厂要提高加工直齿伞齿轮的效率，改铣齿为拉齿，要求工具厂解决圆盘拉刀的制造和供应。而这时苏联专家已撤走，建厂初期苏方又未提供有关这方面的任何资料，我找出当年实习记下的笔记和描绘的全部图纸，刚好用在生产上，少走了弯路，争取了时间，解决了生产急需。

实习导师来华援助建厂

建厂初期，在苏联带过我实习的卡其林专家和格拉斯考夫专家又作为工具厂专家组组长和二级工具专家来华援助建厂。这对实习过一年、只有肤浅感性认识、缺乏实践经验的我无疑是巨大的支持和帮助，更是继续深入学习的极好机会。在试制各种新产品时，每逢进行关键工序和调试安装精密机床时，专家都和我一起在场，一方面针对出现的问题检查我在苏实习的效果，耐心细致地讲解和指导，特别提醒我注意没有出现而可能出现的问题，同时把我当成技术方面的助理翻译，弥补专家翻译在技术上的不足。他们特别强调技术人员应该积极钻研国外先进技术。他们多次对我说，他们很难想象技术人员的办公桌上可以没有外文技术杂志。建厂初期，技术人员学习俄文、钻研技术成风，每天上班前和下班后，绝大多数的技术人员都在办公室里静静地埋头学习。

我没想到我这一生会从事刀具专业 50 年（在一汽 40 年，离休后又在一汽及外企工作 10 年）。每当我回顾这 50 年时，我忘不了是赴苏实习一年为我一生从事刀具专业打下了坚实的基础。我怀念对中国人民真诚友好的苏联导师和朋友。我永远记着我的导师格拉斯考夫在我回国前夕送我的画册上用刚刚学会的中文题写的"苏中人民友谊万岁"！

（秦秉常，1927 年出生，1950 毕业于清华大学机械系，1953 年 11 月赴苏联实习。1954 年回国后，先后任一汽工具厂工艺组长、车间副主任、技术科副科长、总工程师、副厂长等职。）

向谢苗诺夫导师致敬

潘小力

斯大林汽车厂是苏联当时一流的汽车制造厂，技术、工艺都很先进。我们是带职实习，实习的目的性、专业性都十分明确。我的职务是复杂刀具总工长，我实习的专业技术是全面掌握复杂刀具的生产工艺技术，关键设备调整与操作、制造管理及对外协调。实习计划是斯大林汽车厂工具厂总工程师卡其林制定的，斯大林汽车厂工具厂复杂刀具总工艺师谢苗诺夫是我的实习导师。

虽然在苏联实习的一年多时间里，我也接触了一些其他苏联同志，向他们学习了不少知识和技艺，但是，对我影响最大、给我知识技艺最多、让我终生难忘的是我的实习导师谢苗诺夫。

谢苗诺夫导师有着典型东欧人的外貌，只是稍瘦些，也不很魁梧，不知是纪律的约束还是性格所致，他寡言少语，显得有些严肃，但是工作态度十分认真，工作作风十分严谨。第一个月，他将我按对设备不懂、不会操作的徒工对待。其实，我14岁就在哈尔滨外国资本家开办的大型工厂巴西克洛夫厂学徒，会说俄语。在执行第二个月计划前，我向导师介绍了我的情况。导师让我独立在一台万能铣床上加工一件花键拉刀，我的速度比定额快了一倍，质量合格，这样他对我所讲的情况很信任。

根据我的请求，导师重新安排了我的实习计划的进度：简单工艺操作一天，重点产品、关键设备由七八级工的老师傅指导操作一周或十天。这一变动，使原定计划在九个月内全部完成了。余下的三个月适当增添了计划外实习项目，更多地到设计单位、检测部门、使用车间，了解设计根据、检测与操作方法、仪器调整计算、使用车间修磨要求及使用单位新设备新工艺所需的新刀具等。如当时没列入援建我国项目的新工艺"直齿伞齿轮圆盘拉刀拉削工艺"，我也看到了使用情况和刀盘制造工艺及必需的检测夹具。

实习计划变动后，我的实习条件宽松了许多，负责操作指导的老师傅主动把自己摸索出来的既迅速又简单的调整计算经验传授给我。我运用老师傅传授的调整修正渐开线夹具的方法、修磨砂轮金刚石与轴中心长度的方法，成功地用双柱测量棒测出 M 值，很快独立制造出符合各项标值的渐开线花键拉刀。运用根据齿轮噪声和接触点修正剃齿刀的渐开线，按曲线图修磨，制作修磨曲线靠板，调整机床凸轮角度和分齿机构，磨出了符合曲线标准的剃齿刀。由于加快了实习进度，我学到了许多难得的生产技艺，给我以后的工作带来了极大的益处。

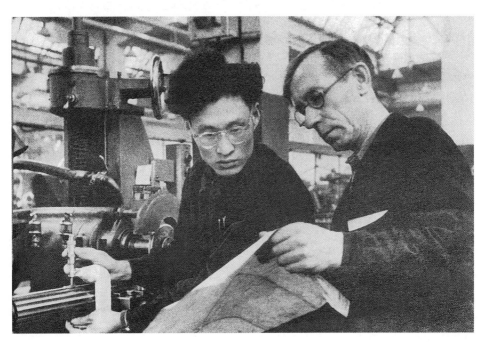

本文作者潘小力在苏联导师指导下进行实习操作时的情景。

60 年代，我国的汽车工业要打翻身仗，一汽的年产量要从设计的 3 万辆增产到 6 万辆，但我们的厂房面积没有增加，生产设备也没增几台，这样就必须提高工时效率。底盘分厂采用"圆盘拉刀拉削"新工艺代替了传统的铣刨齿切削工艺，工时效率提高一倍，解决了增产中的大难题。圆盘拉刀制造是我运用赴苏实习中学到的技艺，为一汽的汽车生产作出的重要贡献。

在当时条件下，谢苗诺夫导师能够对我网开一面，打破常规，让我多学习些技艺，这种做法是难能可贵的。每想到这些，我就更从心底怀念我这位导师。

后来谢苗诺夫作为苏联专家来我国帮助一汽工具厂安装、调试设备，直接指导我培训技术工人，指导我进行生产试制，指导我生产管理，更加深了我们的情谊。

半个多世纪过去了，我已到了古稀之年，但我对谢苗诺夫导师的怀念有加。中国有句祖训："一日为师，终身相报。"不论谢苗诺夫导师是否还健在，我都虔诚地向他老人家致以学生的敬礼。

（潘小力，1924 年出生，曾做过司机和汽车修理工，新中国成立前任军委总后运输部汽车修配厂连长、车间主任，1953 年 11 月赴苏实习。回国后，曾在一汽担任工具处工具一车间刀具工部总工长、工具处工艺科调整组总工长、检查科科长、技术科科长等职。）

回忆当年很荣幸

马永才

　　我于 1948 年在华北人民政府公营企业部石景山钢铁厂参加革命工作。1949 年 1 月参加新民主主义青年团，并且担任团支部书记。同年 9 月，我以北京青年代表的身份，参加我国第一届政治协商会议，在中南海怀仁堂见到了毛主席、朱德委员长和周总理等中央领导同志。回厂后我非常高兴，更加努力工作，于 1949 年 12 月光荣地参加了中国共产党。

　　本文作者马永才（前排手持花者）1954 年在莫斯科参加"五一"游行时留影。第二排戴眼镜者是顾培根同志，第三排中间者是刘克春同志。

在 1950 年"五一"国际劳动节,我被评为石钢厂劳动模范。同年9 月,石钢厂保送我到国立高工,后改为北京机械制造工业学校学习。1952 年 4 月,由学校选送,经重工业部批准,我到北京俄专留苏预备部学俄文,准备赴苏学习。在学校召开的欢送我们赴苏学生大会上,我荣幸地见到了朱德委员长,他老人家还在我的笔记本上写了"一定把俄文学好。"何长工部长同我们赴苏学生一起合影留念。

从 1952 年 4 月至 1953 年 8 月在北京俄专留苏预备部学习俄文之后,我被分配到第一汽车制造厂,来到长春。1953 年 11 月我到斯大林汽车厂模型车间实习。起初就我一个人,1954 年 4 月,刘克春主任和顾培根、杨建勋也到该车间实习。

我初到莫斯科时,能和苏联导师直接用俄语交谈,讲课也基本能听懂。有时也有些困难,比如对我们当时不熟悉的主模型、石膏模、木模万能铣等新技术、新设备、新工艺,听课就感到困难。经过一两个月时间,在导师舍斯托夫和其他苏联老师的热情教导下,我努力学习,收获很大,完成实习计划较好,苏联《劳动报》登载了"中国实习生马永才向他的导师舍斯托夫学习"的照片和报道。所以,我非常感谢舍斯托夫导师及苏联同志们,在那里我学会并掌握了汽车木模生产制造工艺和铸造专业技术,同时学会了木模车间主任、工长和工艺师的生产技术与管理工作。

在莫斯科我参观了红场、苏联大百货公司、莫斯科河、地下铁道、克里姆林宫、列宁和斯大林墓、列宁博物馆、公园等。参加了苏联人民庆祝"五一"国际劳动节和苏联十月革命节的两次游行。多次到苏联老师和苏联朋友家去做客。他们热情欢迎中国朋友,使我感受到中苏两国人民的伟大友谊。

1955 年 1 月我返回长春,在担任木模工部副主任期间,我组织领导全车间职工完成了解放牌汽车生产所需要的木模、石膏模和主模型的制造任务。1958 年到 1960 年,我担任木模车间主任兼党支部书记时,更加积极努力，和全车间职工一起全面完成了"东风""红旗"轿车试制所需要的木模型任务。后来在担任工艺处铸工试验室主任等职后，也做了不少技术和管理工作，取得了很多成绩。这都与当初赴苏实习打下的基础分不开。

（马永才，1928年出生，1953年赴苏实习。回国后，曾先后任一汽模型车间木模工部主任、工艺研究所试验准备科科长、冶金试验室主任、规划室规划科科长、工艺处铸工试验室主任等职。）

为毕生事业打基础

李惠民

一汽作为中国汽车工业的摇篮，几十年来为中国汽车工业的发展，培养和输送了大批优秀人才。党把我从一个普通工人变成一个大企业的管理者，这个培养是从一汽派遣我赴苏实习开始的。这段学习生活，使我永生难忘，它为我日后能够亲身参与两个大型汽车厂建设的全过程，毕生献身于祖国汽车工业奠定了坚实的基础。

新中国成立前，我是一个只读过三年书的穷工人，13 岁起就在日伪工厂做工，过着亡国奴的生活。父亲教育我，要活命，就得学会一门技术。他是锻工，我学车工，受尽屈辱。新中国成立后，我成为机床厂的一名工人，由于党的培养和自己的刻苦学习，21 岁的我已经是一个八级工了。先进生产者、劳动模范的桂冠，年年戴在我头上。1950 年苏联经验传来了，全国学习苏联的高速切削法，我被派到高速切削培训班学习。当时苏联专家布鲁士古林亲手教我们操作，我成了学习尖子，被派往各厂表演，是苏联先进经验的推广队员。这是我学苏联的开始。

1953 年我被调到一汽，1954 年 4 月我被一汽派赴斯大林汽车厂学习。我们"五一"节前到达莫斯科，苏联人民正喜气洋洋地准备过劳动人民自己的节日，斯大林汽车厂的职工们也正热火朝天地创造优异成绩向"五一"节献礼。汽车厂的职工热情地欢迎我们。

实习生活马上就开始了，我们直接到了车间现场，按岗位对口学习。总支要求我们"学会组织生产，重点学习特种技术操作，适当提高必要的理论知识"。我的具体学习目标是底盘厂后桥工部主任。指导老师是该工部主任查辽夫，一个热情严肃的师长。他对我讲解了工部主任的职责、任务，工部的主要设备、生产进度、基本要求和质量控制等。他要求我按照实习计划的规定，逐项进行。因为出国前只学了半年俄文，口语不行，那时身上揣一本辞典，遇到关键词现翻辞典。老师比画着，指着工部设备、工具、零件，一件件分析、讲解，使我对工部生产线上的所有设备、零件、工具有一个总体了解。当时，白天在车间实习，晚间在宿舍补习俄文，整理笔记。生活紧张而充实，脑子里时刻想着，一定要学好学会，不辜负祖国人民的嘱托，回去建好我们的汽车厂。

在实习中，查辽夫老师深入实际的务实作风给我留下了深刻的印象。他非常认真地对我说："你们担子很重，回去后要把整个工部甚至车间的全面工作挑起来，你在这里实习的每件事都得搞清楚，一点都马虎不得。"在讲解桥壳半自动专用机床时，他专门领我到为中国制造专机的工厂去看，叮嘱我：这些关键的专机一定要掌握好。他常说：工部主任不能总坐办公室，主要时间都应在下面转，到实际中解决问题，到关键管理点攻关。在对我讲管理时，他亲自领我到成品库看，一站站看，让我知道，该准备多少、够几天用、如何掌握正确的量，以及如何防止积压、浪费等等。

在这宝贵的一年实习中，前半年，我主要是熟悉和掌握车间的生产技术，把每一台设备的操作要领、生产线前后工序的衔接、工艺流程，搞得清清楚楚。后半年，重点转到了管理。查辽夫老师着重给我讲解了车间组织管理上的特点，如何最终把设备和人有机地结合起来，实现最有效的管理、有节奏的生产，并告诉我作为一个基层管理干部应有的素质和修养。

1955 年 5 月，我们学成回国。当时的一汽，正为 1956 年 "7·15" 第一辆国产车下线而奋战着，我们当即投入那热火朝天的战场。我深

李惠民（右一）参加节日游行后与苏联朋友留影。右四为实习生赵世方，左二为实习生张德宗。

深地意识到：现在是把我们学到的知识运用到实际中、回报祖国的时候了！我回到底盘车间后桥工部，组织整个工部的设备安装、调试和生产。

当时，人员来自四面八方，技术水平不一，大批国外设备不断到货。不久，苏联又派来一批调整专家，我的老师查辽夫和他的技术科长也一起被派来了，我们便和专家老师一起，按照苏联的施工设计、组织设计有条不紊地组织了现场安装调试工作。其中，有些工序因设备未到或不齐，我们采取迂回工艺的办法，把一条条生产线一个个零件调试生产出来。这些都是中、苏专家、管理干部和工人三结合的产物。

这种"三结合"的形式，我们又用它来搞技术革新，并取得累累硕果。我提出的半轴套管自动上下料、叉子自动线等也是在这种形式下实现的。

在二汽建设中，我运用在苏联实习的经验和在一汽的实战经验，不断学习新的管理理论，在更高的起点上改进汽车生产现场综合管理，引进日本的"一个流"生产方式，在总装厂实现了"看板生产"，使现场管理工作不断完善。

在建设二汽年产 10 万辆汽车的战斗中，我们一改过去那种大会号召，事后派检查团的大呼隆作风，总结提出了"几个抓"的通俗有效的管理办法。这"几个抓"即："系统抓、抓系统"（专业部门一抓到底）；"头头抓、抓头头"（各级领导都要带头抓）；"抓反复、反复抓"（不断巩固，持之以恒）。指出抓的重点是："干部抓作风，工人抓纪律，管理抓责任制。"以此结束管理上的混乱现象。

两点体会：

一、一汽当年采取的向苏联派遣实习生，按岗位对口实习，接着又把苏联专家请到现场指导，这种"派出去、请进来"的方式是培养人才，提高管理水平的有效途径。像一汽、二汽这种特大型企业，几百条生产线，数万台设备，数十万种工具要在短时期内，按照生产工艺要求安装定位，把数万工人安排到各个岗位和每道工序上，这是一个复杂的系统工程，实践证明，这种"派出去、请进来"的办法是正确的。

二、苏联斯大林汽车制造厂实行的一套现场管理方式，历史地看，也是他们运用西方的某些管理经验（如泰罗制和福特管理方式）创造出来的，适应了当时大批量流水生产线的要求。随着国际汽车工业的发展，生产管理方式必然会不断进步，不断出现新的更有效的管理方式，推动管理不断由低级到高级的发展。例如，从单机生产发展到机群生产、流水生产、混流生产、一个流生产，以及看板生产、全面质量管理等等，汽车生产方式不断出现的这些新形式、新经验都要求我们要与时俱进，不断学习、创新。

（李惠民，1929年出生，1942年起在沈阳当工人，1953年调到一汽，1954赴苏联实习。回国后，曾任一汽底盘分厂厂长。1966年调到二汽，先后任车桥厂厂长、二汽常务副厂长、东风汽车联营公司经理、东风汽车公司常务副董事长。）

那些情景似在昨天

周志忠

我是 1953 年 11 月底调入长春第一汽车制造厂的，报到后安排在南岭俄文班学习 4 个月俄语，1954 年 4 月份就去苏联斯大林汽车厂实习了。这么短的培训时间，对于外语基础较薄弱的实习生是有一定难度的，甚至闹出很多笑话。有个实习生去买牙膏，说不出牙膏的俄语，连比带画买了回来，使用时感到味道不对，找人一看不是牙膏，是冻疮膏。我也遇上一件狼狈事。有一次去食堂买饭，轮到我买时，我要的菜没了，菜单上其他菜名我说不上来，差点儿吃不上饭。以后我就总跟韩玉麟同志去买饭，韩玉麟教我一个窍门：别说菜名，说价格，一个价格的卖完了，换一个价格的菜，这样解决了我一大难题。

虽然语言上有种种困难，我们这些初生牛犊不怕虎的人，还是在一年时间内圆满地完成了实习任务。我在底盘车间零件工部实习，导师是工部主任，具体指导是各工段的工段长，他们从制订计划到实施计划都作了精心的安排。先是让我了解工部的情况，看零件的加工工艺卡。一般情况工艺卡是保密的，但他们对我毫无保留，要看什么就给看什么，真是无私帮助。然后他们放手让我自己干，甚至让我去调整。通过实际操作，反复练习，在导师和工段长具体指导下，我较快地熟悉了零部件生产的工艺过程及其设备、工艺的调整方法，熟悉了工部生产流水作业，了解了工部的生产管理，如制订年、季、月生产计划并组织完成生产计划、安排设备检修计划、做好零件储备、做好安全生产以及人员调整等。工部主任的职责是要保证工部的生产计划按时完成，保证总装配线装车不受影响。要对影响生产的事件负责，对人身、设备事故负责，对产品质量负责。这一年的实习，为我以后领导自动化大生产打下了坚实的基础。

在实习中除了认真的、踏踏实实的学习，也注意了不能一切照抄照搬他们的做法。1954年下半年，一汽厂长饶斌同志来苏联斯大林汽车厂了解实习生情况，他来到零件工部和我交谈实习情况，问到他们"一长制"领导的问题。我觉得他们是存在着"一长制"问题的，各级所负责的工作各级领导说了算，下级只能听上级的工作安排，无权改变上级的要求。底盘车间有一台设备有故障，机动科告知机械员在指定时间内修好。机械员检查设备问题不大，当时未安排检修，认为到下一班提前来就可以修好。机动科的人在他安排的时间内来检查工作，发现他们没有检修。第二天机动科再来检查情况，机械员说：他在上班前就修好了，未影响生产。但机动科认为没有在他们要求的时间内完成，结果撤销了机械员的职务。生产工人要做到的只是必须按质量完成任务。当天的任务当天必须完成，如遇意外影响生产，加班加点也得完成。他们是二班制生产，白班17时下班，夜班20点接班，中间有三个小时间隔，利用这个时间保证当日任务的完成，由值班主任来安排和处理。职能部门的监督是很严格的，权力很大，说一不二，工部主任也无权改变。如安全部门到车间来巡看，发现有工作时间在车间抽烟的，把抽烟者姓名记录下来他就走了，也不批评教育，到发薪时扣发工资。我把这些情况同饶斌厂长讲了以后，他说："我们国内是走群众路线，和他们'一长制'领导不一样。你们的实习任务是熟悉、掌握生产过程中各个环节容易出现的问题及如何处理，如何安排组织生产。"

我在苏联除了实习生产技术和管理外，还参加了他们一些社会活动。1954年，我和他们职工一起参加庆祝十月革命节大会。那天一早我就赶到厂里，上午9点列队向红场出发。参加游行的人个个都兴高采烈，载歌载舞，边走边唱，边唱边跳，欢度自己胜利的节日。苏联军队也参加游行，战士们迈着整齐的步伐，雄赳赳气昂昂，展示出强大的国防力量。汽车列队装载着各种武器开进红场，飞机在天空表演各种动作，技艺高超，让人们看得眼花缭乱。大约中午时分，我们的游行队伍到达红场。队伍从主席台前通过，布尔加宁、马林科夫、莫洛托夫等苏联领导人向游行队伍招手致意。这一天虽然很累，但心情久久不能平静下来，感到苏联人民对十月革命胜利是满怀豪情的，苏联武装力量是强大的，人民生活是幸福的。特别是看到他们的汽车装载着各种武器在游行队伍中庄严前进时，我想到咱们也将有自己制造的国产汽车，在天安门前接受毛主席等中央领导的检阅，更加激起了我实习的积极性，下决心一定要刻苦学习，要早出车，快出车，出好车。这次游行给我增添了无限力量。

在一年的实习中，充分体现了中苏人民兄弟般的友谊。他们不仅在生产技术上给我无私的指导帮助，在我实习即将结束时，我的导师还邀请我到他家做客。那是1955年3月的一个星期日，导师一早就接我到他家玩。在他家吃午饭，他的夫人、女儿作陪，非常热情，把我当贵客接待。他们不像中国餐桌上大鱼大肉及各种炒菜，他们摆的都是各种罐头，有十多种，客人爱吃的，吃完了又添，盘子里总是满满的。客人不离席，他们全家没有一个离席的。就餐中，导师举杯敬酒说：中国毛泽东伟大，我们斯大林伟大，中苏团结万岁！干杯！充满友好气氛。这餐饭吃了两个多小时，直到下午4时我才返回。这是我在苏联最愉快的一天。1955年5月份实习结束。动身回国那天，导师来火车站送行，火车开动了，他站在站台招手，久久不肯离去，直到看不见为止。当时我心情非常激动，泪水情不自禁地流了出来。时隔近半个多世纪，这种情景似乎还在昨天。

（周志忠，1924年出生，1953年从广州调一汽，1954年赴苏联实习。回国后，先后任一汽底盘车间副主任、轿车厂副厂长、检查处副处长。1970年调二汽底盘零件厂，任二汽检查处处长。1986年退休。）

一片真情话留苏

赵世方

五十多年前，我做梦也想不到，会在远离祖国万里外的德国写一段留苏的经历。人生真是难以预料，想不到的事，都会出现。几年前，我回一汽访友忆旧，遇见老韩（玉麟），他就说了这个意思。现在，收到邀请我写文章的正式通知，我又有点犹豫了，五百多人，写那么多的文章，叫人怎么看啊！可是我又答应了这件事。为了两全其美，我把要说的话尽量压缩，这样也许不会浪费读者太多的时间和精力，但是人们看了是否会说你是尽了心呢？顾不了这么多了，我写我的，你看你的。

"到世界上最好的地方去！"

1953 年 12 月的一天，我们科（生产准备处技术科）的女科长（老干部，后调洛阳拖拉机厂）找我谈话，说组织上决定派我去苏联斯大林汽车厂实习。她还特别说："世方啊，你是到世界上最好的地方去，真幸福啊！"那时，我正在读苏联小说《远离莫斯科的地方》，心中憧憬着苏联的一切，所以，也无比激动。从那时起，我就从各方面准备，主要是俄语。1954 年春，我们第二批大队伍，由江华同志（现在"南汽"）领队，我担任翻译（当时有些人只学了几个月的俄文，而我是学了几年，在俄文班集训时，已经是第四次学俄文了，所以俄文稍强些，江华同志便让我做队里的翻译），乘火车从满洲里出境。西伯利亚的大森林、清澈的贝加尔湖、农村的白色小屋等优美的自然景色，以及沿途苏联人民对我们的各种友好表示，都令人难以忘怀。路上发生了一件友好的插曲。苏联铁路对国际列车安排只停大站，大约至少要三四个小时才停一次，而且停下来就是二三十分钟，大家可以到车站食堂吃饭；苏联车站又是开放的，站里有百货商店，任何人都可以到月台上，使月台上熙熙攘攘。所以，队里通知大家，每到一站，开车时必须清点人数。不料车过贝加尔湖后上车清点人数时，不见辜祖勋来报到（他也是我大学同学，当时在一汽铸造厂）。为了避免发生其他严重情况，江华要我立即找苏联车长，请他设法通知车站。可是过了半个小时，辜祖勋又出现了，他与车上苏联朋友聊天，忘了要报到的事，聊完了才回我们车厢。他是没有事了，可是苏联方面怎么办？我只好再去向车长解释是场误会，车长丝毫没有责怪的意思。像这样友好的事以后发生得更多。我们中国实习生十多人在莫斯科天文馆买票时，这场已客满，要等下一场。天文馆的经理发现了我们在等票，就主动招呼我们，非要立即安排座位，免费请我们，拒绝都无用。再如，我们底盘车间大老孙，他是实习底盘装配的，由于俄文不太好，所以不仅不太发问，而且也很少和苏联人谈话。有一天他的导师找到我，问我是否有苏联人得罪了老孙，所以他不和苏联人谈话。我问老孙是怎么回事。他说没有人得罪他，因为讲俄语有困难，所以不便开口。他的导师便与他约定时间进行辅导，我为他们做翻译。这种大大小小的事是说不完的。

莫斯科的现代化建筑，宏伟的农展馆和莫斯科大学，雄伟典雅的克里姆林宫和红场，以及闻名世界的地铁等等，真是世界上最美好的地方。不过，时间长了，也感到一些不如意的事，如买鸡蛋和牛奶要排队。买高档商品，更要一早到商店排队。更有甚者，乞丐、小偷、扒手也有。还有在火车顶上坐着不买票的人。这些现象，我只有在心间存疑，是我小资产阶级的片面性吧？三十多年后，我在西德，见到厚厚的柏林墙，我与大家一样，只是参观而已，怎么也想不到，它会在一夜之间就不存在了。世界的多变是难以想象的。

本文作者赵世方（左）在莫斯科与赵玉（中）、韩玉麟（右）留影。

"再也不能发生战争了!"

在苏联的一年多与苏联朋友相处的日子里，看到他们的生活比二次大战时好多了。当年一切为了反法西斯战争，后方的生活非常艰苦，平时普通的牛奶，也只能保证供应小孩和老人。苏联人嗜酒是闻名的，但那时后方却基本没有酒了。妇女穿的外衣和我们抗美援朝时战士穿的大棉袄一样（外面可以看到扎的针线脚）。外面当时还能看到战时配售物资的布告。斯大林厂的工人基本上住在车间，日夜不停地生产汽车和战车。这场战争可以说每一个苏联家庭都有人牺牲。我们在苏联时，已是战后的第八年了，生活有了极大的改善。妇女已穿上花衣和白绸外衣，酒已可充分供应，牛奶、鸡蛋虽然要排队，但是可以买到，住房在改善，1954 年已经有了电视机。我们同苏联朋友谈到战争时，他们总说，战争太残酷了，不能再发生战争了。而我们虽然也经历了长久战争，不过我们说，如果发生战争的话，只要我们中苏联合起来，什么敌人都不怕。

和江泽民同志见面的谈话

我在苏联实习的时间是 1954—1955 年，我的专业是底盘的后桥和装配工艺。当年江泽民同志实习的是动力专业，很少有机会接触，所以并不熟悉。说来也巧，1988 年，江泽民同志当时任上海市委书记，率团到西德汉堡（是上海友好市）访问，我正好受派到汉堡任我国西欧贸易中心汽车部经理（代表二汽）。江主席在李树德董事长（原经贸部局长）陪同下到贸易中心访问，当董事长介绍我给江主席时，他怎么能知道我呢，所以，我带提醒和玩笑地说："我认识你，但你不认识我。"李董事长反应很快，马上说："老赵是一汽的。"话未说完，江主席更快地说："你戴了眼镜嘛！"确实如此。大家坐在一起，交谈得很轻松，其间谈了不少上海当年的情况。说起上海这么大的城市，大型百货商场太少了，我说北京路上为什么不开一家像南京路的上海市第一百货商店一样的百货商场？我还建议江主席在汉堡参观些大型百货商场（他确实也去参观了）。谈到他当时还住在康定路市府的老房子时，我说上海人多住房少，多建些房子嘛！江主席说："是啊，现在欠债太多，还是先解决大家住房才行。"

（赵世方，1930 年出生，1953 年重庆大学毕业，1954 年 4 月赴苏联实习。曾在一汽工厂设计处、工艺处、工艺研究所、轿车办公室、一汽轿车厂技术科、设计科任职。后任东风汽车工业进出口公司经理、东风神龙汽车公司公关部部长等职。）

往事随想

任　荃

　　在日本欺压下的少年时，为了吃饭我考入了日本汽车公司当修理工。日本人随便打中国人，日本人吃大米，中国人没得吃，只有参加八路。听说到了共产主义社会，吃什么有什么……新中国成立前，我在晋察冀司令部开吉普车，到中央所在地西柏坡，算技术人员，吃小米加绿豆萝卜条的"中灶"。1949 年 1 月北平和平解放，我奉命驾吉普车由石家庄经保定开进北平。至此，吉普车退役，我接受新的任务，随借调来北平完成接管任务的原华大工学院的同学，去井陉学习。1952 年大学毕业被分配到汽车工业筹备组，又到长春一汽当五级技术员，月薪56 元，吃高粱米。南方人发给点大米，有人说风凉话"东北人爱吃高粱米"。以此为导火线，南方人与北方人"踢足球"，打起群架。闹的笑的都是来长春一汽的满腔热情造汽车的年轻人，和我一样，旧社会的受苦人。

　　1954 年，我又被派往苏联斯大林汽车厂实习。从长春上火车去苏联，在餐车上看见了长春看不到的大西红柿，菜、肉丰盛，心想这就是共产主义社会吧。过了满洲里，换上苏联车厢，去餐车吃饭傻了眼，是在长春吃不完的土豆做成的土豆泥。好在从踏上苏联土地到莫斯科的几千里，森林连绵不断，与中国境内一片黄土形成了鲜明对比。再有沿贝加尔湖火车走了一整天，想起古人苏武牧羊"北海边"，可见其大，人们以为是海是可能的，我心潮起伏。

　　到莫斯科斯大林汽车厂的底盘车间，第一次见到一眼看不到边的大车间。我先学习加工"吉斯－150"左、右万向节。它的形状复杂工序多，机床占了车间一大片。其对面是越野车前万向节加工地，我每天从楼上技术科到万向节工部，那里是必经之路，顺便知道了加工过程，为回国生产越野车，编制工艺打下基础。我和中央设计室夹具组陈家彬等同志设计夹具，为顺利成功地研制出三轴越野汽车作出贡献。

中国建一汽，是全国每人 1 元的代价，买回年产 3 万辆卡车的制造工厂。如果买车每辆也需 1 万元，买工厂比较上算。是"交钥匙工程"，软硬件都有，苏联专家来中国指导，直至出汽车为止，这对中国是必要的。苏联在中国孵化出一个年产 3 万辆汽车的工厂，收益也不小，因此说是互利的。

我的导师五十开外，他有一位读夜大的女助手，我的学习均由她跑前跑后招呼，读不懂的技术文件也由她解释。她很乐意带我全厂转。有一次请她带我到中央度量室，她有点为难，说她怕。尽管如此，还是硬着头皮带我去了。正好碰见秦秉常同志用工具显微镜测滚刀，解了围。她说咱们快走吧，这里已有中国同志学习了。经此一事，我知道她愿去与不愿去的地方，譬如工艺处、设计处、试验室……引起俄国人注意她，可能是不好意思的原因。此后我则个人行动，但不愿与中国人一块儿去，有的人"事儿妈"，怕惹麻烦。唯独与庄群同志例外，俩人嘀咕，看样车，试验室，可惜没新车，有的在国内早已见到，心想俄国人是"闭门造车"。我感觉进厂中国人与俄国人一样，对入厂证上的相片与本人是否相符，好像看中国人要仔细，只要进了厂，中国人和俄国人一样自由地走来走去。我看了制造高级轿车，特别是循环球转向机的制造，组装公共汽车，电冰箱、自行车的生产等。总之，要看什么就看什么，只要俄文行，向苏联人问什么他们就说什么，毫无保留。进厂实习头一两个月，呆在技术科，不敢乱转。中午休息，我的导师与比他年轻一点的同事下国际象棋。此前我没见过国际象棋，免不了看了几眼，一看便知与中国象棋走法相似，只是老将多了一个比他厉害的夫人。一来二去

本文作者任荃在莫斯科留影。

看上了瘾，往往我导师要输时，我忍不住也支了嘴。难免支对一二手，我导师采纳后说："任毛老尖子（好小伙子）。"过了两三个月，对工厂熟悉了，不敢再看下棋了，抓紧一切时间，中午不休息，恨不得把全厂所有的工作都学会。有一次，导师女助手严肃地向我说：星期日、节假日你千万不要来车间，小心狗咬你。我半信半疑，为此问了调整工长侨木石金，他说车间太大，得狗看。

此时，我结交了几位俄国朋友，其中一位是刀具设计师，在车间看他设计的刀具巧妙、效率高，找他请教，接触多了成了好朋友。有一位动平衡室主任，是犹太人，他向我讲取消曲轴的平衡块，可以省钢材还容易锻造。由于我一时弄不懂，怕耽误其他学习，该学的没学会，回国不好交账，没敢深入下去。在车间还碰到过中国留苏同学曾宪林，他约我到莫斯科大学与其他留苏同学会面，见到了"莫大"饭厅很阔，但比工厂食堂差，价高一倍。改革开放后到香港的香港大学、中文大学进食，见学校饭厅比外面的饭菜质好价低，人们一般都愿意在学校饭厅进食。看来办食堂里面学问不少。为什么总对吃的事情印象很深？老百姓吃得坏，食品物价的贵贱，能说明一个国家、地区的经济状况。

光阴荏苒，转眼间我已年逾古稀。回想去苏联前，由苏联人执教，学习了一年俄文，实习回国，又随来华苏联专家工作了一年多，前后与苏联人相处三年多，深感苏联人对中国人民是真诚友好的。现举一例作为回忆的结束。我自己有一种感觉，苏联人认为什么都是苏联的好，是苏联发明的。俄国汽车与世界水平有差距怎么解释？我巧妙地用我的瑞士表问导师：瑞士表和苏联表哪个好？他笑了："任，你年轻，要爱你的祖国呀！"我诚恳地感谢他的好意。实际苏联人为我国建造一汽加工螺旋伞齿轮时，粗切用苏联的切齿机，精切用比苏联的好的其他国的切齿机，表明了苏联人实事求是的精神。苏联朋友我爱你们。

一汽按期生产出达到苏联产品要求的解放牌汽车，并研制成原苏联车上没有的摆式减震器，装到了第一辆解放牌车上。后改为更好的筒式减震器，提高了车的稳定性，显示了一汽人的创新精神。我怀念一汽，希望它繁荣昌盛。

（任荃，1929 年出生，1945 年参加革命，1952 年毕业于北京理工大学，1954 年赴苏联实习。回国后曾在一汽底盘车间任职。1961 年调国家科委，1966 年调首都汽车公司，1984 年调汽车局任专务等职。）

赴苏实习齿轮加工技术

刘跃明

我曾经是中国汽车工业摇篮一汽派遣的一名赴苏联实习生，我们常常会想起在苏联莫斯科斯大林汽车厂实习的日子，那是我一生中最难忘的岁月。

赴苏学习最大困难是语言障碍，所以，在出国前组织上组织我们学习了一年多俄文。在苏联实习时，苏联老师一方面传授技术，另一方面也教俄文。尽管这样，在会话方面还是出了笑话。有一天中午我到食堂买饭，我说：请给我 200 克面包、一杯茶水、两个鸡蛋。当我说到两个鸡蛋时，卖饭的老大妈提高了嗓门问我：要什么？我用俄语说"两个鸡蛋"之后，周围一阵哄堂大笑。这时我觉得满脸发烧，不知所措了。这时老大妈就纠正我的说法，说："два яица。"我只好说："对！ два яица。"后来我看了字典才知道，我把俄文文法的单数和复数搞错了，说话的意思就"猴吃麻花——满拧"。通过这件事给我的教育是：学习要有认真的态度。

我实习的专业是齿轮工部工段长，实习的内容是：螺旋伞齿轮、直伞齿轮和圆柱齿轮的加工。一年中，我学会操作十多种有关齿轮加工的机床，使我较深刻地了解到当时齿轮冷加工工艺的特点，也使我清楚地认识到：生产好产品、保证生产效率，需要一套先进工艺，而不断地研究改进工艺、保证工艺的实施和工人正确而熟练地操作是工艺管理的核心内容。因此，这些认识也就成了以后我在工作中追求的目标和内容。后来我在底盘车间齿轮工部任职中，在调整生产时，就

本文作者刘跃明在莫斯科参加庆祝十月革命节游行时同苏联朋友留影。

认真组织有关人员学习工艺，组织工人学习机床操作，组织开展调整工百台次机床调整不出废品、操作工在保证质量前提下达到定额的劳动竞赛，使工人很快掌握了执行工艺和操作、调整机床的技术，从而顺利地完成了全工部的调整生产任务，提前进入正式生产阶段。在这阶段，有4%的工人获得厂先进荣誉称号，全工部获得了底盘车间授予的青年工部的荣誉称号。后来，我被组织上调到北京齿轮厂工作。我策划并和其他同志合作，针对产品质量问题，采取相应的技术措施，进行了整顿工艺和工艺验证工作，开展了各类人员的技术培训，从而改变了产品质量低劣的状况，使产品连续三年在全国齿轮质量评比中，荣获第一的光荣称号。

　　忆往事，愈感所有这些成就的取得，都和一汽培养教育有关，我谨以此回忆表示敬意。

（刘跃明，原名刘耀明，1925 年出生，1954 年 4 月赴苏联实习。曾任一汽底盘车间工部主任、车间副主任，北京齿轮厂副厂长、厂长。）

今非昔比根基在

孙继康

我是 1953 年 2 月由中国人民解放军总后勤部第三汽车制配厂（即现在南京汽车制造厂）调第一汽车制造厂的，在俄文专修班学习俄文一年后，于 1954 年 4 月至 1955 年 2 月在莫斯科斯大林汽车厂总装配车间生产调度科实习科长的工作。

在苏联实习期间，我亲眼见到了当时苏联对我国汽车工业建设的无私援助，苏联人民对我们的真诚相待。如为我们特制当时欧美对我们封锁的设备；走在路上学生们问我们是否中国人，向我们赠送小礼品。他们对我们的学习、生活也很关心。在我感冒并有轻度肺炎时，医生为我会诊，商量是否要住院，我实习所在科室的同志来住处看望、安慰，使我丝毫没有在国外受冷落受歧视的感觉。

在未去苏联实习前，我虽长期在机械工厂工作，但对大批量流水生产一无所知。听说美国的汽车厂几分钟生产一辆车时，觉得不可想象。通过实习懂得了怎样组织几分钟生产一辆汽车。

在莫斯科实习期间，我曾与郭力厂长在同一科室实习一个星期；在一汽第一批国产汽车下线去向省委报喜时，我与孟少农厂长同一车去报喜。这些场面虽已过去近五十年了，但仍历历在目。

第一汽车制造厂建厂 50 多年了，虽然现在的规模、技术水平已今非昔比，但它的根基仍然是当年的。

希望一汽不仅仅做国内第一，在世界上也要有一定的地位。

（孙继康，1928 年出生，1954 年 4 月赴苏联实习。曾任一汽总装配车间生产调度科科长，1990 年在湖南汽车工业公司离休。）

追忆赴苏实习二三事

邱信祺

1953 年，我荣幸地从北京调到正在兴建的中国第一个汽车制造厂，第二年被派到苏联实习。现在我把赴苏实习中印象较深的二三事追忆如下。

良师益友

1954 年，我到苏联斯大林汽车厂学习热处理检验技术，同去的有车间主任和两位工部主任。虽然各自实习的内容和重点不同，但目标是一致的，就是共同担负起车间的筹建和生产任务，为早日生产出优质汽车而努力。所以，我们经常在一起研究和交流学习心得。在这过程中，我向他们学习到不少生产实践经验，而且还学到他们高尚的思想品德。

在实习期间，我们不但学习热处理工艺规程、设备运行和操作细则，同时还要学习质量要求、检验方法、质量分析和生产管理等专业知识。在短时间内要掌握这些知识，确实是不容易的。该厂的冶金处处长尼古拉·尹瓦诺夫同志了解这些情况后，主动提出要为我们上"金属学和热处理"理论课。我们正是求之不得，因为我们这方面的理论知识比较贫乏，虽然在大学里学到一些，但不是主科。上课需要翻译，我自告奋勇当了临时翻译。

老师从铁碳平衡图、金属学原理，一直讲到汽车零件热处理、调质、渗碳和氰化等工艺。每讲到某一部分，就带我们到现场结合具体零

本文作者邱信祺（中）在莫斯科红场与实习生张德宗（左）、钱庚三（右）合影。

件再讲解一遍。

讲到齿轮气体渗碳时正是夏天，他在车间的连续渗碳炉旁，一个步骤一个步骤地详细讲解，足足讲了两个多小时。只见他满头大汗，身上的衬衫都湿透了。我们也都热得透不过气来。他为了尽量多教会我们一些东西，不顾年事已高，不辞劳累，理论联系实际，举一反三，对我们帮助很大。他认真负责的教学态度，诲人不倦的治学精神，使我们深为感动，大家对他都很爱戴和崇敬。

巧遇彭老总

1954 年秋天，我在车间调质工段实习时，发现一批半轴法兰上有裂纹，车间生产人员、工艺员和检验员便围在那儿分析产生缺陷的原因，我也参与了现场分析会。有的说是淬火裂纹，有的说是锻造折裂，最后也很难确定。于是，我想作些调研，亲自去锻工车间实际了解一下。在锻工车间正巧碰到了实习的同学，我把情况告诉了他，同时请教了锻造工艺情况。我们正要向平衡机那里走去，突然看见那里有一群人向我们走来，原来是苏联高级将领和厂领导陪同一个中国军事代表团来厂参观，为首的是彭德怀元帅，旁边的只认识刘伯承元帅和陈赓大将。我们就迎上去和他们一一握手。厂领导介绍说这是你们中国的实习生。彭老总和蔼地对我们说：要认真学习，刻苦钻研，把学到的技能带回去，为发展我国的汽车工业多作贡献，早出汽车，多出汽车。

他们很庄重，都带着慈祥的微笑。我们在异国他乡遇到了来自祖国的亲人，大家感到格外的亲切和喜悦。彭老总的谆谆教导和殷切希望给我们很大鼓舞，留下了深刻而难忘的印象。

平易近人的郭厂长

我们这批赴苏实习生由郭力厂长带队，到达莫斯科后，厂方已经为我们安排好住宿地方，是该厂职工住宅区的一幢崭新的楼房。我很巧被安排在与郭厂长同一个房间。开始虽然有些拘束，但时间一长觉得他很好接近。他平时不但关心我们的实习情况，而且经常问起我们的生活，以及有没有困难需要帮助解决。他的日常生活起居和我们都打成一片。晚上有时有人找他谈工作、谈实习安排和进度，有时他和俄方负责中方实习的代表商讨各种有关问题，有时他组织大家谈谈学习收获，交流经验。他待人的热情、诚恳，令人难忘。

他的生活也很俭朴。表面看他很严肃，但实际上很平易近人，善于理解人、关心人，是我们的好领导。

多年后，从老同事处惊闻他因病离开人间，我久久悲伤万分。他的崇高形象永远铭刻在我的心中。

（邱信祺，1930 年出生，1953 年毕业于上海交通大学动力机械系汽车专业，1954 年赴苏联实习。回国后，曾任一汽热处理技术检验科副科长。1958 年调二机部九所，1963 年调苏州 526 厂任职。）

难以磨灭的印象

辜祖勋

1954 年 4 月上旬，我随一汽第二批实习人员，从长春站台登车前往莫斯科斯大林汽车厂。从苏联边境第一站奥德堡至乌拉尔山脉东麓的叶卡捷琳堡，逶迤数千公里，是广袤无垠的西伯利亚大平原，列车始终在浩瀚繁茂的大森林中穿行。这一段路程历时近 5 日（全程共计约 8 日），仅掠过贝加尔湖的一角就耗时 10 小时。国土辽阔、资源丰富的苏联给我们留下深刻的第一印象。

行前领导宣布我实习的专业是金相热处理，到达苏联后，郭力厂长与苏方磋商后，将我改派至冶金处中央冶金铸造试验室实习，重点是灰铸铁和可锻铸铁材质的试验研究以及工艺技术开拓。指导我实习灰铸铁的是年过五十的老工程师（苏联大学五年，毕业后即为工程师，资深者称老工程师）格鲁荷夫；指导我实习可锻铸铁的为年逾花甲返聘的老工程师苏米洛夫。

我去时，格鲁荷夫刚开始进行吉尔四吨载重车直列六缸改型为五吨 V-8 缸体的开发试制，而苏米洛夫则正开展缩短可锻铸铁退火周期的试验工作。

最初，他们先让我阅读灰铸铁、可锻铸铁两车间的工艺规程和一些参考书。由于俄语词条的读音和语法都比较规范，我们在国内又先经过近半年的脱产强化学习，俄语中不少科技词条读音与英语同义词接近，故在理解交流上的"走合时间"不太长。紧接着他们就按实习大纲给我们讲课，同时和他们一道在试验车间开炉浇样件和试棒及进行其后

苏联朋友为本文作者辜祖勋送行。

续试验工作，有时也跟随他们下车间了解或处理技术问题，顺便他们就带我熟悉车间的生产流程、设备和工艺控制。给我的印象是，虽然试验车间有工人，实验室有实验员，而他们两人年事已高，但他们都事必躬亲，深入实践。当时尚无复印机，实验室有一架照相机，他们经常拍摄国外期刊的文章和图片，作借鉴参考。大体上看，他们长于德文而短于英语。

在实习中期（整个时间为一年），按实习大纲我先后在其他有关中央实验室和铸造车间各快速试验室以及各铸造车间的技术科和检查科作短时间的认识性实习。

给我印象比较深刻的是，斯大林汽车厂重视业余再教育与培训，因而不论管理干部、工程技术人员和工人，都具有相应的必需知识。例如，灰铸铁车间砂芯制作是重点，操作者几乎全是女工，当我问及某一生产者其产品的具体工艺，对方都能正确地说出原砂的配比成分等有关内容。又如冲天炉每班次的配料计算表均由工长自行计算签发，当问及涉及的一些理论问题时，也都能说得头头是道。车间管理上比较严格且务实，对生产工人根据其产、质量定额而按每班统计的实际考核结果计算工资。因此，车间生产科和检查科都有不少女统计员整天地用手摇计算器作庞大的核算工作。非生产性机构和人员很少，如冶金处，全部非生产人员不超过 10 人。

该厂技术部采取垂直领导管理模式，如各车间的技术科属冶金处，检查科归检查处，车间主任只管生产工部亦即只负责组织生产，完成下达的生产任务和质量、经济技术指标。

我们在苏实习时正值中苏关系最融洽的年代，也是他们比较开放的时期，因此，苏方不仅给中国实习生创造了良好的学习条件，也不存在"内外有别"的框框，对我们没有技术保密的"红线"，如工厂的试验研究资料和技术总结报告等不但可以阅读和抄录，有的还赠予。回国前，格鲁荷夫将他获全苏科技进步奖的有关活塞环研究试验的总结报告（该厂据此更改活塞环材质并制订新的生产工艺规程）给我，我回厂译出后，对一汽活塞环迅速调试投产起到一定的促进作用。由于当时国内技术水平尚低，而活塞环又是材质要求极为严格的零件，故不少单位向一汽索取该报告。在相当长一段时期内，国内活塞环基本上都按这一工艺进行生产。

该厂的试制车间与样车陈列室和供最高领导层乘用的吉尔轿车生产车间以及附属的水陆两用军车生产分厂，本厂人员也不是可以任意进入的，但对中国实习生却是开放的。

在苏期间，我们还分别和所在单位苏联同事一道参加"五一"劳动节和十月革命节的游行庆典。记忆犹新的是我们应邀参加在工会圆柱大厦举行的庆祝中苏友好互助同盟条约签订五周年纪念大会，场面宏大热烈。与会者有我国使馆官员、驻苏机构人员、留学生和实习生，还有苏方各界代表，据称是盛况空前。"十一"我国国庆节时，莫斯科也举行了庆祝会。前一日，电视台经与我厂实习人员领导联系后，将我接去作录音——谈一谈"在苏实习的感想及与斯大林汽车厂同事的友谊"。

瞻仰列宁墓，参观克里姆林宫，其准入券都是极难得到的，冶金处将他们分配到的票优先给我，后来使馆又给我们分发过一次票，因此，我有幸两度获得前往这两处的机会。

其他给我留下较深刻印象的地方有：列宁故居高尔克别墅、特列季扬柯夫画廊、新圣母修道院墓园、全苏农业展览馆和莫斯科地铁，以及莫斯科郊外的大森林。

当然，迄今最令我难以忘怀的还是两位老专家对我的谆谆教导和俄罗斯同事给我的帮助与关怀，以及他们对中国人民的深厚友谊和他们令人景仰并促我努力的敬业精神。

（辜祖勋，1932 年出生，1953 年毕业于重庆大学冶金系，1954 年赴苏联实习。回国后，曾在一汽冶金处、铸造厂技术科、汕头汽车传动轴厂等单位任职。）

人生的转折

张　瑛

在一汽建厂 50 周年的时候，我遥望远方，心潮起伏，不禁回忆起在苏联斯大林汽车厂实习的那段岁月。

那是 1953 年春天的一个上午，我正在厂部办公室秘书科工作，郭力厂长的秘书打来电话，催我去，并说郭厂长有急事找我。我怀着忐忑不安的心情匆忙跑到厂部二楼郭厂长办公室，他正坐在办公桌前等待着我的到来。他面带笑容地让我坐下，并叫秘书给我倒了一杯水。这时，我紧张的心情稍稍平静下来。郭厂长开门见山地说："小张，我找你来说一件事，经组织研究，派你去苏联斯大林汽车厂实习，主要学习生产计划管理专业，你很年轻，只有 21 岁，学成以后回一汽，把学到的专业知识用到一汽建设中去。"郭厂长继续以十分严肃的语气说："这是党交给你的一项光荣而艰巨的任务。你肯学习，可以胜任这项任务。"郭厂长与我亲切交谈，使我激动不已。出国学习，这是我做梦都不曾想到的，因此心中有说不出的高兴。不久后我就去厂举办的俄文学习班报到，随即投入到出国前紧张的学习中。

当我们这批实习生刚到斯大林汽车厂时，有位先期到达的实习生汪声銮同志在冲压车间学习技术管理。他住在另外的地方，每天晚上都主动来到我们实习生住处，向我们介绍该汽车厂情况，介绍莫斯科的名胜古迹，还经常带我们到地铁站熟悉去斯大林汽车厂的线路，甚至为我们实习生到食品店购物，替我们交款、取货。他给予我们的关怀使大家感到非常亲切。每逢周日大家总想参观一些莫斯科风光和古迹，汪声銮主

162

动陪同参观游览。他心甘情愿地为大家服务，显示出他平凡而高尚的情操，给我们留下了难以忘怀的印象。

组织上安排我的实习任务是在冲模车间实习生产计划和经济计划专业。因为我调来一汽工作还不到一年，而且以前一直在机关工作，在厂里也是做行政工作，对汽车生产技术和工厂管理知识相当生疏，甚至连一般的汽车常识都不具备。可以说，我来苏联实习前就"先天不足"。进入实习阶段，俄语成了障碍，又是"后天乏力"。虽然在国内学习过俄语，有了一些基础，一般的会话可以应付，但是毕竟学习俄语时间短，基础差，水平低，尤其是汽车技术和工厂管理方面的术语则更差。一段时间俄语成为我学习的"瓶子口"。在这种情况下，要想在一年内完成既定的实习任务，基本上掌握工厂计划管理方法，任务相当艰巨。

我到冲模车间实习的第一天，负责全程指导我实习的苏联导师什得列洛夫与我进行了一次亲切的交谈。当我和苏联导师谈了自己俄语水平低，会给学习带来困难和怕完不成学习任务的心情之后，什得列洛夫诚恳地对我说："不要怕，任何困难都不应该阻碍你的学习。我们会把所知道的一切经验毫无保留地传授给你，保证在一年时间内使你学会。你不懂的东西就要问，不要不好意思。"并鼓励我说："你说的俄语我基本上听懂了，语言不会妨碍我们之间的交流、沟通。"什得列洛夫这些鼓舞人心的话所表现出来的苏联人民对中国人民兄弟般的深厚情谊和高度的国际主义精神，对我有鼓舞，但我的思想问题当时还没解决。

由于我出国前思想、精神和工作上都准备不充分，对可能出现的困难和问题更是估计不足，于是面对紧张的实习生活缺乏信心，学习的压力越来越大，情绪也越来越低，往日的欢笑从生活中消失，真有度日如年的感觉，严重影响了学习的进程和效果。我苦闷彷徨，今后的实习究竟向何处去？是坚持到底还是半途而废？人生旅途面临着成功与失败的抉择。正在这关键时刻，我们实习团团长郭力厂长以敏锐的目光最先察觉到我的问题，他意识到我在困难面前想打退堂鼓。郭力同志

本文作者张瑛（左一）与饶斌厂长（左二）、傅家川（右一）、郭力副厂长（左三）于莫斯科大学前合影。

及时地与我促膝谈心，教导我要学会老老实实的做人、勤勤恳恳的做事，并严肃地批评我缺乏信心和勇气的消极思想，指出我错误的严重性，鼓励我增强实习的信心。他肯定地说："天下无难事，只怕有心人。只要你加倍努力刻苦学习，一切困难都是可以战胜的。"郭力同志语重心长地对我说："你来苏联实习非常不容易，是党组织对你的信任和重托。碰到一些困难就想退却，精神上败下阵来是不对头的嘛。一个年轻人经受不住困难的考验，将来能有出息吗?"又说："我知道你俄语学习的时间短，基础差，工厂专业知识缺乏，接触实际可能更难一些，这些都不要紧。我们实习生中俄语水平低的还有不少人，他们能知难而进，不背包袱，学习不错嘛！要知道人不是生而知之的，你精力旺盛，记忆力好，只要横下一条心，在学习上比别人多付出一些代价，'笨鸟先飞'就能功到自然成。"我是很要面子的人，老厂长语重心长的一席话，说到我的痛处，使我无地自容。郭力同志一再嘱咐我："你今后学习中碰到俄语专业术语不会的地方和工厂管理方面的难题，可以随时找我。"郭力同志为了帮助我改进学习方法，还向我提出建议。由于郭力同志对我循循善诱、不厌其烦地教导，终于使我醒悟了，思想上开始放下沉重的包袱，心情也豁然开朗了。从那以后我每天起早贪黑、废寝忘食地学习，放弃周日休息和参观游览，挤出时间来学习。甚至晚上别人洗脚、吃饼干、说话的工夫我都用来背俄语单词。有时晚上在梦中还在背。那些日子，我的生活是那么单调、枯燥，又是那么忙碌、充实。功夫不负有心人。有一分耕耘，就有一分收获。不久我在实习上有了明显的转机，出现了可喜势头。我的俄语水平提高很快，学习上大有起色。可是郭力同志并没有因为我学习有进步而放松对我的严格要求，他一再提醒我："今后学习上要防止松劲和急躁情绪，一定要把实习任务善始善终地完成好，画上一个圆满的句号。"与此同时，郭力同志对我的生活也非常关心。他看到我由于加大学习力度，身体日渐消瘦，担心这样下去，难以把实习坚持到底，就对我说："小张，我的寝室只有我一人，平时挺寂寞的，有事找人也不方便，我看你住到我的寝室和我做伴吧，还可以相互照顾。"郭力同志与我谈的问题，我没有一点思想准备，只好说："我搬到你的寝室不方便，睡觉晚怕影响你休息。"郭力同志坚持自己的安排，我只好"唯命是从"了，于是搬到老厂长的寝室共同生活了四个多月。这是我在莫斯科度过的最满意、最快活、最留恋的日子。后来郭力同志对我说："我看你有一段时间身体不太好，心里不好受。未来工作时间长着呢，现在把身体弄垮了，以后干工作就会心有余而力不足啊！"在我与郭力同志相处的日子里，他对我胜似亲人。郭力同志为我的实习和生活用去了那么多的精力与时间，我永远铭刻在心。郭力同志每天活动日程安排得非常紧，晚上睡得又很晚，经常工作到深夜。面对此情此景，我心灵受到震撼，决心再不能让老厂长为我个人的事操心。

一方面，我下定决心，克服一切困难，加倍努力学习，与此同时，苏联导师给了我极大的帮助。什得列洛夫是冲模车间生产计划科科长，他还担任车间兼职党支部书记。为了指导我的实习，他在每天完成非常紧张的行政和党务工作的同时，还不辞辛劳，不厌其烦地帮助我。他为了给我系统地讲解冲锻模生产计划管理及冲锻模制造技术和冲锻模订货程序课程，每次都写出提纲。虽然初期我的管理业务和技术知识专业的俄语不好，可是他对我没有一点指责。为了不拖延实习计划，他甚至牺牲了自己许多休息时间，每天提早上班，很晚下班，甚至午间很少休息，给我讲课。我听不懂，他一遍又一遍地解释，直到我弄懂为止。有一件事给我留下了难忘的印象。记得一个星期六的晚上，什得列洛夫本来和妻子约好到莫斯科大剧院看芭蕾舞剧《天鹅湖》的，可是，他为了多给我讲些有关工厂组织管理的课程，放弃了与妻子观剧的好机会。我当时再三劝他去看表演，他微笑着对我说："芭蕾舞今天不看以后还有机会，你很快就要回国了，再没有机会给你讲课了。"什得列洛夫坚持把课讲完。在地铁车厢里，我非常内疚地请他代我向他妻子表示歉意，什得列洛夫靠近我的耳朵一再说："没关系。"我与他在厂地铁站分手，望着他在茫茫夜色中渐渐远去的身影，陷入了深深的思索……

什得列洛夫对我的生活非常关心。我每天上班后，他总要检查我的衣着情况和健康状况，问寒问暖，亲如兄长。有一次我突然害了牙痛病，脸肿起来。他立即把繁忙的工作放下来，陪我到厂医院进行检查和治疗。他亲自为我找医生，到药房取药，离开医院时又再三嘱咐我好好休息，并且一直把我送到附近地铁站才放心回厂。

由于苏联朋友的帮助和教导，特别是老厂长郭力同志的指引和教诲，使我克服了刚来车间时语言不通、技术不懂、生产陌生、管理外行等困难，经受了实践的锤炼，学到了从书本上学不到的东西，完成了祖国交给我的光荣而艰巨的实习任务。我的这些收获是中苏友谊的结晶，为我以后在一汽工作打下了坚实的基础，领到了从事模具生产计划与管理的"通行证"。在苏联的实习，对我来说是最难忘的经历，是我一生的转折。

1955年3月，当我们恋恋不舍地离开莫斯科，离开苏联朋友的时候，我的导师什得列洛夫及妻子赶到莫斯科火车站为我送行。什得列洛夫深情地说："回国后你有什么难解的问题，要我帮助，随时来信，不

要客气。在苏联时我把你当兄弟，你回国后我仍然把你当兄弟，我们永
远是兄弟。"

莫斯科—北京列车徐徐启动，当我从车窗向外望去，苏联朋友满怀
深情地向我们频频挥手，传送着美好的祝福和真诚的友谊。

（张瑛，1932 年出生，1954 年 4 月赴苏联实习。曾任一汽工具
厂生产计划科科长、办公室副主任、底盘厂厂长、副厂长，解放汽
车联营公司副经理。）

良师益友——巴士庚

刘克春

  1954 年"五一"国际劳动节前夕，我和顾培根、杨建勋、马永才一起到斯大林厂模型车间实习。来后即赶上"五一"节的游行，我们就参加了模型车间的游行队伍，受到模型车间职工的热烈欢迎，同我们互相祝贺，热情问候，争着和我们一起合影留念。那种兄弟般的深情及热烈的场面，给我们留下了深刻的印象。这是我初到苏联第一个美好的记忆。

  进厂后，我在模型车间实习，车间主任巴士庚是我的导师。他是模型工人出身的大学毕业生。他对我像兄弟一般地关照，为我制订了周详的实习计划，给我讲课。在实习过程中他都是亲自领我到各科室及车间各班组以及有关业务车间去实习，了解掌握模型的使用、维修和管理，对我的实习付出了很多心血。

  在实习的过程中，我和模型车间的职工建立了兄弟般的友谊。他们对我们非常重视，非常热情。在我们来到车间时，为我们开欢迎会，在我们要离开时为我们开欢送会。在车间实习时，每到一个科室一个实习点，那里的干部、职员、工人师傅都热情地向我们讲述知识和管理经验，对我们都是以诚相待。这体现了那个时代中苏两国人民的深情厚谊。

  巴士庚在实习中是导师，在生活中是挚友。他不但关怀我的实习，还关怀我的生活，经常带我到他家中做客，讲述他的经历和有趣的故事。他的父亲也是工人，他夫人是教员。他有一儿一女，都很活泼可

1955 年 4 月斯大林汽车厂模型车间职工到车站为本文作者刘克春等中国同志送行。前排中间捧花者为本文作者刘克春。

爱，和我处得很熟，都亲切地喊我叔叔，还在一起照相留念。

一年的实习时间过得很快，1955 年 4 月底我们完成了实习任务，随后启程回国。车间的领导、科室的大部分同志都到车站为我们送行，带着鲜花和纪念品，赠送给我们，和我们拍照留念。当我们上车离别的时候，有些同志含着激动的热泪。这是我一生中难忘的真诚感人的兄弟般的友谊之情。

回国后，我和导师巴士庚仍保持着书信往来。1955 年底巴士庚作为模型专家来一汽模型车间指导生产管理，同时来的还有两个模型生产的工人专家棒根和奥尔洛夫，他们在模型生产、调整管理工作上发挥了很好的作用。

他们在中国期间，我们除在工作上合作良好，还在生活上保持着密切的友谊。我们经常相会，还一起野游、滑冰等，使他们在中国的生活过得也很愉快。

在苏实习期间，我经常同车间里的同志们亲密交谈，大家相处得就像兄弟姐妹一样。1954 年 10 月 1 日，在欢庆我们的国庆节时，车间检查员夏兵特地为我写了一首诗，发表在厂报上，诗的译文如下：

献给模型车间实习生刘克春

夏　兵

他的父亲是雇农，

忠厚老实，家境贫穷，

住在简陋又拥挤的小屋里，

生活于苦难的黑暗中；

丛林旁靠近池塘的庭院里，

居住着不劳而获的财东；

不幸啊！克春童年，

回忆中只有悲痛！

青年时代的克春，

是那样的愉快和热忱；

当年长工的儿子，

成了忠诚的解放战士。

太行山，又高又险，

工厂在深山丛林中，

它是人民战士坚强堡垒，

它是解放区的一个兵工厂，

它是伟大社会生活学校。

太行山，不可攻破的山，

从此，克春开始了工人的生涯，
从此，克春成了共产党员。

晨雾淋湿了草地，
大地上到处都是灌木丛林，
驶向莫斯科的特快列车，
带来了北京的学员，
车轮停止了铁轨的撞击，
只有胸中的心却在跳动，
莫斯科的共青团员们，
迎接来自中国的朋友。

……克春在斯大林汽车厂学习，
兄弟般地同我们在一起，
他，渴望工作，渴望科技，
半年中，他牢牢掌握，
怎样把炽热的铁水浇成铸件；
半年中，他学会了丰富的新经验。
他的双手变得更为准确和敏捷。
"我们为和平而劳动，
没有感情上的不同"，
克春就是这样说的，
我们想的也和他相同。

（刘克春，1925 年出生，1938 年参加八路军，1954 年赴苏联实习。1955 年回国后，历任一汽模型车间主任、铸造分厂厂长、一汽办公室主任等职。）

从陌生到熟悉

庄　群

　　我于 1953 年秋来到建设初期的第一汽车制造厂,有幸于 1954 年 4 月前往莫斯科斯大林汽车厂实习。40 年代初我在白区踏进革命队伍,阅读了一些苏联的马列主义文献,内心深处向往苏联已久,此时有机会赴苏实习,激动的心情久久不能平静。我被分配在斯大林汽车厂总装配车间技术科,学习汽车总装配工艺技术。

　　汽车对我来说并不陌生。我自 17 岁即当汽车司机,接触过多种美国汽车,其次便是德国汽车,虽未接触过苏联汽车,估计也是大同小异。及至抵达实习现场,目之所及是大批量流水生产线,成百上千的总成和零部件按节拍、有规律地迅速组装成一辆辆汽车,工序之间衔接有条不紊,这些情景,对我来说却又是十分陌生的。

　　实习期间,我的导师是技术科长奈兰德,此外还有工艺师担当辅导。在短短的一年时间里,在苏联同志的认真传授和指导下,我一一从头学起,直到全部掌握,为回国后的独立工作打下了基础。技术科中大家相处和睦融洽,使我感到备受关怀照顾。节假日时受邀到苏联朋友家中做客。全科十人大部分是俄罗斯人,还有乌克兰人、立陶宛人,还有西班牙人、犹太人,再加上我这个中国人,科长奈兰德(立陶宛人)曾风趣地说这是个小小国际家庭。

　　实习期间曾见到过国内赴苏并到斯大林汽车厂参观的两位高层领导同志:刘伯承元帅和李维汉部长。李维汉同志是我曾工作过的中共中央城市工作部部长(新中国成立后城工部分为中央统战部和中央联络部),

本文作者庄群与实习导师奈兰德合影。

别后六年能在苏联见到实在难得。李维汉同志祝贺我学习技术的愿望已实现，并叮嘱我努力学习，学成回国多作贡献。

实习末期我们专程去高尔基城莫洛托夫汽车厂参观访问学习两周，受到该厂热情友好的接待。车间准备了专门办公室，指定专人负责接待和陪伴，安排在厂长餐厅午餐，借阅有关技术资料有求必应，令人感到不虚此行。通过这段参观学习，使我体会到，当时苏联这两个中、轻型卡车和轿车生产厂在技术发展、管理作风及生产技术等方面，存在明显的不同。莫洛托夫厂是在 20 年代末美国福特公司拆卖给苏联的 Ford—T 轻型车生产线基础上建成的，所以该厂部分产品的福特烙印较深，例如直到战后的 50 年代中期，福特车那种不易检修调整的对分式后桥结构仍被沿用着。但另一方面，该厂仅仅用了二十多年，即将单一品种发展成为轻卡、越野车及各型轿车等四个系列产品的大型汽车厂，而其吉姆高级轿车已有相当水平。此时该厂在产量、产值方面都已高于斯大林厂。两厂相比较，给人印象是莫洛托夫厂经营得更加精干灵活，生气勃勃。

一年的学习光阴一晃而过，1955年5月中旬，我们满载全部学习收获而归。回厂之后正值一汽总装车间设备安装，车间派出的各岗位实习人员全部发挥出应有作用。1956年7月总装配线完成生产调试，第一批国产解放牌4吨卡车顺利诞生，我国从此有了国产汽车。

（庄群，1920年出生，新中国成立前曾当过汽车司机，并参加党的地下工作。新中国成立后在大连工学院机械系毕业。1954年4月赴苏联实习。回国后，在一汽先后担任总装配厂技术科长、设计处副处长、汽车研究所副所长、副总工程师等职。）

加里宁教我管理装配线

吴亚洲

在我父亲吴丹的影响下，我们兄弟三人少年时期就接触到了汽车。但那时见过的和开过的都是外国汽车，能够亲身参加国产汽车的制造一直是我们的梦想。新中国成立后不久，根据中苏两国政府达成的协议，由苏联帮助我国建立的第一汽车制造厂在长春市西南郊破土动工了。我们和父亲从各自的工作岗位调到长春。建厂初期，百废待兴，尤其缺乏各方面人才，急需用最快的速度培养出一大批真正懂得汽车制造的专业技术人员。在这种情况下，国家决定选派实习生赴苏联实地学习。我有幸作为其中一员，于1954年被派往莫斯科斯大林汽车厂实习。

对组织的决定，我既感到荣幸，同时也深感任务艰巨。尽管我当时已经有了十几年的驾驶和修理各种汽车的实践经验，但是在汽车制造原理方面却仍然不懂，另外还有语言上的障碍，短短一年时间到底能学到多少东西，心里一点儿也没底，担心有负组织的重托。好在我刚刚30岁出头，正是年轻气盛之时，并没有被这点困难吓住。于是，暗下决心，一定认真学习，努力把苏联先进的汽车技术及企业管理经验学到手，带回来，为我们国家的汽车工业发展做出最大贡献。

到了苏联，我们很快就进入了各自的实习岗位。当时我被分配到总装分厂，具体学习装配线上各个工序的操作工艺。我的指导老师名字叫加里宁，是该厂的一名副主任。我的实习任务是，把总装线上的每一个工位从头到尾跟下来，一个零件、一个总成地掌握汽车装配的全过程。通过苏联朋友们热情友好的帮助及我个人的刻苦努力，只用了半年的时

本文作者吴亚洲（右二）在莫斯科大学门前同一起实习的庄群（右一）、任荃（左一）、杜政（左二）及苏联朋友合影。

间我就系统、熟练地掌握了各种技术。加里宁同志对我勤奋好学的精神很赞赏，常常向我介绍一些企业管理方面的经验，如工厂的组织形式、各科室的具体分工内容及相互间业务衔接关系等，并主动把我带到冲压车间驾驶室装配线上去实习，使我额外学到了不少知识，对我回国后的工作起到了很大的帮助作用。短短一年的实习生活使我感到受益匪浅。

实习回国以后，根据工作需要和组织安排，1964年我被任命为总装车间主任，从那时起，我在苏联学到的知识才真正派上了用场。当年一汽生产计划大调整，年生产汽车的指标从3万辆增加到6万辆。在人员、设备、工艺、程序不变的情况下，产量却要翻一番，这需要何等的胆量和气魄呀！这时我想起实习导师加里宁同志常说的一句话——每一辆汽车都由数千种零件组成，需要每一道工序丝丝入扣的配合。工作也是如此，群众就如同一个个零部件，组织动员好群众，把群众的积极性充分地调动起来，没有什么解决不了的困难。在总厂党委的直接关怀和指导下，我们上下一心，群策群力，大胆构思，集思广益，调整装配线的工艺流程、修改工艺、简化工序，三个人的工作两个人干，一场产量翻番的大会战就这样开始了。作为领导，我每天深入生产第一线，处处与工人群众打成一片，在现场处理可能出现的各种问题，使装配线畅通运转，保质保量地完成生产任务。记得有一段时间，装配传送带经常自动停车，使生产受到影响。问题到底出在哪里呢？我头脑里反复回忆当年我们在苏联实习时，加里宁同志经常提到的装配线上常见问题及处理方法，于是我先后几次钻进地沟一点一点排查故障，发现是由于传送带锁链销子容易断裂造成的。我和有关技术人员一起对易断的销子进行反复检测，解决了铸造销子时材质硬度和抗拉强度存在的问题，使生产线恢复了正常运转。在工作实践中，能够运用到从苏联学到的知识，那是我最兴奋的事情。

我年事已高，离开岗位多年，但回忆起在苏联莫斯科斯大林汽车厂实习时工作和生活的情景，仍历历在目。那是我从事汽车制造工作生涯中最难忘的岁月。虽然如今我不能亲临生产第一线，但曾为祖国汽车制造事业做出贡献是我一生的骄傲。作为我国汽车制造方面的创业人员，我衷心祝愿我们国家的汽车制造工业能够早日走向世界。

（吴亚洲，1922 年出生，新中国成立前曾在佳木斯市当汽车司机，新中国成立后在大连、沈阳曾任汽车队队长、科长、修理厂厂长，调一汽后，1954 年 4 月赴苏联实习。曾任一汽汽车研究所试制厂厂长、总装配厂厂长、总工程师办公室主任等职。）

我一生中最高兴的事

王泽山

我 1953 年从一机部二局干部处调到长春一汽，进俄文班学习俄语。从字母开始，以蚂蚁啃骨头精神只争朝夕。半年多的培训结束，达到了日常会话、简单书写的程度。

1954 年春寒料峭时节，我们一行七十多人踏上火车，奔赴苏联。我们的到来，受到苏联同行的热烈欢迎。斯大林汽车厂是一个先进的现代化的汽车制造厂，我们一到这儿就为轰鸣的机器声、大流水线的汽车装配所震惊！

我的实习导师是总装厂的检查科长柯拉廖夫、副科长科留其高夫。实习路线是：发动机装配检查——发动机试验检查——总装配车间的汽车装配检查——汽车试验检查。导师要求我从每道工序干起，一直到最后一道工序。由于我过去干过汽车修理，对汽车构造、零部件有所了解，进入角色很快，学习起来也较轻松。但对大机械化均衡流水线生产没见过，感到十分新鲜，大开眼界，因而学习兴趣很浓，学习很努力。在实习中苏联导师和朋友对我们十分热情友好。刚去时语言不通，导师指定一名工长领我到食堂吃饭，下班后领我到主任室换衣服，并嘱咐他注意保证中国同志的安全。一次，在发动机的装配过程中，我问检查工长：活塞的椭圆度是多少？这位苏联老大哥领着我上下查询，找技术人员讲解，直到我弄明白为止。有一天，我和总工长上夜班，晚上九点多，我们开着"吉斯–151"去做道路试验。去时是苏联总工长开的车，回来是我开的。到了十字路口，我突然看到前方亮起红灯，马上减速，马路中间的苏联警察微笑指挥我通过，我又加大油门，把正在打瞌睡的总工长惊醒了。他看我闯红灯，叫我马上靠边停车。警察过来，他马上解释："中国同志不太熟悉我们的交通规则。"警察说："我看到是中国同志，才让他通过。"总工长开玩笑说："你在我的国家里不用驾驶执照，你的黄皮肤就是通行证。"这件小事，从两个侧面反映出苏联人民对中国人民的友谊和关爱。

还有一次，我和李惠民等几个人到莫斯科红场和公园去玩，在无轨电车站等车时人很多。当电车来时，站在前边的一个苏联同志高喊："让中国同志先上。"这时排在前边的苏联人都自动让开，并异口同声地说："请中国同志先上。"这让我们在场的几个实习生十分感动。也使我更加体会到毛泽东主席 1949 年 9 月在全国政协第一届全体会议开幕词中的庄严宣告："中国人从此站起来了！"的深刻含义。国家有尊严，人民才得到尊重。我们要更加爱国，更加勤奋学习。

在实习过程中，我还学到了大量流水生产的汽车发动机生产、装配、试验、检查工艺，以及技术参数要求。每到一个单位实习，这个单位的检查工长就是我的导师。我先后到过六个单位实习，就有六个实习导师。每个苏联导师都是那么和蔼可亲，那么真挚热情。通过实习，我理解到检查工作的重要性，检查工作可以弥补生产工作上的不足，不让不合格零件流到下道工序。认识到单靠检查不能保证产品质量，产品质量是设计与生产制造出来的，所以必须采取生产者的自检和专检相结合，流动检查和最后检查相结合，抽检与百分之百检查相结合，分解检查与道路检测相结合。根据以上原则制订检查工艺，合理地配备检查员。哪些工位需要百分之百检查，哪些工位需要抽检，根据考查情况订出检查的百分比，以及发动机检查比例和道路试验抽查百分比。这些经验运用到我厂 1956 年的开工生产调试中，为第一辆解放牌汽车顺利下线起到了重要质量保证作用。同时这一整套的质量保证体系，培养了我们自己的质量检查队伍。我们根据所学经验配备了检查人员，贯彻了自

这是苏联导师考核王泽山（前排左二）实习成绩时的合影。前排左一是苏联导师柯拉廖夫，前排右一是检查科副科长科留其高夫，前排右二是实习生傅家川。

检、互检、专检相结合的方针。这一方针促进了质量检查工作的全面开展，并为之打下了良好的基础，保证了汽车生产的顺利进行。这一方针及检查工作体系在一汽生产发展的四十多年历史中发挥出十分重要的作用。

在苏联我还学到了为用户服务的专项业务。70年代末，我向有关厂领导提出在全国建立维修网络，为用户服务，得到张品西副厂长的支持，后来又得到韩玉麟副厂长的大力支持。当时，我的设想是在各省会城市建立汽车维修服务中心，地区所在地建立汽车维修服务站，县所在地建立汽车维修服务点。这个设想得到厂领导的认同肯定后，由我主抓。80年代初在广州建立第一个服务中心，当时韩厂长亲自到广州参加挂牌仪式。继广州第一个服务中心建立后，相继又在开封、南京、兰州、北京等地建立了20多个服务中心，同时还建立起一些用户维修服务站。这项工作的大力开展，扩大了一汽的影响力，满足了用户需求，有力地促进了汽车的销售，减少了成本，创造了效益，使一汽汽车售后服务工作上了一个新台阶，在一汽销售史上是一个里程碑。

我于 1985 年光荣离休。赴苏实习是我一生中最高兴的事。

（王泽山，1926 年出生，中专毕业，1954 年 4 月赴苏联实习。曾任一汽质量检查处检查科长、技术科长、销售公司服务科长等职。）

在莫斯科培育的种子

沈华铨

1954年4月，我有幸被派往苏联实习，心中充满着喜悦和希望。我们一行34人，在长春登上了驶往莫斯科的火车，车过满洲里，进入了苏联的国土，并见到了贝加尔湖明媚的风光。贝加尔湖是世界上最深的内陆淡水湖，火车紧靠着湖畔行驶了很长时间，景色尽收眼底。一望无际的湖面，清澈透明的湖水，湖边是连绵的山麓，火车穿过一个接一个的隧道在湖边曲折迂回而行，山清水秀，湖光山色，富有诗情画意，景色实在是太美了。

亲切的称呼

我们住在斯大林汽车厂一幢宿舍里，宿舍的二、三层都腾出来给实习生居住。住处离工作场地还有一段距离，每天上下班都需乘有轨电车。就连郭力同志每天都和我们一起乘电车。我们这一批人中，有实习车间主任的、副总机械师的、科长的，更多的是一般干部，如实习设计、工艺、工长、调整工等。拿我们木工车间来说，江华同志实习车间主任，王敬仪、张明忠实习科长，其他均是一般干部。开始生活在一起时，特别是对那些"长"字辈的，在接触方面未免有些拘束，对他们的称呼为某主任、某科长。江华却很认真地说："我们在这里都是实习生，没有什么主任、科长，以后都以名字称呼。"在他倡导下，以后我们都以名字称呼。奇怪的是，这条规矩不约而同地成为我们数十人的共同准则，除了对郭力同志还称郭厂长外，其他人见面一律叫名字，熟悉一点的人，更是以"老张""老王"相称，无形中使彼此间距离拉近了，感情更融洽了，似乎又回到了过去的校园生活。

实习生活比较紧张，上午 7 点赶电车上班，到车间小卖部匆匆买一点吃的作早餐，下午下班后回宿舍已是晚上 6 点左右了，在宿舍附近小食堂吃完晚饭，离睡觉时间还有二三小时可利用，除了偶尔看一看电视以外，大部分时间是到宿舍附近一个小阅览室去看与业务有关的书籍，以此来提高知识水平和阅读能力。那阅览室条件很好，一个人一张小桌，桌上有台灯，非常适合阅读自修，是我非常喜欢的去处。

实习中遇到的最大困难还是语言问题。我们多数只学过 4 个月俄文，刚去的时候，连一般的会话都不会，也听不懂。没有别的办法，只有多学、多说、多练。记得那时我袋子里常带着一本袖珍的俄汉字典，

本文作者沈华铨回国前和苏联朋友在火车站留影。

听不懂就拿出来翻一翻，不会说，意思表达不出来，就用手势比画，询问对方是否明白了，直到使对方听懂为止。车间技术科有个装配工艺员，四十多岁，为人热情健谈，我去后不多天就和他混熟了，一有机会我就结结巴巴地和他聊天。他是我会话的最好老师，对我提高会话能力确实帮助不小。在学习会话方面给我印象最深的数江华同志，他俄文底子并不好，但常利用一切机会大胆和苏联同志交谈。记得有一次讲到"掉眼泪"，"眼泪"这个单词不会说，就比比画画说："水从眼睛里跑出来。"人家也就听懂了。他这种精神深受我们钦佩，大家也向他学习。功夫不负有心人，经过勤学苦练，听话和说话能力迅速提高。数月后，车间有关人员给我们讲课，内容基本都能听懂。回国前，车间开欢送会，我们上台发表感谢词都是自己撰稿，并不感到有多大困难。回国后还与苏联友人通了几次信。我想没有这一段实习经历，俄语水平不可能提高那么快。

我们的实习生活既紧张又丰富多彩。星期天不时组织一些集体参观活动，我们还浏览了莫斯科的主要名胜古迹，有时也三五成群到市中心观赏。这些活动增长见识，饶有兴趣，更何况莫斯科确实是一座非常美丽的城市啊！

我的实习导师巴依柯夫

导师已是五十多岁的人了，满头白发，脸上不少皱纹。平时言语不多，但内心却很热诚，乐于助人。听人介绍，他过去是工人，以后在车间当调整工，有丰富的操作经验，但文化程度不高，现在技术科任木工工艺员。我在那里，一般上午到车间主要加工设备上一台挨一台进行实习，下午回到技术科记实习记录和收集阅读有关资料。导师经常关注我的实习情况，主动拿一些资料给我，嘱咐我好好阅读，说："你会看懂的，如有问题再提出来。"当我提问时，他总是不厌其烦地详细进行解释，直到我理解为止。有些涉及机床结构和操作技术问题，他就把我叫到现场实地讲解，有时还亲自示范。由于他的精心指导，使我较好地完成了实习计划，并深刻认识到作为一个工艺员没有实践经验是不行的，导师在这方面是我学习的榜样。

在实习快要结束时，导师赠给我一件礼品，并题字留念。一次下班在电车上遇到导师，他拥抱我吻了我的脸与我道别，至今记忆深刻，我永远怀念我的好导师。

姐妹俩

在我们实习期间，有一位姑娘负责我们的实习工作，她对我们特别关心负责，态度总是那么亲切诚恳，举止又是那么稳重大方，时间一长，我们也都乐于和她接触交谈。这个姑娘名字叫奥宁娅，年龄二十六七岁，未婚。过不多久，她请我们到她家去做客，我们都应约去了。她一家三口人，有母亲和妹妹，住的房子不算宽敞，大约相当于我们两居室的房子。她请母亲和妹妹出来和我们见面，并一起交谈，姐妹俩拿出饮料招待我们。谈了不到半小时，我们告辞出来，母女三人把我们热情地送到楼下门口，从此我们又认识了她的妹妹塔丽娅。妹妹在附件车间工作，看上去不到二十岁，圆圆脸，大眼睛，虽初次见面，但看得出她生性活泼开朗。以后有两次我在中央大道遇见她，她认出我来主动和我打招呼，并且又说又笑，一点也不拘束。

十月革命节，斯大林汽车厂在厂文化宫开庆祝联欢会，邀请我们中国实习生全部参加。先是开了一个庆祝会，会后就是联欢活动，在文化宫大厅里跳舞。参加的人很多，有时跳集体舞，有时跳交谊舞。在那里姐妹俩成了招待我们的主人。苏联集体舞我们都不会跳，站在一旁看，姐妹俩把我们一个个拉进舞池和苏联同志手拉手一起跳，并教我们怎么跳。跳交谊舞时，姐妹俩轮流陪我们跳。她们一直陪我们到活动结束，其中妹妹比姐姐更为积极，可把姐妹俩累坏了。虽然很累，但可以看得出来，姐妹俩都玩得很开心。我们之间真诚的友谊，真正体现了两国人民之间的兄弟姐妹情谊。

1955 年 2 月，我和另一些实习生期满返国。临别那天适逢星期天，很多中国实习生都到车站送行，她们姐妹也赶到车站送行。在站台上我们相互摄影留念，直到火车徐徐开动，还见姐妹俩频频招手，依依惜别。

回国后，我与她姐妹俩通过两次信，遗憾的是以后中苏关系逐渐恶化，联系也就中断了。不过这异国姐妹俩的情谊却深深留在我的记忆中。

苏联的老大姐和老大嫂

苏联妇女特别是中年的大姐大嫂们非常能吃苦耐劳，特别能干。在我们实习的车间，多数工人都是妇女，劳动强度大的装配线上也是妇女居多。如车厢板的总成装配几乎清一色都是妇女，而且中年妇女特别多。孙述昭同志实习装配工长，常和她们在一起干，工作起来根本赶不上她们的节拍，少数几个工作能手的装配速度比孙述昭要快一倍还多。看到她们那种工作情况，真是令人赞叹。

我也曾参观车身车间，在大压床工作的很多也都是妇女，一个个长得膀大腰圆，干起活来比男同志毫不逊色。不仅在工厂里，我看到苏联的建筑工人、护路工人大部分也都是妇女。

而我们大压床上的生产工人都是男的。我们木工车间装配线上只有少数几个女工，干的是线上最轻的工位。一般男同志都不愿意到装配线上工作，嫌那里的工作既紧张又繁重，这和我们在苏联看到的形成很大的反差。为什么在苏联中年妇女那么能干呢？因为这些苏联妇女都是经历了卫国战争洗礼的，战争期间大批壮年男子都上了前线，后方很多繁重工作不得不由妇女担当起来。艰苦残酷的战争使苏联遭受了惨重的损失，但也锻炼了人，使经历战火的人变成了特别能战斗、特别能吃苦的一代。在苏联战后重建工作中，妇女可说是顶起了大半边天。我对这些大姐大嫂们感到由衷的尊敬和佩服！

美丽文明的莫斯科

莫斯科是很美的，巍峨的克里姆林宫、克里姆林宫的大钟和高耸的红星，是当时世界无产阶级革命中心的象征。宽广的红场上铺着黑褐色石块，在阳光照耀下熠熠发光。红场上有无产阶级革命导师列宁的陵墓，对面有大型的国家商场，右侧莫斯科运河缓缓流过，距红场不远的运河边矗立着当时莫斯科的最高建筑、28层的莫斯科大饭店。在列宁山上的莫斯科大学是苏联的最高学府，主建筑高28层，整个建筑群看上去像一座雄伟壮丽的城堡。学校里面一应设施齐全先进。与国内大学相比，当时真有天壤之别。苏联农业展览馆展地面积很大，每一个加盟共和国有一个分馆，建筑富有民族特色。展区有多处喷泉配以各色灯光，夜幕降临更显五光十色，异彩纷呈。还有各民族的歌舞演出，真是赏心悦目，令人流连忘返。

我们还访问了郊区的集体农庄，受到农庄庄员的热烈欢迎。欣赏了由苏联艺术大师乌兰诺娃在大剧院主演的芭蕾舞剧《天鹅湖》，技艺之高超可谓是世界之巅。

莫斯科气候宜人，街道整洁，空气清新，冬季大体上和长春气候差不多。这得益于莫斯科周围有多层茂密的防护林带，有效地阻挡了北方吹来的冷空气和大风，同时亦美化了市容。莫斯科不但风景美、建筑美，莫斯科人心灵也美。他们对中国同志普遍有亲近感，称我们是他们的"兄弟"。在莫斯科到理发铺理发，往往要先排队买票然后按号进去理，我有几次去理发，站队买票时，站队的苏联同志不让我排队，叫我到前面先买。那时莫斯科治安秩序良好，民风淳朴，不论白天黑夜走路用不着担心会发生什么意外，我没有看到和听说在公共场所发生扒窃、打骂斗殴这类事情。因此，我深深喜爱这座城市，它给我留下美好的回忆。

实习富有成果

我们去苏联实习的同志，就好比在那里培育的种子，回国后便在国内生根成长。在我国完全不具备生产汽车的技术和经验时，没有苏联的大力支援，包括大批的人员培训，要在短短三四年内从建厂到生产出汽车，那是不可能的。拿我们木工车间来说，前后派出了9名同志赴苏实习，回国后基本掌握了生产车厢的技术和管理。斯大林汽车厂派到我们车间仅一名木材干燥专家，时间也仅半年左右。实事求是地说，即使专家不来，我们亦能承担起调整和正常生产的任务。当然我说的是我们车间的情况，但亦说明当时派遣五百多名同志赴苏实习，为我厂培养一整套骨干是完全必要的，作用亦是十分明显的。我们车间除了消化吸收在苏学习的工艺外，还有了一些改进和创新。

从苏联引进的技术，如木材堆、卸、垛应用30吨立式起重机，实现了半机械化操作，而当时国内还处在全部人工操作的情况。木材干燥所用的温湿度自动控制仪表，在国内亦仅此一家，以后国内一些木材加工单位受我们的影响才陆续采用了相似的设备。我想这种情况在一汽是很多的，苏联的先进技术，不仅在一汽采用，其中有一些也推广到了全国。

我们派出实习的五百多名同志，大部分人以后陆续调离一汽，奔赴全国其他汽车、科研单位或生产厂家，成为那里的生产、技术、管理骨干，很好地完成了党中央对一汽提出的"出汽车、出人才、出经验"的任务。我们这部分人对中国汽车工业来说是"播种机"，是"工作队"，到哪里就在哪里扎根、发芽、结果。

我对苏联政府和人民始终怀着感激之情，感谢他们在本身相当困难的情况下，真心实意地援助了我们。

(沈华铨，1927年出生，吉林工业大学机械制造专业毕业，1954年4月赴苏联实习。曾任一汽车厢厂技术科科长、值班主任、副厂长、厂长等职。)

实习结下终身缘

韩玉麟

　　1950年5月一个春光明媚的日子，我告别年迈的双亲和生活了二十多年的故乡，登上从上海开往沈阳的专列，响应祖国号召参加东北工业基地的建设。1953年底的严寒冬天，我又北上长春到652厂俄文班学习，使我与汽车工业结下终身之缘。现在我虽已退休，但仍把关注汽车工业发展作为业余爱好。

在工厂中学习质量检查

　　往事已逝人犹在。回忆50年前的事情本身就是一种幸福。我从1954年4月开始在苏联斯大林汽车厂底盘车间检查科学习。在那里实习的是一个配套的班子，有实习车间主管生产主任的宋玉麟、机械科长的胡传聿，调度科长的顾学进以及实习各个工部主任、工艺员和调整工的同志。我实习的是检查科长，导师尼基塔·尼基涛维奇·尼古拉兴是一位具有丰富经验，年近六十的老同志。在斯大林汽车厂，检查科长都是由有声望，有较高生产实践经验的人来担任，加上检查科直属厂技术检查处领导，因此，在车间内检查科长威信较高，连车间主任都要让他三分。他向我说在车间里只有他敢和车间主任争吵。

　　回忆这一段时期，有几件事使我至今记忆犹新。在实习期间我与宋玉麟同志接触较多。他实习生产主任这一职务，要到各工部轮流看，我也同样。他比我大十多岁，是老工人出身，非常熟悉机械加工，有丰富

190

的生产实践经验，但俄语有困难。我对生产知道不多，然而俄语有基础。我们俩在学习和生活上优势互补，相互帮助。发现有质量问题，导师往往请他一起来分析，他总能头头是道地说出原因，而且多数情况下认为是人为因素造成的。导师曾半开玩笑地对我们说，你们两位"玉麟"应当在这里好好商量，免得回去后像我们这里车间主任和检查科长老吵架。事实上，回国后，我们在底盘车间工作时配合得很好。宋主任对质量十分重视，经常召开质量会议，而且，几乎每周和我一起到出现质量问题的工位进行分析。操作者、工长及有关人员都参加，要他们讲清为什么出废次品，今后采取什么措施来避免。他总在生产第一线面对面地领导，有时甚至亲自动手操作，向大家示范。当时在底盘车间，我们就结合中国实际情况，实行了自检、互检相结合的做法。1956年王少林同志和刘守华同志从苏联实习回来更进一步强调群众性的保证质量工作，建立了一系列的有关制度，如质量日活动、废品会审、工检合同等。宋主任对质量的高度重视，可能是后来让他当技术检查处处长的原因之一。1962年我也调到处里工作，再次与他朝夕相处，这是后话。

在实习中导师不止一次对我说，技术检查工作者在生产中不是以消极被动的废品挑选者的面貌出现，而是以积极主动的质量提高者的面貌出现。这就要求我们熟悉生产过程和影响质量的因素，走到机床旁边，观察分析，进行预防性质量检查，不是简单地卡住不放，而是要共同研究解决问题。同时他也强调在生产中只顾数量的现象也常有，作为技术检查工作者必须坚持原则与之斗争。有一次，他领我去见技术检查处处长，一进门里面有一大堆人坐在那里，导师要我也坐在一边。这时处长夏巴晓夫正大声说话。导师告诉我由于出了质量问题，他正在训斥部下，严肃批评他们对忽视质量现象斗争不力，该争吵的就要争吵。夏巴晓夫后来作为苏联援助专家来一汽技术检查处工作，与王少林处长配合很好。我曾多次听他讲话，他的指导对我们生产初期的技术检查工作走上正常轨道确实发挥了很大作用。

本文作者韩玉麟（左三）与实习生顾学进（左二）、宋玉麟（右二）在莫斯科与苏联朋友合影。

　　20世纪50年代初，斯大林汽车厂就开始推行统计法检查，我对此很感兴趣。导师告诉我处里有一个实验室专门负责此项工作，我要求去看一看。有一天他陪我到那里，正好主管这项工作的副处长高斯杰夫也在，他后来曾作为总冶金专家到一汽工作。斯大林汽车厂技术检查处两位处长都来中国，也在一定程度上反映他们对一汽的支持。高斯杰夫是一位统计法检查专家，写了好几本有关的书。他当场送给我一本他写的小册子，并告诉我虽然生产初期你们不一定用得上统计法检查，但将来总是要用的，应当派人来专门学习。当时在场的还有黄一然同志，他连声说对。我当时并不认识黄一然，据说是大使馆来了解情况的，后来才知道他是一汽的副厂长。以后一汽派了张南舟同志去专题学习。50年代末和60年代初，一汽曾先后在中科院刘源张教授和吉林工大许金钊教授帮助下进行统计法检查试点，我对此也就不感陌生。改革开放后，我们学习的日本石川馨和美国朱兰的全面质量管理，实际上是统计法检查的深化发展。可以说这项工作一汽在派人实习时就起步了。

在苏联同志家中做客

在实习期间我曾有机会到三位苏联同志家中做客。这对了解苏联人民真实生活情况和增进双方友谊有很大帮助。

第一次到苏联同志家中是1954年"五一"劳动节。导师问我参加不参加"五一"游行。我当然希望参加，抱着一种好奇和新鲜的心情想看看苏联人是怎样游行的。在游行过程中，他们又说又笑，又唱又跳，非常轻松活泼，没有当时我们国内游行时政治气氛浓厚、庄重严肃的场面，也许是双方民族性格不同和客观政治环境相异所致。游行结束后，一位名叫阿廖沙的年轻检查员邀请我到他家坐坐。他家就在附近，是一座老式房子的底层。同行的有检查科总工长米哈伊尔·格利高利也维奇和检查员卓娅。总工长曾作为苏军军官驻扎在大连，对中国有较深的印象和好感，已经三十多岁还未结婚，他与卓娅是一对情侣。阿廖沙家房子不大，陈设比较简朴，但很干净。妻子也出去游行未回，结婚不久还没有孩子。聊天中知道他对生活满意，对国家自豪，这也是苏联人的共同点。那时他正在夜校念书，毕业后可当工程师，是一名有进取心的年轻人。在他家中虽只作短暂停留，却是我了解苏联人家庭生活的开始。

第二次去的是我们的俄语老师家。老师的名字是阿丽莎·伊凡诺夫娜·科洛特科娃。她三十多岁，是专门学习中国历史的，对中国非常感兴趣。她会讲几句中国话和写一些汉字，这对我们学习很有利。她为人十分热心，教课认真细致，就怕我们学不好。我们这一组学生都是刚从大学毕业的，有一定外语基础，学起来较快，使她相当满意。她邀请我们全体到她家去。她住在市中心一座高层公寓楼里，据说是她父亲留下来的房子。她父亲曾是苏共中央委员，有一定的地位，她家是一个革命世家。她本人虽不是苏共党员，但她的待人处世，谈吐举止，处处显出一位有修养的苏联公民的高尚风格，可以说是一位党外的布尔什维克，我们大家都很尊敬她。她家中布置得高雅整洁，与她的身份相适应。她有一个洋娃娃似的儿子，名叫奥列格，长得非常可爱，成为我们逗乐的中心。她请我们吃自制的点心，大家一起随便聊天，欢快的情绪洋溢在我们师生之间。这是我们在莫斯科度过的一个难忘的周日下午。

不少苏联人往往在乡间有一幢别墅，一般是用木头盖的。在夏天他们往那里度假，享受大自然的清静安宁和新鲜空气。老师又一次盛情邀请我们去她别墅，我们正求之不得。别墅在郊外，我们坐火车去。这也是一座木头房子，四周是花草树木，自己侍弄，风景优美，空气清新，十分宜人。离开喧嚣的城市，在这里过上几天农家田园生活，真是惬意。我想这大概就是我们所追求的美好社会主义生活的一部分吧！在俄语学习结束后，我们师生一起专程到照相馆拍了一张很大的照片留念。

老师对我们的关怀还体现在我们回国之时。我们是分批回国的，每次她都到车站为我们送行。斯大林汽车厂厂报《斯大林人》不止一次对此作了报道。有一次是这样写的："俄语女教师阿丽莎·伊凡诺夫娜·科洛特科娃没有忘记自己曾带领过的一位学生，他们在火车站相互告别。她送给她的学生一本适合他的专业的教科书。"

第三次是到导师尼古拉兴家。那是1954年除夕晚上。到苏联人家中过年是一件吸引人的事。那天晚上仅四个人，导师夫妇，检查科秘书噶丽娅和我。导师老两口无子女，我们去了也增加些节日气氛。他们住在工厂的宿舍内，房子很宽敞，室内挺整洁。老太太好像第一次接触中国人，对我们国家和个人问长问短，寒暄不止，感到很新奇有趣。她还准备了传统的俄罗斯菜，别有风味。用餐时先喝伏特加酒。我因为不会喝酒，只能以水代替，他们也不劝酒。酒下去情绪就来了。导师先一个人跳俄罗斯舞，后来要我们大家一起跳交际舞，四个人分成两对。我根本不会跳舞，这是生平第一次，乱跳一顿，甚至踩了噶丽娅的脚，弄得十分尴尬。导师笑着对我说："你不仅要学苏联技术，还要学苏联男子汉喝酒跳舞。"令他失望的是我至今既不会喝酒，更不会跳舞。就这样，热情豪放的导师，淳朴慈祥的师母，温情大方的姑娘和文静稳当的中国小伙子一起度过了1954年最后的一个难忘的晚上。

重访的感慨

1989年春天我出差到德国去，特意选择了乘火车经西伯利亚到莫斯科再转车去柏林。一路上还是大片森林，广阔原野，原来样子的车站，变化的是楼房旁边增加了不少家庭用车的车库。我利用转车去柏林前的短暂时间到李哈乔夫汽车厂（原斯大林汽车厂）参观。虽然只看了新建的5万平方米的总装配车间，但也算重返旧地。产品还是二十几年前设计的"吉尔–130"，另有一个新的柴油车，刚开始生产，令人感到变化不大。据说他们开发的三轴重型车都拿到卡玛河汽车厂去生产了。从报上看到前年该厂只生产了几千辆汽车，与过去12万辆相比，真是天壤之别。他们的兴衰也许能给我们一些启示，别人的经验和教训对我们都是有用的。在亲历一汽四十多年的迅速发展后，今天当我凝视苏联同志送给我至今还放在案头的木质列宁像时，不禁要问："他的国家的第一个汽车厂，也是我们国家第一批汽车工业建设者们的启蒙之地，在21世纪将会是怎么一个样子？"但愿它将重新腾飞，再现辉煌。

（韩玉麟，1929年出生，1950年上海交通大学毕业，1954年4月赴苏联实习技术检查。曾任一汽技术检查处、总调度室科长、处长，一汽副厂长、总工程师，解放联营公司董事长等职。）

热情的培养 诚挚的帮助

毛履平

1953 年 9 月，我在上海交通大学毕业后，满怀建设祖国的热情，无条件服从统一分配，来到了第一汽车制造厂。如今屈指算来，已整整有 49 年了。回忆这漫长的经历与过程，不禁使人思绪万千，浮想联翩。第一汽车制造厂已茁壮成长了起来，成为一个全系列、多品种汽车生产的集团公司，并将与国外的产品相抗衡；而我个人，随着时光的流逝，已从一名刚出校的学生成为负责专业技术工作的副总工程师。我常常这样想，我在技术和业务上的成长及逐步走向成熟，追根溯源是与当年赴苏实习时的老师和建厂初期在厂工作的苏联专家对我的热情培养和诚挚帮助分不开的。他们曾为培养新中国的技术人员付出了辛勤的劳动，流下了不少的汗水，每当我想起这些时，内心就久久无法平静下来，涌出对他们的无限敬意。

我在斯大林汽车厂的实习职务为底盘、后桥车间动力师，因此，接待我的苏联导师即是底盘车间动力师西扬诺夫。我的这位老师技术精湛，认真负责，对待中国实习生热情培养，并关怀备至。他对我的实习，制订了一份非常详细的培训计划，包括电气及动力方面必须具备的一些理论知识以及现场实际操作的训练。他特别注重实践，在给我讲课时，总是列举不少生动的实例，细致讲解，详尽分析。从他的讲课中，我体会最深刻、收益最多的首先是大量流水生产车间电气动力设备的计划预修及其实施的经验。在莫斯科斯大林汽车厂，为了保证正常连续的生产，减少设备故障停歇台时，实行了设备的计划预修，确定了修理周期结构、修理复杂系数、工时定额等。根据设备状况编制年度分月计划，并按年度工时进行劳动力配备。同时，根据月工时来考核修理队任务完成情况。由于各类设备已经算成修理复杂系数，因此对修理队的费用、材料停歇台时等指标考核，更有依据。这一制度的贯彻实施，不但使现场设备得到及时修理，将故障或事故消除在萌芽状态，保证生产设备持续不断运行，同时还加强了管理，把原先很难计算的维修部门的工作量，以及各项考核指标，根据计划预修制度加以计算，确定下来，使其更科学化、定量化。设备计划预修后来在我厂迅速加以推广，就我所在的底盘车间（现底盘厂）及越野车车间（原越野车厂）即取得了很好的效果，提高了设备技术状态，减少了故障停歇台时。诚然，我们根据当时实际情况——设备是新的，使用时间很短，对制度中有些项目的规定，作了适当调整，但基本内容还是根据斯大林汽车厂的。还有一点值得提出的，我的老师西扬诺夫特别重视电气技术安全，他除了系统地给我讲解外，还对一些主要设备和电气干线在检修前后所采取的安全措施和步骤作了非常详细的分析和说明。他经常这样讲，一个电气人员的技术安全水平，应与他的专业技术水平相吻合。老师的教导，使我的头脑里对电气技术的安全打下了很深的烙印。1955 年回国后，我在底盘车间担任动力师工作期间，首要任务之一就是对全体电工进行技术安全的培训，使大家明确电气技术安全的重要性及在各种场合下应采取的主要措施。这样，自底盘车间开始调试设备到正常生产，没有发生由于电气原因而造成的重大人身设备事故。在苏联实习期间，给我印象很深，且对我帮助很大的另一名老师是底盘车间刹车工部电修队长马马亦夫，他的性格直爽、稳重，对待我们真正做到了热情教导、诲人不倦。我的大部分实际操作的培训时间是安排在他的队里。他曾经多次跟我讲："在我的队里，你可以学到汽车底盘生产中应该掌握的电气设备、电气元件及控制系统。"为了做到这一点，他不辞辛苦地经常带我去现场，在首先让我了解设备的工艺和机械、液压部分的基础上，花费很多时间给我讲解电气控制系统。尤其宝贵的是，他凭着多年工作经验，经常给我指出电气控制系统中的连锁关系，分析和归纳设备控制系统中的标准模块及其正确应用。这就使我后来提高了图纸阅读水平，逐步具备了独立设计机床电气控制线路以及改造现有设备控制线路实际操作的能力。

我在苏联学习了一年后，于1955年5月回国，随即被安排在底盘车间工作。当时，底盘车间正热火朝天地进行设备、电气、热力系统的安装、调试，各项工作交叉进行，进展很快。为了保证底盘车间总的工作进度的实现，动力师工部当时在苏联专家指导下，进行了两个方面的工作，首先抓好电气安装及安装质量的管理，设立专人，配合安装单位及时解决存在的问题，并对安装质量加以监督，以保证日后系统的可靠运行；另一方面，投入较多人员，努力学习设备图纸及说明书，配合各工部做好设备调试工作。经过一个阶段安装调试后，生产工部已逐步开始零件试生产，这就要求机动维修部门尽快明确职责，建立正常的工作秩序。由于各部门，包括我所在的动力师工部在内，工作职责及管理上的各项规章制度都没有建立，为了开展工作，有些内容我们请教了苏联专家查普柯，有些则借鉴斯大林汽车厂底盘动力师工部的做法与规定，如动力师工部职责、修理队职责范围划分及值班安排、电气技术安全规定的贯彻等。在苏联专家的指导和帮助下，当时底盘车间动力师工部在全厂是工作开展得较好，且进步较快的单位之一。

除查普柯专家外，建厂初期，基列夫专家对我们的工作亦是非常关心的。基列夫专家是全面负责我厂动力系统安装调试和运行工作的总专家，亦即是总动力专家。他具有良好的理论水平和非常丰富的现场实践经验，工作认真细致，对于质量，一丝不苟，尤其是他对电缆施工安装质量，要求十分严格。在他的指导下，电缆施工质量始终保持良好，这可以用几十年来电缆实际运行中故障很少发生这一点加以证明。基列夫专家对于电站以及其他各动力站如氧气站、煤气站、压缩空气站安装、运行也是非常关心的，这些站的起动及投入运行，都是在他的具体指导下进行的。不仅如此，他还经常深入生产车间现场，帮助解决在安装、施工中出现的难题。当安装、施工单位和使用单位在一些具体问题上有意见分歧时，他总是凭借自己多年的工作经验，进行分析研究，然后很快加以确定。由于他在大家的心目中威信很高，所以，凡是他决定的问题，双方也就很快地按他的建议办理了。这样加快了施工、安装及验收的进度。建厂初期还有一件事，我记忆犹新，对基列夫专家非常钦佩。当时我们底盘车间要做一次熔断器管试验，即要了解用青壳纸做成的600安的低压熔断器管在短路的情况下的状态，质量是否可靠，有无断裂可能。但这样的试验，具有较大的风险性，当时大家不敢轻易决定，于是，请教了基列夫专家，他表示同意做这一试验。为了不影响生产，一天中午，在他的指导下，在底盘车间的一个变电间内进行试验。记得当时由于短路发生的爆炸声震动了整个底盘厂房，使大家受惊不小。试验结果，青壳纸熔断器管中间断裂，说明这样的产品是不能在电气系统中采用的。这一例子充分说明了只有像基列夫专家那样，具有丰富的实践经验和良好的专业技术水平，才敢做出这样明确的决定和进行具体指导。

1989年10月，基列夫专家再次来长春访问我厂。当我们见到阔别36年的老专家时，非常激动和高兴。基列夫专家访问我厂，不仅是专家与我厂和他一起工作过的同志畅叙旧情，同时也是我厂动力系统人员继续向专家学习，取得专家帮助的一个极好机会。基列夫专家还一如既往地在我们陪同他参观访问总装、车身、变速箱、轿车等分厂以及热电厂锅炉、汽机、主控室等一些部门后，提出了不少有益的建议，对我们的工作起到了很大的促进作用。

在苏联老师和专家的热情教导、培养和帮助下，通过几十年的实践，使我在技术上以及业务组织能力方面，得到了很大的锻炼和提高，亦取得了一些成绩。

1989年11月，我被中国科协派往苏联讲学，题为《电子计算机在生产与管理中的应用》。文稿用英文写成，并用英语在莫斯科电子机械制造学院、苏联科学院控制科学研究所及李哈乔夫汽车厂设计中心进行三次讲学，交流了我厂计算机应用情况，同时，亦学习了苏联在这方面开发应用的经验，取得了较好的效果，圆满地完成了讲学任务。

如今，每当我的工作有了一些进展或取得了一些成绩时，我总是会发自内心地感到，这是与苏联老师和专家的培养、教导分不开的，让我在这里再次向他们表示最崇高的敬意。

（毛履平，1932年出生，1953年上海交通大学毕业，1954年4月赴苏联实习。回国后，曾任一汽底盘分厂，越野车分厂科长、工程师、副厂长，一汽电子计算处处长，一汽集团副总工程师等职。）

我们的友谊是永恒的

张德宗

　　1953 年 8 月，我从上海交通大学汽车专业毕业后，被分配到长春
652 厂。当时，我们班有一半的同学分配到这个厂。离开上海时，天气还
非常炎热，到长春站下火车时，天气已经很凉爽了，晚上可以穿羊毛衫。
我被分配到一汽训练处。那时的训练处相当于后来的技术教育处，专门
负责培训一汽建厂所需要的各类专业人员。不久，我又被分配到俄文班
脱产学习俄语，4 个月后，被派往苏联斯大林汽车厂实习。我的实习专业
是卡车后桥齿轮加工工艺。去苏联学习，自己感觉到既光荣又责任重大。

　　到了莫斯科斯大林汽车厂，我们立即分赴到各自的实习岗位。虽然
在出国前突击学习了 4 个月俄语，但到苏联后要能自己独立听、讲俄
语，还是有一定困难。工厂给我们安排了一名俄语老师，下午抽出一些
时间，专门给我们补习俄语。我的俄语老师叫卓娅，四十多岁，是一个
很有文化修养的女性。每次上课，她都要提问，她讲俄语，让我们口译
成中文，再让别的同学听，是否说对了。3 个月后，我们能初步听讲、
和苏联朋友交谈，这样俄语就算初步过关了。当然在苏联实习期间，周
围接触到的都是苏联人，在这样的环境中，俄语听讲速度自然提高得就
会快一些，这和在国内学习俄语相比是一个非常有利的条件。

　　我的指导老师马卡洛夫是一个工人出身的齿轮工艺师，五十多岁
了，他有很丰富的加工齿轮的经验。每天，他忙于处理现场生产中发生
的各类加工工艺问题。他在办公室写工艺文件，总戴着一副老花眼镜，
他不爱开玩笑，整天很严肃的样子，使我想起了上中学时教我们语文的

齿轮专家卡拉西尼可夫在底盘厂齿轮车间机床旁做技术指导，右一为本文作者张德宗。

一位老学究。那位老师上课很少有笑容，也戴一副老花镜，挂在鼻子尖上，经常要我们背古文，背不出来，就要罚站。尽管我的指导老师很严肃，很少带笑容，但是他也很风趣。他写工艺文件用的那支苏联产钢笔不太好使，有时候写不出来，有时候还漏水，写字也不流利，而我用的那支国产英雄牌金笔，书写特别流利，每当他写工艺文件时，看到我的钢笔不用，就向我借来用。每次用来书写时，脸上总是露出满意的笑容。后来我看他挺喜欢我的钢笔，正好，我还带了一支新的，就送给了他，他高兴极了，笑眯眯地连声说谢谢、谢谢。他首先给我安排的学习任务是熟悉齿轮加工工艺卡。他给我讲解，然后陪我到车间现场去看，我提出问题，他给我解答，有时候他提出问题要我回答。经过一段时间学习，我对齿轮加工工艺已经基本上弄清楚了，他又让我熟悉设备、工装和对切齿设备的调整、计算。螺旋伞齿轮调整计算比较复杂，要经过上百道公式的计算，要精确到小数点后4位。那时候还没有电脑，用手动的机械式计算器手摇计算，很费时间，用计算尺计算又不够精确，根据计算得出的数据再去调整机床，还要凭调整工的经验去调整，这样才能得出满意的齿轮质量。所以，伞齿轮调整计算是由机械加工切削试验室分管，于是，他又把我介绍到切削试验室。那里也有两位一汽实习生专门实习齿轮调整。在切削试验室，我又结识了另一位苏联齿轮专家卡拉西尼可夫。他是厂职大毕业，自学成材，并利用业余时间上研究生班，我们实习期满时，他又获得了硕士学位。他为人热情，勤奋好学，肯钻研。在他的指导下，我学会了螺旋伞齿轮的调整计算。回国后，更换加工不同品种的伞齿轮时，就可以由我们自己来进行调整计算了。1956年，齿轮专家卡拉西尼可夫被工厂派到我们一汽，来指导我们提高齿轮生产质量。在他的帮助下，我们又掌握了制造伞齿轮生产检验用的标准伞齿轮技术，进一步提高了伞齿轮生产质量、降低了齿轮噪音。

在苏联学到了技术，很快我们就调整出合格的后桥齿轮产品，并为兄弟厂加工出各种型号的螺旋伞齿轮，有机床上用的，也有各种汽车、拖拉机上用的伞齿轮配件。我们的伞齿轮生产总是很忙，节假日也很少休息，因为外协伞齿轮产品很多，主要因为当时国内能加工螺旋伞齿轮的工厂比较少。有一次，海军某部门拿来一种装在鱼雷上用的螺旋伞齿轮，要求伞齿轮的牙齿和定位花键齿有相当严格的相对位置要求，我们克服了困难，满足了军方的要求，这对支援国防建设也起了一点作用。后来，我们又加工了越野车用的螺旋伞齿轮和"东风""红旗"轿车用的双曲线齿轮。

回忆当年赴苏实习，我深深怀念一起工作过的苏联朋友，并感谢那些曾帮助过我们建厂的苏联友人，我们的友谊是永恒的。

（张德宗，1931年出生，1953年上海交通大学动力机械系毕业，1954年赴苏联实习后桥齿轮工艺。回国后，曾任一汽底盘厂工艺员、工程师、技术科长、副厂长、厂长，一汽集团公司综合规划处副处长。）

我的俄罗斯妈妈

刘　勤

　　我在苏联实习了一年，认了好几个苏联干妈，给我印象最深、与我感情最浓的是玛利娅·安德罗夫娜。

　　我刚到车间劳动实习的第二天，就碰上一位老太太气冲冲地带着工部主任叶菲莫夫来到我正在实习的制管机前。她满面怒容，把组长和操作工人都召集到跟前，大声地训斥着，还不时拿起刚生产出来的管子比画着，工部主任和组长们都低着头不吭一声。那时我的俄语水平还很差，她讲话又很快，只能猜测是管子的质量出了问题。看她训完了，叶菲莫夫和组长又简短地说了一些什么，估计是保证之类，然后大伙才散去，我不禁好奇地问组长：这老太太是不是车间主任？他笑笑说：她是工部的检查员。喔！一个工部的检查员竟然这么厉害。她那一脸怒容，给我的印象是既严厉又有些凶狠，使人见了挺害怕的。

　　过了一天，老太太又来了，拿起刚下线的管子左看右比的，忽然，她看见了我，把我召到跟前，问我，你是新来的中国同志吧？我说：是。她就问：他们教没教你怎么检查管子的质量？我一下子就愣住了，我刚下来实习，只是惊叹着那高度自动化的机床，心里只想怎样尽快地学会操作，根本没想到还有个质量问题，一时语塞。她马上把组长召了来，问道：你教他生产管子的质量要求了么？组长耸耸肩辩解着说：他刚来两天，还没来得及教。这下她可来气了，又大声地训斥起组长来了：生产首先要保证质量，对管子的质量要求都不知道，还能生产出好的管子来？随后，她就拉着我，耐心地向我讲解起管子的质量要求，怎么检查，等等。她取出了一堆量规，教我怎么检查尺寸精度，又领我到检验站旁，教我如何使用检验夹具，怎样测量管子的不平度、密封性。最后，还把管子切开，放在显微镜下，让我看它的断面咬口和焊料渗透进去的情况。真没想到，一根管子有那么多的检验项目，深深地给我打下了质量第一的烙印。老太太讲解得十分详细，那么耐心，那么亲切，原先一脸的凶狠样子，现在竟然变得那么慈祥、和蔼。我怀着深深的敬意向她表示感谢。

从此以后我就特别注意，在实习每道操作工序前都必先认真地了解它的质量要求和检验方法，时刻牢记着老太太的教导。时间长了，我就注意到，老太太虽然年龄大了，但她老在工部里转悠，工人师傅对她既尊敬又害怕。其实，她不仅管产品质量，而且管环境卫生、劳动纪律。工部主任管不过来的，她都帮着管。用我们中国人的说法，真是一个好管家呀。组长偷偷地对我说，老太太可厉害着呢，有一次前面工部送来的零件不合格，她竟把车间主任叫来，当场说了一顿。她做得对，大家都服。

有一次，材料跟不上，只好停工待料，老太太过来找我聊起了家常。她问起中国的变化，我的家庭情况，我当然尽我所知向她作了介绍。随后，我问她的家庭情况，不料她的神色竟暗淡下来，伸出一个手指，轻轻地说：我就一个人。我吃了一惊，赶紧说：对不起，不该问您这个问题。她摇摇头说：没关系。随后她就告诉我，她出生在一个贫农家庭，十月革命时她就参加了红军，做救护伤员的工作。那时她才十几岁，并不懂得多少革命的道理，只是因为家里穷，要打倒地主富农，就参加了革命。后来又回家乡加入了建立集体农庄的斗争，当上了光荣的女拖拉机手，有了一个幸福的家庭，丈夫是一名军人，有一个儿子，十分聪明懂事。可是后来德国法西斯入侵，丈夫牺牲，儿子被炸死，剩下她孤身一人。那时，工厂里的中青年都纷纷参军上了前线，她就顶班进了工厂。那时大家都是连日连夜干，心中只有一个想法，要多出车，打倒法西斯，为亲人报仇。胜利后，领导照顾她年龄大了，就让她当了检查员。现在她已经五十多岁了，本来早就可以退休，但她一个人，退下来干什么呢。在车间里转转，还能做些贡献。一个人在家里，太寂寞了，没意思。说着说着，不由黯然神伤。经历那么多残酷的考验，沧桑岁月给她脸上留下了深深的皱纹，所以看起来就像是六七十岁的样子。这时，正好叶菲莫夫过来，听到了我们的谈话。他拍拍我的头，对老太太说：这样吧，你收个中国儿子吧。接着又转问我：怎么样，愿意吗？我很感动，不由点点头。老太太可激动了，她一把抱住了我的头，连着在我前额上亲了好几下，口里喃喃地说着：好孩子，我的中国儿子。眼里充满了泪花。

就这样，我认了一位俄罗斯妈妈。

妈妈对我十分关心，不仅教我每道工序的检验，而且督促每位师傅要好好教我。我转一个工位之前她都要来考我一下，叫操作工人下来，让我上去亲自干，直到她满意了为止。她对我的要求很严格，绝不含糊。她还经常给我讲一些工厂里的情况，对我帮助极大。当然，在生活上对我也是关怀备至。工作服脏了，她要我脱下来，凑周末帮我洗了；头发长了，她催着我去理发；甚至衬衣领子该不该洗，她都要检查。她问我隔多长时间给家里写一封信。那时我大概每个月给家里写一封信，她听了说：不行，孩子在外面，家里父母都很惦念的，至少要每周一封。在她的督促下，我后来也养成习惯了，真的做到了每周一信，让家里放心。

她屡次邀我到她家去吃饭，可是我们出国纪律严明，不允许一个人行动。终于有一天她生气了，找到我的顶头上司，责问他为什么不让我去，并说那个星期六是她的生日，干儿子是不能不参加的。还好，领导也很理解，特例批准我"单独赴宴"，她才转怒为喜。

那天下班后她高高兴兴地带着我去她家。

她住的地方离工厂很近，当时苏联的住房也并不宽绰，但厂里还是

本文作者刘勤在莫斯科留影。

照顾她这位老布尔什维克，配给她一套三室一厅的宿舍。她一个人用不了，就把她过去战友的太太和女儿接来同住，因为战友还在东德服役。她把两间房让给了他们，自己只住一间，这样也可以有个照应。

她领我看她的卧室，布置得很雅致，墙上挂了过去全家三个人的照片，丈夫穿着军装，很神气，儿子大约有六七岁吧，也很可爱。可是现在留下的却只是一片遥远的思念了。

老太太向我展示她的勋章，那么多，满满地占了整个一玻璃柜。原来，中国人习惯于用奖状表示鼓励，而苏联人则是用勋章来表功。她向我一枚一枚地介绍得奖的缘由，有的惊险，有的感人，我就像听故事一样听得津津有味，充满了激情。我的俄罗斯妈妈真是位了不起的英雄，难怪车间里从上到下都对她那么尊敬。我以有这么一位光荣的母亲而骄傲。

我送给她一条从国内带去的绣花织锦缎被面，她十分喜欢，连着夸奖中国的丝绸做工精细、漂亮，惹得邻居家母女俩羡慕不已。

和所有的俄罗斯人一样，她也很喜欢喝酒，二两一杯的伏特加她可以喝上三杯。这也难怪，一个人寂寞无聊就借酒浇愁。那天她显得特别高兴，又说又笑，真想不到，五十多岁的人了，还拉着我又唱又跳，十分尽兴。

此例一开，后来我差不多隔一两周就被她请去家中，除了晚餐以外，就是海阔天空地聊。从这里我了解到不少苏联的风土人情，俄语水平也有所提高。

很快，一年的实习期满了，我要回国了。尽管母子情深，但总有一别，老太太不顾年迈赶到车站为我送行。她热泪盈眶，泣不成声，一再说：好孩子，一年来，你给我带来了许多欢乐，我会永远想着你的。我也禁不住泪流满面。应该说一年来，您给我的教育，您对我的关怀更多。我衷心感谢您，我会永远怀念您，我亲爱的俄罗斯妈妈。

（刘勤，1932年出生，1953年上海交通大学毕业，分到一汽工作，1954年4月赴苏联实习。回国后，先后在一汽附件分厂、底盘分厂、散热器分厂任技术科长等职。后调中汽公司、南京汽车厂、深圳一汽汽车有限公司任职。）

一幅《勿忘我》

孟世孔

1953 年我在清华大学毕业后，由国家统一分配到长春 652 厂（一汽）。刚工作不久就接通知到厂办俄语班学习。四个月后从长春坐约八天火车到达莫斯科，进入斯大林汽车厂。刚开始时是到有色修铸车间实习机械师工作，没多长时间总厂把我调到总设计师处改学车身设计。当时已有黄日福同志在那里实习，据说苏联导师总向厂领导反映，一个人实习车身设计不行。潘承烈通知我，说孟少农厂长调你去总设计师处。我这又到总设计师处车身科卡车组报到。主管设计师是我们的导师。

我们实习的主要内容和方法是：1. 请专业设计人员讲解介绍吉斯 150 汽车车身图纸和交付中国时做了哪些改动，有问题向老师提出来，弄懂为止；2. 参观了解车身试验情况；3. 到有关车间了解生产及工艺情况；4. 讲解新车身设计程序、内容、方法等；5. 自己动手画局部车身图和雕塑小模型及局部大模型等。

现在回忆起来，学习内容并不是很深，但可以说面面俱到。实践证明，回国后，我们所学的内容不论在"解放"车身生产准备、调整，还是在初期生产出车的过程中，均发挥了应有的作用。车身设计与汽车上别的部件设计有些不同，主要在于它有外形设计的问题，要制作小模型、大模型、油泥模型。从制图来讲，别的专业图通过计算坐在那里画出图就可以了，而车身设计需要画出与实车形状相同的图，我们叫做 1 : 1 主图板。别的专业图纸以标注尺寸为准，而车身特别是曲线部分，要以真实形状为准，因此精度要高。因为这些曲线要构成立体曲面，而

苏联朋友到车站为即将回国的本文作者孟世孔（左三）送行。

且要和批准的汽车真实外形一样，这项工作叫做制表面，是比较繁复又很细致的工作，要修正来修正去。苏联汽车设计院经常就制表面工作发表一些研究文章，提出改进方法，减轻设计人员的繁复劳动，提高图形质量。我们在新车设计过程中，也曾想过是否可以用某种机械代替手工劳动，特别是用自动机械减轻设计人员的工作量。但这个工作我们还未来得及探索，就已引进国外更加先进的自动绘图仪了。

另一个是提高车身质量的问题，就是建立风洞试验。其实我厂在80年代就已计划建设风洞，并已由四川绵阳某军工研究单位完成设计图纸，但由于资金未能落实而前功尽弃了。虽说如此，但今天的车身设计条件也早已今非昔比了。

在苏联实习期间，不论老师讲课，还是在车间参观实习，苏联朋友都非常热情，非常坦诚，生怕你不明白，做到知无不言，言无不尽。白班看不到，允许我们晚班时间来看，而他们本厂工人是分白班和晚班入厂证的。从此也可看出，厂方对中国实习生的信任。

他们有时甚至无所不问，比如在大街上或坐电车时，看我们很年轻，就问结婚没有？因为那时我们不少人还谈不上结婚，就如实回答。他们很自然地就说，在这里找一个吧，临时的也行。说的时候比较随便，没有什么顾忌。在办公室也是一样，年轻技术人员同样问这问那，有时也开开玩笑。那时我们经常开会，但开会这个词在俄语中中国话的发音比较忌讳，越是这样他们就越在有女同志时拼命问我们。开始，我们不知道怎么回事，就如实回答，后来我们知道他们的意思了，也就不再回答，笑笑而已。

刚开始生活上并不很习惯，常常自己煮空心面吃，慢慢也就习惯了。当时苏联的轻工业品还可以，但食品特别是蔬菜水果太缺乏，和我们国家比差多了。当时以为当地气候太冷，作物不易生长，现在看来还远非如此。

1994 年，我在坦桑尼亚快回国时，一个偶然的机会看到可以从坦桑坐俄航班机途经莫斯科回京，一打听机票比坐埃航还便宜两美元，和坦桑合作伙伴一说，他也就欣然同意。这事确定后，我就给我厂驻俄办代表郑树森同志通电话，他表示欢迎，并说：我要回北京有事，我给你安排好，只要机票时间一定，你来电话有人去机场接你。这样一来我就去办理去莫斯科的签证手续，到俄驻坦大使馆办理签证。我告诉他们40 年前我曾在李哈乔夫汽车厂实习，现在我想看看那里的老朋友。俄使馆很支持，很快办好了签证。到了莫斯科受到我厂驻俄办老孙和小阎的接待，安排我们住在驻俄办的一间办公兼卧室里，和他们一道用餐，我们非常高兴。我抓紧时间旧地重游，还去了一趟当年实习时未曾去过的列宁格勒（现为圣彼得堡），参观了冬宫、夏宫。回到莫斯科时，翻译孟莺千方百计问到了我们的好朋友阿尔卡奇的电话与住址。电话一拨就通了，我们相约见了面。四十多年过去了，人变化很大，但他的脸形还可认出来，我们都喜出望外。谈起来才知道，他退休后生活挺幸福自在，特别是他早年就养成的绘画爱好得以充分发挥。临走时他送我一张装饰好的自己画的油画，画面上是两瓶名为"勿忘我"的小蓝花。现在这幅画就挂在我床头的墙上。

（孟世孔，1929 年出生，1954 年赴苏联实习。回国后，先后在一汽设计处、外经处等单位任职。）

真诚的友谊　无私的援助

陈振康

回首往事，记忆犹新。无论是个人在事业上的成长，还是一汽对国家的贡献，可以说都离不开建厂初期苏联对我们的无私援助。我们之间的友谊应该说是真诚的、纯洁的。

1954 年 6 月，我有幸去莫斯科斯大林汽车厂第二发动机车间实习，学习的专业是曲轴加工工艺。一开始我觉得，就这么一根轴要学它一年，是不是学习时间太长了一些。经过一段时间学习，才知道十分必要。因为曲轴是发动机中最难加工的零件之一，它形状复杂，刚性很差，加工中在切削力的影响下变形规律很难掌握，而且加工精度与光洁度要求很高。实习中，有好几位导师负责教我。其中有一位是具有三十多年工作经验的老工艺师，他在繁忙的工作之余，专门挤出时间给我讲课，传授他多年积累下来的工艺知识和产品质量分析的经验；搞动平衡的工程师又热情地教我有关动平衡的专业知识；还有很多其他老师都热情地向我传授其他有关专业知识。我曾经向他们提出过一大堆的问题，他们个个耐心地给我解答，可以说做到了不厌其烦，谆谆相教，这些经验知识都是书本中学不到的。

不久，我向一位导师提出让我像工人一样操作机床和像调整工一样亲自动手调整设备的要求，这使他十分为难。因为：第一，我的实习计划中没有这样安排，他很难改变厂里原订的实习计划；第二，他们的工作责任制十分明确，工艺师的职责是从技术上指挥别人工作，从来不要求工艺师自己去动手操作机床；第三，操作机床有可能会出废品，有关责任人是要扣工资的；第四，还有一个安全生产问题。但是，在我的再三要求下，导师觉得我提的要求有道理，就满足了我的要求。因为我与另一位实习生是一汽派往该车间的第一批工艺实习人员，当时调整工和工部主任等有关实际操作机床的技术工人还没有来得及派出去，而我们回国时正好是开始调整试生产时期，客观上国内的工人都没有操作过曲轴加工的专用工艺设备，如果我只会动嘴巴去指挥别人，那么有谁能来具体干活？当时没有人会干。在这种特殊情况下，工作责任感促使我必须要学会操作和调整曲轴加工的每一台设备，别无其他选择。我不仅要自己会干，而且还要会调整每一台设备，使之达到产品质量要求，还要能教会国内没出去实习过的工人和调整工。

就这样，我回国后真正做到了不仅在理论上掌握了工艺知识，而且在实践中会每道工序的操作和调整，并且多次给工人上课，把这些知识都传授给了曲轴工人。在导师们的帮助和个人努力下，我比较牢固地掌

本文作者陈振康（后排左一）同实习生与苏联朋友在莫斯科留影。

握了曲轴加工工艺知识，甚至做到了凭我眼睛看和用手指触摸曲轴轴颈表面，就可以准确地分辨出曲轴轴颈是否已达到了 10A 级光洁度（当时技术要求达到四花 10A 级）。一些主要设备都是由我亲自参与调整的。

在斯大林汽车厂，培养了我严格细致的工作作风，从中也学到了一些真本领，可以说是终身受用。在 1961 年一汽举办了第一届学术报告会，我在会上作了曲轴加工工艺分析的论文报告，曾荣获一等奖。1958 年，一汽试生产"东风""红旗"轿车，尤其"红旗"，是 V8 发动机曲轴，加工精度要求达到一级，动平衡的精度比当时解放牌提高 10 倍，为此曾遇到很多难解决的困难，但最终这些问题都在与工人的共同研究下解决了。我认为这些都应归功于在苏联的扎实的实习基础，是友谊之花结出了丰硕之果。

由于出国前我只突击学习了四个月的俄文，所以刚到莫斯科时，连一句最简单的会话都不会讲。苏联朋友总是热情地与我交谈，为的是让我尽快掌握语言工具和技术知识。工厂里又专门派了一名俄文老师教我们俄文。此外在生活上苏联朋友对我们也是关怀备至，十分热情。记得我到莫斯科实习后约三个月左右的一天，我的一位导师问我"有没有参观过油画馆？"我说没有。他又问："有没有去过农业展览馆？"我还是说没有。一连问了好几个游览地方，我都没有去过。这下子他可急了，他说："这哪行呀？你在这里学习的一年时间很快会过去的，你哪里也没去过，回去怎么向你亲友交代？你也没法向自己交代。这不行，从这周周日起，你就到我家来，我陪你出去玩。"就这样，从那个周日起我就每周日到他家"报到"，只要天晴，他们全家就陪我去玩。从此，我去过很多好玩的和有意义的地方，比如"高尔基博物馆""地主之家""油画馆""伏尔加—顿河"等等，莫斯科的几个好玩的地方基本上都去过了。每逢周日如果是雨天，就在导师家里度过，中午和晚饭都在他家吃。他不但让我在他家玩得尽兴，而且保证让我晚上 11 点以前一定能回到宿舍。

等到完成实习任务回国时，导师又给我做了一大包非常好吃的奶油点心，给我买了我喜欢听的苏联音乐唱片和望远镜等礼品，并到火车站欢送我。技术科还专门为我们两名实习生开了热情洋溢和隆重的欢送会，会上给我们各送一台收音机，让我们回到祖国后可以经常收听到莫斯科的广播。这一年时间很快就过去了，但是这一年中难忘的经历、美好的回忆和永恒的友谊却永远留在我的脑海里，是永远不会消失的。

回国后过了四年半，到1959年的秋天，一机部要从一汽选派一名技术人员到苏联机床研究所和汽车工艺研究所当研究生，学习的专业是汽车零件加工自动线。组织上又把我选上了，经过严格考试之后，我在1960年元旦后到北京外国语学院留苏预备部报到，准备第二次赴苏学习。后来因中苏关系发生了变化而中止了学习合同的执行。1992年我以吉林省人大常委会代表团团长的身份访问了新西伯利亚议会，并到过伊尔库茨克和莫斯科等地，期间曾专程去李哈乔夫汽车厂寻找过去曾帮助过我的有关导师，可惜的是他们大部分已离开人间，无法再见上一面了。只找到了一位曾教过我的俄文老师，已是白发苍苍的老人了。想当年我去苏联学习时只有22岁，到1992年我已是花甲之年，真是弹指一挥间。但是，这种真诚的友谊和无私帮助的烙印，却深深地打在我的心坎上，永远铭记在心，永远不会忘怀。

（陈振康，1932年出生，1953年毕业于上海交通大学，随后分配到一汽工作，1954年赴苏联实习。回国后，先后任一汽发动机车间技术科工艺组长、工艺处副处长、援外办公室副主任、底盘厂厂长。1983年调长春市，先后任市委常委、工交部长、市长。后任吉林省体改委主任、省人大常委会副主任。）

怀念我的导师

吴听松

我是 1954 年 6 月赴莫斯科斯大林汽车厂实习的。到苏联后，因工作需要，经郭力厂长决定，我们这批人员中有三人的专业需作变动，我就是其中之一，由原定学习金属材料改学锻模设计。这个专业在国内当时尚属空白，对我来说更是一个全新的领域，一切从零开始。

我的导师是该厂两位在苏联颇具声望的锻造专家，曾先后担任过分厂技术科长的依·米拉斯拉夫斯基(简称米专家) 和符·雅可夫列夫(简称雅专家)。在了解我的学历、经历后，雅专家为我制订了学习计划：首先安排三个月时间下车间熟悉锻造工艺，用两个月时间学习制图，熟悉锻模设计的习惯画法，剩下七个月用来讲课和学习锻模设计技术。当时我认为设计时间偏少，不理解为什么要用两个月时间来学习制图。于是，婉言表达了自己的想法。雅专家说："设计的基础是工艺，设计的表达是制图，我曾当过九年工艺员，然后才绘图搞设计。"我的实习就是按雅专家的计划进行的。五个月以后，开始学习锻模设计，事实证明计划安排是正确的。因为有了前五个月的基础，所以在听课和自己开始做设计时都比较顺畅，很容易理解设计中的要领，自己感觉进步较快。经过一年的实习，基本上掌握了各类锻模设计的方法和要领，并参与了当时厂里正在开展的"吉斯 –127"大客车的锻模设计工作，增强了实战的信心。

我于 1955 年 7 月回国，分配到一汽锻造厂技术科锻模设计组任组长。此时米专家已在长春帮助一汽建设(米专家于 1956 年 11 月回苏联)，我有幸又有一年多时间向米专家学习，并在他的具体指导下进行工作。米专家有着丰富的实践经验和渊博的专业知识，为一汽锻造厂的建设和调试生产解决了许多难题，其中有一件事令我终生难忘。

那是1956年7月，正当全厂迎接建厂三周年准备生产首批国产车之际，锻造厂模锻车间的2500吨锻压机曲轴出现裂纹，设备被迫停运。该机是转向节（羊角）锻造线的主机之一（全线由3吨锤、5吨锤和2500吨锻压机组成），锻压机停产意味着羊角的最终形成工序已无法进行，锻造厂笼罩在紧张和恐慌之中。当时我也深感事态的严重和棘手。米专家把技术科俞云焕科长和我找到他的办公室，神色依然镇定地说："这是突发事件，不要紧张，我们一起来想办法解决它。"最后还是由米专家想出了一个迂回生产的方案：用5吨锤代替2500吨锻压机来完成羊角的最终成形。但因5吨锤上没有锻压机上的顶料机构，所以必须在

本文作者吴听松在莫斯科留影。

5吨锤上重新设计一套带有可用人工敲击顶料的特殊锻模，这在常规的锻模设计中是见不到的，当时有人称它为新型锻模。为保证7月份的羊角生产，要求用最快的速度进行设计与制造。任务明确后我与同组的陈炳森同志一起加班设计。7月14日下午，一汽大院的中央大道上锣鼓喧天，鞭炮齐鸣，庆祝一汽三年建厂首批国产车下线的展示活动正在进行，全厂职工几乎都到大道两旁欢庆这一盛典。此时我和陈炳森仍然伏案设计，争取早日交出图纸。我们虽然没有参加出车庆典，但能为锻造厂不停产，不因设备故障影响总厂生产而努力，感到欣慰。这套新型锻模，经过试用证明是完全好用的，因而成功地维持了羊角的生产，同时也充分地体现了米专家的智慧。

将近两年半时间里，我在两位导师的指导下，从对模锻工艺和锻模设计一无所知到基本掌握，学到了很多专业知识，受益颇多。更为可贵的是，从两位专家那里学到了他们那种重视实践，重视基础、基本功的求实作风和遇事不惊、指挥若定、用智慧处理难题的方法，这对自己的成长无疑是有较大影响的。日后我能为一汽自主开发"越野"（CA–30）、"红旗"（CA–72）车型的锻模设计出力，能为一汽培养出本厂、国内兄弟厂、大专院校等单位的一大批锻模设计人才，能为二汽锻造厂的建设贡献力量，与两位导师的教导是分不开的。每当想起这些，总有一种怀念、崇敬的心情油然而生，它激励我前进。虽然时间过去将近半个世纪，但是回忆起当年还是那样清晰，历历在目，犹如昨天，仿佛我又回到那个岁月，人也变得年轻了。

（吴昕松，1932年出生，1953年毕业于上海交通大学，1954年4月赴苏联实习。曾任一汽锻造厂技术科科长，二汽锻造厂副厂长、总工程师等职。）

忆赴苏 想郭力

谢 云

岁月如梭，转眼半个世纪过去了，许多事情忘却了，然而，初到一汽和赴苏实习的许多情景，却清晰地留在记忆之中……

1952年6月，重工业部何司长找我谈话，要把我调到一汽工作，来厂后才知道代号652厂。同我一起来的有管干部的谭英科长和厂长郭力同志的妻子张大姐。当时的厂部在西安桥外一座叫斯莫林的小楼里。郭力同志看见我来了非常高兴，专门接待了我。他打开西南侧的窗户，遥指着前面的一片开阔地，热情洋溢地向我介绍说：苏联即将帮助我们在这里建设一个年产3万辆的汽车厂。我听了感到非常的兴奋和自豪。当时厂部总共才三十多人，党支部选举支部成员时把我选了进去，我当即表示自己还很幼稚，没有搞过支部工作。郭力同志就鼓励我说，选举了你，就好好干，于是我就当上了支部副书记。在支部工作中和平时工作中，郭力都非常细心地指导、帮助我，使我对他的人品和工作有了很深的认识，为自己能有这样一位好领导而庆幸。不久厂部搬到了重庆路现在新华书店的地方，年末搬到了875大楼。我是部队会计出身，办过会计训练班，教过书，来厂后担任财务会计科长，后来刘元清当了处长，但是厂里开会都让我陪同处长一起参加。那时我就得知要派我到苏联实习。

在苏联实习的时候，郭力是实习生团长兼总支书记，李子政是副书记，我担任青年委员。我实习的职务是总会计师。在一汽派往苏联实习的500多名实习生中，实习会计核算专业的就我一人。实习开始我到冲压工场、铸造车间了解生产过程，随之也大致了解了成本的形成过程，后来就到会计处学习会计业务。我的指导老师是会计处长盖拉西莫夫，具体的实习导师是具有丰富实践经验的副总会计师别诺夫。实习中最难的是定额成本核算，它由定额成本、计划价格、结算体制几大部分组成，核算中还有一大堆的偏差要处理。这是大量生产的成本核算体制，在国内还没有听到过。郭力要实习企业管理全面的业务，对这一套成本核算体制也感兴趣。所以，白天我在厂里跟导师学，回到宿舍再同郭力厂长一起学习，对弄不清楚的地方第二天再向导师提问。郭力同志过去搞过军工生产，对会计业务也是有一定基础的，同他一起学习，实际上是对我的实习成绩进行严格的检验和考核，使我对苏联成本核算和会计核算业务理解得更加深刻。因此，大体上只用了八个多月的时间，我就基本掌握了苏联的一套做法。我们刚去苏联实习的时候，俄语都很困难，特别是一些工农出身的干部和工人。有人也曾向郭力反映，说我俄语不行。郭力就说，对谢云不用担心，他懂会计，懂业务，俄语他也会慢慢啃下来的。我为郭力对自己的了解和信任深深感动，在学习业务的同时，刻苦学习俄语，终于圆满地完成了实习任务。

对于老厂长郭力我非常佩服，他的胸襟那么开阔，一心想的是早日建成中国汽车厂出车，为此他当着厂长找厂长，请来饶斌，自己甘当副手。在饶斌上任前，记得还在西安桥外办公的时候，有一天，我们看到《长春日报》登载了一条消息，把郭力同志称为郭副厂长。我们看到的人都认为报社搞错了，郭力是重工业部任命的厂长，怎么是副厂长呢？郭力知道了就告诉我们，是他告诉报社这么写的，中央很快就会派一个厂长来。原来许多个周末，他到沈阳找东北局的领导，请示赶快派厂长的事宜。在党的生活会上，郭力对我们讲，原来中央要派冯文彬来，后来又决定派赵德尊来，都来不了了。郭力还对我们讲，中央派饶斌来属天时、地利、人和。一汽建厂正处关键时刻，需要饶斌这样熟悉东北情况、有气魄、能够统揽全局的人物来当一把手。由于郭力的解释，使我

本文作者谢云在莫斯科红场留影。

们对饶斌的到来，都抱积极欢迎的态度。由此可见，郭力同志顾全大局的风格是多么高尚啊！能得到郭力的信赖，对我很好地完成实习任务，也是很大的动力。

从苏联实习回国后，郭力在全厂主持生产组织设计的贯彻，我在会计系统传播从苏联学来的知识和经验，贯彻会计核算的组织设计，工作联系很密切，受到他的指导和教诲也就更多。有一次遇到饶斌和刘西尧，当时刘西尧还不认识我，饶斌就主动向刘介绍说，这就是我们厂的总会计师。我听了以后，深深感到领导对我的信任和自己所担负的重任。当时一汽的账目很乱，我就主动大胆地把一些呆账、乱账理顺和处理了，我这种做法得到了郭力同志的支持。

在三年"大跃进"时期，企业管理和财务账目都搞乱了，我冒着风险向党委写了一个报告，说：现在有"九个说不清，十笔糊涂账"。党委赵明新书记还表扬我做得对，并向全厂各基层党委通报。1962年中央七千人大会前后，郭力厂长让我帮助主持企业整顿工作，起草整顿规划，先后开展了以质量为重点、经济核算为内容的两个阶段的全面整顿，使一汽的企业管理和经济核算体系又恢复到历史最好水平。

回顾半个世纪前的往事，是赴苏实习使我掌握了大量流水生产成本核算和财会工作的业务知识和经验，回国后又是郭力带领着我们用在苏联学到的东西创造性地建立起我们自己的经济核算和管理工作体系。当这套体系被三年"大跃进"破坏之后，又是他带领着我们拨乱反正，迅速地加以治理和恢复。郭力同志是我最崇敬的领导、兄长和战友，所以当回忆赴苏实习情景时，我自然很怀念他。

（谢云，1926年出生，1941年参加新四军，1952年调一汽工作，1954年赴苏联实习。回国后，先后任一汽财务会计处处长、一汽副厂长、解放汽车联营公司经理。）

真挚的导师和朋友

王 振

1954 年 6 月初，我到苏联斯大林汽车厂实习，住在工厂公寓二楼，同室的有谢云、胡成、王达勋。在实习期间，我还去高尔基城的莫洛托夫汽车厂学习过。这已经是近半个世纪以前的事情了。但现在回忆起来，当年那些指导我完成实习任务的苏联朋友对我热情帮助、言传身教的感人情景，仿佛犹在昨天。

我的实习专业是电器修理车间主任，同我一起在这车间实习的还有胡启新（实习技术科长）、章培仁（实习产品设计）。

斯大林厂电修车间，由于生产产品比重已经占全车间任务的 65%，因此两年前已更名为电机车间。

我的实习计划在我的导师、车间主任罗申安排下，分成四个阶段：第一个阶段，跟车间副主任沃里奇学习生产现场管理知识；第二个阶段在各业务科室学习专业管理知识；第三阶段在重点生产工段实习；第四阶段跟车间主任罗申学习他对车间全面领导的知识。

我在国内没有在工厂工作过，实习是艰苦的。一开始，我跟车间副主任沃里奇实习生产现场管理，我发觉我经常遇到的困难是缺乏电器产品的知识，他向我说："产品技术和知识是生产管理的基础，你学会了产品技术基本知识，管好一个车间就容易了。"为了顺利通过我实习的难关，他每天都用下班后的时间，教我学习他给我的《工厂实用电工学》一书。他耐心讲解，有时手把手地教我画电工原理图；我的学习笔记有错误的地方，他都亲手帮助改过来。他那种诲人不倦、对中国实习

本文作者王振（左一）1954年在莫斯科与车间主任罗申和他的女儿参加庆祝苏联十月革命节游行。

生尽职尽责的精神，令我十分感动。

车间计划科长是位年过半百和蔼可亲的人，对我十分热情，我每次到他那里学习，一见面他总说："年轻人，在我们这里生活还习惯吧？"他教我编制计划（生产和经济计划）工作的原则和方法，还指定主任计划师莱娅带我实习生产经济计划实施的全过程。

在实习技术管理工作时，我遇到看不懂电器产品图纸的困难，技术科长雅可夫就指定产品设计师妮娜专门给我上产品制图课，在她的帮助下我能看懂产品图纸了。有一次，她在指导我学习以后向我说："中国的绣花丝线最好，我想给我的父母织绣点东西，可是在我们这里买不到丝线。"言下之意希望我帮她买到。于是我写信告诉我妻子托下一批实习生带来一盒各色丝线，我把丝线作为小礼品赠给妮娜，她喜欢得不得了。

我在电器拆检工段实习，工长廖沙是一位年岁和我相近的小伙子，他好跟我开玩笑，每天上午见面时，他常说："我们的中国车间主任来了，你有什么指示？"我也和他开玩笑地说："那你就教我学习好你的工作吧！"我在他的指导下，拆检各种待修理的电器产品，有时他还让我重新装上，使我在实践中学到产品生产技术知识。

在我实习的最后阶段，罗申让我搬进他的办公室，跟他实习如何领导好一个车间的全面工作。

罗申是位电器专家，又是一位优秀的管理专家。他严肃、热情、处事果断，在车间里很有威信。他对我的实习十分关心，经常检查我每个阶段实习计划完成的情况，也常问我还需他帮助我什么，对我的生活也非常关心。有一次他问我："你想不想家？"我说："时间久了有些想。"他说："你说对了，在我们苏联有句谚语：做客虽好，不如在家更好。"

在跟罗申学习时，我看到他每天的工作程序，看到他如何熟练地处理车间里发生的、需要由他解决的各种问题。他工作效率之高，体现出一个车间主任应具备的良好的领导者素质和有效管理者的经验。在跟他实习期间，他经常把车间里发生的管理中的问题告诉我，让我发表如何处理的意见，可以说是对我实习的一种考试答辩。他运用这种办法，检验我一年内的实习成果。

苏联企业管理体制，虽然实行"一长制"领导，但罗申也直接接受群众监督。有一天我很早来到车间，看到在他的办公室门上贴着一张用黄纸写的很大的大字报，把门都封上了，上面写着："罗申同志，我们为中国一汽生产的自动控制设备，有的质量不好，这是由于你的责任，影响了我们对中国的友好形象……"署名是车间共青团。因为封了他的门，我看到他虽然很气愤地把那张大字报拿下，但他还是立即召开了有关人员会议，很快地把问题解决了。

在实习期内，我经常参加车间内外的一些活动，如节日里红场上的庆祝游行，去集体农庄劳动、郊游……还有两次特殊活动：一次是车间里吸收苏共新党员会议，车间党组织请我列席参加。那是一次很严肃的会议，党员在表决时，都举起苏共党证。像这样苏共党内会议，让一个中共党员列席参加，我感到是一种殊荣。另一次是，苏联广播电台记者在我住的宿舍里，对我在苏联的学习和生活情况进行了录音采访，并在莫斯科电台作了华语广播。

在节假日里，有几次到苏联朋友家做客，真挚的国际友情感人至深。

1955年"五一"节前夕，教我制图课的妮娜姑娘说她的父母请我到她家做客，说她父母很想见我这位去过朝鲜战场当过志愿军的中国实习生。我如期赴约。一出地铁站，就看到妮娜和她的父母早在地铁口等我。一到她家里，妮娜就给我看用我赠给她的丝线为她父母织绣的物品，又让我看她父亲与布琼尼元帅的合影，我方知她父亲曾是一位红军将领。吃饭的时候，老将军听我说感谢苏联对中国的援助时，他说："没有中国革命的胜利，我们还得派驻远东边界百万大军，这是你们中国对苏联多么大的援助！"饭后，妮娜的母亲问我："你们中国有没有客人走的时候，要带走饭桌上的食品的习惯？"我忙着说："我们没有这个习惯。"她说："那就按我们俄国人的习惯办吧！你把这包我们亲手做的食品拿回去，让中国朋友们品尝一下俄罗斯风味。"

技术科的工艺师罗·洛斯，是流亡在莫斯科的西班牙共产党员（已加入苏联国籍），我俩常在走廊里一起吸烟。两个外国人讲俄语，语法相似，好用倒装句，有的苏联朋友笑我们说话别扭，可是我俩相互心领神会，成为好朋友。他请我到他家里做客。那天他和他妻子从很远的地方到地铁站接我，我在他家里吃了一次由他妻子亲手做的西班牙风味饭菜。在我们交谈中，他钦佩中国革命的胜利，在他的面孔上也流露出思念祖国之情。当我告辞时，他赠给我一张他的全家合影，同时还请我到"狄那摩"体育场看了一场足球赛。

第三次做客是在我的导师罗申家里。在我回国前夕，车间为我开了送别会，会上苏联朋友（有的是单位、有的是个人）赠送我不少各样礼品：有银制的全套俄式餐具、古典俄式漆器……每件赠品上都镶着铜牌，上面刻着我的名字和祝福词句。欢送会上充满着离别之情。会后罗申把我领到他家里，为我饯行。那天在他家里坐的时间很长，说得也很多。他说："你们中国同志讲，苏联的今天就是你们的明天，其实，学生总是要超过先生的，你们中国革命胜利，不是震撼了全世界吗！"谈话中他还几次提到要到中国看看。1956 年初冬，他如愿以偿，他以斯大林汽车厂电器专家身份来一汽帮助工作。当时我已调任热处理车间主任，罗申来到一汽后，听说我由电修专业改行热处理，就到热处理车间来找我，他见到我的第一句话是："你叛变了。"不久，我请他到我家做客，重叙师生和朋友之情。

现在回忆起来，在苏联实习一年学到的生产管理和技术知识，使我后来在工厂几十年工作中，受益匪浅；苏联友人的热情帮助，也使我永久铭记于心。

（王振，1927 年出生，1946 年参加四平保卫战任区委秘书，1949 年任中共中央东北局组织干事，1950 年参加抗美援朝，1954 年赴苏联实习。回国后，先后任一汽电修车间主任、热处理车间主任、生产调度处副处长、轿车厂厂长、企管处处长、企协副会长等职。）

愿友谊长存

范恒光

1954 年 6 月 22 日上午，我们第四批实习生到达了莫斯科车站，大巴士特意穿过红场和莫斯科河把我们送到了斯大林汽车厂的集体宿舍。在第一次看到莫斯科之美的喜悦中，我开始了一年的实习生活。

我和同行的唐云显同志都是实习生产管理的，我的实习职务是生产调度处毛坯车间科科长，唐的职务是机加车间科科长，这是郭力厂长出国前在俄文班宣布的。我们二人原都在上海工作，唐在上海工具厂任党委副书记，我在华东工业部人事处任科员。我们也都是原华东工业部选送出国培训的人员，以后因华东工业部撤销，把我们从大连工业俄专转来汽车厂的。让我们学管理可能考虑到我们对工厂不算陌生。我虽没有在工厂工作过，但在华东工业部一直搞的是企业管理工作，期间还随部领导到东北考察过工厂生产管理，参观过许多工矿企业，听过苏联专家的讲课。但我们二人对汽车生产都是一无所知，正如郭厂长在宣布我们实习职务后说的："如何管理汽车厂的生产，我们没有经验，要把几千种汽车零件均衡成套地生产出来，准时送到装配线上，按规定的节拍装出整车，这是一项全新的繁重任务。"这话也成了我们肩上沉重的担子，大概也正是这一原因，在建厂初期生产调度处 40 人的编制中，就派出了 6 人到苏联实习。

斯大林汽车厂的生产管理是集中的，全厂各车间(即我们的专业厂)的年、季、月生产作业计划都由生产调度处集中编制，各车间计划调度科只编月修正计划和班昼夜任务。那时，斯大林汽车厂的生产调度处

本文作者范恒光（左）同实习生孟戈非（中）、唐云显（右）在宿舍前留影。

共有 8 个科室 56 名职工，掌管全厂 25 种车型，32600 多种自制零、合件的作业计划和作业监督工作。毛坯车间科有 5 名同志，担负着铸造、锻造、弹簧等 6 个车间和随车工具、化油器两个专业厂的计划调度工作。科长就是我的导师，名叫龙庚·阿列克赛特洛维奇·斯毛利切夫，是一位已在斯大林汽车厂工作二十多年、还曾被派往国外使馆的商赞处工作过的老同志，有丰富的工作经验和宽广的阅历。他对中国十分友好，并为能带中国实习生而高兴。我报到后第三天，他就拿出了一份经由斯大林汽车厂副总工程师批准的实习计划，计划规定我的实习期是 300 个工作日，理论授课时间是 304 小时。从那以后我就按照计划看资料，学文件，到指定的地点去参观、实习，每周三个晚上听导师讲课。我的导师是一个重实际不太重视文字工作的人，每天上午他按规定处理完一天的报表等工作后，就愿意下车间去，他说只有亲自到车间走一圈后，他才真正掌握了当天的生产情况。他还愿意带着我一起下去，每次下去时总是叫着"恒光，走"，我由此而成了他形影不离的随员。他说："背零件号，摇计算机是姑娘们的事情，容易学，当科长的要有更多的知识，知道更多的事情。"他这想法很合我的心意，也符合郭厂长的指示。郭厂长当时就要求我们实习生产管理的不仅要会背汽车零件号，编作业计划，还应了解更多的生产知识，把他们管理生产的经验学到手。

我跟着导师到处走，除看到他怎么工作外，也看到了许多有益的事例。如一天，我们去车间的时候，见到一位技术科工程师，导师就向我介绍说，这人曾是能吆喝全车间职工围着他转的车间主任，现在因三个月没有完成生产计划，已成了一位听新主任吆喝的工程师了。又有一天在参加厂生产主任的早晨汇报会上，总调度台的调度员汇报了铸造车间调度台的记录员，夜间擅离工作岗位，造成40分钟接不通电话的事件。生产主任听后十分生气，大声说："让她从调度台滚出去，回生产线当工人。"这时，他秘书的打字机即应声而起，一张生产主任的生产指令立即打印了出来。第二天早晨我还看到了这位想进生产主任办公室说情未成，抹着眼泪回去的记录员。

斯大林汽车厂当时的生产主任姓库兹涅佐夫，他是直接指挥全厂生产的最高领导，此人作风凌厉，赏罚分明，像个黑脸包公，生气时爱拍桌子。据说他一年要拍碎好几块桌上的玻璃板，许多人都怕他。但他女儿说他在厂里这种表现都是急生产所急，在家却是一个很和善的老头儿。在我厂建厂后期他来厂当过几个月的总专家，表现得十分友好和善。我厂跟他实习过的有我们处长孟戈非同志，他也是我厂的第一任生产主任，有趣的是他们有许多相似之处。孟处长也是一位目光锐利，处事明快，急生产所急的领导干部，生气时瞪起两只大眼睛也很吓人，但不拍桌子。

导师在比较松闲的时候，还乐意领着我在厂内到处走走，从堆放原材料的仓库，到有军人持枪把守的、只准职工证上印有大红杠的少数干部进去的厂长办公楼。他风趣地跟我说，一个生产调度处的科长对厂内各种情况应知道得越多越好，紧跟他一年，回国后也一定是个合格的毛坯科科长。

我的导师除是一位热情的行政工作者外，同时还是一位苏共的积极分子，是热情的政治鼓动员。他是生产调度处的党小组长，职能处支部宣传鼓动站主任。他在指导我的业务学习外还热情地向我宣传苏联社会主义的优越性；向我介绍他们全民的免费教育、免费医疗、养老保险等福利制度；领我到他的宣传站去听时事讲座，看纪录电影，参加歌舞晚会和与社会名流见面等活动；还邀请我到他家和他的郊外别墅做客。对于了解苏联社会的现实状况我也很有兴趣。记得在1946年国民党借"外蒙事件"掀起反苏浪潮时，我对苏联也有过怀疑，当时地下党及时对我进行了教育，要我相信社会主义、相信苏联，说苏联是我们的明天。因此从那时起我就渴望了解苏联，希望有一天能到苏联看看。导师的介绍和我亲自看到的情况，使我对当时苏联社会十分崇敬。在莫斯科城里，白天人们都在紧张地工作，夜幕降临，随处都会响起愉快的手风琴声，随着琴声一群群男女青年在婆娑起舞。由此，我不由想起新中国成立前上海上演的一部电影《天堂之梦》。它叙述一对青年知识分子在抗战胜利后的梦，主题曲中描述天堂的歌词是："青年在工作，主妇有新房。"当时在中国是梦，在苏联已是最起码的社会保障。斯大林汽车厂的许多职工除住房外，还能分得一份郊外的土地，修建休闲用的别墅。

一年很快过去了，回顾这不长的一年，收益是很大的。学到了业务知识和导师的优良工作作风，从完全不懂汽车生产和汽车厂生产管理的外行成长为一个内行；坚定了对社会主义的信仰和建设社会主义事业的信心；增进了中苏友谊。1955年7月，在导师及朋友们的鲜花和惜别、祝愿声中，我离开了堪称一汽初生期异国摇篮的斯大林汽车厂和美丽的莫斯科。

时光飞逝，再回首已过了半个世纪，国际风云已几经变幻，但人民间的友谊依旧，我愿此友谊长存。

（范恒光，1930年出生，1949年参加工作，1953年到一汽工作，1954年赴苏联实习。回国后先后在一汽生产调度处、轿车厂和总厂工作，曾任一汽副厂长。）

真诚的援助

王显洪

1954 年 2 月，我和朱士德同志一起从上海机床厂调到一汽，在人事处报到后，即将我们分配至南岭一汽俄文班学习，6 月下旬我们被派往斯大林汽车厂实习。行前饶斌厂长在原伪满关东军司令部（现在的省委机关）举行大型宴会，欢送我们赴苏实习，并欢迎以方劼同志为首的一批苏北老区干部来厂工作。

6 月 20 日从长春登上赴莫斯科的国际列车，过满洲里到了苏联边境小城，逗留了两个多小时，检查护照，更换车轮。又经过一个星期的长途跋涉，终于到了莫斯科。

我们中国实习生被安排住在斯大林汽车厂的一栋五层楼的集体宿舍里，一楼是图书馆，二楼、三楼供我们实习生住，四楼、五楼是女单身宿舍。

朱士德、郑文斌、赵骥千和我四人被安排在变速箱车间实习，住一个房间。在发动机车间实习的四人是陈振康、顾永生、熊熙、岳国庆，住在隔壁房间，我们八个人是一个小组，小组长是朱士德。

7 月 3 日，我们四人去变速箱车间报到，我和赵骥千被分配在技术科实习，我学习齿轮加工工艺。导师梅莱尼柯夫是一位善良友好的长者，资深工程师。他是俄罗斯人，性情温和，诲人不倦。刚到苏联时，我俄语的听说能力较差，他耐心仔细地讲解，有时还伴随着比画来说明，直到我明白了为止。有一次，他在回答我提出的问题后说："你要多问几个为什么？一定要弄懂，回去后变速箱车间的建设靠你们。"这

本文作者王显洪在莫斯科大剧院前广场留影。

一席话使我深为感动，激励我为建设一汽奋发学习。技术科为我安排的
实习计划主要有两部分：第一部分是到车间学习设备的操作与调整；第
二部分是在技术科学习工艺设计及有关工艺管理方面的规章、制度、程
序、图表、文件等。为了较深入地掌握工艺，我想对生产使用的手段作
进一步的了解，一是机床，二是工艺装备。机床方面，我想了解复杂机
床的传动系统、主要部件的结构和主要精度，因为这些对机床的调整和
对加工零件精度的影响均较大；工艺装备方面，夹具辅具、量具及一般
刀具等在看了实物、使用情况和有关图纸后就有一定程度的了解，但齿
轮刀具的内涵较深，单看实物、图纸还不能完全看出其所以然来，因
此，要补充学习齿轮刀具的设计。我将这些想法向导师提出后，他不仅
不反对（上述内容已超过了对工艺师的要求），反而连连说："好，王，

你想多学一点，我支持你。"在最后一个月，我被派去中央设计室学习齿轮刀具设计。

导师梅莱尼柯夫在生活上也很关怀我们，邀请我和赵骥千到他家做客。莫斯科人口多，住房较紧张。他住有一套小的二室一厅，不算宽敞，但在当时的莫斯科已算不错了。居室布置简洁明亮，挂有纱窗帘布，桌子铺台布，地上有地毯。50年代这样的室内装饰在国内是不多见的。我和赵骥千都不会喝酒，只少饮了一些红葡萄酒。我们人文、地理、历史，海阔天空什么都谈。他说中国是有悠久历史的国家，有很好的文化传统，俄罗斯也有悠久的历史，莫斯科有很多博物馆，你们可以多参观些，就会对俄罗斯民族了解多一些。事后他和女儿两次陪我们参观了博物馆，向我们介绍俄罗斯的历史、文化、艺术，也表示很向往去中国，看看北京的紫禁城、长城等古迹。1956年他被派来一汽变速箱车间当专家，那些愿望都得到了实现。

刚到莫斯科的一段时间里，学习俄语还是很紧张的。头四个月我们每天下午3点至5点上俄语课，晚上较多的时间自习俄语。经过主观努力和客观环境的"磨合"，一段时间后我们能够独立活动了。

星期天车间共青团经常组织我们参加一些集体活动，参观克里姆林宫，晋谒列宁、斯大林陵墓，到野外郊游，野餐、游泳等。工厂还组织全体实习生去大剧院看芭蕾舞剧《天鹅湖》。十月革命节我们也受邀参加庆祝联欢活动。除此外，我们几个人自己也去参观博物馆、名人故居，照了不少相，自己洗印。有一次还花高价去听了一场交响乐音乐会。我个人更多的是抽空跑旧书店买书。在莫斯科一年的日子里，在业务技术上收获显著，业余生活丰富多彩，这一年使我终生难忘。

在莫斯科，不论在路上、地铁内、公共汽车上，还是在车间里，遇到的每个人对中国人都非常友好、热情。斯大林汽车厂对我们没有保密的东西，导师们在技术上生怕我们不掌握，真是倾其所有地告诉我们。

提供给一汽的设备，当时都是最新的。如冲压大梁的大压床，苏联从来没有制造过，斯大林汽车厂的机修车间专门盖了一个高跨厂房来装配。工具车间为一汽变速箱车间、底盘车间制造了一批双头液压滚齿机，这在苏联机床厂是没有供应的。奥尔忠尼启则机床厂刚试制成功的液压靠模车床首先供给一汽，而斯大林汽车厂还在使用多刀车床。供应给一汽的设备，总体来说优于当时的斯大林汽车厂。20世纪50年代中期，一汽在货车制造领域内，在国际上水平较高。

软件方面，斯大林汽车厂提供给一汽全套的、完整的、非常详细的组织设计和技术资料、各类设计手册、标准件手册等，它们凝聚了斯大林汽车厂数十年的经验。如齿轮刀具设计方面，列出了每种刀具的设计程序，某种程度上比教科书还详细，很实用。人员培训方面，他们提供了从厂长到多类管理人员、多类技术人员直至车间调整工的成套培训，为一汽较快掌握汽车制造厂的管理和技术，奠定了良好的基础。随着一汽的建成，一汽的技术资料和管理方法较快地向全国机器制造业传布扩散，使全国的机器制造业水平上了一个新的台阶。一汽人员又大量支援了全国各汽车厂和拖拉机厂。

一汽是中国汽车工业的摇篮，如果说当时的斯大林汽车厂是这个摇篮的制作者也不为过。

（王显洪，1932年出生，1952年上海交通大学机械系毕业，1954年6月赴苏联实习变速箱制造技术。曾任一汽发动机厂技术科长、厂长，一汽规划处处长，吉林省科委副主任，一汽集团公司常务董事等职。）

"吉斯"厂高墙上的字迹

任湛谋

快半个世纪过去了，在莫斯科斯大林汽车厂实习的经历，影响着我自那以后的岁月。一些雪泥鸿爪的回忆，点点星星，仿佛使我又回到了在苏实习的难忘岁月……

我们实习生所住的宿舍，是好几路有轨电车的终点站。我们住在四号楼。第一次进厂是潘承烈同志领我去的。我的心目中，偌大一个闻名于世的汽车厂总会有个堂而皇之的大招牌，但直到进厂处门口才看见一块两尺来长的铜牌上镌刻着"斯大林工厂"几个字，很不显眼。

莫斯科的夏天昼长夜短，下班后天还很亮。出厂、过马路想眺望工厂的高墙上是否有大招牌。墙高、马路窄，仰望高墙大招牌没有找到，却发现占高墙很大面积一片模糊不清的字迹，凹刻在墙上，大概是初建厂时刻上去的，只能在个别字母上依稀看出饱受风霜残留下来的点点金漆。字的内容是："以前我们没有汽车工业，现在我们拥有她了。约·维·斯大林"。

这句话当时给我很深的震撼。中国曾号称是世界汽车博览馆，昆明街头曾行驶过蒸汽汽车。新中国成立前满街行驶的是木炭汽车，只有木炭炉是国产的。如今，我们肩负党和人民的期望，要从无到有创建中国的汽车工业。我所实习的是国内还没有的车身模具，掂量掂量身上的担子，实在分量不轻，实在不容自己有半点松懈。

我实习的岗位是模具机械车间技术组长。我初去的时候车间技术组长是托庇林，不久换了年纪和我差不多的利第马斯。他新到模具车间，

本文作者任湛谋在莫斯科留影。

经常下车间处理问题，我常跟着他。有时回到办公室还讨论车间的事，我觉得受益颇多。车身模具设计制造专业性很强，还是经验居先的专业。牵涉车身设计的主板、主样板、主模型一系列环节是深藏在设计处的。主模型提供给冲模车间用，是模型车间制造的。到设计处看主板等很不容易，该厂职工也不能随便去的。利第马斯知道模具车间主任诺索夫原是该厂副厂长，通过诺索夫给设计处打电话才让我和利第马斯两人仔细地看了车身设计的全过程。当时郭力厂长领导我们实习组，听我汇报这个过程，郭厂长都说能够进入该厂的"大内"，真是不容易，叮嘱我一定要与苏联同志搞好关系，才能看到学到更多东西。

看过设计处之后，我又要利第马斯带我去模型车间看主模型制造。他和模型车间比较熟，我需要一份模型车间的定额，就请利第马斯以计算模具报价为由，将模型车间的全部定额资料借到手。周末带回宿舍拍成胶卷，冲好，回国后送给了模型车间。

当时，车身模具的书籍很少，每有新书我是一定要买的。宿舍后面后来开了一家书店，中国实习生是该店的常客。莫斯科还有好几家旧书店，在那里不仅可以买到旧书，还可以预订某作者的某本书。与他们关系熟一些时，还可以预订某个专业的书。收购到旧书之后，他们寄通知给订购人去买。我在厂图书馆看到两本汽车模具专业的专著：一本是从"福特"实习归来的人写的铸模制造，一本是车身冲模设计制造。这两本书在旧书店里登记了八九个月还没有弄到。眼看就快要回国了，因此，我有些着急。与利第马斯说起后，他叫我写一份申请书给馆长列别津卡娅老太太试试看。当我送上申请书时，馆长老太太当即同意以两倍书价的新书抵偿，可以将我所要的书给我。她同时还批评我们某位实习生借书不还就回国了，她说她将正式发函向"阿吉阿京"（一汽办）索还。我觉得这种事张扬出去不是好事，想代那位同志也双倍补偿算了。但老太太很犟，坚决不同意由我补偿。我答应将这事告诉领导，请她别生气，老太太才缓和下来。我当天就将此事报告郭厂长，郭厂长答应尽快将忘记还的书追回来。当我将买好的高于原书价格两倍以上的新书连同我要的书交给馆长老太太时，她高高兴兴地用红铅笔在旧书的厂图书馆印章上划上两条斜杠就交我了，嘴上还叨叨不休地批评那位忘记还书已回国的同志。利第马斯见我求知欲强烈，杂志上每有好的文章也推荐我看。而我最喜欢看的是经常送来的全苏模具合理化建议小册子。这种32开本或折三页或装订式的资料，图文并茂很实用。我离开工厂时，利第马斯将所存的全苏模具合理化建议小册子整整齐齐两抽屉都送给了我，还替我开了出门证，让我带出厂。我从图书馆和书店买的书，回国后都在同事们中间传着看，而大批的合理化建议小册子1958年也全部交给了接我工作的人。不知这些资料下落如何了。

车身拉延模的调整是完全凭经验的工作。为了抢时间交合格模具，调整工是经常不分昼夜连轴转的。冲模车间有些特殊设备，如靠模铣、圆弧立铣，结构复杂精度较高，国内没有，机修工维修也是日以继夜加班工作的。遇到这些事我总是随苏联工人师傅一起加班，当下手，目的就是多学点东西。同工人师傅搞好关系的确使自己受益匪浅，不仅能学到书本以外的知识，有时还能得到一些重要信息。有次夜班晚饭后，平素不苟言笑年纪最大的老调整工萨沙叫我到僻静的地方，告诉我要注意新模子设计结构上的优点。回国后，我们自己设计制造大梁冲孔模时完全吸取了那些优点，在制造工艺上我们还有所创新，可以说是"青出于蓝胜于蓝"了。

在我们基本完成实习计划时，为了有所比较，组织上选了当时已有工程师职称的20多位实习生和俄语较好的负责部门的实习生，由李子政同志带队到高尔基城莫洛托夫汽车厂各就原专业实习。工具系统是袁襄礼同志和我。在高尔基厂实习期间有几件事给我留下深刻印象。一是非常尊重有经验的老师傅。工具系统中有两位胡子眉毛全白的老爷爷，在做一些比较轻巧、不计定额的工作。全工具处的人都管他俩叫爷爷，工具处长也不例外，向我们介绍也是只称爷爷。据说工具处各车间很多干部、老师傅都是他们的徒子徒孙。他俩中一位是研磨块规的，工作细致认真；一位是做检查工作的，平时就在处长旁边一间小办公室待着，看看检验报告，有事还要下车间看看。下车间的时候，所有工人都亲切地叫他爷爷，侧身让路。可以看出对老师傅的尊重，已成为全体职工的行为准则。再有一件事，就是从模具制造设备看，莫洛托夫汽车厂比斯大林汽车厂陈旧落后很多。前者靠模铣是最原始的手动雕刻机，做大些的模子要分段加工。雕刻机操作者清一色是中年妇女，据说她们细心、耐心，做比较单纯的活比男工强。他们模具研配没有研压床，只用三脚架加倒链起重器。后来在大战"红旗"模具时，我们用厂房立柱上加装摇臂和倒链起重器来代替研配压床，解决研配压床少的问题，就是受莫洛托夫汽车厂启发的结果。莫洛托夫汽车厂工具处长曾在福特厂实习两年，他从我和袁襄礼的语言中听出我们曾是学过英语的，而俄语我俩又有时词不达意，他建议我们用英语交谈，结果所谈内容丰富，涉及面也宽一些。但是，他的英语也忘得差不多了，我们的俄语也不高明，因此实际是用杂合语言交谈，但能够沟通思想，谈话中笑声不断。

原计划我们在这个厂实习一个月，但大概只实习了十天光景，传来周总理去万隆会议途中的惊险情节，李子政同志当机立断，全体实习生提前返回莫斯科。

在国内我是不大生病的，即使是"流感"盛行的季节，往往都"流"不到我身上。可不知什么原因，到莫斯科一个月后，我就生病了，住进医院。第二天，郭力厂长、徐庆宝同志就来看我，我的俄文教师、车间办事员和利第马斯也来了。我在职工医院享受与该厂正式职工完全相同的劳保待遇。治疗、床位、医药、一日三餐全部免费，伙食管理员对我还特别照顾，总问我想吃什么蔬菜。厂职工医院不大，陈设也不像医院专用的。问起才知道是战利品。医院只有 20 张床位，没有住满。我住了 12 天，从给我打的针剂药瓶看出是盘尼西林，才知道自己大概是肺部炎症。出院时有诊断书，有假条，有劳保通知单等等一大沓子，回来翻字典才知道自己得的是肺炎、胸膜炎合并症。虽然医生开了假条，但我周六出院，周一就又上班实习了。我们那批实习生中，在厂职工医院住院的，我恐怕也是头一个。

回国之前看到利第马斯和诺索夫给我签的实习评语是"出色地完成了实习任务"。

（任湛谋，1922 年出生，1945 年毕业于浙江大学，1954 年赴苏联实习。回国后，在一汽先后担任工具处冲模车间技术组长，工具处工艺科副科长，参加筹建一汽冲模厂、车身装备厂，并任顾问。中国模具工业协会第二、第三、第四、第五届顾问。）

我的心里总是温暖的

傅家川

1954年5月，我和赴苏实习的同志们一起从长春乘车去莫斯科。在苏联的站台上，所有的苏联旅客都以十分友好的姿态对我们报以微笑，或是以点头的方式表示他们对中国同志的好感。其中一对苏联母女，在站台上买了一本很厚的小说，很友好地送给了我们中的一个同志。看来这事不大，却表现了两国人民兄弟般的团结友情，也增加了我们去努力实习的信心。

在到达莫斯科中国实习生宿舍的第二天，就由郭力厂长一一分配了我们的实习工作。我被指定去总装配车间实习检查科长的职务。就此，我第一次见到了我的导师哈勒列夫科长。他看上去面貌慈祥，头上已有了好多的白发，我从心眼里感觉到他是一个和善可亲的长者。过后知道他已有64岁，年轻时还给伟大的列宁开过车。此后，在比较长的实习生活中，我一直把他作为父辈那样对待。他也像对待晚辈那样待我。在半年多时间里，几乎每晚在工余时间他都教我学习工艺和各种技术文件，还结合我实习的实际分析质量问题。由于我的俄语水平有限，很多时候弄不懂，他就拿出图纸来对照，还用字典一字一字翻出来给我看，一直到我明白为止。在这过程中我的俄语水平也逐渐提高。我到车间的当天午后，他即招来发动机装配线的一位检查工长，安排我去发动机装配线学习装配，并告诉我总装配线检查科的管辖范围。在发动机装配学习快要结束时，他要求我每晚要迟回宿舍一个半小时，跟他一起在科里学习。他拿出业已装订成册，且已打好字的有关发动机装配中和使用中出现过的质量问题，一条一条地念给我听，还给我讲解一些比较重要的缺陷生成的情况。这些缺陷共有163项之多，其中二十余项比较严重，过去经常在发动机装配的试验中出现。导师说，这些缺陷你已知道，有的你已实际领教过，这对你以后上总装配线去实习有帮助。关于总装配的问题以后我还要讲。他说："傅，你知道吗，检查科最重要的职责是监督工人在工作岗位上最严格地执行工艺规程，我让你先去实习装配工作，体验这个工作，现在我讲的这些文件里分析到的缺陷，你会很容易理解，这对你将来的工作非常有帮助，你懂吗？"我频频点头，表示知道了。

我在调整工段实习时间较长，经常随工段的检查员们检查汽车，常常看着调整工们调整汽车，有时还跟他们谈谈经常出现的问题或缺陷等，还时常到装配线往返巡视摸情况。我经常向导师汇报，得到导师的好评。

冬天，我们中不少同志爱戴口罩，这在国内并不为怪，可在莫斯科则出了笑话。那是隆冬天气里的一个星期一早晨，大家都要乘电车上斯大林厂上班。当上电车时，车内座位上坐的都是老人和孩子，年轻人无论男女都羞于坐着，除非生病去看医生。这时，坐在车上的苏联同志，一见到许多中国同志戴着口罩，惊讶得很，认为都得了感冒，急忙纷纷站起来，给中国同志让座。见此情景，我们的同志惊慌极了，连忙摆手摆头，不住地说："不不"，"谢谢"，"我没病"。

冬去春来，我的导师组织了几位汽车试验室里搞技术的同志研究技术问题，要我和他们一起看看试验，也算是一次学习吧，过后导师对我说："这个工作看来与你无关，事实上，对你今后工作有指导意义。"

导师让我参加一次汽车道路试验。试车是在距离莫斯科市44公里处进行的。这天去了两辆车，一辆是载人的，一辆是"吉斯–150"试验车。那里道路宽阔，静悄悄的没有一个人，也没见有过往的车辆，在这段公路的42公里至43公里处，是最平坦的路段，他们经常在此做道路试验。这天，在这里就做了空档滚滑试验，最大车速和最小车速试验，制动性试验和燃料消耗经济性试验。这五种试验，都是在这段一公里路段范围内往返进行的。试验完了，还给我照了两张相，回厂后，他们又对我讲解了其余各项的试验方法和要求等。这留给我的印象都很深。

在节假日，导师还经常约我去他家玩，吃午餐。有次菜中有一份导师夫人做的大头菜煮肉汤，夫人喜洋洋捧来让我喝，我心里感到奇怪，后来知道，原来在莫斯科严冬时候，这里很难买到新鲜的蔬菜，所以这个饭菜就非同寻常了。饭后，她还把她做好的一包糕点送给我，要我带回宿舍去吃。晚上我和同志们共尝时，都说很好吃，跟街上买的差不多。

导师还陪我一起看马戏表演，在一个展览会上还给我拍了一卷照片。总之在整个实习的日子里，我的心里总是温暖的。

（傅家川，1921年出生，1949年到东北经济计划委员会工作。1954年5月赴苏联实习。回国后，曾任一汽总装配厂检查科科长、协作处检查科科长等职。）

我与中国汽车工业一起成长

宣德良

 我原在上海沪东造船厂工作，1954年初调到长春第一汽车制造厂。当时厂子正处于建设阶段，要选派一批技术骨干及管理干部去苏联斯大林汽车厂实习，学习他们的汽车制造技术和生产管理经验，我就是被选派者之一。

 来一汽报到后，首先分配到俄文班学习俄语。由于本人文化程度不高，学外语非常吃力，但为了不辜负领导的培养与器重，我的学习劲头

本文作者宣德良在莫斯科留影。

儿几乎达到了废寝忘食的程度，口中不断地念念有词，从早到晚，甚至连睡梦中也在背诵俄语。但由于时间紧迫，我们只学了五个多月就结束了学习，于当年6月份动身去苏联斯大林汽车厂。到该厂后，我被分配到锻工车间轻型工部实习做见习工长。

我原来是个自由锻八级锻工，对大量生产的模型锻造工艺一窍不通。初到锻工车间，见那些大大小小的模锻锤在工人们的操纵下发出震耳欲聋的响声，几秒或几分钟就能锻出一个形状非常复杂的汽车锻件，用自由锻造工艺是很难实现的，且生产效率之高，锻件质量之精，都是自由锻造无可比拟的，一种敬佩之情油然而生。因此我下定决心，一定虚心地向他们学习，迅速掌握这门先进的锻造工艺。

在锻工车间实习期间，得到了苏方工人、技术干部等各方人员热情无私的帮助，他们毫无保留地甚至于手把手地教给我。尽管语言沟通尚有困难，但仍学到了不少的知识与经验，仅只一年就基本掌握了汽车模锻件的生产工艺及一个工长所应具备的管理工作经验，较好地完成了实习任务。

回国后，我被分配到锻工车间模锻工部轻型工段做工长工作，后到技术科任工艺调整组组长。在调整生产工作期间，我在苏所学的生产技术得到充分运用，先后负责了"解放""越野""红旗""东风"锻件的调整工作，还有不少军工锻件也由我亲自调整投产后供应协作单位。

试生产阶段大批工人来厂，在此期间我起到了传帮带的作用，培养了几十名模锻生产工人，他们大都成了技术骨干。

科学技术的进步离不开文化知识。实习回厂后我虽然做了大量的生产技术工作，但仍觉自己文化水平欠缺，满足不了生产发展的需要。在苏实习时看到他们许多工人、干部都是边工作边学习，业余时间在各种训练班、学校学习文化及各种专业知识，这种敬业精神，使我深受感动。因此，我下定决心于1960年考上吉林工大夜校部，每天白天工作，晚上上课，风里来雨里去，整整坚持六年时间，终于在1966年拿到了大学本科的毕业文凭。

由于工作中做出了一些成绩，1958 年我被提升为技师，成为汽车厂的十大技师之一。

三十多年来，我走遍了锻造分厂的各个角落，以及总厂包建"二汽"办公室和工艺处综合工艺科，确实积累了不少的生产知识和管理工作经验。但由于我的外语水平太浅，所以直至 1987 年才被晋升为高级工程师。

回忆几十年的风雨历程，我与新中国的汽车工业一起成长。我国的汽车工业从无到有，从只能生产载重车到现在已能生产各种小轿车，一汽已成为中国最大的汽车集团；我也从一个只有小学文化程度的普通锻工，成长为一名高级工程师。虽然历经千辛万苦，但由于党的培养，上级的关怀加上个人的艰苦努力，我为祖国的汽车工业做出了微薄的贡献。

现在我已退休，活得很潇洒，生活过得有滋有味，如今还想学电脑。我想，人活到老就应学到老，否则，就跟不上时代的前进了。

（宣德良，1932 年出生，1954 年 6 月赴苏联实习。曾在一汽锻造厂技术科以及包建二汽锻造厂办公室、技术科、质量办任职。）

深厚的友谊

陈懿霞

1954 年 6 月中旬，我被一汽派往斯大林汽车厂附件车间电镀工部，成为实习电镀工艺员。

我有两位主要导师，一位是该车间技术科副科长奥丽佳·尼克拉耶芙娜·史比沙尔娜娅，她负责讲理论课；另一位是该科的主管工艺师尼娜·道洛欣卡，她负责怎样当工艺员的具体指导。二位导师对我一年的实习计划安排得既紧凑又科学。每周上一次理论课，约 2—3 小时，一起听课的还有一名实习车间副主任和一名实习工段长。开始实习的几个月，在车间各工段，如预处理、防腐和防腐装饰等工段，通过自己的动手操作，熟悉工艺过程和生产情况。随后又花两个月时间在化学分析室学习不同电镀槽的化学分析方法和理论。在化学分析室实习期间，我从最简单的下车间取样到复杂的计算都进行反复的练习。就说摇晃三角烧瓶吧，开始时手不大听使唤，但是两个月以后，不但能快而准地分析计算出槽液各种成分的含量，就连提瓶子的手也操作自如了。我记得在回国后的一次生产调整时出了质量问题，当时我对产生问题的原因与苏联专家的看法有悖。我认为我们之间的意见分歧是由于专家对槽液分析的结果在理解上有误所致。我就把自己对分析报告的理解给专家作了耐心的解释，他也能认真听取和考虑我的意见，终于取得了共识，当然质量问题也就迎刃而解了。这就说明我在苏实习时学习电解液分析派上了用场。此后实习的具体老师尼娜（她只长我两岁，所以我直呼其名而省略父名）让我跟她学习如何当工艺员。早晨上班第一件事就是看前一天每个镀槽的化学分析报告，然后按工艺规范填写加料单。开始两周由她填给我看，两周后让我自己填写好以后她审查，如果无误就交给溶液校正工执行。为了保证产品质量，必须防患于未然，电解液要定期进行净化处理。为了不影响生产，净化处理常在节假日进行，几万立升电解液的净化处理确实很费事，我也常牺牲节假日休息，到现场跟溶液校正工学习各种电解液的净化处理的操作方法。就这样我在电镀工部实习导师的指导下，很正规地干了两个月的工艺员工作，也得到了尼娜老师的好评。屈指一算，实习期已过了半年，技术科科长又安排我跟其他老师学习技术管理工作，如如何制定工时、材料定额、编制一年一度的技术组织措施计划和拟订一月一次的电镀槽液管理图表等。我把所有有关的技术管理报表都收集起来，以备回国后用。到此为止我的电镀工艺员实习工作就算告一段落。

紧接着又到热处理车间和金属品车间学习防护渗碳铜和标准件钟形自动机的电镀技术等，共计两个月。也曾附带了解了一下别具一格的工具电镀。剩下最后两个月，技术科科长让我到工艺处电镀实验室实习如何做实验研究工作。在该室最大的收获有三：一是了解了试验研究工作的程序：探索 → 小试 → 中试 → 试生产；二是懂得了试验研究必须面向生产，试验研究的课题都来自生产第一线所遇到的老大难问题，如生产上的瓶子口，长期解决不了的质量问题，成本高、效益差和对环保造成危害的工艺；三是抄录了厚厚两大本全厂三个车间的电镀工艺规程。总之，通过一年的实习，基本上掌握了载重车的电镀工艺技术和技术管理，也了解了公共汽车、小轿车和电冰箱等产品的电镀技术，它们在我回国后的卡车和随后的"红旗"轿车生产上都发挥了重要的作用。特别是"红旗"轿车的电镀工艺比"解放"要复杂得多，况且又没有现成的蓝本作依据，都需自行开发设计，当时在苏联学习的东西自然大派用场了。

我们的实习生活也是丰富多彩的，充满了生机和活力，充分体现了

本文作者陈懿霞与电镀车间一位苏联姑娘合影。

年轻人强烈的求知欲和对新鲜事物的敏感和好奇。在生活上我们作了妥善的安排，原则是要吃得好，还要省时省钱。我和骆淑璋等几位女同志一起开伙，轮流做饭，犹如生活在一个小家庭里，很温暖很开心。我们一方面抓紧一切时间学习技术和俄语。莫斯科的夏天白天很长，我常和刘茝芬（油漆室实习生）等在实验室学习到晚上十点才回寝室。另一方面一到节假日也抓紧一切时间玩儿。周六晚上常冲洗放大照片，一干就是半宿，有时甚至通宵达旦。有时也参加实习生党支部组织的集体活动，如瞻仰列宁墓，参观列宁故居和观看芭蕾舞等。大多数的休息日都是和同室好友三五成群游览红场、莫斯科河畔、地铁和名胜古迹，并摄影留念。我记得可能是在游览列宁故居时，我们还和一汽第一任厂长郭力合影留念。郭力厂长总是那样幽默、随和和平易近人，他的音容笑貌，和蔼可亲的仪态，我至今仍记忆犹新。

在斯大林厂搞电镀这一行的技术人员大多数是妇女，包括我的导师们在内，所以，除了谈业务以外，也常聊聊家常，这是联络感情和提高俄语水平的好办法。我和苏联导师和朋友们结下了深厚的友谊，他们一般都亲切地称呼我"и—ся"（懿霞），比我年长的老师常亲切地称呼我"И—шинка"（懿欣卡），这是爱称。在苏联实习一年间，共经历了"十一"、十月革命节、元旦和"五一"等节日，每个节日都能收到技术科的同志们送给我的节日礼品，如化妆品礼品盒、造型美观雕刻精细的银合金牛奶杯、精致的具有莫斯科红场图案的首饰盒等。在我实习结束回国前，附件厂技术科和工艺处电镀室全体同志送给我一套当时价值500卢布（折合人民币250元）的银合金餐具，包括汤匙、茶匙、刀叉，每种6件共24件，放在包装豪华的礼品盒内，盒盖上用银合金片雕刻上我的名字和苏联朋友赠送的字样。这些餐具陪伴我四十多年，我们全家每餐都使用俄罗斯的汤匙，它们精致、美观，经久耐用，用了四十多年仍完好如初，见到它们常会回忆起苏联老师和朋友们热情友好的微笑和真诚的帮助。

在此值得一提的是我和电镀室的一位老师之间的友谊，她就是我在电镀室的实习指导老师索菲娅·瓦西里索芙娜·格力青。她的年龄虽已三十有六，但尚未婚，我们除了师生关系以外还是好朋友，在一起并排坐了两个月，我常用不娴熟的俄语和她聊天。我回国后还和她通了好几年的信，并通过她问候别的老师和同志们。她曾寄给我她的结婚照片和五个月大的胖儿子的照片。在我结婚时，她给我寄来一本足有二寸多厚的俄罗斯菜肴烹调书，对她的深情厚谊，我至今铭记在心。大概是到1961年左右，中苏关系紧张，我们才中断了联系。

更使我难忘的一件事是，20世纪50年代末，斯大林厂电镀室主任伊万·伊万诺维奇·库帕超夫，出差到越南去帮助解决热带防腐蚀问题，在他回国路过长春时约我到长春站，并送给我一件越南的小笔筒做纪念，这个小笔筒至今我仍作为珍品珍藏着。这位长者论年龄可以做我的父亲，论学识是苏联电镀界有名的专家学者，写有多本著作，他为什么对我们之间的友谊如此重视？我想他重视的绝不仅是我这个小小的实习生，而是伟大的中国人民，他看重的是中苏人民之间深厚的友谊。

还有一件难忘的事，是我曾参加过技术科一位 19 岁姑娘（技术员）的婚礼。姑娘长得美丽、活泼、可爱，可是她却是个孤儿，从小在孤儿院长大，国家供她读完了中专。由于没有家庭和亲人，就由技术科长奥丽佳·尼克拉耶芙娜亲自为她操办婚事。在科长两室一厅的家里，举行了简单、隆重而又热烈的婚礼，科长亲自下厨做菜，她的丈夫则跑前跑后为客人们上菜。当来宾们举杯高喊："苦呀！苦呀！"时，新郎就必须以接吻来回答客人们的亲切祝贺。我亲眼目睹社会主义国家上级对下级的爱护和关怀，以及上下级之间亲密无间的情谊。这件事在我思想上打下了深深的烙印。

表示友谊最好的方式之一是合影留念。我和实习导师尼娜·道洛欣卡的合影，曾在苏联《真理报》上刊出，刊出后还闹了个大笑话。有一天，26 岁、风华正茂的女导师告诉我：约在照片刊出后数周，她收到了千余封求爱信。说完我俩不禁相对开怀大笑起来。那些痴心的小伙子怎么能想到她已经是一个 5 岁孩子的妈妈了，并拥有一个幸福的家庭。此外，我和苏联朋友也照了许多合影，其中有一张在苏联和中国的妇女杂志上登过。我把它翻拍后放大成 12 寸的相片，至今仍挂在我寝室的墙上，朝夕相见，就让它作为我那段值得回忆的岁月的最好见证吧！

（陈懿霞，女，1931 年出生，1952 年毕业于沪江大学化学系，1954 年 6 月赴苏联实习。回国后，先后担任一汽热处理分厂技术员、轿车分厂技术科副科长、工艺处电镀试验室主任、轿车厂技术科副科长、轿车厂总工程师室副总工程师、吉林工大兼职教授等职务。）

难忘莫斯科

王汉城

1953 年 11 月，我由机械部调来长春 652 厂，进入俄文班，经过 4 个多月的突击学习，于 1954 年 4 月去前苏联斯大林汽车厂实习。行前孟少农副厂长让我改行搞铸造设备的维修管理。到达莫斯科后，李子政主任根据需要，派我在该厂的四个铸造车间重点学习，任务更加艰巨。好在该厂认真地进行了安排，除了有机会下车间实际操作，还安排总机械师、设备科领导为担任各车间实习机械师的我们讲授理论课，系统地讲解大型企业的设备维修制度，这为我厂建立系统的设备维修管理起了很大的作用。

在实习期间，我们得到该厂工人、技术人员的热心帮助。在可锻铸造车间学习时，有一种校正后桥壳的 500 吨大型液压机，他们是用英国二战时提供的设备，在我厂的设计中采用了同样的设备，由于国际禁运我们只能从苏联转口引进。苏方同志为了帮助我尽快熟悉这台设备，专门进行了全面拆装，详细讲解性能和维修管理技术。在有色压铸车间，苏方同志也是把美国和捷克生产的压铸机详细拆装示范（因为提供给我厂的压铸机是苏方仿造这两国的产品制造的）。我们回国前，他们把这些重要设备的技术文件和多年积累的维修技术资料专门打印好送给我，这些资料在我回国后进行的调试生产和维修中发挥了重要的作用。

在莫斯科紧张的学习和生活中，有几件事至今想起仍历历在目。

本文作者王汉城（右四）在俄语老师阿丽莎·伊凡诺夫娜（右三）家中做客。

巧遇彭老总

1954年某日，李子政主任通知我们在灰铸铁车间缸体浇铸线旁等候，约下午二时左右，我看到郭力厂长陪同彭德怀元帅等一批高级将领来参观。彭老总迈着稳健的步伐走过来，伸出温厚有力的手和我们一一握手，并微笑着说："好好学习，回国建设我们自己的汽车厂。"这句话几十年来激励着我为祖国的汽车工业奋斗。

乘教练机俯瞰莫斯科

一个星期日，难得的休息时间，我们几个同伴在莫斯科城郊的市场闲逛，回去的时候乘错了车，下车后发现迷路了。我找到附近一个兵营求助。一位军官非常热情地接待了我们。了解我们的窘境后，他安慰我们不要着急，还拿出许多罐头请我们吃饭。饭后又特意安排我们乘坐一架教练机俯瞰了莫斯科美丽的全貌，最后把我们安全送回了住地。这些友好的表示使我们感到两国人民友谊的深厚。

登上《真理报》的头版

1955 年，我们应邀参加中苏友好同盟互助条约签订 5 周年庆祝大会，大会在莫斯科工会大厦圆柱大厅举行。我们几个人去得较早，在休息厅受到了苏联共青团员的热情接待，她们还盛情邀请我们跳舞。我们笨拙地随着她们娴熟的舞步起舞（后来才知道她们中许多是舞蹈学校的学生），许多报纸的记者频频按动快门把这一刻记录下来，并不失时机地采访。第二天，在《真理报》等几大报纸的头版上刊登了这些照片和采访文章，引起不小的轰动。

良师益友

虽然出国前狠补了 4 个月的俄文，但真正地学习俄文还是到了莫斯科后，我们有幸遇到一位美丽、大方、亲切的老师——阿丽莎·伊凡诺夫娜。她是一位在莫斯科大学研究中国历史的研究生，对中国的文化、历史和中国人民都有深厚的感情。课余时她经常邀请我们这些学生到她家里做客，她还亲手烤制美味的蛋糕招待我们，她那个可爱的小儿子也和我们相处得十分投机。回国后的几年中，我们还不断地收到她寄来的问候。

我祝愿当年帮助、支持过我们的朋友们幸福、快乐！

（王汉城，1932 年出生，1953 年上海交通大学毕业，1954 年 6 月赴苏联实习。曾任一汽铸造厂工艺员、轻型发动机厂副厂长等职。）

为计量专业献上生命的绿色

骆淑璋

每当我想起在苏联实习的一段岁月，往事就一幕幕浮现在眼前，心情久久不能平静。虽然 ·年的时光非常短暂，但它决定了我一辈子奋斗的事业。那是多么珍贵，多么幸福的一段日子啊！

一汽第一批女实习生

1954 年一汽继续派人到苏联斯大林汽车厂实习。我们 6 月份出发的这批人是当年的第二批，我们这批实习生中女同志有 4 人，分别是实习金相热处理专业的张安民、化学专业的陈本华、电镀专业的陈懿霞和实习长度计量专业的我。我年龄最小，她们都把我当做小妹妹，事事处处关心我，帮助我。我们虽然来自四面八方，但一个共同理想是为祖国的汽车工业做出一点贡献，一个共同愿望是尽快掌握苏联先进技术和经验，共同的理想和心愿把我们团结在一起，亲如姐妹。我们都为是一汽第一批女实习生而感到光荣，暗下决心一定要克服一切困难，出色完成实习任务，为以后的女实习生作好榜样。

出国前语言上的准备工作男同志与女同志没多大区别，但生活上的准备工作，女同志比男同志事多。出国前要置装，出自家门来自校门的我们，当时都穿的是蓝上衣，蓝裤子，爱美的女同志无非是加上一条白围巾。现在置装让我们选择颜色鲜艳的衣服，这可难为了我们。我看你，你看我，最后还是选了蓝色和灰色的面料，不过多置了一些红色的毛衣。听说苏联姑娘冬天也穿裙子，我们难以想象，但也得尊重人家的习惯，全都做的是带裙子的套装。为了保险起见，还买了不少长筒丝袜和刚到膝盖的厚绒裤套在裙子里面，怕得关节炎。有人提醒，女同志出国要带些化妆品。学生时代的我们不涂脂抹粉。现在大家鼓起勇气，连笑带闹到商店买了支最浅色的口红和香水，备而不用。欧洲姑娘都是卷发，我们的头发也得变变样。记得我第一次烫发后回到宿舍，晚饭都不敢去食堂吃，因为我满头卷发怕人家笑我。

慈父般的导师　真挚的友谊

我的实习专业是长度计量。建国初期，我国仅有旧社会遗留下来的一些古老机床，加工零件尺寸大小凭老师傅经验，用眼睛估，用卡钳比，单件相配。现在我们是建设一个先进的流水作业的大汽车厂，在生产中计量工作不但要有，而且必须先行，它是确保产品质量的重要手段。但当时大学里没有计量课程，所以对于既无计量知识又无生产经验的我来讲，学习计量无疑是一副重担，但是我想不管怎样我要努力掌握它，不辜负组织的信任，同志们的期望。

苏联斯大林汽车厂长度计量室拥有五十多台各种精密测量设备，都是我过去闻所未闻，见所未见的。度量室在车间设有量具检定站。全室除两位主任、一位工长和两名仪器修理人员是男同志外，其余都是女同志。未婚青年、老姑娘和卫国战争中失去丈夫的女同志占多数。她们格外关心我，嘘寒问暖，问长问短，使我感到非常亲切，毫不拘束。我的导师是一位五十多岁的计量老专家，也是计量室副主任，豪迈直爽，开朗热情。对工作，对我们的实习计划的执行认真负责，一丝不苟。每周专业理论课，他再忙也安排亲自给我讲解。讲完提问，当堂消化，还检查我的笔记本，为我修改错误，并告诉我回去首先干什么，主要做什么，使我深受感动，也激励我更刻苦地去学习。记得有一次同志们都下班回家了，我还在整理笔记，等天黑了，我发现被锁在了室内。我们度

作者骆淑璋（前排中）与厂计量室计量员姑娘们合影留念。

量室位于工具车间内，我使劲敲门，夜班工人通过值班人员通知主任才帮我开了门。过后导师认为我用较多时间去复习是他讲得不够清楚，此后讲课他更加耐心细致地解释，反复讲解，举例说明，直到我彻底理解为止。

每逢周日除了参加组织活动外，我就逛书店，把自己省下的生活费毫不吝啬地买了一堆堆的俄语专业书籍。不论50年代或过去年代的，有一点点涉及计量内容的书籍都买了。导师知道后，亲自帮我挑选最有价值的书，暂时买不到而又是实用的书导师就把他自己的送给我。技术文件一页页让我抄，有的甚至给了我，使我非常感动。不仅我的导师真诚、热情、无私地帮助我，全室的姑娘们个个都对我非常热诚。当我实际操作时，姑娘们抢着为我讲解，手把手地教，直到我能独立操作为止。还放手让我自己干，让我从实践中去体会。我的测量数据单由她们签名发放，作为生产中的依据，使我感到回国后一定能独立操作，心里踏实多了。我的导师和姑娘们都不止一次对我说："为了中国建立第一汽车厂，我们毫不保留地把所有技术和经验教授给你们。"导师还告诉我："在苏联所学，仅是启蒙，还需不断钻研，作出成绩。"这些教诲，使我终生难忘。我任何时候不会忘记我从苏联导师和同志们那里得到的热忱帮助，并衷心感谢这种帮助。

计量专业伴随终生

通过近一年时间的学习，我学会了设计长度计量传递系统，弄清了量具流转路线和计量室与各生产车间业务上的相互联系，以及各种管理上的规章制度，明白了各台仪器的结构原理、误差分析、操作方法和注意事项，也学懂了特种量规、刀具和汽车主要零件的测量方法。使我回国后很快能与同志们一起把我厂计量工作顺利开展起来。把苏联汽车厂最高长度基准传递到我厂，而当时我国国家计量局尚未对各厂开展基准传递工作。在开展量块检定工作的同时进行了各种量具、量规的周期检定和建厂初期调试汽车零件的测量。从此，我成为计量队伍中的一员，爱上了计量工作。我写了一首小诗，以表达我在苏联打下计量专业的基础后，热爱计量工作的心情。

计量的队伍像奔腾的长河
即使我不能涌起推进的波澜
也要做水珠一颗
为了她的洪流增添浪花一朵

计量的队伍像绿色的森林
即使我不能长成优秀的栋梁
也要做烧柴一棵

为了她的光明燃起一堆篝火

计量的队伍像美丽的花园
即使我不是盛开的花朵
也要做小草一棵
为了她的春天献上生命的绿色

（骆淑璋，女，1933 年出生，1953 年毕业于山东工学院，1954 年 6 月赴苏联实习计量技术。回国后，先后在一汽质量处中央度量室、技术处、计量处从事计量工作，曾任一汽计量处副处长。）

时间短暂收益大

郝宝林

1953 年初夏，我仅 20 岁，在只能生产汽车配件的天津厂工作了近 6 个年头后，为创建我国的第一个汽车厂被调来长春，在厂俄文专修班接受俄语培训。当时学习班有百余人，来自全国各地，学习班人员的年龄也参差不齐，在 20—40 岁之间。我是属年龄最轻的一类，攻读外语虽然吃力，但比起年龄长的同志还是接受得快一些。学外语的时间初步确定为一年，为出国做准备。

1954 年 6 月，我赴苏被安排在斯大林汽车厂底盘车间实习拉、铣床调整工专业。下厂前由专人讲解和介绍了有关俄罗斯人的生活习俗，并对实习生提出了一些具体要求和在出国期间应严格遵守的纪律。

紧张的实习生活开始了。在国内经过一年的俄语学习，在实习中连说带比画，一般性的俄语会话是可以应付的。为使我们的俄语水平再提高，以减少实习中的困难，负责组织者在我们实习时间之余，分别将我们组织起来，进行俄语进修，聘请有丰富经验的俄语老师，帮助我们继续提高俄语水平。拉制工艺是机械加工中的特殊工种，拉床是生产效率高和获得高质量产品的新型先进设备。拉制工艺是先进的，对我来说是从未接触过的新的技术，需要如饥似渴地掌握吸收。我的实习导师年近五十岁，是经验极丰富的调整工部主任，在导师的指导和耐心帮助下，随着时光不停地向前推移，俄语水平的不足在逐渐缩小，吸收和掌握新技术、新工艺的能力在逐渐增强，我头脑中的空白不断地得到填充。这段时间虽短暂，但收益却不小，对我以后工作的顺利开展，技术业务水平的提高，都起着极为重要的作用。

在莫斯科的夏秋季节，黑夜的来临是那样的慢，夜很短，居住在我们宿舍区附近的苏联男女青年，业余文化生活丰富多彩。周末班后的傍晚时分，他们聚集在广场上跳着欢快的俄罗斯舞，尽兴地欢呼歌唱至深夜才慢慢散去。每逢假日，我们实习生有组织地去市区公园、展览会进行游览参观、拍照等活动。我还有机会幸运地参加了由车间组织的去莫斯科市郊的野游活动，在那里的湖泊中游泳、拍照，在岸上散步、做游戏、跳舞，玩得很高兴，直至天色大黑时才返回住地休息。我们这批参加俄语进修的学员在较长时间的学习中，与老师相处得很好，情谊很深。在老师盛情邀请下，选定 9 月的假日机会，乘火车到她的距市区80 公里的别墅去做客，在那里受到她全家三口人的热情款待，体现了师生间的深厚情谊。

通过近一年的实习，我学到许多新的东西，对新技术、新工艺、专业设备的掌握及俄语水平都有极大的提高。

1955 年 5 月实习结束了，告别莫斯科回国后，当即投入到紧张的调试工作中。大批生产设备已陆续运入车间现场，凡事开头难，我们分别参加开工前各项工作，在调试工作中发挥了重要作用。

几十年来，我一直在生产一线从事机加工工艺的调整工作，它是生产高质量产品至关重要的基本环节。在几十年的工作实践中，我虽无惊天动地的业绩，但毕竟做出了一定的贡献，自身也得到了锻炼，技术业务水平和专业技术知识都有显著的进步和提高，具有熟练处理和解决生产技术问题的能力，并修完了大学专业，成长为机械制造业的高级工程技术人员，这与当初赴苏实习都有关系。

（郝宝林，1933 年出生，1954 年 6 月赴苏联实习。曾任一汽底盘厂技术科、发动机厂技术科调整工、工艺员等职。）

怀念我的苏联义父马那哈夫

乐民强

我是 1953 年从上海工具厂调来一汽的青年工人。为了到苏联学习先进的汽车制造技术，先到南岭俄文班学习俄文。由于我的文化水平低，给学习带来不少困难。经过半年的学习，初步学会了一些生活日常口语和俄文的基础知识。1954 年 6 月，我与四十多名实习生到了莫斯科斯大林汽车厂，我实习的地方是底盘车间技术科调整组。

这个调整组里有六七名老调整工长，负责各种专业设备的调整和解决生产中出现的重大质量问题。我是实习磨床调整工的，我的导师马那哈夫是一位快五十岁的老调整工长，个头不高，胖胖的身材，圆脸，说起话来面带笑容，是一位十分可亲的老人。他有丰富的磨床调整技术，经常有外单位和其他车间来请他解决磨加工中的质量问题。

我们到调整组时，已有两三个我厂的实习生在学习，听他们与苏联导师说话很快，很好，可我有不少听不懂，有好多技术词语也没有学过，我十分焦急。导师非常关心我，经常领我到食堂吃饭，领我下车间到工段学习。时间一长，苏联同志叫我名字很不好叫，有时叫姓，有时叫名字，总是叫不好，后来导师根据我名字的声音，给我起了个苏联名字——米沙，这样好叫得多啦。我这个名字在苏联叫了一年多。

经过一段时间学习，我俄语水平有了提高，也能和苏联导师们交谈和对话啦。有一次在交谈中，知道马那哈夫过去也有一个和我同岁的孩子，但是在 1953 年 3 月不幸去世了。我的导师一提起这件事，心里就特别难受。在那次交谈中，苏联调整组的组长，见到马那哈夫很喜欢我，关系又很亲密，就向我提出：米沙，你当马那哈夫的干儿子好吗？我的导师和我父亲的年龄一般大，为了安慰导师的心，加深师生的友谊，我有这样一个苏联爸爸也是很好的，我当场同意了。在场的苏联导师及中国实习生都为我们而高兴。我的导师高兴得眼泪都流了下来，并且连声叫了起来："我的儿子，我的儿子！"

导师为了我能学到更多的汽车生产工艺和调整技术，经常安排我到各生产工段进行实践学习，每到一个地方，他都十分自豪地向苏联同志介绍，这是我的中国儿子——米沙，并且表示出十分得意的样子。苏联同志也为他有这样一个中国青年当他的儿子而感到高兴。从那时起，我是马那哈夫的干儿子，在斯大林汽车厂传开了。

本文作者乐民强与马那哈夫在斯大林汽车厂底盘车间齿轮工段磨床旁。

1955年"五一"国际劳动节时，导师叫我到他家做客，主要是师母也想要见一见我这个中国的儿子。那天家里来了不少客人，调整组长也来了，楼上楼下的苏联朋友和邻居也挤了进来，都想看看马那哈夫的中国儿子长得怎么样。那天导师家里十分热闹，师母也很高兴。

有一次导师领我到他们的砂轮制造车间实习，实验室主任是一位五十多岁的老太太，当把我介绍给她时，我的导师直接说："他叫米沙，是我的干儿子。"老太太看看我又看看他后，兴奋地说了两句俄语："很好!""很好!"她也喜欢上了我。在实习时，她把不少技术资料给我看。我不懂的问题，她认认真真地给我讲明白。后来我知道，她也没有儿女，是一个独身的老人。

一年实习生活快要结束的时候，苏联《真理报》记者到斯大林汽车厂采访中国实习生的学习情况时，对我与马那哈夫的师生关系进行了专门访问，并在我实习过的车间现场、技术图书馆等处拍了不少照片，事后还在莫斯科广播电台作了报道。

1955年7月份，当我将要回国的时候，调整组的几位导师和我的苏联爸爸——马那哈夫都到火车站为我送行。那位实验室主任(老太太)也来了，火车快要开动时，老太太把我当作她的儿子那样又吻又亲了很长时间。我的导师流着热泪，紧紧地拉着我的手不放开，要我经常给他写信。这种中苏两国人民的友谊，我是永远不会忘记的。

我实习结束回到汽车厂，被分配到底盘车间技术科调整组，组内已有比我早回国的十几名实习生。当时车间已进入到设备调整阶段，有五十多台磨床需要调整，我开始参加齿轮工段几台磨床的调整工作。当时对设备调整要求很明确，达到下面几条要求，才能算验收合格：1.把设备调整好，按工艺、工艺装备的要求，加工出合格的汽车零件；2.教好、教会一起参加调整的生产线工段调整工师傅，直到他掌握调整要求，自己能调整设备，并且加工出合格的零件；3.手把手地教会工序操作工人，能独立操作设备，会用各种工艺装备加工出几个合格的汽车零件。

车间到了全面调整阶段时，我们调整组同志工作特别忙，有时我要照看好几个调整点。原先已调整好的设备，在试生产中，由于工人操作不熟练，也会出现不少问题，我还是要帮助解决，工作一时忙不过来。

有一天车间领导告诉我，苏联斯大林汽车厂派来一批调整专家，其中就有你的导师马那哈夫专家。那天我们俩在车间再次见面时,他紧紧抱住我,久久不放,我拉着他的手,也高兴得跳了起来。没隔几天,又来了一位苏联磨床制造厂的代表,是一位工程师。从此以后我和两位专家在一起工作,我既是他们的助手,又是他们的翻译,因为中国翻译同志对专业技术的俄语不如我们讲得好。

有了两位苏联专家参加调整工作,解决问题比较快,全车间所有磨床都调整好了,并且试生产出一批合格零件。

当发动机车间开始调整时,我和两位苏联专家也到发动机车间,参加调整了加工活塞的无心磨床、花键磨床和齿轮内孔磨床等。车间领导和工人师傅们,看到我和苏联专家马那哈夫一起工作配合那么好,设备调整很顺利,看到我们耐心教会工人师傅加工出合格汽车零件时,都来称赞我们,为我们叫好。

通过和导师在一起工作和学习,使我又学到了不少调整技术,两人的友谊更加深了。

1956年7月15日是我国汽车工业有重大历史纪念意义的日子,中国第一辆"解放"牌汽车诞生了。这其中也有苏联老大哥及来汽车厂帮助建设的苏联专家的功劳。两个车间都投入正常生产,来我厂指导调整生产的专家也快要回国了。那时马那哈夫要过50岁生日,总厂的苏联总专家希格乔夫说:马那哈夫,叫你的中国儿子为你搞50岁生日的祝寿活动吧。专家工作组的同志向郭力厂长作了汇报,郭厂长十分重视,叫厂办公室的联络科办好这件有特别意义的祝寿活动。

联络科领导与我研究具体事项和做法,地址安排到74栋专家招待所,并由电影制片厂的石梅导演亲自抓,活动内容放进"第一辆汽车"影片中去,要具有中国风俗习惯的内容。我们准备了丰盛的寿宴,还特订了中国的寿桃、寿面和大红蜡烛等礼品。

那天我和我的妻子早早来到招待所,全体调整组中国实习生参加了宴会,长影厂同志在现场做好了一切准备工作。

当马那哈夫来到祝寿宴会现场时，看到在一张大桌子上放着两大盆寿桃、寿面和点燃的大红蜡烛时，一时不知用意，我们对他讲解这是中国风俗习惯，是小辈们为长者的生日祝寿时用的寿品，并讲解这些物品的含意，祝贺老人长寿。他听了以后感动得热泪满面，并连声说："谢谢""谢谢"。他还用红纸包了些寿桃、寿面，要带回苏联，给家里亲朋好友看看。整个祝寿宴会搞得又亲切又热烈，石梅总导演也表示满意。

长影厂同志走后，我们又围坐在一起，敬酒、吃饭。当送上几盆中国饺子时，看到马那哈夫爱吃，但用筷子夹了几次，没成功，送不到嘴边就掉下来的样子，我风趣地对他说：您教会我怎样调整磨床，我来教您用筷子夹饺子吃的本领吧！说得大家哈哈大笑起来，祝寿宴会气氛特别好。

第二天我和导师还在底盘车间拍了几张照片，有我俩在一起调整设备的，还有和工人师傅在一起的。我的导师回国后，我们还经常通信。

1962 年，我在办公室收到一本从上海寄来的《收获》杂志，打开一看，有介绍我的导师马那哈夫的文章，再看作者名字时，我才知道文章的来历。

从 1955 年调整生产开始到 1956 年 7 月 15 日出第一辆汽车那段时间，厂里来了一大批记者和作家。有一位从上海来的老作家，他是《收获》杂志副总编辑、上海作家协会副主席，因为我是上海调来汽车厂的青年工人，所以他对我和马那哈夫的亲密友谊很感兴趣，多次对我们进行了采访，后来还在上海的报纸、杂志上写过一些文章。

1962 年，他去苏联访问时，专门找到李哈乔夫汽车厂，打听马那哈夫的下落。他费了不少时间，终于找到了他的家，再一次对我的导师进行了访问。他回国后，把整个采访过程写成了这篇文章《我见到了米沙的爸爸——马那哈夫》。另外从他给我的信中，我知道了我的导师新的消息，他生活得很好。

自从那年以后，我再也没有得到导师的消息，也不知道他晚年生活得怎么样。每当一汽电视台播放"第一辆汽车"影片时，见到我与导师在一起的情景，我的心情就不能平静，深深怀念我的苏联干爸爸。

（乐民强，1934 年出生，1949 年在上海参加工作，1953 年调一汽，1954 年 6 月赴苏联实习。1955 年回国后，任一汽底盘车间调整工，后一直在一汽搞机械加工试验与调整工作。）

赴苏实习片段回忆

汶 漪

1954 年春，当任原天津汽车制配厂（后改扩为天津拖拉机厂）的副厂长的我，被原第一机械工业部汽车工业局调到长春第一汽车制造厂，随准备往苏联学习汽车制造业的企业管理。

我们这批赴苏人员五六十人，大多数是中青年技术干部，其中就有江泽民同志，还有一些年轻的高级技术工人。

出国前，我们集中在长春汽车拖拉机学院（现吉林工业大学）进行俄语强化培训。虽然大家来自不同的岗位，文化水平高低不等，但许多大学毕业生原是学习英语的，所以，学习俄语都是从零开始，大家都在一个起跑线上。

俄语培训的课程是由居住在中国的俄国人授课，中国教师辅导。学习十分紧张，但大家学习非常认真和刻苦。除吃饭和睡觉外，都在教室里读书，很少有人外出游玩。听课之余，大家抓紧时间相互练习会话。经过一年的短暂学习，大多数人都能用俄语进行日常会话和借助字典翻阅俄文资料了。

在我们这一期培训快结束时，下一批培训人员也来参加俄语培训了，刘守华和王少林同志也在其中。因为他们二人都曾在共青团中央工作过，在北京我们就很熟悉，见面后得知大家能一起赴苏联实习，都很高兴。

1955 年春天，结束了俄语培训的课程，我们乘北京至莫斯科的国际列车踏上赴苏实习之路。

我们这一期实习生人数最多，整整占满一节多硬卧车厢，还给几位级别较高的同志安排了软卧，但我们让给了一些身体稍差的同志乘坐。出国前，厂里指定孟戈非同志为领队，我为副领队。

在列车行进过程中，大家都很兴奋，欢歌笑语不断。多数同志都用不太流利的俄语交际交谈，不放过练习口语的好机会。

当列车驶出满洲里以后，大家更加好奇地观望车外的异国景色。首先映入眼帘的是，一片片高大茂密的白桦林，一座座整齐漂亮的木质别墅，然而，看到更多的是那些同中国人异样的、高鼻梁蓝眼睛的苏联人。因此，每当列车停靠在车站时，大家都不约而同地下车到站台上观光。看到的城市好像都是隐藏在翠绿的树林中……虽然经过七天漫长而艰苦的旅行，我们却毫无疲倦之意。

抵达苏联首都莫斯科后，我们被安排在斯大林汽车厂实习，住进一座五层楼房。中国实习生住在二层和三层，每层楼都有厨房、卫生间等齐全的设施。虽然在厨房可以自己做饭，但是实习任务非常紧张，我们都很少做饭，大多去工厂的食堂用餐。当时，每人每月发给 500 卢布，由于苏联物价很便宜，每人每月除吃用以及游览花销外，都有不少节余，所以大家回国时都买了收音机、照相机、洗像放大机等国内紧缺的家用电器产品。

出国前，每个人都有明确的实习任务，大多数技术干部深入到斯大林汽车厂的主要车间和技术部门，学习汽车的制造工艺和技术；仅有孟戈非、苏天、陈子良、张宪文和我等人负责学习生产管理和企业管理。

在我们这一批实习生来到斯大林汽车厂之前，已经连续来过几批实习生，他们大多数已完成实习任务，陆续回到长春，参加第一汽车制造厂的建设。也有些实习生任务较重，在原规定的时间内，尚未实习完，只能随下一批继续实习。我们这批就接受了十几个上一批的实习生。由于人多了，党员也多了，就组建了一个党总支，由孟戈非同志任总支书记，我任总支副书记，其他几位学管理的同志任总支委员，总支下设两

本文作者汶漪（前排右二）在莫斯科实习时与前去访问的朱德总司令在一起。

个党支部，其中一个支部的书记是江泽民同志。

实习工作很快就开始了。孟戈非同志学习全厂的生产管理；苏天同志学习发动机车间的生产管理和技术管理；陈子良同志学习锻造车间的生产管理和技术管理；张宪文同志学习铸工车间的生产管理和技术管理；我被分配到变速箱车间学习生产管理和技术管理；江泽民同志在厂动力处和电厂实习。其他实习人员也被分配到车间的不同工段，学习生产工艺和制造技术。当时，中苏关系非常友好，汽车厂的苏联同志对我们的实习给予大公无私的帮助。例如：我到变速箱车间后，在车间办公室给我安排了一个座位，让我参加他们的一切会议（包括党员会议），可以翻阅车间里的一切技术和管理资料，还指派了一位高级专家沙可诺夫做我的导师，给我讲授生产技术课，还有一位女秘书伊娜帮助我整理笔记。每天上午，车间主任基本上都陪我翻阅车间内的相关资料，介绍管理经验等；下午让我到车间生产线同工人一块儿参加生产实践。50 年代，苏联汽车厂的生产规模很大，技术水平很高，每个零部件产品的生产都是自动化生产流水线完成的。

车间生产实行三班制，因为是自动化生产，各班的操作人员不多。生产设备由调整人员按照部件的加工程序和技术要求进行调整，操作人员仅需要不断装卡零部件的毛坯和卸下加工好的零部件，因此，劳动强度很大，工作也十分紧张。通过在车间实习，几乎每个零部件的生产过程我都熟悉了，学到许多管理经验和技能，为我后来三十年从事工厂的技术管理和科研管理奠定了基础。

在实习过程中，最使我们难忘和振奋的一件事是，朱总司令受党中央委派，前往莫斯科参加苏共中央的第二十次代表大会期间，到斯大林汽车厂参观。当朱总面带笑容，健步走到我面前时，我上前一步，激动地说："朱总您好！"因在延安时他认识我，就紧紧握着我的手，亲切地询问实习和生活等方面情况。我很自然地挽起朱总的手臂，边走边介绍情况。此时，许多新闻记者拍下了这些难忘的镜头。有一张我和朱总握手的照片还被刊登在《莫斯科日报》上，但可惜的是我没有收集到这张珍贵的照片。朱总在离开我所在的变速箱车间之前，应我们要求，还与部分实习生合影留念。

第二天，中国驻苏大使馆又召集所有在莫斯科及附近城市的留学生和实习生在莫斯科大学举行见面会，大家都踊跃参加。朱总在全场热烈的掌声中走上讲台，我和实习队的不少同志也跟随其后走上讲台，会议开始时来不及下台，就席地而坐聆听朱总的报告。朱总代表党中央问候大家，勉励大家刻苦学习，早日学成回国建设祖国。会见的气氛非常热烈，不断地爆发出雷鸣般的掌声，我们远在异国他乡受到党的领导人的接见，受到极大的鼓舞。

在苏联的日子里，我深深感受到苏联人民的诚挚友好之情。在实习中，他们毫无保留地把所知道的一切知识和经验都传授给我们，使我们尽快掌握知识和技术；实习之余，苏联朋友经常邀请我们参加他们的各种节日活动或喜庆的聚会；苏联的少先队员经常邀请我们到他们的学校介绍中国少先队员和小朋友的生活学习情况。

光阴似箭，一年的实习生活很快度过了。就在我们即将结束实习生活之前，以刘守华和王少林为领队的下一批实习队抵达莫斯科，后来他们同我们的实习队合二为一。实习队合并后党总支进行改选，我们同在一个总支工作。

1956年夏，我们圆满地完成实习任务，离开莫斯科返回祖国。回国后大部分同志回到长春第一汽车制造厂工作。由于我的家在天津，又是从天津汽车制配厂调出的，而且，正值天津拖拉机厂在组建中，也请来了苏联专家，当时的厂长向第一机械工业部请求，要我留在天津拖拉机厂工作。部领导考虑后，批准我在天津工作，任命为天津拖拉机厂负责技术的副厂长。

（汶漪，女，1923年出生，1938年赴延安参加革命，1952年调任天津汽车制配厂，1955年调一汽后赴苏联实习。回国后，在一汽变速箱车间工作一段时间后调回天津汽车制配厂，1973年调中国农业机械化科学研究院任副院长。1988年离休。）

从试验工学起的好处

何赐文

我是 1955 年 4 月底到莫斯科斯大林汽车厂实习的。由于增加了越野车的实习内容，实习时间又延长了半年，1956 年 10 月下旬回厂工作。

四十多年过去了，那初历当时革命人民景仰红都的激情，亲眼目睹当时苏联取得的建设成就激发的志气，亲身体会苏联人民对我们的革命情谊，至今仍历历在目。一年半的实习，使我从汽车技术的门外汉，变成初具汽车知识的人，后来逐渐成为能独立进行汽车试验的技术人员，在以后的几十年中为我国汽车工业做了些具体工作。对苏联朋友及和我一道赴苏实习同志们的帮助，对和他们建立起的深厚情谊，我始终难忘。

到莫斯科后不几天，我们就参加了庆祝"五一"大游行。当时，天气还很冷，可一到红场，第一次看到列宁墓、克里姆林宫，看到浩浩荡荡的游行队伍和饱含革命激情的人们，看到展示的现代化武器，那种兴奋，使人忘了严寒。"快把我国建设好"的想法始终萦绕在自己的脑子里，进一步激发起自己一定要实习好的决心和毅力。

"五一"节后，实习导师叶戈罗夫和我见面，他请来张曰骞同志作翻译。他认为，我没有学过汽车专业知识，没有在工厂干过具体技术工作，让我从试验工实习起。自此，白天我和苏联试验工一道干活，拆装试验总成，安装调试试验装置，晚上自学从潘盛兴同志处借来的专业书，不懂就问。经过两个多月，我对除发动机、驾驶室外的各底盘总成及其试验装置的安装调试，都亲历了一遍，对从书本上学到的东西，理解得更具体、深刻了。正因为和试验室的工人，进而和苏联技术人员打成一片，所以得到他们不少的指点和帮助。"从试验工学起"的可贵经历，使我体会到亲自动手的好处。

本文作者何赐文在莫斯科留影。

大约是在三个月左右以后，叶戈罗夫让叶尔玛拉耶夫主任工程师给我上课，每周三次，系统介绍汽车各总成的功能和常规试验方法。在我的请求下，他还帮我修改我的俄文学习笔记，大大地加深了我对一些问题的理解，提高了我的俄文水平，使我和苏联专家、工人的交谈更方便了。阿尔卡基常常拉我和他一道做传动系统的试验。瓦京让我和他做缸体、车架等的应力测量，介绍我学习非电量电测量技术。罗索夫老工程师让我协助他做制动系统的试验分析。他们带我一道做试验，介绍我学习有关技术书籍，还让我比较系统地阅读了他们手头的试验报告和改进建议。正是在他们的帮助下，加上自己如饥似渴的学习，在实践中取得了他们的信任，获得过不少次独立负责组织的试验任务。他们还常常给我讲述自己的经验，告诉我要经常注意观察日常生活中碰到的问题，给我讲一些故事。有两个故事记忆很深。一个是门把手从外露式逐步改变成目前这种与车门外板齐平的历史。另一个是"吉尔–157"车架开裂，苏联国家汽车与发动机研究所搞了七个方案没有解决，最后还是该厂的工程师们自行解决了。

后来，叶戈罗夫亲自给我讲课，主要讲试验设计，还安排我到油料试验室，精密测量、道路试验室进行实习，要求我学会动手操作和进行结果分析。他还常带我去苏联汽车研究所参观，每次都是参观一遍后旁听他们讨论，获益不浅。正是在他们的影响下，自己学习了一些摩擦磨损学等等，逐步认识到必须具备丰富全面的知识，系统地分析相关因素，才能更好地进行试验设计，获得更好的效益。边干活，边多听、多问、多学，自己的知识面逐渐扩大、展宽、加深了，思路更为开阔了。回国以后，在解放牌汽车的改进中，在参与一汽装甲车测绘、设计中，在参加组织四川汽车工业集团（以下简称"川汽"）新产品试制、二汽建厂初期的产品攻关工作中，自己能有所作为，都是和赴苏实习奠定的基础分不开的。

在赴苏实习初期，有鉴于当时国家经济并不宽裕，实习队党总支建议并实行了将实习生生活补贴从 600 卢布降到 400 卢布，自己和同志们都是发自内心拥护的，都明白国家送我们出国实习不易，应该节省每一个铜板。每听到看到苏联所取得的任何成就时，总会想到"苏联的今天就是我们的明天"，想到我们的明天会更美好。也看到过他们当时年轻一代和老一辈专家、工人有差别。他们对我们当时每周过组织生活很不理解。其实，随着历史的发展，发生一些变化是必然的。不断学习，跟上形势，自觉珍重，自我完善，始终当一个清醒的革命者是很重要的。

（何赐文，1924 年出生，1947 年中央大学毕业，1955 年 4 月赴苏联实习。1956 年 10 月回国后，在一汽设计处工作，曾任试制车间副主任、车型室副主任，1960 年调汽车局，曾任技术处副处长，后任中国汽车工业公司科技部经理，副总工程师，1984 年离休。）

实习中最难忘的情景

夏智昂

1949年新中国成立后，各地工业建设迅速发展。1951年我从上海调往太原，参加重型机器厂的建设工作，1954年又奉命调赴长春，支援第一汽车制造厂的建设。

在长春报到后，分配到南岭俄文班学习，1955年被派往苏联，在莫斯科斯大林汽车厂实习。到达斯大林汽车厂时，看到总装配线上流水一样驶下来的汽车，真是又惊奇又羡慕。心想，有一天我们也能这样生产汽车，那祖国的社会主义建设该多么快地向前啊！我暗下决心，为了这一天早日实现，一定要刻苦学习，回去好好干！当时中苏关系极为友好，不论在厂内厂外，苏联朋友见到我们，都非常热情和蔼，使我们消除了在国外生活的生疏感和孤独感。

到斯大林汽车厂报到后，根据各自的专业，实习生分别安排到各个部门实习。我被安排在冲压车间，导师是车间总机械师绍勃洛夫。他对我们的实习计划考虑得比较细致，常抽出时间给我讲解压力机的构造原理及安装调试等技术，对机械设备的维护保养和计划检修，也常做介绍，还安排我到维修班组参加实习。经其一年的耐心指教和帮助，感到确有不少收获。

在苏实习期间，各部门的领导对学员们的生活和学习都很关心，大家都能在自己的岗位上认真学习。在假日里有时参观名胜古迹，每到一地都受到苏联朋友们的热情欢迎。

在苏实习期间，我们参加过庆祝"五一"国际劳动节和十月革命节

　　本文作者夏智昂（左一）在莫斯科大剧院前同一起实习的江泽民（右二）、张琦（左二）、李泉宝（右一）留影。

的大游行，在红场接受检阅，听取苏联领导人的讲话。散会后，游行队伍中的苏联同志跑过来把我们围起来，拉着我们边唱边跳，使我们很受感动。

　　当时我们的实习队伍中，有现国家领导人江泽民同志，他跟厂总动力师实习。实习生们互相团结，认真在自己的岗位上学习钻研，休假日也常结伴外出，到市内外参观游览。在一个假日里，我曾和江泽民同志一同到红场及克里姆林宫内外等处参观，还到莫斯科大剧院观看芭蕾舞剧《天鹅湖》的演出。到达剧院后，我们在门前广场拍了一张四人合影，然后进场观赏。演员们的高超优美演技给我们留下了很深的印象。

　　1999 年 5 月 25 日下午，江泽民同志来"东汽"视察，在会议室里，接见了曾在一汽工作过的老同志，和大家亲切地一一握手，在和我握手时说："你在冲压。" 40 多年过去了，他还记得这么清楚。

在随员们退出后，总书记开始和大家座谈，从一汽到二汽，从过去到现在，无拘无束。然后和大家一起合影，随之即到食堂共进晚餐，一直到晚上七点多钟，他才起身和大家一一握手道别。

这些难忘的情景，使我联想起1955年在莫斯科大剧院观看芭蕾舞时所拍的照片，回到家后将其翻找出来，第二天交给厂办，翻拍后转寄给了总书记。

6月12日晚上七时刚过，我家的电话铃响了，问我是夏智昂家吗？我说是。问我在家吗？我说我就是。对方说，总书记和你讲话。在电话中，他主要谈了一些照片中的情况，对张琦同志的不幸遭遇感到很是惋惜。

如今回忆起来，经过在苏联的实习培训，使我们在各自的专业方面，得到很大提高。回国后在厂里和群众密切结合，扎扎实实地工作，对萌芽起步的一汽顺利投入生产，做出了一定成绩；对二汽的筹建和推动全国汽车工业的发展，也有一定的贡献。

（夏智昂，1915年出生，1954年从太原重型机器厂调至一汽，1955年赴苏联实习。回国后，先后在一汽冲压车间、机动处任职，后调二汽任总机械师。）

从"万金油"到专业化

夏永良

　　1954 年春，我在国营上海电机厂工作时，服从组织安排，调往长春一汽，并有幸被派往苏联学习一年。虽然这段经历已经过去近半个世纪了，然而对我个人这一生来讲是难以忘怀的，今天回忆起来，仍然记忆犹新。

　　调到一汽后，我被分配在冲压车间技术科冲压工艺组，开始做赴苏准备。先在长春脱产学习俄语 8 个月，随即登上了去莫斯科的列车。我所属的分队由车间主任赵润普同志带领，来到斯大林汽车厂。负责指导我的导师是年长而有经验的沙高洛夫工程师。我毕业于新中国成立前的大专院校，拿现在的观点来评价当时学习的课程，真有些像"万金油"：机械制造的方方面面都学一点，但又都不深入和不专业化。到了苏联后，才真正开始学习汽车制造工艺。那时的中苏关系比较亲密，因此在该厂学习时，导师和苏方其他人员对我们都比较热情，学习环境和本人的心情都很好。在厂内我开始熟悉并学习大量流水生产的车身制造技术。当我首次跻身于该厂冲压生产线时，一眼看去在流水线的起始端是成卷的宽钢板，经过"开卷""落料""拉延"等一系列冲压工序后，在终端，各种车身覆盖件成品白件源源不断地有序地送入"储存仓库"，不同车型所需的汽车驾驶室等总成，就是选用这些形状各异的冲压件，通过焊接装配等工艺而制成。这时候我开始意识到，我将从事的事业——汽车冲压工艺是多么有意思和令人着迷的事业。从那时开始，我渐渐地融入自己的专业中。

本文作者夏永良在莫斯科留影。

1956 年春，学习结束回到一汽，即投入到"解放"型车身驾驶室调试、试生产、稳定工艺等工作。那时我自信已被国家培养成为第一代汽车行业的技术人员。后来一汽新组建工厂设计处，我被调往该处，在陈祖涛处长带领下，数年间参与了兄弟汽车厂（如南汽、沈汽（沈阳汽车制造厂）等厂）改造扩建工厂设计。这个阶段全国正是"大跃进"时期。不久一汽恢复工艺处后我调回工艺系统，直到 1967 年筹建二汽，我调到十堰。我在二汽的车身分厂工作至退休。

岁月不饶人，现今我已是白发老人了，但在回忆中仍会想起当年在苏联的那段生活经历。我清楚地记得，1955 年刚到达莫斯科时，第一次坐上地铁感到特别新鲜。地铁不仅快捷方便，票价也特便宜，只需 5 个戈比（相当于人民币 5 分）即可在地下各条线路上任意换乘，抵达目的地。每天中午在汽车厂食堂进餐，主食免费，各种面包摆在餐桌中央供人享用。对比国内刚解放面临的暂时贫困，年轻的我就在头脑中闪出一个信念："苏联美好的今天，就是我们中国的明天。"社会主义的美好前景是多么令人向往！这些都是我初到莫斯科时的新鲜感受。

在实习过程中，有一天一位同伴病了，领导安排我陪同他到医院就诊。那时在我们分队里我的俄语水平还算可以，实际上是要我去当半个翻译。由于我仅熟悉专业俄语词汇，对生理及医学方面的俄语知之甚少，面对一位年轻女医生，诊病刚开始，就遇到对话困难。医生为了弄清患者的"小肠疝气"的症状，问我："病人肠子是否通气？"（俗语即"是否有放屁现象？"）我久久不解其意。双方面对面都既急又窘，直到终于明白了话意后，相互才会意地笑了起来。

这次经历虽然使我十分尴尬，但也使自己看到了俄语水平的差距，从自满情绪中清醒过来，决心要更刻苦地学习。因此，在以后的实习生活中，俄语进一步有所提高，学习和生活也就感到更自如一些，和导师及苏联友人之间，不知不觉增添了友谊。当学习将要结束时，我真有点舍不得离开他们。回国后相互间仍有通讯联系，直到"文化大革命"时才中断。

当我提笔写此回忆片段时，适逢我国加入"世贸"组织。一汽和二汽也和国内其他汽车厂一样，迎来了新的机遇和挑战。我作为一名曾参与长春和十堰两大汽车厂建设的"过来人"，内心同样兴奋而鼓舞。尤其联想到当年能和江泽民、李岚清等领导同志同时期去苏联实习，心中感到十分荣幸和自豪。

（夏永良，1929 年出生，1950 年毕业于上海工业专科学校，1955 年赴苏联实习。回国后，曾任一汽车身分厂技术科冲压工艺组长，厂设计处车身科工程师，二汽包建办公室工程师，二汽车身分厂技术科副科长、总工程师室主任。）

刻骨铭心的印象

黄炳仁

1955年4月下旬，我们被派往苏联斯大林汽车厂实习，分配到该厂动力处的有十人，其中有江泽民、徐见闻、王进瑞、曾正明、许月明（女）、谷安振、何亮国、黄质鎏，还有电力车间的一位同志。我被分配在筑炉仪表车间当设计技术员。在苏联专家的精心指教下，我较快掌握了工业炉设计技术，俄语会话能力也与日俱进。

经过一年锻炼，我在会考中获得优异成绩。回国后我用学到的先进经验为一汽设计改造了多种热处理炉、熔化炉，后来也为二汽设备攻关和发展作出贡献。所有成就均应归功于党的培养和苏联朋友的帮助，这一点我是刻骨铭心，永志不忘的。

同期我和江泽民同志相处，留下深刻印象。当时28岁的他，正值青春年华，是我们中间唯一的共产党员。他充分起到了骨干作用，显示了他的政治思想素质和组织能力。我们刚到莫斯科，他就倡议参观列宁墓。我们来到代表着社会主义圣地的红场，黑色大理石墓穴上刻着的弗·伊·列宁的字样，映入我的眼帘。战士目不转睛地日夜守护。在庄严肃穆的墓穴里，右面的水晶棺中躺着列宁，左面的水晶棺中是斯大林，在灯光衬托下，他们脸色红润，安详地长眠于世。我们绕棺一圈，个个泣不成声，依依不舍地向革命导师告别。列宁、斯大林未竟的事业，要后继有人呀！这是一堂最生动的政治课。

不久，我们又拜谒了近郊的列宁故居——列宁后期革命活动和他谢世之地。我们赶早到了这幢外表别致的小别墅。尽管已是春天，但清

本文作者黄炳仁（前排左六）在莫斯科实习时与苏联朋友及实习生合影。前排右三为江泽民同志。

晨的郊外仍然寒气袭人，大家搓手捂脸等着开馆。突然身后有人问我："你们是哪里来的？"还没等我回话，刘晓大使瞬间指着身边的大汉说："这是彭老总"。彭德怀将军一一和我们握手，鼓励我们好好学习苏联的先进经验。彭老总有着饱经风霜的脸，魁梧的身材，显得苍老，可和他的手重重一握，给我们的鼓舞是多么巨大呀！

这里虽说是别墅，里面陈设却十分简陋，没有像样的办公桌，卧室也显空旷，但是环境优雅，林木丛生，小河里泊着划子。树荫下停着一辆老爷车，算是最高贵的国外赠品，但列宁从未用过。有人提议和苏联朋友合影，人群中的苏联姑娘们首先集中起来，我们几个中国小伙子也挤成一堆，等着拍照。

有一次，我的导师道洛托夫在闲聊时说："财仰（我的俄文名），你英语行不行?"我说:"猫狗还可以,男孩女孩也能区别。"老师哈哈大笑,然后说:"你们达娃力西(俄语'同志')江听说英语很好。"我说:"他是大学生,在学校学工程都用的英文原版教材。"

有一次在科室独立设计换热器的项目,搞到很晚,回宿舍吃饭洗澡已不可能,但这是必做的事。于是,我胡乱啃块面包就到下面工人浴室冲澡,不料洗完澡发现随戴的手表不翼而飞。当我风风火火赶回住处,把实情告诉江泽民同志后,他说:都怨你自己大意。这事不要闹大了,要是惊动保卫部门,他们会兴师动众。而一旦抓着小偷,那是要判涉外重罪的。他缓了一下口气说:我看还是算了,并且是块旧表。一经开导,我的心情也平静了许多。事情虽小,弄不好确实影响两国友好关系。

事隔 36 年,我有幸重访故地,使我伤心的是,我的苏联老师们已相继去世,我随身带去的赠品竟成为从小店换来的零花钱。世事沧桑,列宁创建的苏维埃也已消亡,能不使我感到茫然吗?我于 1992 年 3 月到卡马河汽车厂访问,这是苏联集欧美技术之大成的产物,年产 15 万辆,其中有 13 吨载重车和微型车,该厂工艺装备和自动化程度都是首屈一指的。还参观了伏尔加汽车厂,也给我们留下深刻印象。该厂年生产能力 74 万辆,日古里、拉达轿车,除国内销售外,发达国家作为家庭第二轿车也挺抢手。该厂的柔性装配线尤其吸引人。从产量来看,这些厂的实力和效益是可想而知的。我们还拜访了与斯大林汽车厂隔莫斯科河相望的汽车工艺研究所。该所实力雄厚,专家班子有 2500 人,加上外国联合体,专家共有 4300 人。在涡轮叶片精铸、金属镀膜、高分子材料研究方面均有独到之处。俄罗斯在汽车制造领域实力不凡,仍然值得我们学习。

(黄炳仁,1934 年出生,1953 年毕业于上海机电工业学校,1955 年 4 月赴苏联实习。曾任一汽动力处筑炉仪表车间、热工科技术员,并曾在包建二汽办公室、二汽动力热工科、二汽机械动力处热工科等单位任职。)

米导教我当好调整工

周德生

我于1954年春中专毕业后，有幸分配到长春一汽。1955年被派遣赴苏实习磨床调整。回国后，正值一汽发动机车间设备调试，这是打通全厂流水生产线，争取早出车的最后攻坚战役。在时间紧、任务重的情况下，我顺利圆满地完成了众多精密设备的调整投产任务，并为迎接"五一"的第一台发动机如期诞生做了贡献。在以后的生产中，我又为保证产品质量，不断地解决磨削、抛光质量问题，为达到班产百辆份，率先在曲轴磨床采用大砂轮高速磨削。在大量调整实践的基础上，我写出了《无心磨床调整》，于1959年出版。还将曲轴生产线的调整经验记录下来，印刷成册，进行技术交流。又应用新工艺试验的成果，为二汽发动机制造工艺技术进步做出贡献，我本人也成了高级工程师。当我回顾工作中所取得的成就与积累的经验时，就想起了当年出国实习的那段美好岁月，就想起了领我走进机床调整之门的苏联导师。

1955年春天，我们赴苏实习学员怀着一颗火热的心，来到莫斯科斯大林汽车厂。我们机床调整学员分到发动机车间调整组。我的导师米克依是车间磨床调整工长，较其他导师年轻，曾当过兵，严肃寡言，但话语中又不乏直率幽默，工作认真负责，待人外冷情深，我就叫他米导。当他了解我是刚毕业的学生和看了我的实习大纲内容后，便与导师组长大道金老专家商量，对我的实习做了与众不同的安排。

重视实践，严格要求

别的学员都是紧跟着自己的导师学调整，而我却是上磨床生产线去学操作。开始我真有些不理解，为什么我的导师不愿教我？米导问我："你是怕脏怕累吗？"我回答："都不是，但我是来学调整的呀！"米导又说："一个调整工，首先必须是个优秀的操作工。"我听了，恍然大悟，忙说："明白了。明白了。"

我首次去的是活塞销无心磨床生产线。还没去，米导就说："这里姑娘多，都很热情大方，你要小心喽！"果然，线里除了两个男性调整工，连工长都是姑娘。米导向她们简单介绍我之后便对我说："你先从粗磨开始学操作，以后再学调整。"我心想如何上机床操作呢？我正在机床旁观察，米导走过来说："冲上去！不要害怕。"拉着我向正在操作的姑娘走去，笑着对她说："送给你一个中国小伙儿，高兴吗？"姑娘微笑着说："好！好！"我就这样开始了实习的第一天。

在姑娘们的热情讲解与操作示范下，我很快就掌握了无心磨床的一般操作规程，她们还把自己所有的操作经验与生产知识向我一一介绍。我一面干活，一面与她们问答，俄语水平提高很快。记得有一次，米导突然问我："你学到了什么？"我回答："会操作了。"米导听了默默地走了。我揣摩他似乎有些不满意。以后，我除了认真干活，还苦苦思索操作学习应包含的内容。米导又来问我："有收获吗？"我答："有！现在我能根据每道工序的工艺要求磨出合格零件了。"他微微一笑说："你可以学调整了。向这里的调整工学，他们经验比我多，又会给你很多的实践机会。"

生产线上的调整工都是老师傅，我每天随着调整师傅忙着全线磨床的调整，连午休时间都用在学习上。他们虽没有教我多少理论，但把无心磨床的生产调整和如何根据实际情况解决磨削质量问题的经验教给了我，使我学会了生产线上的一般调整。有一次，米导从废品箱中挑出五个废品销子，要我分别说出它们的缺陷和消除办法，并将我的回答一一记分，最后他严肃地说："一个有经验的磨床调整工，不仅要会操作与调整，而且还要会检测零件的磨削质量，包括目测、手测（摸）和正确使用量具与检具等，否则，你将生产大量废品，或者是正品而被误检为废品你也不知道。"这一席话牢牢刻在我心里，在以后的学习中我时时提醒自己："你都会了吗？"也使我深深体会到米导教我深入生产实践学习的用心。

言传身教，悉心传授

学完了无心磨床和平面磨床的调整，米导领我来到曲轴精磨线。只见那长长的磨床线上全是男职工，操作紧张、技术熟练。那些大砂轮工作时火花四溅，叫人看上去既有些害怕，又感到十分兴奋。米导突然问我："感觉如何？"我脱口而出："不敢操作。""我还不敢让你操作呢！你先观察学习，以后星期天我教你。"米导幽默地说。以后，他便收集废轴，待我习惯环境后，便在星期天加班，利用废轴教我操作。开始手把手地教我如何进行砂轮对刀、进给、调节中心架和双手联动操作，随后让我独立练习，看我操作比较熟练后便让我正式磨轴。我又高兴又紧张，第一根轴就磨废了，我惭愧得不敢再磨，米导却温和地说："不要遇到挫折便后退，继续认真磨，以后便不会废了。现在废轴的经济损失可由我来承担，回国后磨出废轴，那你的损失就大了。"这样贴心的话语，感动得我眼眶都红了。我仔细体会他教我的操作秘诀，下定决心要克服这个难关，后来连续几天都是合格品。这时，米导笑着说："现在我可以教你曲轴磨床调整了。调整比操作更困难一些，但有了操作的基础就好学了。"

经过几个月的艰苦教、学、练，我终于掌握了导师的调整技艺，我衷心地向米导表示感谢，米导却说："你也累了，瘦了，星期天到我家玩玩去吧。"

临行练兵，意重情深

实习大纲的学习任务很快就要完成了，米导问我："还想学什么？我设法帮你。"我说："还想补充一些磨削工艺知识。""很好！但要抓紧时间。我还为你准备了一台崭新的无心磨床，让你按活塞销精磨调整，我估计你回国调整的第一台磨床就是无心磨床。"我高兴极了，便在实习学友顾永生的引导下，去切削试验室找磨削专家授课，使我学到了与磨床调整有关的许多理论知识（如砂轮性能与选择等等），觉得心里亮堂多了，我真感谢米导的关心。在学习中我拟出了无心磨床的调整方案，米导看后说："好！给你一星期调整时间，争取一次试磨成功。"调整过程中，米导一直在旁观察，有时还当助手，发现错误就用幽默的话语纠正。试磨那天，来了很多人，活塞销工段的调整师傅与女工长也来了，他们都微笑着祝我成功。果真未负众望，试磨零件完全合格。导师高兴而深情地对我说："学得好，回国后还要干得好，你会成为调整专家的。"导师的叮嘱、教导与老师傅们传授的经验永远牢记在我心中。

快半个世纪了，不知我的导师米克依身体尚健否？是否还会记起我这个异国弟子。真希望能再到莫斯科去看看我的导师，再道一声感谢与祝福。

（周德生，1932年出生，吉林工大夜大本科，1955年赴苏联实习。曾任一汽发动机车间技术科调整组调整工、发动机车间曲轴工部工艺组长，后调二汽筹建发动机厂，负责新工艺试验，任综合工艺组工艺员等职。）

相伴一生　受益无穷

龚　震

奔向建设新中国汽车工业的前线

1953 年 12 月下旬，我的第一个孩子出生刚两个月，我在上海汽轮机厂接到通知，调长春支援一汽建设。要我年底务必赶到长春参加俄语学习，然后去苏联有关汽车厂接受工作实习培训。12 月 27 日，我匆匆告别家人，经过四天三夜的颠簸，到长春已经是 1954 年了。

隆冬的北国，一片冰天雪地，我到长春南岭 652 厂俄语班报到。参加学习的大多是一汽奠基的第一批骨干和精英，同学中我认识了江泽民、朱伯欣、张琦等人，有趣的是大家都是上海华东工业部选派来的。初到北方有很多不方便，出门一步一滑跌翻在地的肯定是南方人。饮食也有些不习惯，但是大家相处很融洽，学习很努力。1955 年 6 月我终于踏上了去莫斯科斯大林汽车厂的旅途。

实习生涯十分愉快

1955 年正是中苏关系处在最友好的时期，我们受到了热情接待和尊敬。第一天到莫斯科，接我们的大客车司机就主动拉我们到红场等主要街道绕了一圈，让我们先参观莫斯科市容。所有遇到的苏联人都对我们十分友好和客气。我们住的宿舍配有警察和管理员，一般人进不去，但周围的小孩一有机会就会主动和我们交谈和玩耍，十分亲热。

　　到厂第二天，由厂总工程师和教育部门的负责人主持召开了欢迎会，进行动员鼓励，然后跟随指导教师分赴各自的学习岗位，开始为期一年的实习培训。

　　我所在的实习部门是铸造三车间（铸铁车间）技术科，科里领导和同志们对我的学习和生活无微不至地关怀照顾。有专人带我熟悉环境，每个人都随时准备帮我解决学习和生活困难。无论大小活动都想着叫上我，一旦遇有趣事，都想着和我一起分享。有一次印度政府代表团来参观，他们马上拉我一起去欢迎，于是我见到了尼赫鲁和他的女儿（即后来的英迪拉·甘地夫人）一行。有位官员还冲着我喊："中国同志你好！"场面十分热烈，使我印象颇深。

　　还有一次朱总司令来了，科里同志告诉我："又有中国客人来了。"我忙跑到车间，正巧碰到朱老总带一批人走来，我们在车间实习的中国人忙迎上去。朱老总面带笑容，亲切慈祥地和我们一一握手，问我们学习生活好吗？我们激动地回答："没有问题！老师们指导得很好，学习没什么困难！"随行的还有吴玉章等老一辈领导，我们祝他们健康长寿。大家高兴得又蹦又跳热烈欢呼，把苏联的保安人员都挤到一边去了。苏联的员工也十分感动，一个劲地说："太好了！太好了！"的确，能在不长的时间里见到这些历史伟人，真是我一生的荣幸。

严格有效的实习过程

　　我的指导教师叫依凡·彼得洛维奇·巴尔申，是卫国战争的老战士，胸前常挂着勋章，而且身材魁梧，相貌堂堂。他认为有机会帮助中国人学习是非常光荣的事，又加上厂里有中国实习生考核不合格，教师要受处分的规定，所以他真是把指导我当成头等大事来完成。他首先给我制定了一年的详细学习计划：（1）每天定时上课。（2）每天定时巡视车间现场。（3）每天巡视后去加工车间参加废品鉴定会。（4）每天去模型车间了解情况，有问题及时解决。(5) 回科后分析问题及时采取措施。头一个月老师亲自带我出入车间及各部门，以后自己深入调研，提出问题老师解答。经过一段时间后在老师的监督下审批工艺设计，并逐步增加实习内容。

科里其他人也随时为我提供方便。我要查资料，一位叫薇拉的女资料员会随我的需要而随时提供，从不厌烦。质量统计员卓娅每天给我一份质量统计表，使我及时知道一天的生产质量情况。

老冶金师考根带我到熔化部门，从炉上到炉下，详细讲解化铁炉的结构、功能及原材料的配合、化学成分的变化对材料的影响及如何控制，让我观察出铁水浇注的操作方法，还天天领我去检查一次工艺操作程序。

作者龚震（右三）1955 年在莫斯科参加庆祝十月革命节游行时留影。右一为机械师伊凡，左一为巴尔申老师，中间戴礼帽者为技术科长哈历亚滨。

　　还有一位负责清理的工艺师，见我有空就带我到清理工段看缸体清理。缸体清理有个很关键的工序就是铣毛坯加工基面，出入稍大产品就要报废。因此，他仔细给我讲解要注意的地方，反复强调要我回国后必须注意，否则，不但影响生产，还要赔偿机加工损失。

　　青年机械师伊凡诺夫给我讲解全车间设备布置，讲解容易出故障的设备和抢救措施。他说，车间的设备必须每天检查和定期检修，高温作业不允许任何事故隐患存在。

　　铸造是个很复杂的物理、化学过程，每道工序必须严格把关，不然会产生很高的废品率。有一次配砂工段就因混砂不合格造成大量废品，工段长马上被撤职去当工人了。

　　在斯大林汽车厂实习的日子里，我的导师巴尔申对我的帮助是最大的。他是科里全面管理技术的科长。从带我下车间检查生产情况到审核我的工艺设计批件，从总结实践经验到把经验上升到理论高度，无一处不体现他的关怀和心血。我能在短短一年里全面了解掌握铸造生产全过程，是与他的付出分不开的。记得在实习的后期，我用图形方式表达缸体铸造工艺，即从造型布置、各种芯子芯骨及气槽气孔位置、下芯组合机械工具、盖箱、浇注、温度及开箱时间控制到加工基准面，全部用图形和加注说明表示，导师看了大加赞赏，认为是学习缸体工艺的很好教材，厂里尚无这种资料，有保存价值。

　　为拓宽视野，掌握更多技术，实习后期厂方又安排我和张琦、黄兆銮等四位同志去莫洛托夫汽车厂实习一周，以便对不同工厂的技术工艺进一步了解，同样使我们受益匪浅。

　　一年很快过去了，我顺利地通过了最后考核，告别的日子终于来临。我和科里的同志不仅共同工作，而且还一起欢度过十月革命节，参加过"五一"劳动节庆祝游行，感受过红场的热烈气氛，在朝夕相处的日子里建立了深厚的友谊。临上车时全科同志都来欢送，依依不舍，洒泪话别。这珍贵的回忆永远保留在我心头。

学习的汗水获得收获

1956 年 6 月一回到国内，我立刻投入到建厂的生产调试中。从第一辆解放牌卡车到第一辆"东风""红旗"轿车的缸体浇注，从建立车间生产的正常秩序到各个生产难题的解决，自己在苏实习时所学知识产生了巨大作用。正是通过在苏联的实习，开阔了眼界，掌握了更多生产技术，大大增强了工作上的自信心，使我在后来的工作中克服不少困难和技术阻力。

时光在流逝，科学技术随着时代进步在飞速发展。在苏联的一年中学到的知识是有限的，但是从中学到的严肃认真的工作态度和行之有效的工作、学习方法，却是相伴我一生，使我受益无穷。

（龚震，1921 年出生，1941 年毕业于重庆大公高等专科学校，曾在上海汽轮机厂任职，1955 年赴苏联实习。回国后，曾任一汽铸一车间、铸二车间技术科副科长、科长、车间主任，铸造分厂技术科科长，南汽锻冶科科长、铸锻厂副厂长、铸造厂副厂长、副总工程师。）

严师尤日齐科夫

孟根达赉

我是生长在内蒙古科尔沁草原上的一名少数民族干部。在共产党、毛主席的民族政策阳光普照下，草原解放了，农牧民彻底翻了身。东北解放前夕，为了内蒙古自治区工业建设，党组织把我们送到解放区学习文化和科学技术。在史无前例的国家汽车工业生产基地建设中，在一汽党政领导的关怀培养下，能有机会到世界进步青年向往的地方苏联莫斯科去学习，这是我一生的荣幸，同时也感到了责任的重大。因此，决心刻苦学习，埋头实习，学好技术，掌握本领，以报效祖国。

来到斯大林汽车制造厂后，由于导师无微不至的关心和教育，经过一年的实习，考试、答辩合格，圆满完成了实习工艺师的任务。在此期间，我常常感受到苏联人民对中国人民的友好情意，其中最让我难以忘怀的是我的导师尤日齐科夫。导师当时五十岁左右，他把我当成自己的子女一样，对我生活上关心，学习上严格要求。他知道我们学习很辛苦——白天要消化课程，晚间既要学习汽车设计和汽车制造工艺的理论，还要参加社会实践活动，便为我们安排了丰富多彩的文化生活：冬天，去郊外滑雪、滑冰；夏季去钓鱼、游泳；春秋时节到集体农庄体验苏联农村生活，参观当地的名胜古迹。这些活动，减轻了紧张、艰辛的学习对我们的压力。

尤日齐科夫虽然是我们生活中的兄长，可在学习上，他又是我们的严师。记得是我们参加实习八个多月后的一天，导师拿着一张军用汽车汽缸盖图纸，让我一个星期之内，设计完工艺文件。接受任务后，我就

本文作者孟根达赛在莫斯科河桥上留影。

紧张地忙碌起来。先是查阅资料、翻阅自己的学习笔记，然后，按照每道工序的工艺要求，认认真真地完成了工艺设计，交给了导师。心想：我费了九牛二虎之力，估计怎么也能通过吧。导师看完后却对我说："年轻人，工艺要求是企业生产的技术依据，是企业的法律性文件，文字不能潦草，必须端正；零件精度是通过工艺文件来保证的，每道工序在保证加工精度的前提下，加工余量不能太大，你计算过多加工 0.1mm余量，会对企业造成多大的浪费吗？一件、一万件，一个年产 10 万辆汽车的企业，你造成的损失浪费有多大呀？"这不留情面的严厉批评，使我终生难忘。导师对同志、对年轻人关心爱护的高贵品德，对学生严谨治学的工作作风，对工作严肃认真、一丝不苟的科学态度，成为我的宝贵财富。几十年来，每当我观察问题、分析问题、处理问题，特别是决定和解决重大问题时，总要想一想导师的批评和教导，使我少走了许多弯路，受益匪浅。

　　（孟根达赉，1931 年出生，1955 年赴苏联实习，回国后曾任一汽发动机车间工艺调整组组长等职。1960 年起，先后在内蒙古汽车制造厂筹备处、内蒙古汽车配件厂、内蒙古修配厂等处工作，任技术员、技术科长等职，1978 年调内蒙古交通厅工业处任副处长兼主任工程师，1980 年任内蒙古交通工业公司副经理兼总工程师，1983 年任内蒙古交通厅副厅长。）

在"吉斯"厂实习的日子里

张学孟

我的实习导师米林尼克夫

我于 1955 年 5 月到 1956 年 4 月在"吉斯"厂变速箱车间技术科实习齿轮加工工艺师一年,指导老师叫乔治·罗曼诺维奇·米林尼克夫。

他是一位善良而又勤勉的老工程师,性情温和,诲人不倦,车间都称他为首席工程师,车间的技术问题都向他请教。我很佩服他将变速箱几乎所有零件的工艺尺寸都记了下来,不用看工艺卡,解决问题既快又准。他多次跟我说:在生产中,机床停在那里,等你解决问题,这时你不能再回到科内现翻工艺卡查看尺寸。车间工作必须又快又好。我立志学好他的这招绝技,回国后做一个好工艺师。

他给我们讲解工艺最基本的理论:切削余量分配图的制定和机动工时的计算方法、齿轮加工工艺的编制和工艺管理工作路线、工艺师的职责和工作内容。他将工艺师需要填写的图表文件,结合车间实际情况让我亲自填写一遍,例如如何填报工艺更改通知书。他还亲自带我到厂内有关单位履行工艺员的职权,带我去中央设计室和有关设计师商讨工装设计方案,到工具车间了解并催促工装制造进度,以便和有关工段联系安排机床调整时间,等等。

他不但传授技术,而且在生活上也关心我们。他请我们到他家中做客。他家住一座小楼的第二层上,两室一厅,有卫生间。房间不大,但陈设简朴、干净。家中有师母和一位十六七岁的女儿。师母非常温和、贤惠，说话慢声慢语。她给我们做了一道从未见过的俄罗斯风味的大菜——一大盘土豆泥包盖的大鹅，说实在的，真好吃，至今记忆犹新。这天我和臧明堂都非常高兴，酒喝多了，头有点晕，晚上乘地铁回实习生宿舍，先在大街上遛了一会儿，消消酒气，头脑清醒一些才回去的。这是我有生以来第一次多喝了酒，所以至今不忘。1955年临近新年的时候，他怕我们想家，打听我们在假日因天气不好，不出外游玩，他就和女儿带我们去滑冰。春天来了，一个风和日暖的假日，他又和女儿陪我们实习生到莫斯科郊外野游，带我们乘船游览顿河。

米林尼克夫不但乐于教人，自己也刻苦学习。他已过不惑之年，为了更好地给我们传授技术，他孜孜不倦地抱着一本陈昌浩著的俄汉大字典学习中文，向我们实习生学习发音，而且尽可能地用汉语和我们交谈。

我们多年没有通信了，我一直忘不了他的言谈举止，一直想念他！

实习的过程

我到变速箱车间技术科实习，首先到工段学习机床操作与调整三个月，这对于提高我的俄语会话能力和工艺技术水平起着很大的作用，给我以后的学习打下了好的基础。我先到一轴齿轮工段学习。一轴齿轮加工是齿轮加工技术最复杂也是有代表性的零件工艺。最复杂的机床调整为8轴立式连续旋转车床和8轴卧式车床，均由组长一人操作。他是一位身材短小、非常精干的四十岁左右的退伍军人，俄罗斯人，技术操作熟练，一个人操作两台多刀机床，还负责复杂的换刀调整工作，忙得不可开交。我帮助他上下活，他空下手来，就可以和我交谈。我既学习了技术，锻炼了俄语的听说能力，又交了一位苏联朋友，一举数得。据他介绍，第二次世界大战中，他在抵抗德国法西斯进攻时身受重伤，人事不知，幸亏一位战友将他背了下来，才活到今天。直到现在他还和这位

本文作者张学孟（左一）在莫斯科与苏联朋友及实习生合影。

战友有亲密往来。一个假日，工长邀我和臧明堂到他家做客，还请这位战友夫妻作陪。他住一室一厅，就在一间不大的寝室内，摆上桌椅，饭菜也简单实惠。我最喜欢的菜是那盘苹果、土豆、西红柿、香肠拌巴脱沙拉。苏联的工人热情豪爽，伏特加酒一下肚，就兴奋起来，撤掉饭桌后，他一个人跳起了俄罗斯民间舞。他半蹲着身子，用穿着皮鞋的脚快速地有节奏地敲打木地板，配合两手敲打两膝的拍声，口中尖声呼叫地歌唱着，他的战友给他拉手风琴。那种淳朴无忧的场面，真叫人难忘。我在他这里学习将近一个月，就转到下一道工序——滚齿和插齿加工。

　　负责这道工序的是一位年近四十的乌克兰族女工，身体不高，长得匀称，说话细声细语，一个人操作两台双轴滚齿机床。她也是忙得不可开交。我帮她上下活，得以空出时间，进行交谈。在此处学习大约两周，又转到齿轮加工最复杂的最精彩的工序——剃齿调整加工。

实习剃齿刀修形刃磨与剃齿机调整，可以说是我深入齿轮加工技术的起点。以前对此技术很不了解，而大量生产齿轮的关键工序，就是剃齿精加工。在很长的一段时间内，齿轮加工精度取决于剃齿刀的修形。这是一项比较复杂的技术，当时厂里只有变速箱车间剃齿刀调整工勃德史瓦尔金一人熟练地掌握此项技术。他是全厂闻名的人物，非常精明能干，头脑聪明，刻苦钻研，滚齿、插齿、剃齿的调整，他样样精通，车间这些机床都由他调整。一般来说，车间调整工只负责机床大修后的调整、工艺更改时的工艺验证的工装调整、工件出现质量问题时的机床调整，工段生产的刀具更换时的调整由小组长负责。

在切齿工段的附近，有一间剃刀刃磨室，内有一台试剃刀的剃齿机和渐开线检查仪。隔壁一间是噪音室，由一位年纪较大的女工负责剃齿齿轮噪音和接触区的检查。勃德史瓦尔金和她配合密切，保证剃出的齿轮噪音小、齿面接触良好。勃德史瓦尔金教我学习修磨各种曲线的剃刀，做剃齿试验、噪音检验，他还对剃齿机和剃刀的精度要求、噪音机的精度要求等进行讲解和示范操作。我跟他学习大约有一个多月，收获很大。后来应我们实习生的要求，"吉斯"厂派米林尼克夫和勃德史瓦尔金两位专家来一汽工作了一年。

我在车间经过 3 个月操作实习后，回到技术科进行工艺管理组织设计等方面的系统学习，同时，由著名的齿轮专家、变速箱车间副主任萨格洛夫给我们上课，讲齿轮加工理论，特别是讲解他发明的小压力角滚刀切齿理论和小压力角剃齿刀切削理论。这种系统的理论学习使我们的收获非常大。在此期间，厂教育处还请工具处的技术专家，给我们全体实习生系统地讲解刀具和切削原理。这位专家的理论水平很高，又有丰富的实践经验，讲得非常精彩，给我们搞技术工作和管理工作的人员打下了技术理论基础。

在苏联实习的一年中，在我们实习生中，流传着大量的体现中苏人民友谊的故事，我们在一起的时候，经常议论这些故事。下面是一件小小的事情：

1955 年冬的一天，莫斯科的气温降到历史最低，达零下 40℃。我们从未经历过这样的低温天气，不知如何保护手脸，当我们早晨上班到达车间大门时，有的同志的鼻子冻得发白了。这时有几位不相识的车间职工，迎上我们，双手捧着雪，用雪擦抹我们的鼻子和耳朵，一直擦到有知觉为止。他们告诉我们，若不用雪擦揉，进到暖和的车间内，耳朵和鼻子会掉下来，他们曾见过此事。

（张学孟，1925 年出生，北京大学工学院机械系毕业，1954 年 4 月赴苏联实习。曾任一汽变速箱厂技术科副科长、切削试验室主任，北京齿轮厂副总工程师，陕西汽车齿轮厂副厂长，北京齿轮厂副厂长等职。）

难忘的春天

刘春官

1955年的春天，一汽派遣一大批人到苏联斯大林汽车厂实习，我是其中一员。我们从长春市出发，乘软卧到达满洲里站，换乘去苏联的列车。到达目的地后，受到热烈欢迎。

我荣幸地被编在和江泽民同志一个支部。那时他担任支部宣传委员，我是组织委员，汶漪是支部书记，同时我们又住在一个寝室。

我们这些实习生有学管理的，有学技术的，也有工人。我学习的是自己的专业——工业企业供电。在苏联老大哥的帮助下，我很快地进入了学习轨道。苏联人民是勤劳而朴实的，他们为帮助我们做出了无私的奉献，因此我们的学习热情很高，不怕苦、不怕累。那时江泽民同志负责学习，抓得也很紧，不但给同志们讲解政治理论，更在业务上进行督促检查。

我们的业余生活也是丰富多彩的。为了更多地接触苏联青年，密切友好关系，

本文作者刘春官在莫斯科实习时留影。

我们参加星期六的义务劳动，还积极参加共青团在工人俱乐部组织的歌唱和集体舞会，有时参加郊游活动。我还有生以来第一次观看了莫斯科大剧院演出的芭蕾舞剧《天鹅湖》。实习生活真好，真是处处充满阳光。

在实习的一年时间里，江泽民同志像老大哥一样关怀着每一个人。回国后江泽民同志担任一汽动力处副处长，我被分配在电力车间任副主任工程师，他带领全体动力处人员，把学到的理论和实践知识运用到生产上，为一汽按时出车发挥了应有的作用。

那时，我和江泽民同志在生活上也有一些来往。他们夫妇爱吃北方的饺子，我们爱吃南方的肉馅粽子，所以经常聚在一起畅谈南北风土人情。有时江泽民、王冶坪两位带着孩子到我家来吃饺子，有时我们到他那里去。

江泽民同志那时生活并不富裕，居住条件也不好，夫妇二人带着孩子，还有岳母同住。但是，在年轻的工程技术人员要结婚没房子的情况下，他无私地把自己的一间房子让了出来。

当年，就是这些年轻人，用他们的智慧，生产出我国的解放牌越野车、"红旗"轿车，给国人长了志气，外国人再也不能不把中国人放在眼里。

一汽是我们青年时期成长的摇篮，一汽是培养智慧与天才的地方，一汽是革命的大熔炉，一汽使我终生难忘。

（刘春官，1926年出生，1955年4月赴苏联实习。曾任一汽电力车间副主任、工程师，北京齿轮厂动力科科长，北京汽车厂动力分厂厂长，北京汽车总厂副总工程师，劳动部劳动保护科学研究所研究室主任、高级工程师。）

心中的往事

黄质鉴

1953 年 8 月，我于上海交通大学造船系船舶动力专业毕业后，被分配到上海求新造船厂工作。时隔不久，厂里通知我进行体格检查。为什么要体检？当时是保密的，也不告诉本人。过了很长一段时间，又通知我体检，仍不知什么原因。1954 年 9 月，厂党委书记才告诉我："你被调到长春第一汽车制造厂，为该厂去苏联的实习生。"通知要我三天后就去长春报到。

与江泽民同志同期实习

到一汽后，根据我的俄语水平，我被分配在初级班，当时江泽民同志也在此班上学习。

1955 年 4 月下旬，我与江泽民同志等乘同一列车去莫斯科。在斯大林汽车厂，热电站属动力系统，主要供应、确保汽车生产过程中所需要的热能和电能。热电站的技术专业分为两大块，热工和电工（电力）。我被分配实习热工，江泽民同志被分配实习电工。我们又居住在同一寝室里。同一寝室的刘春官同志，在电力车间实习输配电，邹萃伦同志在煤气站实习煤气制造和输送。由于我与江泽民同志在同一单位实习，所以经常一起上下班。为了实习生的安全起见，纪律规定"出外活动必须两人以上"，这样使我们更接近了。每当俄罗斯朋友有约会、假日出外旅游或去谁家做客时，我们两个人始终一起参加。他是一位多才多艺的人，政治思想上很强，有高度的事业心和责任感，严守纪律，善于学习，刻苦钻研。他善于联系群众，听取别人意见，关心同志，平易近人，大家都愿意与他交知心朋友。他对我的进步帮助很大。实习生中可以说我俩接触时间最长，回国后又分配在一个单位，他被任命为动力处副处长，我在动力处热工试验室任技术员。我们毕业于同一所大学——上海交通大学，他是我的学长，所以感情很深。

人参寄深情

我刚到莫斯科斯大林汽车厂实习不久，遇到这样一件事，热电站热工试验室主任的夫人患病，久治未见好转，他听说若能服用中国出产的人参，则有可能较快地恢复身体健康。当时在莫斯科很难买到人参，我得知这一消息后，以最快的速度叫我女友从上海采购了一些人参，邮寄到莫斯科，赠送给这位苏联朋友，并告之怎样服用人参才能有更好的疗效。当他获得人参时，如获至宝，那种发自内心的高兴、感激之情，很难用笔墨形容。时隔一个月后，我在车间遇到这位主任时，问及他夫人的健康状况，他答道："有奇效，本卧床不起，服用人参一个月，现在可下地在室内慢慢行走了。"他非常高兴地又一次用最美好的语言道谢。与此同时，他还给了我们许多实际的帮助。每当我们去热电站各科室查阅资料、图纸时，他事先给打招呼，使我们获得许多方便。当我们学习快结束要回国时，在他的组织下，苏联朋友热烈地欢送我们并赠送了礼品。回国以后我与这位主任和其他曾经指导、帮助过我的苏联朋友保持着友好、密切的通信联系，每逢节日互相通信祝贺，一直到"文化大革命"才中断。从这个小故事不难得出这样一个结论，当一个人有困难，需要别人帮助时，若你能伸出友谊之手，给予真诚的帮助，他是不会忘记的。同时也充分说明中苏友谊在人民中间深深地扎了根。

（黄质鎏，1930 年出生，1953 年上海交通大学毕业，1955 年 4 月赴苏联实习。曾任一汽机动处副总工程师，后任上海汽车厂副总工程师。）

深情回首忆实习

邹萃伦

赴苏情景历历在目

回忆追溯至 60 多年前，时年 19 岁，风华正茂……

1955 年 4 月，结束了 8 个月的俄文强化学习，我随大哥哥、大姐姐们登上了"莫斯科—北京"国际列车。在这批赴苏实习生中，有江泽民、刘守华、孟戈非、黄兆銮等，数我和同学曾正明、许月明、董达民年龄最小。从长春上车，我和汶漪大姐在一个包厢，我睡上铺。初次出国，对一切都好奇，常到最后一节车厢的尾端观景。过乌兰乌德站，列车进入贝加尔湖区，一边是连绵的山峦或树林，另一边是清澈的湖水，已有春意，列车缓行，车厢内回响起熟悉的《在贝加尔湖的草原》等乐曲，远眺湖景，只见湖泊中几叶小舟，渔翁凭杆放钓，景色实在迷人。过伊尔库茨克站，列车向西北运行，在齐玛（冬天）站，4 月天，仍雪花纷飞，远眺一望无际的大森林，银装素裹，煞是好看。抵新西伯利亚站，列车停歇较久，我下车活动筋骨，迎面飞速跑来一名俄罗斯壮汉，上前把我紧紧抱起，在我两腮上热吻，用俄语喊着："中国小伙子，您好！"初次经历这种场面，一时使我激动不已。此时，又有一俄罗斯少女上前与我握手，喊着："中国、中国！"我们手拉着手，共同用俄语唱起了苏联歌曲《莫斯科—北京》，祝中苏友谊万古长青。进入苏联给我的第一个深刻印象是：苏联人民对我们很友好。

308

与江泽民同志在一起

1955 年 4 月下旬抵莫斯科，我们住进了斯大林汽车厂中国实习生楼。江泽民、刘春官、黄质鍙和我住三楼同室。江泽民同志和我的床在靠窗的两侧，可谓同窗共读，归国后，又同在一汽工作，他给我留下了深刻的印象。

他助人为乐，对人体贴入微。江泽民同志年长我 10 岁，他是中共特别党支部的干部，对我爱护备至。四人同室，相处无隙，我们生活在充满同志爱的气氛中。

在莫斯科的实习生活是紧张、高效的。我们经常清晨即起，提前到达工厂；夜深了，万籁俱寂，四人仍勤奋学习，阅读专业书籍、资料或做笔记、写心得。有时，我疲倦了，先睡，头一倒在枕头上就睡着了。江泽民同志总是较我晚睡。我年轻，睡觉时会踢被子，通常是他给我盖上。有时我要上夜班或连续倒班，他会主动为我买好面包、苹果酱等。

与江泽民同志在一起，深感他精力充沛、思

本文作者邹萃伦在克里姆林宫前留影。

维敏捷、才华横溢。勤奋好学使他知识面不断扩大，素养不断提升。

在莫斯科时，我们这群人中，江泽民同志是学历较高者之一，他的科学技术知识、社会历史知识、数学、外语（英语、俄语）、文学、音乐等方面的素养均高，我们经常向他请教，得益匪浅。

俄文专业书中，有不少高等数学公式，有的较为复杂的公式我看不懂，向他请教，他能熟练地推导演算。他能讲英语，出国前，在一汽俄文班和我们一起学习了几个月的俄语，到莫斯科后，他不断地与苏联同志接触，多听，常交谈，又专心阅读俄文版技术书籍和文学作品，不断提高自己的俄语水平，很快过了语言关。先期他学习热电站的生产和管理，后期学习全汽车厂动能技术和管理。学习期短，内容丰富，技术较新。在导师指导下，他有毅力，刻苦学习，取得了优异成绩。我们爱听他讲中外故事，语言生动，颇具哲理。他喜爱京剧，有时吴忠良或黄兆銮操琴，他会来一段京剧清唱。他还爱唱中外歌曲，喜听古典音乐，会弹吉他，能用口哨吹出动听的小夜曲……

我们在一起实习时，我得到他很多帮助。如那时晚上有很多时间我在图书馆度过，晚 10 点闭馆才离开。走到室外天寒地冻，回到宿舍，江泽民同志等叫我赶快洗脸洗脚，暖瓶已打上开水，让我先喝下几口开水暖暖身子。

回国后他对我的帮助更让我终生难忘。1960 年困难时期，一汽住宅虽有新建，但职工逐年增多，年轻人进入婚龄的不少，家属住房一时满足不了需求。我和张妙娥相恋要结婚了，没有家属住房。当时江泽民一家三代人住在 300 区 66 栋 6 门 56 中门，是三间房的一个中门，住房并不宽裕，但他知道我的困难后，找到我，要我到他家去住。他腾出一个房间给我安家结婚。我想外婆（江的岳母）和孩子们要挤在一个房间内，心里过意不去，便连声道谢，说另想办法。但他一再坚持让我住进他家，我和妻子内心真是感激万分。我在他家一直住到他调离一汽，那时我们朝夕相处，和睦如一家。我妻子在吉林铁路局工作，周末才能回来，我有时工作忙，错过了食堂开饭时间，吃不到晚饭，回家后，外婆总要问我吃了晚饭没有？她老人家亲自到厨房为我热饭菜。要知道，困难时期，他家粮食、蔬菜也紧张呀！

在他家居住期间，我可以随便进出他们的房间。有时进去打开"先锋"牌电唱收音机，听歌曲、音乐。江泽民同志喜听《红梅赞》等革命歌曲，有时他、王冶坪和我会和着歌曲唱起来。王冶坪歌声和悦动听。江家的生活平时是由外婆照料的。我常见江泽民同志在房内看书学习，博览政治书籍、技术书籍、文学作品、报纸杂志等。

与苏联导师朋友在一起

我在斯大林汽车厂气体车间（煤气站）实习，学的是煤气生产和管理。车间主任格鲁金娜接见了我，欢迎我的到来，她说培训中国实习生是车间职工的国际责任。

我的第一个苏联导师是 M.K. 库赛尼科夫，出身工人，参加过卫国战争，大学毕业后到斯大林汽车厂工作，是一位出色的基层领导、副站长、工程师。

实习初期，为了使我尽快过语言关，导师每天单独给我上课两小时以上，课本是雪沙科夫的《可燃气体的生产》。他一边讲，一边写，要我大声朗读课文，重述他讲的内容，不时纠正我语法和单词中的错误。我的俄语听讲能力提高很快，他很高兴，对技术科长宾科夫讲："这孩子很聪明，要好好培养。"

斯大林汽车厂煤气站在当时是一个自动化水平较高、连续式生产的车间，配有不少自动测量、自动控制、自动调节装置等，学习难度较大。导师让我从操作学起，我当过司炉工、鼓风机司机、煤气净化工、仪表工、检修工，然后学当值班长、工艺师、技术科长。

为了给我创造一个安静的学习环境，车间领导在办公楼三楼给我腾出一个房间。车间技术档案、图纸、技术文件对我公开，秘书兼资料保管员娜塔沙还主动推荐我看这个看那个。

到车间的第二个月，我就到操作岗位实习，导师隔天给我上一个小时以上的理论课，并检查我在岗位上的实习情况，解答问题，平时还来岗位查看。为了学习不同负荷时的技能，我有时上夜班，或连续倒班。

当时的实习情景，至今仍记忆犹新。煤气发生炉工艺和操作很难学，煤种变化，工艺参数就要调整，特别是鼓风气体中的蒸汽含量是很难掌握的，多了，煤气热值下降，少了，要结渣。导师和车间最有经验的司炉工不厌其烦地做示范，让我反复操作直至学会。仪表班长把备用的比例调节器、自动停车连锁装置拆装，让我了解内部结构，讲述这些装置的作用和操作方法。机械师米哈伊洛夫拿着图纸在大修的鼓风机旁仔细给我讲解。检修班长带领我，拿着工具、安全灯，二人均头戴软管面具，进入停歇不久的发生炉内清扫，察看有无损坏。他一面清扫，一面用手不时指点，让我察看，出来时，我俩的工作服已被汗水湿透，沾满了黑灰。煤气生产，安全第一，每次班前会，值班长总是叮咛全班注意安全。我登上室外 40 米高的再生塔、洗涤塔、静电除尘器和危险地段，必有工人相伴。天寒，攀登铁梯，特别是下行时很危险，苏联师傅总是做先导，口中不时喊着："小心，小心！"运行一班值班长曲尔耐伊，是一位五十多岁的老工程师，在中央控制台前，他详细给我讲述如何调节和控制全站生产，如何根据系统信号指示和各个仪表所示数据迅速判断运行情况，把多年积累的经验传授给我。运行二班值班长是苏联战斗英雄，又是先进生产者，平时大伙儿叫他"伊凡"，他待人热情、平易近人，我们都很敬爱他。他对我说："邹，学技术要学绝招，我教你。"他教给我几招绝活，能正确判断事故，并及时消除。技术科设计师阿尔金把最新设计的水压力止逆阀图纸给我看，详述结构，确实比现用安全阀安全可靠。工艺师南弗林卡娅，是位老工程师，慈祥，有耐心，教我编制工艺文件、试验方案、编写操作规程等，告诉我不少技巧。她还关心我的生活，嘱我既要努力工作、学习，亦要注意身体。技术科长宾科夫长期在工厂工作，熟悉生产和技术管理，他给我讲解技术管理要点、如何进行煤气安全监督和质量控制。

厂热工实验室副主任拜尔克，是原煤气站站长，听说来了个实习煤气的中国小伙子，亲自到车间来看我。他目光炯炯，说话很快，问我几个问题，我很快答了，他对我导师讲："这个孩子很机灵，不错！让他跟我去参加煤气化年会，见识见识。"在年会上，我见到了一批煤气厂厂长和著名的学者。

当时，苏联最新的旭根煤气厂投产不久，该厂采用不少新技术、新工艺，阿历脱苏来尔导师与有关部门联系，旭根厂派出小轿车到莫斯科接我去参观学习，免食宿费，厂长接见我，并派工程师全程讲解。这里中国人较少来，住在厂招待所里，引来不少男女青工前来交谈、看望，问我关于中国的情况，有的送我照片，有的送给我列宁像章，有的写几行诗赠给我。几个姑娘和小伙子争着为我起俄罗斯名字，她（他）们一致认为叫"阿列克"为好，那是青年近卫军英雄的名字，从此，我又多了一个俄罗斯名字"阿列克"。

我归国后，B.C.阿历脱苏来尔博士曾接受中国科学院邀请到中科院大连煤炭研究室讲学。1958年底，在研究员黄克权陪同下，他特意到长春来看望我。师生重逢，分外欣喜，我们彻夜长谈。其中，谈到应用导师教给我的理论知识，结合实际，一汽高热值煤气生产系统已一次调试成功并已稳定生产；又谈到新来的外厂实习生，误动设备，险些造成煤气站大爆炸，应用在苏学到的知识、技能，我和工人师傅们一起正确查出原因，及时消除了事故，避免了大爆炸，无人伤亡，生产和设备未受影响。导师听了很高兴地说："邹，好样的，你没有辜负祖国的培养。"临别时，导师送给我一只"和平"牌苏制小闹表，每当见到小闹表，我就想起了导师。

（邹萃伦，1936 年出生，大学化工专业学历，1955 年 4 月赴苏联实习。回国后，曾在一汽煤气站、规划处、一机部汽车局、南京汽车集团有限公司、深圳市汽车工业公司、深圳市汽车配件公司任职，退休前任深圳市汽车贸易公司副总经理。）

毕生难忘的事

夏昌丽

　　1954 年我毕业于杭州化工学校，分配到一汽，经过 8 个月的俄语培训，于 1955 年 4 月到斯大林汽车厂产品设计处的燃料、油料试验室实习一年，学习汽车产品用油和工艺用油的应用及研究，以及进厂油料的检验工作等。1956 年 4 月回一汽工作，1969 年支援二汽。多年来一直从事汽车油料的技术和领导工作，是中国汽车工程学会油料委员会（学组）第一、第二届主任委员，多届的荣誉委员。1990 年退休后回上海定居，并被聘为上海海联润滑材料研究所高级顾问至今。

　　由于我们（还有其他六位同学）是从学校毕业直接分到俄文班学习，年龄均为二十岁左右，而俄文班上其他学员多数是调干生，都比我们年长，是我们的前辈，他们都亲昵地称我们为"小鬼"。

　　一汽建厂初期派往苏联学习的共有五百多人，我们 1955 年 4 月这一批人数最多，有百余人，其中有江泽民、刘守华、王少林、张琦、汶漪等人，他们是实习人员中的核心组的领导，回国后都是一汽厂级和部门的主要领导，也是我们当时心中的"偶像"。

　　一年的学习生活十分紧张，几乎每天在试验室里工作一整天后，晚上还留下来整理总结当天学习记录，阅读、摘抄有关资料，直到 10 点钟才回宿舍。每逢休息日，我们便自由结伴外出游览，参观了莫斯科大学等。大家很开心，抢着照相留念。

　　当然，在业余时间里也要抓紧改善一下生活，做点中国饭菜，换换口味。想吃红烧肉，没有酱油，用白糖放在锅里加温碳化后作"色料"。

本文作者夏昌丽在莫斯科郊外参观时与苏联朋友合影。

类似设法"解馋""过瘾"的例子还有很多。总之，一年的学习生活虽然紧张、辛苦，但又是十分愉快而丰富的。至今，有时几位老朋友相聚叙谈回忆起来仍是津津乐道，难以忘怀。

我的导师阿尔必洛维奇·叶伐丽伏富娜，是从莫斯科石油学院毕业、从事汽车油料工作多年、具有十分丰富经验的专家，也是试验室主任。她是苏籍犹太人，是一位治学严谨而又慈祥的老太太。她对我的学习计划安排得周密、具体，有月计划、周计划，有理论学习计划，更有实际操作计划。每天下午她亲自给我上课两小时，从石油加工炼制原理到石油产品的应用，再到汽车用油的特点和要求都详加讲解。在实际操作中，她教会了我油品理化分析、模拟试验、台架评定等。她除了亲自辅导外，还安排试验室内其他有经验的老师辅导我。此外，还安排我到汽车研究所和石油科学研究单位短期学习。

在学习的前一两个月，我因语言还没有适应，学习中有些困难，是导师的耐心帮助和鼓励，帮我很快过了语言关，使我顺利出色地完成了一年的学习任务。这一年的学习和培训也为我以后 40 年工作打下了坚实基础。

在生活中导师对我无微不至的关心又似慈祥的母亲。有时星期天请我去她家做客吃饭（她有个幸福的家庭，丈夫是地质学家，两个儿子正在中学学习）；夏天陪我去野外郊游；冬天带我去洗澡，甚至帮我擦背。

在告别欢送会上，导师及其他苏联友人送我很多礼品，有照相机、收音机、座钟、挂盘等，有的我至今仍保存着。

回国后我和导师经常通信，直到中苏关系恶化才断了讯息。但是，我一直思念她。改革开放后，我曾几次有机会接触来自李哈乔夫汽车厂的老专家，每次都向他们打听导师的消息，可惜都让我失望。

我尊敬的导师，慈爱的"母亲"，如你仍健在的话，已有九十多岁高龄，我真期望有机会再一次见到你。

1956 年 3 月，导师知道我快回国了，她设法搞到了两张莫斯科大剧院的票，那天演出的节目是著名艺术家乌兰诺娃主演的芭蕾舞剧《天鹅湖》。而那天晚上，让我更兴奋、激动的是意外见到了当时苏共中央的领导人。我的座位是在楼下较前排，约在开场前一二分钟，突然全场起立，鼓掌，人们都回头向楼上包厢看去，我惊讶地发现包厢中有马林科夫、赫鲁晓夫、布尔加宁、莫洛托夫、米高扬等苏联领导人，他们也鼓掌向群众示意。这时全场只听到雷鸣般的掌声，我激动得也拼命鼓掌。在整个演出过程中，我要看台上演出，因为这是我第一次看芭蕾舞，演员们柔软如水、优美精彩的动作，让我着了迷；同时，又不时回头向楼上的包厢看。那时真希望能多长两个眼睛才好。

后来我才知道，莫斯科大剧院的票十分紧张，票价昂贵，尤其是名剧、名演员的演出。在莫斯科人看来，能有机会去大剧院看场演出是件很幸运的事。很多莫斯科人向往一辈子也未必能实现。进入大剧院的人多穿戴整齐，十分讲究，因为他们把这里看做是庄重神圣的地方。我一个在莫斯科生活仅一年的中国女孩，能有机会跨入这神圣的剧场，且又见到了意外场面，真是太幸运了。那天晚上的活动让我激动了很多日子。这是我在莫斯科一年的生活中，也是我毕生难忘的一件事。

（夏昌丽，女，1935年出生，1954年杭州化工学校毕业，1955年4月赴苏联实习。回国后，曾在一汽设计处、工艺处，二汽技术中心任职。）

中苏友谊之树长青

王本高

1955 年我们一百多人赴莫斯科斯大林汽车厂实习，党支部的孟戈非、汶漪同志带队。

我们出发时，身穿呢大衣，到了莫斯科已是大雪纷飞天寒地冻的日子，与长春差了十几度，感到寒冷异常。但与气候反差很大的是苏联人民的热情。

刚去苏联，我们都很节约。在厂里职工食堂用餐，面包是免费的，我们大多只买一菜一汤。一次，有一位五十多岁的女职工走过来，很亲切地向我们打招呼。她看我们很节约，关切地说："年轻人，你们太节省了，要注意营养，有好身体才能去建设你们的国家。"接着她若有所思地像是对我们表达，又像是自言自语地说："我的儿子若不是卫国战争中牺牲了，也该有你们这么大了。"不一会儿，她从食堂给我们买来了酸奶和布丁。还有一次，我下班回宿舍，右手拿了一瓶牛奶，左手拿了一个公文包。忽然，马路对面有一位老太太向我打招呼："喂！年轻的中国人"，说着她从马路对面走到我身边告诉我："牛奶要用纸包好拿在手里。"这是讲卫生，还是讲文明呢？我正在思考她这句话的含义，她已从皮包里拿出一张干净的报纸递给了我。事情虽小，却使我感到苏联人民对我们中国人民的友好态度。

在实习中同样感到苏联人民的真诚与无私。我实习的对口岗位是铸造分厂的动力师，主要任务是实习管理和维护铸造分厂的动力设备。

我先熟悉铸造分厂的设备和操作情况。走进车间，给我的第一印象

本文作者王本高在莫斯科留影。

就是规模大，自动化水平高，整洁文明，生产管理好。铸造分厂有上百
条的送砂、回砂皮带，有继电器式的输送带流水生产线，有铁水包小车
安全自动闭锁装置，有混砂机的自动配料，有立式巨型砂芯烘干炉的自
动调温，有可锻铸铁电阻加热炉的温度自动控制仪及高温节能电炉冶
炼……设备和技术都很先进。这一切激发了我强烈的学习愿望。我的导
师寿列希柯夫是动力师，瘦高个儿，头脑清晰，工作计划性强，有条
理。我向他了解铸造分厂的设计情况，他就把我领到工厂设计处，介绍
设计师娜塔莎给我详细讲解铸造分厂的设计图，使我了解了皮带输送机
和连锁装置设计及自锁保护系统的关键原理。她还谈到未来要向无触点
保护系统发展（即后来一汽从西德引进的逻辑元件无触点造型自动线）。
通过这位设计师的讲解，使我有很大收获。还有一次，寿列希柯夫让我
去参加"全苏铸造协会"召开的一次会议，专题讨论铸造车间的通风设
计问题。风向、风质、风速、风量和落砂栅的通风除尘的效果有关。通

风除尘好坏，又关系到环保与工人的健康。参加这个会议，使我懂得了通风除尘的关键。我除了向导师寿列希柯夫学习，还深入现场跟班实习，因此结识了工长霍金同志。他非常聪明，工作又认真，我跟着他三班倒，问他什么问题，他毫无保留地告诉我。有一次，他把我带到缝纫机厂的铸造分厂去参观蜡模制造工艺，使我扩大了视野。

我和寿列希柯夫、霍金除了工作上的接触，业余也有往来。寿列希柯夫在郊区有一幢别墅，假日里，他让我去那儿采草莓，使我了解苏联人民的生活习惯。霍金就更有趣了，他去参加婚丧喜事，把我也带去做客，让我融入他们的生活习俗。有一次，我去参加苏联人的婚礼，主人端出一盆盐和一个大面包欢迎我，这原来是主人热情待客的礼节。苏联人的葬礼我也参加过，在葬礼上有牧师祈祷，还有来宾向墓穴投土的礼节。通过生活上的接触，更增进了我们的友谊。

实习回国后，苏联还派了一个动力专家组来一汽指导工作，专家组的组长是基列夫（他曾是江泽民的导师）。他非常认真，对不按进度、不重视质量的施工单位和个人毫不留情面，严把质量关。对基列夫我们都很尊敬。

第一汽车制造厂建厂快半个世纪了，苏联人民和我们建立的友谊仍铭记在我们心中。江泽民同志还惦念着他的导师基列夫，邀请他来中国参观指导。基列夫去一汽参观，看到那儿已有飞速的发展。然后来首都北京，住国宾馆钓鱼台。江总书记工作繁忙，就委托刘人伟夫妇（刘人伟是基列夫的翻译，基列夫又是刘人伟和许月明的"红娘"），还有原动力处设备科科长杨时苹和我陪同基列夫。我们都是搞动力的，和基列夫比较熟，大家又在北京重逢，真有说不完的话题。我们游览了北京的名胜景点，基列夫非常高兴。基列夫称赞一汽的成就，说它不仅对汽车工业做出了贡献，还输送了那么多的人才。有国家领导人，有汽车业的骨干，真了不起呀！

当时，我们去苏联实习，感到苏联伟大、先进，这次基列夫来华参观，感到中国伟大，进步真快！两国人民在互帮互学中建立了深厚的友谊。

（王本高，1924年出生，1948年上海大同大学电机系毕业，1955年赴苏联实习。曾任一汽铸造分厂动力师、中国汽车工业总公司高级工程师。）

美好时光不会忘

黄兆銮

　　1955 年 4 月到 1956 年 4 月，我到莫斯科斯大林汽车厂实习一年。我实习的专业是工具管理。当时斯大林汽车厂没有工具处，由一名副总工艺师、工具生产主任领导六个工具车间：工具一车间（刀量辅具）、工具二车间（工具管理）、工具三车间（夹具、组合机床）、冲锻模车间、模型车间（铸模、木模）、磨具砂轮车间，工具生产由这六个部门组成。我被派到工具二车间实习工具管理，我的导师是车间主任克鲁平诺夫和车间副主任雅库申。车间有经济计划科、技术科、消耗定额科，下属各基本生产车间的工具科和磨刀工部。工具科领导着技术监督工长和工具分发库。克鲁平诺夫教我怎样当车间主任，雅库申教我工具管理业务。我的实习计划安排是自下而上从基层学起，因此我的老师很多，有工具分发工、技术监督工长、基本生产车间工具科长。接触的人很多，有布尔什维克老党员，有文化较低的分发工，有经验丰富的老技师，有年轻的磨锋工。当时中苏关系友好和谐，苏联朋友十分热情，技术业务上无私地传授，生活上关心备至。技术监督工长手把手地教我分析工具损坏原因，工具分发工教我如何保证工具供应，送工具到工位，工具科长教我如何制定工具供应计划，定额科长教我如何制定工具消耗定额，磨锋工人教我操作各种磨锋机床。短短一年实习使我收益很大。

　　由于实习面广，没有时间完成大量的资料抄写工作，定额科长就把办公室的钥匙交给我，让我可以在夜间抄写资料。用了三个月的时间，我把"吉斯–150"卡车和"吉斯–151"越野车的多年工具定额的历史

本文作者黄兆銮（后左二）在莫斯科实习时与王少林（右二）、窦英伟（右一）与苏联朋友合影。

资料抄了几大本，回国后对"解放"车投产起了一定参考作用。这些资料都是工厂保密的，而他们让我随便抄，我真正体会到苏联斯大林汽车厂无私的援助。

在苏联实习的一年中，实习是十分紧张的，而生活是十分愉快的。实习生公寓的条件不错。为纪念"十一"国庆，我们自己组织的联欢活动在大走廊里进行，有唱歌的，有说相声的，有唱京戏的，十分热闹，没有离开祖国家乡的感觉。斯大林汽车厂文化宫也特为中国实习生安排了欢庆"十一"的活动。中苏两厂职工同台演出，也是歌曲、京戏同唱。参观列宁、斯大林墓是必去的，参加苏联十月革命节游行是自愿的。1956年苏共"二十大"，中共代表团团长是朱德同志，会后他老人家曾参观斯大林汽车厂。当时我正在车间实习，斯大林汽车厂工具生产主任打电话把我叫到工具三车间，面见朱德同志。当时在工具三车间有几台机床是为我厂制造的，苏联同志一定让我向朱德同志汇报，这是中苏友好的结晶。朱德同志十分高兴地和我握手。这也是我实习中一件难忘的事。

江泽民同志和我一起到苏联实习，同车去，同车回。我和他在实习生公寓里和文化宫同唱京戏，还同到高尔基汽车厂（莫洛托夫汽车厂）实习两周。苏联两大汽车厂相比较，斯大林汽车厂老职工多，高尔基汽车厂职工文化程度较高，工具管理工作各有所长。

四十多年后回忆这一年的实习经历，美好时光记忆犹新。我在汽车"摇篮"中成长，与"解放"同呼吸，共命运。我坚信，中国的汽车工业来日方长，一汽的明天一定会更加辉煌。

（黄兆銮，1924 年出生，1946 年入北洋大学学习，1949 年随军南下，1955 年 4 月赴苏联实习。回国后曾任一汽工具处处长，一汽副厂长、厂长等职。）

为祖国而学习

潘盛兴

到一汽

我和同学们于 1953 年 8 月末从山东工学院毕业，乘火车在 9 月 3 日到长春第一汽车制造厂报到。学习俄文一个月后，被分配到厂技术处中央试验室金属组当见习技术员，室主任是留英博士杨南生。接着我到中科院沈阳金属研究所培训班学习，导师是中科院学部委员庄育智，留学英美的著名学者李熏、葛庭燧等都为我们讲过金属课。半年后我以《金属表面的电解抛光》论文通过培训。1954 年 5 月回厂呈交论文后升为技术员，开始正式工作。当时我主要为建设热电站做钢材、管道焊接的力学试验，同时学习杨南生讲授的《塑性力学》课程。

10 月初，杨主任突然对我说："厂里调你学俄文，耽搁已半年多了。现热电站建设已近尾声，快移交工作去俄文班吧！"这时我才知道学俄文是为赴苏实习做准备。10 月末，我被分到一汽南岭俄文第 21 班做插班生，该班开课已半年多了。我的学习成绩不甚理想，俄文字母"P"是卷舌，到我去苏联前仍然发不好。俄文班结业，下达给我的实习专业是"汽车总布置设计"。我是自动系本科生，但对我要实习的专业毫无概念，我将面临的困难与压力显而易见。然而，有一句话常在我心中："我们对于祖国的爱，不是空洞抽象的爱，而是有丰富内容的爱……"这是离校前学习的 1953 年 5 月 4 日《人民日报》社论中的一句话。此时，我更觉得热爱祖国是丰富的，也是具体的。祖国的需要就是神圣的使命，再难也要全力以赴去奋斗。临行前，设计处长邹就正、底盘科长富侠和刚从苏联回国的刘经传等接见了何赐文、黄厚源、程文祥和我4人，勉励我们学习技术，回国后多做贡献，并赠设计处纪念性笔记本留念。我们于1955年4月18日从长春出发，经满洲里、奥德堡，又

本文作者潘盛兴在设计图板前工作。

经乌拉尔，于4月26日到达莫斯科共青团车站，由斯大林汽车厂的大客车接到宿舍，开始了实习生活。

学俄文

　　发不好字母"P"的卷舌音总不能说是学好了俄文，尽管苏联也有人说伟大的列宁也发不好这个音。我只好在每天由宿舍到电车站的10分钟、下电车到工厂的15分钟路程内，一边走路一边练习发音。经两个多月的努力，居然能正确发音了，这真令我高兴。为提高听力，每天清晨都听莫斯科电台的"Последние известия"，那时我只知是最新消息，没有"新闻"这个概念。起初一次只能听懂一两个单词，在电车站用30戈比（国内可买12个鸡蛋）买一份《真理报》，在电车上看40分钟，尽量找到当天清晨听到消息的原文，加强听力与原文的联系。苏联人在电车、地铁中看书报成风，我也并不显眼。逐渐地，听广播和看报纸一般是不成问题了。

初到苏联，对俄文的数词、序数词的听说特困难，慢慢发现每天二三次去食堂吃饭是学习数词的好机会。开始时听不懂，我总给 10 卢布大票，任由售票员找钱，时间一长就能听懂，也可以用身上零钱一戈比不差地付账了。直到现在我仍记得我常吃的汤叫"Борщ"（红甜菜汤），正菜有 "Бифштекс"（煎牛排），果汁是 "Компот"。

还有就是每天下班后，留在办公室结合教师讲课苦读西米列夫的《汽车理论》和日加列夫的《汽车构造》，这样可以培养从俄文书本杂志直接学习理论的毅力和习惯；班后苦读的另一好处是厂方加班人员或清扫工人会和我聊天，这也是学对话的好机会，因为白天工作忙，人们谈话并不太多。有时，厂里那个威严的总设计师阿克里格尔也会走到我身边，弯腰看看我在学习什么，并和气地问我实习怎么样，习惯吗？等等。学俄文最有趣的方式，是参加苏联人的闲聊。厂科室人员周一一上班几乎从不工作，而是在走廊里或坐或站，几个人一堆，数人一帮地抽烟海谈，每人迫不及待地向别人叙述个人周末和周日有何趣闻、艳遇或倒霉事。参与其中，我学了很多新词，如"乡间别墅""游艇""酒鬼""暗娼"等等，也了解了苏联社会并非像我认为的那般圣洁。

在国内学俄文时，曾读过斯大林对苏联汽车工业所说的一句名言："过去我们没有汽车工业，现在我们有了！"据说这句话镌刻于斯大林汽车厂墙上。当时觉得这句话很神圣，因为中国也是这种情况，到厂后总想去看看原文。一天下班后，我，还有王锡春等人，跑到厂正门，在远离大门的右墙上看到有一块很不起眼、且不规则的石板上刻着两行不大的字："У нас не была автомобильнй промышленности, у нас она есть теперь。"这就是名言原文，不使劲几乎找不到，我觉得这也太简朴了！

实习稍稳定后，程文祥（试验工长）和王秉林（试制车间主任）要上理论课，每周各三次，每次一小时，翻译任务就落到年龄最小的我头上。每周一三五和二四六他们二人轮流在早上 5：30 分左右把我从被窝中拎出来，穿衣洗脸后，有时吃不上早饭就赶电车到他们教师办公室做口译。我还得带本俄文字典，实在听不懂时请老师暂停，得翻翻字典。记得 1955 年冬天，莫斯科特别冷，雪深近半米，妇女都穿上我平生第一次见到的长筒毡靴御寒。我作口译虽很辛苦，但也扩展了学业范围，提高了俄文水平。

当时实习生党支部号召说，祖国给每位实习生相当于苏联刚毕业大学生工资的每月 600 卢布（当时相当 200 元人民币）生活津贴，是为了让大家学习苏联技术和文化，应多学多看，不要省钱买东西。因此，我就多看电影、歌舞剧及画展、体育比赛等，这也是学俄文及了解苏联的好方法。我印象最深的是一次看田径比赛，观众大叫"дав ай！"看样子是在喊加油，但我怎么也听不到"油"字的俄文单词"масло"，感到纳闷。观众见另一组运动员起跑，又大叫大喊同一词句，震耳欲聋。我猛然领悟，俄文的"加油"其实"无油"，只是动词"Давать"（意为给、让、产生）的命令式"加劲"而已。学会一个词的另一种用法，也不虚此行了。

我刚到总设计处实习时，张日骞仍在发动机科实习，两个月后他即回国，剩下我一人在设计大楼。以后一天，我突然接到一份写有我英文名字的既非英文，也非俄文的长电报，我因看不懂直发愣。苏联同志见状来帮忙，终于弄清楚是由张日骞用拉丁文字母拼音的俄文电报。因国内要改进解放牌发动机，请我了解 V6 发动机的进展并收集相关资料供国内参考。这次经历使我 1965 年冬随孟少农访问捷克斯洛伐克时，见到捷文有似曾相识之感，因为它是拉丁字母拼音文字，技术词条里俄文、英文词又很多，翻译口译漏掉一段，我会及时提醒。随团翻译也感奇怪，我怎么能懂捷文？

1956 年 9 月，中共八大召开，每天我花更多时间看《真理报》上有关文章，印象最深的是毛主席在开幕词中的那句至理名言："СКРОМНОСТЬ ПОМОГАЕТ ПРОГРЕССУ, А ЗАЗНАЙСТВО ПРИВОДИТСЯ К ОТСТАВАНИЮ！"那时我理解为"谦虚有助进步，自满导致落后!"1956 年 11 月回国后才逐渐找到原文,原来是"虚心使人进步,骄傲使人落后"。当时我想,自己俄文只是囫囵吞枣而已。但毛主席这句名言却成为我人生的信条之一。

有一天,我去看电影,一个苏联人礼貌地和我攀谈。他大讲他在"ЦАПАЕВ"将军手下作战的故事,而我不知这位将军是谁?旁边很快聚集一堆人听讲。一位女同志走过来制止他说:"让中国同志走吧!"又对我说:"对不起,他显然喝醉了,在胡说!"上班后我问同事,他们费了很大劲终于使我明白那是"夏伯阳"将军,那人也确实在胡说"关公战秦琼"的故事。通过询问同事的方式,我还知道了"肖邦""贝多芬"等很多名人人名的俄文发音。学会点俄文,也确实颇费周折。

学专业

1955 年 5 月 3 日,我正式被领到斯大林汽车厂总设计师处远景设计科开始实习,见到了导师勃·沙斯科夫和辅导员弗·拉育克(乌克兰人)及其他同事。我看见"远景设计"这几个字,心中又是一阵困惑,本来不是说总布置设计吗?导师和我谈话,问我学过什么课程。5 月 5 日给我一份 6 页的实习提纲,主要是学习汽车理论:汽车构造和整车性能与各总成的性能匹配,对汽车车身及汽车电气只作一般了解。5 月 5 日导师即开始上整车设计所必需的汽车理论课,大部分是在业余时间,因为导师既是科长,又兼厂里当时换型产品"吉斯–130"的主任设计师,工作太忙。每次上课,导师都有讲稿,做了充分准备。我实在听不懂时他会换几种方式解释或画图说明。到 7 月 13 日结合整车设计的汽车理论课程讲完。在两个月零一周的时间内,两本共 244 页的俄文坐标纸笔记本被记满了,其中有的是导师用紫墨水写下的,有的是我用中国蓝黑墨水以中、俄文混合写下的,平均每天 4.2 页;同时,西米列夫 399 页的《汽车理论》的主要章节,也在下班后的办公室和宿舍夜间的苦读中学习了一遍，平均每天 6 页左右。1994 年初夏，原苏联汽车工业部部长包辽柯夫和俄罗斯汽车工业设计院院长乌斯季诺夫访问一汽，赠了一本吉尔厂画册，从中我看到导师沙斯科夫是斯大林奖金获得者和工厂劳模，他工作确实很出色。

从 1955 年 7 月 22 日，我开始进修发动机课程，导师是厂发动机设计方面的领衔专家齐格里，他是张曰骞特别关心的 V6 发动机的主任设计师。1955 年 8 月 5 日开始底盘专业的课程。我印象很深的是到后桥组，组长席特朗诺夫见面就问："你能看英文资料吗？"我答："能。"他马上又问："你们刘（指刘经传）和张（曰骞）英文都很好，你们中国工程师为什么英文都很好？"我说刘和张在大学的课本都是英文的。他给了我很多英文、俄文的后桥资料看。底盘专业的课在 9 月 23 日结束。

大概在我学习汽车理论的同时，1955 年 5 月，该厂进入"解放"卡车图纸资料中文翻译的高潮期。我每天一上班，厂设计处的人就围着我，手上都拿着写有零件号的中文字条请我翻译。我一看都是图纸资料上的技术问题。在那时对我来说，每张图纸都是非常神圣的。生平第一次遇到这阵势，真是诚惶诚恐。心想别人都平静地实习，为何偏偏我遇到这等重大麻烦事？责任太大了！但也没有办法，几乎每天整个上午我都硬着头皮用蹩脚的俄文或画图方式尽量解释问题之所在，他们弄懂后向中方发出正式技术问题更改通知书，经苏联汽车工业部、苏联外交部转中国外交部，经一机部汽车局再到一汽设计处正式更改图纸、资料。这是我为建设一汽所做的第二项较大工作了。这项工作整整延续半年，我从中学到了技术，也了解了国内情况。同时我也多次向国内汇报。一汽设计处总布置科长叶智于 1955 年 12 月 9 日和 1956 年 2 月 16 日分别经汽车局、外交部驻苏大使馆给我信件，邹就正处长也于 1956 年 2 月 29 日由回国休假的汽车设计专家费斯塔带信给我，领导们要我在苏联"万分努力学习"，了解"吉斯 -157""吉斯 -131"越野车和"吉斯 -130"卡车等苏联换代车型如何编制设计任务书及这些产品的设计依据和技术性能等，通过大使馆转回国内。可见当时一汽领导高瞻远瞩，一手在准备解放卡车投产技术文件，另一手已经在进行车型改进和军用越野车的设计了。

有一天大家闲聊，实习机修专业的刘金钺说：实习生要有上海"包打听"精神才能学到真本事。他的意思是应多留心实习单位的技术动态，探得新技术并学到手，因为导师个人的知识毕竟有限度。我认为这很对。于是通过辅导员拉育克介绍，我到苏联汽车研究所向弗·奥斯特柯夫学习载重车车架设计及试验，他正从事此领域的副博士论文研究。他向我详细介绍他的论文并借给我阅读，有时他会打电话问我为何不去看试验和讨论问题？1959 年，他根据论文写了一本书叫《载重车车架》，全面介绍他的新计算方法。后来一汽设计处的车架设计计算，在没有采用有限元方法之前，基本上都采用了他的计算方法。我还通过何赐文的导师叶果洛夫及辅导员哥哥的介绍，多次参加莫斯科机械学院的汽车传动系负荷、转向系载荷状态、盘式制动器工作状态研究等副博士论文答辩，扩展了眼界，加深了理论学习的深度。

在实习后期，导师给我机会参加了由苏联汽车工业部组织的"吉斯–130"新驾驶室设计方案部际审定会。会上各方意见辩论激烈，最后斯大林汽车厂撤换了工作 20 多年的造型师，而调用高尔基汽车厂的造型师重新造型，这就是后来在中国看到的"吉尔–130"驾驶室车头。我还参加了也是由苏联汽车工业部组织的"吉尔–130"五吨卡车整车设计方案部际审定会，会上对 V6 发动机动力性不足、平衡振动、军民通用等问题提出很多疑问。后来中国见到的"吉尔–130"用的是 V8 发动机。通过这些方案辩论，我逐渐懂得了根据客观条件选择方案，也逐渐明白远景设计或总布置设计的含意了。

国内提出设计军用越野车，大使馆与苏方商谈后，何赐文和我延长半年实习期，何赐文主攻越野车试验，我主攻越野车整车设计。我的新导师米·卡斯拉柯夫是"吉尔–131"越野车的主任设计师，辅导员叫阿·维京斯基。该设计室驻有一名苏军上校军代表。新导师允许我在辅导员指导下做些"吉尔–131"的具体设计工作，如动力性计算、传动轴布置、车架零件设计等。一天，我正在画图，后面走来一人，我未在意，可对方一直等着，也可能不知如何称呼我，我回头看见是描图员。她说：请您在图上签字。看见是我画的车架零件，只好签上我的俄文名字。当时我想，这就是设计工作开始了。但新导师并未邀请我参加"吉尔–131"越野车的整车设计方案审定会，可能是军方有很多人参加吧。

在我结束一年半的实习时，我做了一份中国 2.5 吨越野车的整车设计方案和整车布置设计图，并向厂总设计师处以我的二位导师为主的五人答辩小组做了设计方案陈述并进行答辩。该小组通过了我的答辩，我就算毕业了。但那份答辩资料及整车布置图并未允许我带走，可能其中引用了一些"吉尔–131"的总成吧！在我档案中肯定有对答辩的评语，但我本人始终没有看见过。

在整个实习期间，我体会厂总设计师处始终贯穿着一种思想，那就是"ДОЛГ КОНСТРУКТОРОВ——ТВОРИТЬ НОВОЕ"，其俄文意思是"设计师的责任——创造新东西"。这句话一生都萦绕在我心中，也成为我的人生信条之一，为祖国创造新型汽车。

祖国的概念

没有长期离开祖国的人，不一定会对祖国的概念有那样深刻的感受，也难以体会祖国与自身密切相连的关系。在当时友好苏联的一年半实习，我则深深地懂得了祖国的含义。

1955 年秋，我随苏联同事下乡郊游，大家都兴高采烈地在丘陵中随意行走，彼此呼喊着，享受大自然的美好赐予。我突然发现路边一块小木牌上写着"外国人不得越界"，我只好停下并准备返回。辅导员拉育克从旁走来问我为何停住，我指指木牌，他和同事们说：什么不得越界？话音未落，几个人拉着我继续往前走。后来虽未发生什么麻烦，但我还是立刻就体会到"祖国"这个概念。不在祖国，郊游爬山也会受到限制。

1956 年 3 月，朱德、谭震林等同志在参加苏共"二十大"之后在莫斯科大学礼堂接见留苏学生和实习生。刘晓大使简单介绍后，朱德总司令讲话，他希望在苏学习的青年们要努力学好一种专业知识报效祖国，为建设社会主义事业服务。他虽年岁较大，但显得健康，只是比我想象中的朱总司令黝黑。谭震林则做了长篇报告，介绍了祖国对农业、私营工商业、手工业的社会主义改造，革命知识分子的任务和党对知识分子的政策。随后放了两部电影，《董存瑞》和《平原游击队》。能在莫斯科近距离地聆听国家领导人的讲话，给予我的那份祖国的亲切感是那般凝重和难忘。那时我心中默念：我会为你全力奋斗的，请祖国相信，哪怕我的能力有限。

1956 年初夏，拉育克邀请我参加"吉斯 –110"高级轿车的道路试验。我们出莫斯科西行近百公里，一路连绵的森林、河流、田野，景色极美。到了苏联英雄、女游击队员卓娅 1941 年 11 月 29 日牺牲的彼得里歇沃村外，我们看到了高高地树立着的英雄卓娅在风雪中走向绞刑架的白色全身塑像，那刚毅的面容和向后飘逸的乱发令人震撼和崇敬！我们献花瞻仰后到村里吃午饭。一位试车工程师走进饭店办公室说："今天我们有中国客人，请上白面包。"一位女服务员说："你们莫斯科人尽骗人，只想吃好的。"工程师又说："不相信请出去看！"一位白衣姑娘出来看见我站在那儿，未说什么，接着就上了白面包、汤、菜和果汁等。那天的经历使我明白，1941 年的苏联需要卓娅去打仗，为祖国牺牲；现在的中国，需要我在异国学习汽车设计技术，为建设祖国奋斗！祖国的命运，与卓娅与我都血肉相连。

下班时，有时在中央大道两旁有鸡蛋或苹果卖给职工。蛋、果上有的印有"ПЕРВЫЙ СОРТ"，有时上面干脆就写"一等品"三个中文字。

每看到此，我就想到祖国需要用多少一等品的蛋、果供养我们到苏联实习啊！一种将来要为祖国努力奋斗的强烈信念油然而生，随着时日而愈加坚定。

我们那批实习人员的领导人是孟戈非（生产处长），按规定处级干部可到高尔基汽车厂参观。在国内，一个厂的人去另一个厂有介绍信即可，但那次办理关系却是由我国驻苏使馆经苏联外交部、苏联汽车工业部到高尔基厂。我看到孟戈非和党支部干事何赐文办手续有多么复杂麻烦，脑际的"祖国"概念再一次加深。远离祖国才倍感祖国亲切！

实现对祖国的承诺

从1956年底实习回国到1983年底的27年中，我一直在一汽设计处汽车产品设计第一线工作。担任整车设计室领导后，我仍然是一个做具体产品设计的工程师，从不脱离实践。即使在"抓铅笔头上的阶级斗争"的"文革"年代，在1968—1971年我担任"CA-772"轿车攻关技术副队长和1975—1978年负责设计100吨电动轮矿山自卸车时，在失败的可能性大于成功的几率的时刻，我主要考虑的仍然是祖国的需要和我对祖国的责任。失败将导致的个人后果是明显而严重的，但我从未退缩，我以行动实现了对祖国的承诺——为祖国创造新汽车。我对祖国没有食言。所幸的是，我多次在设计方面的努力都没有白费，在领导和集体的支持下，都基本圆满地完成了任务，这也是我在苏实习中感悟到的热爱祖国和创新精神发挥作用的缘故吧！

（潘盛兴，1931年出生，1953年山东工学院毕业，1955年5月赴苏联实习。曾任一汽汽车研究所高级工程师，一汽副总工程师、研究员级高级工程师。）

我们学会了工艺装备设计

万祖绳

一汽三年建成，是与当时苏联的援助分不开的，而派遣实习生去苏联学习，也是这种援助的一项重要内容。我当时有幸成为实习生中的一员，于1955—1956年间，赴斯大林汽车厂实习。我所实习的专业是检验夹具设计。检验夹具是汽车生产中应用的一种工艺装备。在50年代，我国机械制造业的生产水平很低，对零部件的检验，大都用万能方法来测量，几乎没有专用的检验夹具。而一汽的年生产纲领为3万辆，生产节拍约7分钟，为保证产品质量，必须采用专用的检验夹具。在一汽的生产检验过程中，除大量采用各种专用量具外，还约采用了上千套检具。我当时虽然在国内已工作几年，略具机械设计的能力，但对检具的设计则一无所知，实习是从零开始的。

我是在该厂工艺处所属的装备设计处的技术检验方法设计科实习，由有丰富经验的主管设计师作指导老师，单兵教练，定期给我上理论课。我在他的指导下，由浅入深、设计了几十套有代表性的检验夹具，后期还学习了零部件检验方法的制订和检具的调整。经过一年的实习，使我逐步了解、熟悉和掌握了汽车生产中零部件检验方法的制订、各类检具的设计和调整，而成为一名能独立工作的检验夹具设计师。

应该说，检验夹具仅是工艺装备中的一种，在装备设计处尚有许多工艺装备专业，每专业均有1—3名实习生，共有十余名，其中机床夹具有肖逢林和祝宏生，切削刀具有张颂华、孟伯成和寿永之，量具有陆维熊，焊接夹具有赵志伟，冷冲模有马宝法和韩建庆，冷镦有何广成，

1956 年 4 月实习期满时，万祖绳（前排左三）与设计科全体同志合影。前排左五为实习生陆维熊。

机动工具有谢奉先，工位器具有赵光，组合机床有盛吉庆。这些工艺装备的特点：一是专用、高效。例如机床夹具采用气动夹紧和多工位，切削刀具采用成型刀具、复合刀具和高效工艺的刀具（拉削加工和格里森齿轮加工等）组合，液压机床采用了当时苏联的液压传动通用部件，以及冷冲压中加工车身覆盖件的拉延、成形、翻边等复杂工序的冲模。二是数量大、社会化程度低。解放牌 CA-10 型汽车使用的工艺装备品种高达两万余种，工艺装备系数大于 10。这些工艺装备大多无法从厂外采购，而要由一汽自己来设计和制造。因此，专业的工艺装备设计队伍成为工厂生产准备中的一个重要环节。所以，当时斯大林汽车厂为一汽培养的十余名实习生，就成了一汽工艺处中央设计室的主要设计骨干。他们大都成了所实习专业的专家和高级工程师，有的还当了设计部门的领导，例如肖逢林同志曾任夹具设计科领导和设计室副主任，我和张颂华同志曾任设计科副主任，盛吉庆同志曾任"专机"厂副总工程师。另外，斯大林汽车厂还派了数名工艺装备设计专家前来一汽设计室指导工作，也为一汽培养了一批设计师，例如夹具专业陈家彬同志曾任夹具设

337

计科领导和一汽副总工程师。这样，两支力量合在一起，就形成了一汽第一代的工艺装备设计队伍。这支设计队伍，经过认真学习和消化苏联设计图纸和资料，经过多项生产准备的锻炼，到20世纪60年代初，健全了设计组织，完善了规章制度，建立了完整的工装标准和设计资料，积累了较丰富的工装设计经验，成为一支人数较多，具有较高设计水平的工装设计队伍。

60年代中期，一汽承担了包建二汽的任务，其中包括：为二汽输送了一大批工装设计力量（占一汽力量的三分之一，包括技术骨干和领导干部，例如张颂华、孟伯成和陆维熊等同志在二汽的工艺装备部门担任过技术领导工作）；提供了全套工艺装备标准和技术资料，并帮助二汽共同完成了建厂所需的工装设计任务。所以，二汽的工艺装备设计队伍也是在一汽的基础上形成和建立起来的。此外，南京汽车厂、北京汽车厂和北京齿轮厂等汽车行业的企业，也先后派实习生来一汽学习工装设计及管理经验。所以，可以说，从苏联学习到的工装设计经验为中国汽车工业的工装设计打下了良好的基础。

（万祖绳，1929年出生，1955年赴苏联实习。曾任一汽工艺处中央设计室量具组工程师、设计组长，工艺处工装设计室副主任，工艺处副处长、高级工程师，发展改造处副处长等职。）

在那里我学到本领

连仲文

我是一汽热处理厂（车间）建厂初期第四批赴苏实习人员，1955年4月底出国，同年12月底学成回国。在苏联斯大林汽车厂热处理车间（工部）渗碳工段学习了8个月。同我一起出国的还有：热处理工艺员胡炳明、氰化工长庄咸昌、调质工长匡秋生。

我的任务是学习斯大林汽车厂零件热处理渗碳设备的工装、工艺、产品质量检验标准和检验方法、生产组织与管理等，参加现场生产实习。学习收获是，不但学到了该厂先进的生产组织与管理方法，而且学到了先进的热处理生产技术。他们以严密的生产组织，熟练的生产技能，严格的考核指标，严明的生产纪律，把一、二、三班生产组织得有条有理。他们的热处理渗碳设备也很先进，不但有我们六七十年代才掌握的贯通式连续气体渗碳炉，而且有七八十年代的连续式气体渗碳无罐炉。他们采用的渗碳介质也很先进，是天然气和吸热性保护气。

除此以外，我还学到了他们的爱国主义精神和国际主义精神。苏联人民特别痛恨战争，非常热爱和平，希望在和平环境中建设自己美好的家园。他们也特别同情、支持、赞扬站起来的中国人民在毛泽东主席领导下建设自己美好国家的努力。所以，他们对我们特别友好，对我们学习技术一点也不保守，对我们的生活也体贴照顾。他们在大街上主动热情地向我们打招呼，在电车上主动给我们让座位；在餐厅里主动教我们吃西餐。对我们国家的领导人毛泽东、朱德、周恩来、刘少奇、

本文作者连仲文 1955 年在莫斯科留影。

邓小平，他们特熟悉，特敬仰，对他们的功绩竖起拇指赞扬。

回国前，厂方送我们每人一份纪念品——莫斯科风景集锦一本，给我们的离别赠言是："祝苏中两国人民世代友好。"我带着苏联人民的友好祝愿，带着丰硕的成果，在 1955 年 12 月底胜利回厂。

回国后正值热处理二车间（工部）渗碳工段安装设备工作全面铺开，我便投入了贯通式连续渗碳炉、悬挂式连续配火炉、煤油裂化炉、转台式喷丸机等设备安装工作。

设备安装工作完毕以后，我又参加了设备、工艺调试。在设备、工艺调试中，我用自己在苏联学到的知识，以言传身教的方法，带领工段同志，在苏联专家指导下，完成了试生产工作任务，生产出合格的汽车零件，为确保 1956 年 7 月 15 日出汽车做出了自己的贡献。

同时，在消化吸收的基础上，对苏联原有设备、工艺进行了大胆的改进与创新，例如用自行设计的无罐气体渗碳炉代替了有罐炉，有效地提高了生产质量，降低了生产成本，也为一汽炉子制造厂的创建提供了宝贵经验。

热处理二车间的国产连续气体渗碳无罐炉，是炉子厂开拓国内市场的首选产品，为提高国内热处理行业水平，为提高热处理厂经济效益，闯出了一条新路。

（连仲文，1930 年出生，1955 年 4 月赴苏联实习热处理专业。曾在一汽热处理厂先后担任过技术员、工长、工部主任、车间主任、技术科长、技术机动科长、政治处主任兼党委副书记、副厂长、厂长等职。）

赴苏实习将我带进一个新的领域

李广仁

　　我在郑州高级工业职业学校机械制造专业毕业后，经过一年俄文学习，于1955年4月乘上去苏联的国际列车，奔赴向往已久的社会主义苏联首都莫斯科，到斯大林汽车厂实习。莫斯科的雄伟，斯大林汽车厂规模的宏大、工艺装备的先进，使我们这些刚刚踏入现代化生产的新兵倍感新奇、兴奋。我决心要在这难得的、这么好的环境中奋发学习，努力掌握汽车生产的知识，决不辜负组织对我的希望，为尽快生产出我们自己的汽车贡献力量。

　　我被安排在拔丝整径车间，实习的专业是钢材的拔丝整径，就是把钢材通过冷挤压，加工成冷镦加工所需的盘料和自动车生产所需的棒料。这是一个同钢材打交道、属于冶金专业的工作，而我所学的是机械制造，这就需要我一切从头开始。我们国家拔丝历史很长，像帝王们戴的帽子上面编织用的金属丝都是拔出来的，但那只是手工作坊，真正用于大的工业生产的却没有。我当时非常年轻，心中满怀着参加祖国重点工程建设的自豪感，什么困难都不怕，从头学就从头学，只要是祖国需要，就一定要学好。

　　我到车间后，老主任让我先到技术科。技术科科长便安排了技术人员帮助我熟悉有关钢材的理论知识。苏联汽车用钢材是分牌号的，从普通钢材到合金钢材有一整套标准，我要逐个熟悉各种钢材的标准、化学成分、物理性能。这样过了一段时间，对各种钢材有了一定了解后，我便下到车间亲自干，体会不同钢材在加工中的变化。

本文作者李广仁（右一）1955 年在莫斯科参加庆祝"五一"国际劳动节游行。左一为实习生唐瑞阶。

　　拔丝整径车间有四个工段，我一个工段一个工段干，一个工序一个工序地干，还和苏联同志们一起倒夜班干，每个岗位我都力求弄通弄懂，因为我知道，国内正等着我们实习后回去组织生产呢。

　　经过 8 个月的实习，加之原来的机械制造知识，我基本上掌握了冷挤压的生产，回厂后，我便和同志们一起投入了调整试生产。因为当时国内还没有钢材标准，钢材生产是论吨位的，在冷挤压生产过程中，钢材变形、金相组织变化、化学成分的变化都需我们一点点摸索着掌握。我不仅根据实习学来的知识刻苦钻研，还为新进厂的工人们办学习班，大家一起学，一起掌握冷挤压这项新技术。通过大家的共同努力，我们很快地生产出冷镦和自动车所需的钢材，保证了开工生产。同时，我们经过不断探索改进，还使生产实现了半自动化，减轻了工人的劳动强度，在有些方面还超过了苏联。

赴苏实习，将我带进一个新的领域，使我在这个领域中为祖国汽车工业的发展做出了贡献。

（李广仁，1929 年出生，1952 年郑州高级工业职业学校毕业，1955 年 4 月赴苏联实习。曾任一汽拔丝车间副主任、吉林标准件厂厂长、一汽驻京办副主任等职。）

成长的起点

傅金岭

20 世纪 50 年代，帝国主义国家封锁我们，我们只能和几个社会主义国家搞贸易。我们要发展汽车工业、拖拉机工业、飞机制造工业、船舶工业、轴承工业等，毛泽东主席和斯大林会谈，苏联决定帮助我们建设 156 项工程，汽车工业是其中的一项。毛主席亲笔题写了"第一汽车制造厂奠基纪念"。我作为这个厂的一员，是何等荣耀！更使我感到荣耀的是派我去苏联实习。出国前我只见过普通车床、铣床、刨床，用这些机床是造不出汽车的，用什么样的机床造车呢？又怎样开动它呢？不知道。只有把他们的先进技术学到手才能造出汽车。多么艰巨的任务，多么光荣的使命，我不能懈怠。

我走进斯大林汽车厂发动机车间时眼花缭乱。那些高大的机床，会自动的装卸零件，并加工出成品。缸体生产线几十台机床连在一起，只有一人在操纵台上按电钮，被加工完毕的零件就不断流出。总装配线上仅用两分钟就装成一台汽车，一名司机跳上汽车，一声长鸣把车开走了。我心潮澎湃，啊！我们祖国也将有这种汽车厂了。这种心情激励着我刻苦学习，认真完成每一项实习任务，掌握了制造汽车的技术。

在导师家做客

这天是"五一"节，天气晴朗，我们参加庆祝"五一"节游行后，导师邀我们去他家做客。导师是五十多岁的知识分子，住在一个不太显眼的旧楼里。一间客厅，一间卧室，客厅供着一尊佛。我和同去的奚敏不解，认为苏联革命成功三十多年怎么还迷信这个呢？这是内心活动，不能显露。房间里地板油漆已掉，有几处已经破损。导师说："我还没要到房子，这房子已住了二十多年了。"陪同我们的还有导师夫人和他的女儿。导师请我们同他的女儿跳舞。那时我不会跳舞，感到很窘，可有什么办法呢？导师打开收录机，同他女儿起舞。舞后导师请我们谈参加"五一"节游行的感想和对节日的看法。他这话是指向奚敏的。奚敏思考片刻竟用中文讲起来了。先讲"五一"节的伟大意义，而后又讲参加游行的感受及做客的心情。主人听后，面面相觑。此时导师灵机一动，按下收录机的播放键，将刚才录下的奚敏的谈话重新播放出来，要我一段一段地翻译。主人听了发出笑声、掌声。这盘录音带可能还在导师手中呢。

对苏天同志的印象

1955年，一汽发动机车间在斯大林汽车厂实习的主要成员有12名，其中有当时发动机车间主任苏天同志。

他是抗日战争时期参加革命的老干部，身材高大，语言较少，但工作起来十分认真。在实习中他是我们的领班，我们住在同一层楼的相邻房间。他的房间每天早晨灯亮得最早，晚间熄灯最晚，周日他也很少去街里玩，把全部时间都用在学习上了。他写了好多本学习笔记。他除自己认真努力学习外，晚间还查岗。一个周日的晚上9点左右，他推开我们住的房门，看见与我同屋住的其他三个人都睡下了，便问我："他们怎么睡得这样早？"我答："今天是周日，他们去市内玩，可能累了。"苏天说："抽空和他们谈谈，在这里学习的时间是非常宝贵的。"我回了一声："明白了。"因为当时我是党小组长。

在实习现场，每天早晨班前十分钟左右，我在生产车间里总能看见他和苏方发动机厂管生产的领导到每个工部主任那里询问检查工作，他还经常参加苏方的工部主任会，有时还在会上发言。由于他作风严谨，学习努力，苏方有位工部主任对我说："你们这位领导工作很认真。"

每周日我们在宿舍里做一顿中国饭，苏天同志有时参加我们这个房间的周日用餐。他同我们围在一起包饺子，吃饺子，有说有笑，气氛非常融洽。

我与一汽同步成长

1958 年，我厂开始设计制造东风牌小轿车，我参加了这一工程，并亲自造了一个部件装在这台车上。同年我又参加了大"红旗"轿车的工艺设计，生产出来的大红旗牌轿车是用于接待外国来宾和国家领导人的检阅车。1984 年，我又作为一汽的技术保障总代表，去北京阅兵村，

原一汽发动机车间赴苏实习的部分主要成员合影。车间主任苏天（后排左一）、技术科长张琦（后排左四）、生产科长肖耕民（后排右一）、调整工长傅金岭（后排右二）等。

为邓小平同志在天安门阅兵搞军车服务。因为保障有力，得到中央军委、国务院嘉奖令一份，同时得到中国汽车工业总公司立功奖状一份。还得到军委负责人的接见并合影，一同合影的有今天的国家主席江泽民。1984年我参加新"解放"车换型工作，1986年由我代表一汽，带领三台新"解放"样车去北京，向中央17个部委送展汇报，其中有一机部、交通部、解放军总后勤部、国家计委、中国人民银行，并破例让三辆卡车进入中南海，向国务院总理汇报。作为一汽技术专家服务组组长，我四次去朝鲜搞"解放"车技术服务。我还参与组织编写了《解放141汽车使用、维修、保养问答》一书，全国各新华书店有售，我为该书的副主编。

我由一个对制造汽车一无所知的青年，成长为一名制造汽车的专业人员；一汽也由苏联设计单一品种年产3万辆汽车，到现在自行设计自行开发几十个品种年产40万辆汽车。追根溯源，当年苏联同行的真诚支援是我们成长的起点。

（傅金岭，1929年出生，1955年6月赴苏联实习齿轮机床调整。曾任一汽发动机厂技术科长、销售处副处长等职。）

学以致用的实习

高忠福

　　我是到莫斯科斯大林汽车厂发动机车间实习电器维修的。1955 年 4 月 30 日到达莫斯科，第二天便参加了庆祝"五一"国际劳动节的游行。苏联的庆祝游行和我们不一样，不像我们的队伍那么整齐，他们是边走、边唱、边跳，显得非常活跃，这使我感到特别新奇。

　　"五一"节过后，我们便下厂实习了。我在发动机一车间实习动力员和工长工作。车间里有几百台设备，开始我不知从哪儿下手，我的导师就叫我先看设备原理图。原理图看懂了，就要我同设备去对照。这样几种类型的设备电器图纸搞明白后，一般故障可以排除了，就要我集中精力学习加工发动机缸体的自动线。因为自动线是多台设备用机械和电器部件联在一起，统一操纵分别动作的一个整体，而加工缸体的自动线又是加工发动机最复杂的一条自动线。把自动线的动作原理搞明白后其他设备动作的原理也就搞清楚了。导师先叫我拿着图纸和设备对照，看不明白的他耐心讲解，教我哪些地方应多留心，哪些地方容易出故障，什么原因出故障，讲得非常详细、耐心。经过一段时间学习后，自动线上出了故障，他就先叫我去找原因排除，他在一边看。我每排除一个故障，导师都高兴地伸出大拇指。在临近实习结束考核测验时，苏联工长在一台设备的继电器的触点之间放了一个小小的纸屑，使继电器动作失灵，设备不能启动，叫我去找毛病排除故障。因为经过学习，有一定经验，按着设备电器原理图，我很快找出毛病，排除了故障，我的指导老师和苏联工长非常高兴。

本文作者高忠福在列宁故居前留影。

　　学习结束回国后，我在一汽发动机车间动力科当工长兼动力员。由于在苏联学习认真，对发动机厂设备的安装调试，以及后来的设备技术状态检查、安全检查、设备计划预修，都能独立完成。特别是对加工发动机缸体自动线的故障排除，更是熟悉，保证了生产的顺利进行。

　　在苏实习期间，学习是紧张的，业余生活是丰富多彩的。当时，由于我年轻，就要我管理"红角"，负责组织文体娱乐活动。

　　在下厂实习后，几乎每个周日，我们都组织参观游览。在参观莫斯科地铁时，看到有的站可以换三层车道，心中非常羡慕，心想，什么时候我们祖国也能有这样的地铁呢？几十年过去了，我们有的城市已建成自己的地铁，这使我感到非常骄傲和自豪。我们在参观列宁故居时，路上曾遇到一位中年男子，听说我们来自社会主义新中国，便非常热情地和我们一路同行，做向导。我们在参观游览照相时，常有苏联朋友主动来同我们合影，使我们处处感到苏联人民对中国人民的友情。

夏天的一个周日，汽车厂的团组织还组织我们到郊外野游，在野外住了一宿。这一宿真快乐，点燃篝火，大家唱歌、跳舞、猜谜、表演文艺节目、进行球类比赛。我感到苏联人很会工作，也很会休息和娱乐。1955年冬天，莫斯科气温曾降到零下43℃，天气很冷，人却很热情。下班后，在宿舍楼下常有人拉手风琴，只要手风琴一响，马上就有人跳舞、唱歌，特别是一些女同志，更是喜欢唱和跳，俄罗斯人的性格就这样。

在莫斯科实习时，还有一件难忘的事，那就是见到了来厂参观的我们国家的领导人朱德委员长，并有幸扶他老人家从发动机一车间走到发动机二车间，聆听了他要我好好学习，回国为祖国做贡献的教诲。这件事使苏联人非常羡慕我，因为他们的等级观念比较深，不像我们这样可以打成一片。赴苏实习的许多事虽已过去四十多年，但在我记忆中却永远那么新鲜，那么难忘。

（高忠福，1934年出生，1953年哈尔滨电气工业学校毕业，1955年4月赴苏联实习。曾任一汽发动机车间工长、动力员，一汽干部处科长，一汽汽车研究所科长、党总支书记、纪委副书记等职。）

一个童工的愿望实现了

肖玉和

1953年夏季的一天，沈阳变压器厂党委组织部通知我调长春一汽工作，并去苏联实习。我欣然接受了组织的安排，因为我知道，建设汽车厂是我国国民经济发展的重点，也是"一五"计划苏联援建我们156项重点工程之一，自己能参加这项工作太荣幸了，同时，也勾起了我对一段往事的回忆。那是1943年春至1945年日本投降之前，我在沈阳伪满洲三菱株式会社第六工厂发动机部当童工，该厂主要生产坦克车，同时也承担一些修理汽车的任务。当时的汽车多是英美制造的，由于汽油紧张，卡车都改烧木炭了。我跟着师傅修车，渐渐地对汽车产生了兴趣，对其技术的复杂性也有所了解，心想：什么时候能把日本鬼子赶出中国去，中国人也能制造汽车就好了。现在，这一愿望就要实现了。

1954年1月，组织上正式通知我去长春报到。随后带着调令和党员关系，我来到了长春。那天，长春的雪下得非常大，街道上白茫茫的一片，而且，寒风刺骨，但我心里却是暖融融的。

到一汽后，我们先在南岭俄文班学习。每天有中文老师和俄文老师给我们上课，晚上自习，学习非常紧张。通过一年零四个月的学习，在俄语会话方面，我基本上可以与对方互相交流了，这就为出国实习，在语言上打下了一定的基础。

1955年4月，我们这些中国实习生踏上了开往莫斯科的列车。经满洲里出国后换乘苏联火车，整整走了一星期才到达莫斯科。这里楼房高耸，街道整洁宽敞，汽车穿梭，街上行人衣着新颖，中国实习生们对眼前的美景倍加赞赏。

我被派到斯大林汽车厂实习联合机床的调整，职务是调整工长。到达莫斯科的第二天，恰巧就是"五一"国际劳动节，大使馆通知我们与斯大林汽车厂的员工一起参加"五一"庆祝游行活动。他们的游行队伍和我们国家不一样，没有什么方队，有的带着夫人和孩子，边舞边唱，非常自然活泼。队伍通过红场主席台时，我们看到了苏联国家领导人和苏军元帅。特别幸运的是我还被记者拍进了新闻照片里，并展示在我国驻苏使馆门前的橱窗内，同志们看到后都为我高兴，我心里也感到非常自豪。

"五一"节过后，实习工作开始了。我先去第一发动机工场，一进车间就是汽缸体工段，高大的鼓形铣床和平面磨床，由联合机床组成的多条自动流水生产线，这在我们国内当时是没有的。我的导师是技术科调整工段的领导。按照实习计划，我首先实习操作与调整，包括熟悉产品、工艺、设备性能及原理，以及夹具的使用、刀具及辅具的调整，等等。之后，我又到第二发动机工场实习。这类设备属于专机，多为"2A"型"XA"型机床，每天除导师授课外，还跟随调整工长们下工段，逐工序进行学习，边学边做笔记，不懂就问。每天回宿舍后再把当天的学习笔记整理出来并附以草图。晚上，宿舍里灯火通明，大家学习情绪十分高涨，实习生活紧张而有序。

我在苏联实习了 8 个月，不仅学到了专业知识，同时也提高了俄语水平，并与苏联朋友结下了深厚的友谊。特别是实习导师在实习中对我的无私帮助，以及苏联劳动人民的生产热情和开朗的性格，让我终生难忘。

当我们结束实习生活就要离开莫斯科的时候，我心潮澎湃，内心里发出了强烈的呼声：再见了！伟大的社会主义苏联首都莫斯科。再见了！伟大的苏联劳动人民。

1956 年，我们怀着胜利的喜悦回到长春一汽。这时发动机车间的

本文作者肖玉和（左二）和实习生们在莫斯科河上留影。

设备已经基本到齐，开始正式安装、试车。我被分配到技术科调整组工作，当时科领导是李刚工程师和吴孝通工程师，以后，张琦也结束实习回国了。组内有七八位同志，都是按专业出国实习的。全组同志全身心地投入到设备调整中来。调整时，要求按工序卡逐工序进行，每道工序、每台设备都要有调整记录、检验数据，验收合格后交各工部使用。在调整过程中，斯大林汽车厂发动机车间也派专家直接参加调整工作。底盘车间提前调整完毕，也调来几位同志一起参加调整。车间的调整工作热火朝天，捷报频传，于1956年"7·15"之前装出了发动机及变速箱总成，并送总装车间装车。第一辆国产汽车的诞生，结束了我国不能制造汽车的历史。1958年在解放牌汽车稳定生产后，我开始做工艺员工作，利用苏联和我厂生产卡车的经验，参加了缸体工段生产线技术改造工作。原来缸体工段只有一条自动线，改造后又增加了三条自动线，节省了操作工人，减轻了工人的劳动强度，并实现了产量翻一番的目标，基本达到班产 250 辆份。随后，我又参加了"东风"轿车的试制，试制出缸体、缸盖等零合件。发动机厂装出"东风"发动机总成 80 多台份。紧接着厂里又开始试制"红旗"轿车，我又参加了"红旗"汽缸体的试制和批量试生产工作，编写工艺文件，组织专用组合机床的设计和夹具、刀具的设计。工作中经常加班加点，干通宵是常事。

我 1965 年参加了"辽泵"建厂搬迁工作，1969 年参加了包建"二汽"的工作。在完成了一汽第一次创业的基础上，我又参加了解放牌卡车换型的第二次创业和上轻、轿车的第三次创业，直到 1991 年 10 月退休。

（肖玉和，1931 年出生，1955 年 4 月赴苏联实习。曾任一汽发动机厂技术科副科长、工艺处生产准备科副科长、换型处发展二科科长、发展改造处副总工程师。）

揭开自动车生产的奥秘

刘贵文

我是 1948 年由地下党员陈玉堂介绍参加革命工作的。开始在沈阳机床厂做军工工作，以后上级把我送到第一机械工业部高级职业学校学习。毕业后，被分配到沈阳第一机床厂二车间担任总工长职务。不久，由二车间调到工具车间，当时的车间主任、军代表是叶选平。

我 1954 年调到一汽，报到后就被派到南岭俄文班学俄文，1955 年 3 月赴苏联斯大林汽车厂学习自动车技术及生产管理。在苏实习期间，我处处感受到苏联人民对中国人民热忱的友谊，无私的帮助。

我到斯大林汽车厂在金属品车间自动车工部实习工部主任一职。带我的导师也相应是他们车间的自动车工部的工部主任。他是工人出身，块头大，非常严肃，对工作特别认真，脸上很少见笑容，看上去挺威严，车间的工人都有些惧他。他第一次带我到车间，那一排排自动车床，一台机床上几种刀具同时切削，看得我眼花缭乱。一排十几台自动车床，只一个调整工、一个生产工人来回走动管理，我感到很新奇、很羡慕，因为当时我们国内还没有自动车床，我干了多年的车工，也没见过自动车床。导师带我看了一圈后，先给我讲自动车床有多少型号、功能，接着，就根据我实习的单轴自动车床，一道工序一道工序地讲原理、结构、注意事项，他特别强调要注意安全，告诫我切削中不管发生什么情况也不要伸手。看得出，导师对我的安全是非常负责的。

当时，苏联工厂里实行的是计件工资，机床一停，便会影响操作者的收入，但是，导师还是停下机床，把我需要掌握的部分全部拆开，一样一样讲。我一个工人出身的人，出国前虽然学了几个月的俄语，背了四五百个专业单词，可多个单词真连成一句话，有时却不知什么意思。这样，导师不得不一边讲，一边比画，我也不得不一边听，一边比划着问。导师讲了一遍后，就叫我把拆开的装起来。因为许多东西是第一次接触，尽管很专心，但开始时，往往急出一身汗也装不对。这样，导师就耐心地反复讲，到我真的弄好了，导师便伸出大拇指，脸上也露出难得的笑容。

当时，我们金属品车间赴苏实习是一套班子，十几个人，有车间主任刘华亭、技术科长沈尧中、调度科长黄甫庭、工艺员王作柯、钱元均，工部主任有我和王景魁，还有调整工刘喜昌、邹锡令、王玉泉、王振业等。

本文作者刘贵文在斯大林汽车厂专为中国实习生修建的宿舍大楼前，欢送实习生回国。

由于我们这些工人出身的同志俄语差，影响实习，领导就安排我们上午实习，下午上课学俄语。待我能看俄文书时，我就买了一些俄文书籍，对导师讲的听不懂的地方，回宿舍就翻书，有时也向一起来的技术人员请教。由于导师教得认真，自己学得刻苦，很快便初步掌握了自动车的结构和传动原理，掌握了机床的性能和构造，也初步掌握了它的调整要领。这样，我们就可以实地操作了。这使苏联的操作工们很高兴，因为有我们参与，他们可以多干一些，多拿奖金。

正是由于在苏联从理论到实践的实习，回国后，使我能担负起金属品车间自动车工部繁重的调试生产任务，保证了出车。

四十多年来，随着祖国汽车工业的发展，金属品车间已发展为标准件厂，工人从四百多人发展到两千多人，而且60年代，在不影响装车生产的情况下，顺利地由长春搬迁到吉林市，生产和管理都有了长足的进步。但是，我们永远不会忘记建厂之初赴苏实习的日子，因为是在那段日子里，我们初步掌握了有关自动车的生产奥秘。

（刘贵文，1924年出生，1955年6月赴苏联实习自动车生产和管理。回国后，曾任一汽金属品车间自动车工部主任、吉林标准件厂厂长等职。）

从实际操作学起

邹锡令

我原是济南第一机床厂一名普通六级车工，由于支援一汽的建设，于 1954 年 1 月调到长春，在南岭俄文班学习一年多，于 1955 年 3 月被派往苏联斯大林汽车厂实习 8 个月。

在苏联实习期间，我感到苏联人民对中国人民极为热情友好，不论在日常生活中或工作中，我们都会受到热情的礼遇和帮助。如苏联当时在购买食物时往往要排很长的队，但苏联人总要把我们让到前面，不让我们排队。如果在公众游览场地遇到他们在拍照，他们会主动地把我们拉进去和他们合影，并且把照片邮给我们。

在我们实习的过程中，苏联职工对我们都是很热情的，特别是我的导师对我的实习给予了无私的帮助和真诚的关怀。我是一名普通的车工，在国内从未见过自动车床，我这次实习的是"多轴自动车床的调整"。开始时觉得很难，经过导师对机床结构和机床传动原理的讲解，我很快掌握了机床的性能与构造。

在如何进行机床的调整方面，导师也详细地讲解调整次序、方法和注意事项等，使我能很快掌握全部要领。有一次，我看一台机床加工带内螺纹的工件，对为什么被加工工件和丝锥都是向一个方向转动，丝锥却能攻入工件不明白。我正在出神地观看，导师看出我的心理，主动问我："你没搞懂这攻丝原理吧？"我答："是的。"为什么工件和丝锥都是向同一方向转动能攻丝呢？他就一手拿起零件，一手拿起丝锥进行实际表演，并且详细地讲解原理，使我很快地弄懂了原理。

　　我在实践中掌握了一定的基础知识，技术科长又给我们上了理论课（有刘喜昌、王玉泉和我三人）。他讲的是工艺卡的编制及编工艺卡的次序和要求。他讲得很细，深入浅出，明白易懂。他在讲课中多次提到后来当我们厂总工艺师的沈尧中同志，他说沈尧中同志非常聪明，而且勤学苦练，工作能力很强，是好样的。

　　在苏联从理论到实践的学习，对我回国后开展工作起到了决定性的作用。回国后我是金属品车间技术科调整工，专门负责新产品调整和解决生产中出现的一切难题。在汽车标准件厂往吉林搬迁中，我独自一人担负起单轴、多轴两个车间的工厂设计工作，而且非常成功。

　　在二汽建厂时，我负责二汽多轴自动车车间的全部工厂设计，对二汽顺利投产起到了应有的作用。

　　从 1966 年后，我担任吉林标准件厂车间主任和技术科长等职，在这期间也经常帮助车间解决一些生产中出现的难题。

　　1986 年我已退居二线，当时发动机连杆螺帽（新产品）端面摆差要求小于 0.05mm，难以解决。在这种情况下有的技术员想采用上海标准件厂攻丝后再车端面的办法，这种工艺生产效率低，而且需要十几台机床，占地面积很大。正在这时，我用螺距误差消除螺纹芯轴与螺帽的间隙，并采用 3756 平面磨床磨端面，一台磨床的生产效率完全可以满足生产需要，被总厂评为科技三等奖。

　　退休几年后，有时还帮助车间解决长时间不能解决的技术难题。1987 年，我被汽车轴瓦厂（是我厂的协作厂）聘用，也同样为我们汽车厂作出了应有的贡献。如 141 解放牌后视镜支杆的焊接夹具的设计，得到了协作处长潘荣生的好评。再如小"解放"的刹车油路三通五个品种（都是保安件），从工艺、工装到专用机床都是我一人设计，生产效率相当高（0.5 分钟加工一个接头），而且产品质量完全达到设计要求，得到协作处的好评。

　　以上成就的取得，都离不开党的教导与支持，和去苏联实习所见所学也是分不开的。

（邹锡令，1926 年出生，1955 年 4 月赴苏联实习多轴自动车床调整。曾任一汽吉林标准件厂技术科长等职。）

学习与创新

何光源

    1955年4月，我们一行10人乘火车去苏联，其中有江泽民、孟戈非、黄兆銮等同志，孟戈非是老干部，年纪较大，负责带队，人很谦和。他对我说：小何，我们这10个人是先行，要为后来的大批人做准备工作，你外语较好，多做点外交方面的工作。我很注意听他的话，主动多跑一些腿，干一些对外联系的事，对一些在外语方面有困难的同志予以帮助，如点饭菜、填表、排队、签证等。

江泽民、黄兆銮是大知识分子

    当时，在我们的眼里，江泽民、黄兆銮是大知识分子，因为他们多才多艺，不仅外语好，胡琴也拉得很好听，使大家在火车上增加很多乐趣。江泽民、黄兆銮、孟戈非三人总在一起，说话、处事都非常稳重，对我们帮助很大。江泽民要我们注意学习，在学习中要注意创新，常用俄语引用列宁的话：学习！学习！再学习！并强调要学习苏联的先进经验，重点在"先进"二字。当时在中国的工厂里，磨钻头和各种刀具是一种高技术的工作，只有少数的高技术工人才能磨好，可效率不高。但在苏联的大厂里是用设计好的夹具和辅具来保证磨好刀具。由于设备的先进，把夹具和辅具调整好后，即使调来一个新工人，经过简单的技术安全教育，也很快就能上岗。重复性的操作很简单，质量能稳定，又可用仪表来检测，这就是当时苏联工厂先进的一个方面。

黄兆銮同志以身作则难能可贵

在苏联学习时，黄兆銮同志经常和江泽民、孟戈非同志在一起，他对老同志孟戈非很照顾，后来我在北京多次去看望孟老，孟老每次都问及黄兆銮，可见孟老对黄兆銮的印象很深。黄兆銮同志对我们年轻人也很关心，多次指示要我注意一些苏联工厂管理方面的事，例如工作分工，各类工具领取和发放的原则、路线和领取手续等，以便能在回国后解决一些互相扯皮的问题。因此我在实习时，既注意到技术和工艺，又注意管理和路线。回国后果然出现一些管理路线上的扯皮问题，我完全能说明由谁负责和怎么解决。

在当时的苏联，吃饭、上车、买东西，往往都要排队。黄兆銮同志总是耐心地排队，为了不浪费时间，就带一本书看。我见他这样耐心，也就自觉地耐心排队。苏联人让我先买也不去，用好言谢绝，苏联人就赞扬中国人很文明，很有礼貌。

三个主要导师使我永远难忘

在斯大林汽车厂，我有三个主要导师，他们是拉列扬，斯大林的同乡，研究生文化；尼古拉·安列克山尼得诺维奇，俄罗斯人，大学毕业；索菲娅·西明诺夫娜（女），乌克兰人。他们三人不仅指导我实习，还都给我讲过课。讲课很正规，都有讲稿，一边讲一边在黑板上写，要我用俄文记笔记，还规定要我回宿舍再译成中文，并检查我的笔记是不是记好了。讲完课就领我去实干，加深印象和体会。当时我只有22岁，记忆力处于较好状态，因此，苏联导师都认为我理解和学习较快，用俄语说：很棒。我自己当然是尽最大努力。

索菲娅·西明诺夫娜，当时约五十岁，没有儿子，要认我做干儿子，

本文作者何光源在莫斯科红场留影。

我也就称她为妈妈。她给饶斌厂长讲过课，饶厂长还送过纪念品给她，直到 1957 年饶厂长还向我问及索菲娅·西明诺夫娜的情况，可见饶厂长对她的印象很深，很好。1958 年我厂有人去苏联李哈乔夫汽车厂（斯大林汽车厂），我给她捎去信和人参，她也给我写过信。中苏大论战以后，我和三位导师失去了联系。

一汽人走学先进，搞创新，更先进的路

一汽人在中国共产党领导下，学习苏联的先进经验又搞创新，是非常成功的。我在这里举一个简单的例子来说明这一过程。在苏联磨花键用的砂轮有一种尺寸为 175mm × 8mm × 32mm 的，我们根据在苏联学的选用砂轮的原则，改为 175mm × 6mm × 32mm。把砂轮的厚度由 8mm 改为 6mm，不仅完全够用，还节约了制造砂轮用的原材料和修正砂轮用的金刚石，也节约电能。正是一汽人在各方面一点一滴地搞创新，使一汽人在汽车生产上全面地走了一条学先进，搞创新，更先进的道路。这条路是要永远地走下去的。

为国家节约资金

1985 年我被调到一汽驻京办事处，任业务组长，厂领导要我多做

对外谈判和信息方面的工作。我参与对外谈判的工作很多，其中使我满意的是 1989 年初向苏联订购五台立式半自动车床，那是我们选用了最佳时机。当时正是戈尔巴乔夫要来中国访问前夕，我们打听到苏联的对外商务部长要带一些人来中国，就向苏联提出要订五台立式半自动车床。过去苏联人在报价方面比较生硬，往往没有谈判的余地，我们也就拖下来不订。这次我们打听到他们的头头来了，就又提出来同他们谈判，我就向他们说：希望他们本着薄利多销的原则对中国多做一些生意，对苏联和中国都有好处。我知道他们不能做主，就提出三条要求，请他们向上级请示意见。后来这三点要求他们上级全都同意。随后，就立即共同起草了合同协议书，双方在合同上都签了字。这次订购五台设备，为一汽节约了 200 万瑞士法郎，还多得了五台同步器和五套易损件。机床进出口公司的领导认为我很内行。我说："这是党的培养。因为我去过苏联，又在中国'一汽'工作了三十多年，什么都干过，所以了解情况。"

（何光源，1933 年出生，毕业于湖南省立第一高级工业学校与吉林工业大学，1955 年 4 月赴苏联实习磨具技术。回国后，曾任一汽技术员、工段长、高级工程师等职。）

学到的知识不退休

曾正明

从 1955 年 4 月至 1956 年 4 月，历时一年，我在苏联莫斯科的斯大林汽车厂实习。在 1989 年至 1993 年期间，我又先后八次赴独联体中的四个国家的（俄罗斯、乌克兰、白俄罗斯和摩尔多瓦）二十多个城市购买机电设备。时间虽然过去了几十年，但在苏联的一些往事仍未忘怀。

一

我在斯大林汽车厂动力处设备科实习，专业是工业炉及材料备件管理。当时江泽民同志为动力系统的负责人，任党支部委员。我们一起10 人，其中江泽民、黄质鎏、刘春官、林文亭在热电站实习，王进瑞、黄炳仁、谷安振在筑炉仪表车间实习，邹萃伦在煤气站、许月明在氧气站实习。

我们刚到莫斯科不久，在 5 月份的一个星期天，江泽民同志和我们一起到"列宁之家"游玩。在那里，突然看到一群中国人，由苏联将军、元帅陪同着，原来是彭德怀元帅率领的中国军事代表团。彭老总一看到我们，主动向我们走来，我就一个箭步迎上前去，彭老总和我第一个握了手。那时的我，既紧张又激动，这是多么难得的时刻。接着，彭老总问我们：你们到苏联什么地方？干什么？多长时间等等。我一一告诉了他。当时陪同的还有刘晓大使。在国外遇到中国领导人，那是多么高兴的事呀！这事虽已过去了几十年，但每当提起彭老总，他的形象还好像就在我的眼前。

实习期间，江泽民同志非常关心我们每一个同志的学习情况，经常询问我们：最近学习了什么？有哪些收获？勉励我们好好学习。待实习完毕回国后，我们有幸又在一个单位工作，当时他任一汽动力处副处长，兼任厂副总动力师。有一次，他要求我汇报一下在苏实习期间学到了哪些技术知识和管理经验，如何结合我厂的实际情况开展工作。我认真地作了准备，并向他汇报了整整一个下午，随后他指示我应该怎样进行工作。现在回忆起来，江泽民同志的这番教导，使我终身受益。

二

赴苏实习一开始，我到动力处设备科没几天，老师就将我安排到锻造车间，铸造一、二、三、四车间，热处理一、二车间，金属品车间，水箱车间等单位。说实在的，过去我在学校里学的是化工，对机械工厂里的工业炉设备是什么样的？做什么用？一无所知。到了车间的炉子现场，很直观，非常容易接受，例如锻造车间的加热炉、铸造车间的熔炼炉、热处理车间的热处理炉，接触多了，自然也就熟悉了。经过一段时间的现场实习，我的俄语口语也提高较快，半年后回到动力处设备科，导师开始给我讲理论课，共300小时，讲炉子构造，讲材料备件，叫我做笔记，还经常提问。老师是那么的认真，她经常对我说，听不懂的地方就问，一定要掌握好，你在这里把这些都要弄得明明白白。

我想看什么图纸，只要说一声，马上就会有人帮我到图库借来，要什么资料，他们会尽量满足我的要求。我的导师格林阁，乌克兰人，中年妇女，化工学院硅酸盐系毕业，那时她42岁，我仅18岁。她不仅对我的学习十分关心，甚至对我穿多少衣服也很注意。冬季莫斯科很冷，每当我去车间时，她总要看看我穿的多少，甚至注意到衣扣是否扣上，并说：穿得不够会把你冻坏的。她还经常叫我到她家做客。她对我的关

本文作者曾正明在莫斯科农业展览馆门前。

心和帮助真如慈母一般。

　　1989年秋季我去莫斯科购买设备时，特地到老师家看望，几十年后重逢，我们回忆了过去的许多事情。

三

　　1955年的深冬，莫斯科有几天冷到零下40℃，这样的气温，若脸部稍不保护好，就可能被冻坏。当时设备科科长尼夫斯基告诉我，在第二次世界大战中，希特勒的军队围攻莫斯科时，由于天气突然变冷，顿时降至零下45℃，希特勒军队的汽油被冻凝固了，飞机飞不了，坦克不能发动，汽车也起动不了，而苏联的飞机、坦克、汽车却一样可以发动，一下就把希特勒的军队打退，赢得了胜利。他说，这场战争，天气帮了大忙。说是天气帮了大忙，倒不如说是当时苏联技术水平的先进，苏联用的机油、汽油在如此低温下使用仍不冻结。

四

1993 年秋季，总厂组织一设备代表团到俄罗斯购买设备，田纪伦任团长，我任翻译。当我们到李哈乔夫汽车厂参观锻造车间时，感到他们的锻造车间完全不同于 50 年代。50 年代用的是煤气炉、蒸汽锤，与我们的锻造车间一个样，厂房内非常拥挤，噪声很大。而现在一进车间完全两种感觉，无噪声，不热，显得很宽敞，几乎没有几个人。现在钢材加热已不用煤气炉，全用高频加热，几秒钟就将钢材加热到可锻温度。不用蒸汽锤锻造，全用机械锻压机，这些都是当今世界上最先进的设备。我们在一台锻压小齿轮的设备旁边观察了一会儿，只听得"洛落托、洛落托"的声音，锻制好的零件就一个接一个地掉到料箱内，据说每分钟能锻制 80 多个零件。而我们用蒸汽锤打，锻打一个也要 1—2 分钟。李哈乔夫厂的锻件生产能力很大，除此之外，还有两个锻造生产基地。他们在汽车生产的技术改造上也是下了一定功夫的。

五

50 年代赴苏实习，在一年的实习生活中，我学到了许多专业知识和管理经验，为我以后四十余年的工作打下了坚实的基础。我在职时曾编写出版《工业炉的修理》《初级、中级、高级筑炉工艺学》《工业炉节能常识》《电热元件的制造与维修》《设备操作规程》等 12 本书，约 300 万字。翻译俄文设备说明书共约 250 万字。

退休后，我认为工作退休了，但知识不能退休。四十多年的工作实践和知识积累是国家和人民的培养，对个人来讲是汗水的结晶，若退休后便投掷一空，实在是件很可惜的事。于是就着手把过去学过的、做过的事，与当前新的技术融会一体，进行归纳整理，编写著书。退休至今，我已编写出版了《工业炉技术问答》《工业炉修理手册》《实用工程材料技术手册》等 11 种技术书籍，共约 1300 万字，这也是本人对发展我国科技事业发挥一点余热吧。

（曾正明，1936 年出生，1954 年毕业于杭州化工学校，1955 年 4 月赴苏联实习。曾任一汽机动处办公室主任、情报标准科科长，高级工程师。）

我感受最深的是生产意识

张丰信

我于 1954 年 5 月去苏联斯大林汽车厂弹簧车间实习，学习专业是弹簧热处理，学习时间半年。

在实习期间使我感受最深的是，当时斯大林汽车厂弹簧车间以生产为中心，职工们质量第一的思想意识比较浓，车间各级领导对生产抓得比较紧。从车间机构设置来看，对生产管理和技术管理力量的配备比较重视。党工团主要领导都是兼职，主要精力放在抓生产和质量工作上。我在半年的实习过程中，没有看见过在工作时间（8 小时）搞什么和生产无关的其他活动。党工团也有活动，都是在业余时间。生产是硬任务，每天的生产任务必须当天完成。到了生产时间设备能按时启动，生产时间很少发生设备事故，一旦发生设备事故也能及时排除。有一次热处理加热炉链条出了问题，机修工在 1000 ℃高温下，很短时间就抢修好了，从而保证了当天任务的完成。

不仅生产抓得紧，质量第一的思想意识也比较强，表现在能按工艺流程进行生产，严格贯彻工艺，一旦发生质量问题，严肃处理。我在半年实习过程中，热处理发生过一次质量问题，主任抓住这次问题，立即召开工部大会，对有关人员进行了严肃的批评，还在经济上给予处罚。

我在实习期间深深感受到他们以生产为中心，质量第一的思想意识深入人心，从而保证生产和质量双丰收。我后来在工作中，这种观念也比较强。

（张丰信，1930 年出生，1953 年毕业于长春机器制造学校，1954 年 6 月赴苏联实习。曾任一汽弹簧车间工部主任，一机部第九设计院科长、室主任等职。）

友谊地久天长

聂长清

好像瞬间，半个世纪过去了，回忆起赴苏实习的日子，感慨万分，像又回到了当年。

我是1954年3月从一机部第三机械管理局抚顺重型机器厂调来长春一汽的。报到后，立即被分配到一汽南岭俄文班学习俄语，从字母起步到单词、句子、语法，认真地学习着，躺在被窝里还在背单词、练会话。经过一年的学习，基本达到了日常会话和简单书写、阅读的水平。

1955年4月8日，我们这批实习生一行七十多人，从长春起程赴莫斯科。莫斯科斯大林汽车厂的底盘检查科和后桥检查科两个检查科，相当于一汽底盘一个检查科。我的实习导师就是这两个检查科的两位科长，我的实习任务是一汽底盘检查科检查工长。在我赴苏实习临行前，前批实习归来的底盘检查科科长韩玉麟同志嘱我在苏实习时多注意点该厂底盘和后桥两检查科的日常实际技术检查工作。我的实习安排是先底盘检查科，后后桥检查科，逐个检查工段、班组实习检查操作、管理，从检查工装、仪器、设备、量具等的使用方法，到质量管理、产品质量处理等全面实习。每实习到一个检查工段、班组，总工长、工长、班组长都陪同我一起实际操作。在这两科实习中，都是如此。

我的两位实习导师之一的底盘检查科科长尼古拉兴是一位曾任斯大林汽车厂发动机、轿车、军用等几个检查科科长的一位老科长，为人善良，工作认真，经验丰富，遇事沉着。他每天必巡视现场。在处理质量问题时，总是重数据、实际，具体分析，严肃认真，但在非关键性零件质量问题及其参数的处理方面，又有很大灵活性。遇到质量事故和较重大质量问题的处理，他都带我一起到现场，还要求总工长、工长都别忘了带我同去。导师还亲自带我到总装配、发动机、轿车、越野车、装甲车、水陆两用汽车等单位和试制车间、实验室等参观学习。其中装甲车和水陆两用汽车车间是禁止其他单位人员参观的，但对我们中国实习生，不但不禁入，反而热情地欢迎，不保密，任我参观。导师利用工余时间，给我讲技术业务课——讲汽车构造、检查员基础知识，讲生产和检查工艺、设备工装动态质量、管理技术业务，总是那样不厌其烦。

后桥检查科长白列斯·罗曼诺维奇是我的另一位实习导师，他也和底盘检查科长一样，对我诚挚热情。他们还多次请我们实习生到他们家里做客。两位导师还带领他们两科的总工长、工长、班组长、科里干部一起邀请我们三名实习生乘游轮游莫斯科河、顿河。乘轮船时，人很多，在前边的一位苏联同志喊道："请中国同志先乘船！"随即大家异口同声齐喊："请中国同志先乘船！"霎时，大家自动分成两列，鼓掌欢迎，我们成为贵宾了。在游列宁山、参观莫斯科大学和参加"五一"国际劳动节及十月革命节游行时，都是亲密无间，使我们感到像一家人在野游，像在国内参加庆祝游行一样。

实习回国前，在底盘车间大红角（像我们专业厂大会议室），召开两科全体职工大会，欢送我实习回国。我的两位导师代表两个检查科致欢送辞，并将刻有"斯大林厂底盘和后桥检查科赠送给聂长清同志"字样的台表赠送给我作纪念。

回国后，我担任一汽底盘检查科工长，韩玉麟科长兼党支部书记，我兼支部委员，无论在日常技术检查工作上，还是在思想政治工作方面，我们都始终协调一致。后来，他先后任质量检查处长、总厂技术厂长，我任本科科长兼党支部书记。从单一的"解放"牌载重车到"东风""红旗"、越野车以至多品种汽车的生产质量检查，我们始终得到他的帮助、指导。大家一起总结出"首件自检""工序互检"和"专检"

三结合、"专检三必检"（首件必检、中间巡检必检、最后检查关键性能参数项目必检）的经验，既充分发挥了广大生产者的自检作用，又充分发挥专职检查员的骨干作用，形成广大生产者和检查专业人员的有机结合，建立起强大的质量保证体系。这一体系为确保汽车生产快速发展，为汽车工业的腾飞作出了重要贡献。

回忆起工作成果的取得，我们永远不能忘记苏联导师和朋友们的帮助，因为这是因果相连的。我们的友谊地久天长。

（聂长清，1929 年出生，1955 年 4 月赴苏联实习。曾任一汽底盘检查科工长、科长兼党支部书记等职。）

怀念我献身汽车工业的起点

陈子良

我一生干了三件事：1936 年参加革命后，1937 年到延安，在延安炼油五厂为厂长，搞石油；1945 年离开延安到热河，1946 年进长春，后到沈阳，在东北银行印币厂当厂长，印钞票。这两件事的时间都不算长。第一个五年计划开始后，祖国要大规模搞建设，我积极要求参加重点建设，1953 年来到一汽。从此，在汽车行业一干四十多年，直到离休。

我来到汽车厂时，工厂正在搞土建，工地上昼夜热火朝天。我被分到工具处，是工具处第一任处长。当时车间还在草棚里。不久，组织上便要我们去学俄文。学了一年之后，便派我们去苏联学习。当时，是孟少农找我谈的话，要我到苏联实习锻工车间主任一职。我们那一批有百余人，除一些领导干部、技术人员外，还有十多名工段长、调整工。刘守华、王少林等都是我们这一批去的。那时，我对汽车生产一无所知，什么也不懂，但正值年轻，有一股初生牛犊不怕虎的劲头，为了祖国建设，什么困难都不怕。

我们实习的地方是莫斯科斯大林汽车厂，这是苏联当时最大最好的汽车厂。我们到厂后，先是厂教育处给我们上了一课，介绍厂的概况，然后又帮我们补习俄语。开始实习后，首先进行汽车理论学习，从锻模设计、工艺设计到生产组织、职能管理，由浅入深，逐步深入。到车间后，是先下后上，我是从背锻件的零件号开始，然后跟着苏联同志一块操作。用模锻锤和平锻机打出的锻件又快又好，当时我们国内还完全没有这种设备。我跟苏联同志一起干着非常来劲，很快我就可以自己操作了。在那里，几乎所有的锻件我都干过。不仅实际操作，我还实习了从工段长、工部主任、各科室直到车间主任的管理业务。先是他们坐着干，我在一旁看，后来是我坐下干，他们在一旁看。在我实习的每个阶段，他们都安排得周密细致，都有导师耐心地指导。我至今仍深深地怀念他们。

正是短短的一年的实习，使我对汽车生产有了概括的了解，并掌握了锻件生产的全过程，为我以后四十余年从事汽车事业打下了坚实的基础。我回国后，作为锻工车间的第一任主任，担负起锻件生产的管理工作，为一汽的建成出车，结束我国不能生产汽车的历史做出了贡献。

一汽在生产出解放牌卡车之后，1958年又试制成功了"东风"小轿车、"红旗"高级轿车，这两种车的锻件都是我们车间生产的。

1959年，一汽生产了"红旗"检阅车和"红旗"高级轿车，向国庆十周年献礼，厂领导决定由我带队前去北京送车。到北京后，当我们车队经过长安街及天安门广场，在人民大会堂前列队时，广大群众看到自己国家生产的汽车都非常兴奋和自豪，当时我激动的心情也是难以描述的。国庆十周年游行时，当看到党和国家领导人乘坐我们生产的检阅车检阅时，我和许多人都流下了欢喜和自豪的眼泪……之后，我也作为"礼品"留在北京工作。60年代初，我作为北京汽车厂厂长，与职工们一起生产出212吉普车，为解放军生产了指挥车。"文革"后，我调往陕西建设陕西汽车制造厂，从土建开始一直到投产，生产出军用越野拖炮车。"陕汽"目前仍然是我们国家指定的唯一军用拖炮车生产厂家。

回顾过去四十多年的历程，我深深地怀念为祖国汽车工业所做的一切，怀念我献身汽车工业的起点——赴苏实习的岁月，它为我四十多年献身汽车工业打下坚实的基础。我也深深地怀念一汽。当年大家来自五湖四海，南腔北调，但是，为了一个共同的理想，为了开创祖国的汽车工业，像兄弟姐妹一样，互相关心，互相帮助，亲密无间。另一点让我

苏联朋友到车站为本文作者陈子良（右二）送行。

非常怀念的，是当时浓烈的学习气氛。正是当时的刻苦学习，使我们这些对汽车生产一无所知的人，很快掌握了一个方面的汽车生产技术。我也非常怀念先我而去的战友、同志和朋友王少林、刘守华等人，他们的功绩应当永远记在汽车工业的功劳簿上……

（陈子良，1918 年出生，1936 年参加革命，1937 年到延安"抗大"学习，1955 年赴苏联实习。回国后，任一汽锻工车间主任，1959 年起先后任北京汽车厂厂长、陕西汽车厂厂长、汽车局副局长等职。）

取经交友情常在

赵　文

1953 年一汽开始建厂以后，厂领导就分期分批派遣干部和工人到苏联斯大林汽车厂实习。我是 1955 年那一年的实习生，到该厂财务处实习企业财务管理专业，学期一年。1956 年结业回国，主持一汽财务处的工作。后于 1959 年调到二机部。

出国之前学了将近一年时间的俄语，但初到苏联时首先遇到的困难还是俄语，要过好这一关，只能在实习的同时提高俄语水平。我在与苏联朋友交谈中学习生活用语，在实习时向导师和专业人员学习专业方面的用语。苏联朋友都很热情地帮助我，我说得不对他们就纠正。财务处长巴鲁叶夫是我的导师，他对我热心教导，既有师长的尊严，又有朋友的诚挚，我对他也很尊敬。师生之间直呼名字，很是亲切。开始时导师讲课讲得很慢，一字一句地讲解，让我听得懂，记录下来。我一边记录，他一边看我记得对不对，我听不懂的词句，他耐心地解释。就这样经过两三个月的时间，我的俄语水平大有长进，逐步适应了实习的需要。

实习是按照导师安排的计划进行的。实习的方法是专业理论学习与实际业务实践相结合。专业理论由导师授课，全面系统地讲解。实际业务分别到各分工主管科长和专业工作人员那里去听他们讲解，然后自己动手去做，如编制财务计划，办理收支结算等。他们的管理体制是财务与会计分管，实际上财务是一个有机的整体，所以还要到会计处和车间会计科去了解熟悉会计核算业务。从实习中我感到他们的工作人员不仅精通业务，而且严格按照规章制度办事。同时在业务和技术性的工作上，也是很讲究程式化和规范化的。例如，他们的收支结算、现金出纳和会计核算制度等，都是严格按照国家统一规定的程序和时限办理的，一丝不苟。再如，他们把阿拉伯数码写得规范，排列整齐，我写得不合要求，就学他们的规范化写法。这些数码看起来简单，写得规范不容易，财会工作者应当作为基本功来练习。通过实习，使我对企业财务管理专业，不仅从理论到实际业务上有了比较全面系统的认识和了解，而且在严格执行规章制度和业务技术方面学到了不少东西。

与苏联朋友交往，我感到他们很热情，很好客，很愿意和中国人交朋友。我的导师巴鲁叶夫，有一次请我到他家里去做客，他的夫人为我

赵文（左二）在莫斯科实习时，与同在莫斯科实习的江泽民（左一）、钱素珍（左三）、刘守华（右三）、王少林（右一）合影。

做了她拿手的苏式饭菜。他们非常热情地敬酒让菜，其中有一盘醋拌生鱼，腥味甚浓，我不想吃，但盛情难却，我只得勉强吃下。那个时候，苏联人民的物质和文化生活水平还算比较高的，我的导师的居室装饰陈设还算别致，在当时看来有收音机、电视机之类，已不为稀奇，但摆放一架大钢琴，我觉得新鲜。我的导师平时在办公室午休时或下班以后，经常和他的副手下象棋，但他会弹钢琴我是这次看到的。他特地为我自弹自唱了一首苏联歌曲，娓娓动听，给我留下了深刻印象。他们工作起来严肃认真，休闲时文化娱乐生活丰富多彩。

实习结业时，我的导师送给我一份证书，实际是苏联朋友的临别赠言纪念册。纪念册制作精美，用美术俄文文字工工整整地书写了一篇对我的赞扬勉励之词，以导师为首的45位苏联朋友在上面签了名，真是充满了师生朋友之间的深情厚谊。遗憾的是没有留下合影，只存有导师和我的照片。

我所学到的经验是友谊的体现，经验是宝贵的，友谊是永存的。正是：

　　原本同盟老大哥，
　　开创新制辟先河。
　　取经交友情常在，
　　诚挚友谊存心窝。

一汽被誉为中国汽车工业的摇篮，在出汽车出人才的口号下，为我国汽车工业的发展培养和输送了大量优秀人才，做出了重大贡献。就拿我们那一期赴苏实习生来说，回国后都是一汽的骨干，如已故的王少林、刘守华同志相继担任过一汽的厂长，还有一些同志担任处长和车间主任等职。后来其中一部分同志调到国家机关和二汽及其他大型企业担任重要职务，直到中央高级领导。这里值得特别提出的是，我们同期实习的江泽民同志，虽然我们实习的专业不同，但我们住在同一宿舍的对门房间，平时有些接触和交往，有时一起出去游玩。有一次我和他，还有王少林、刘守华等同志，一起到莫斯科公园去玩，还留下珍贵的合影。我和江泽民同志接触较多的是听他的京剧清唱。他爱好京剧，与他常在一起的一位实习生自带一把京胡，为江泽民同志伴奏。江泽民同志的拿手戏是唱《捉放曹》"宿店"一折中陈宫唱的"一轮明月照窗下……"每当京胡一响，我就到他房间去分享其乐。我和江泽民同志接触和交往不算多，但他所给我的印象是深刻的。我想以诗志之，题为《同期赴苏实习江泽民同志给我的印象》：

> 同期实习忆当年，
> 正值风华并茂间。
> 运用俄文堪自若，
> 研修科技致精专。
>
> 多才多艺善交往，
> 博学博闻长健谈，
> 施展雄才何处见？
> 鹏程万里九重天。

（赵文，1922 年 11 月出生，大专财经专业毕业，1955 年 7 月赴苏实习。回国后，曾任一汽财务处长，1959 年调离一汽，离休前任国家工商行政管理总局司长。）

梦寐以求　学造汽车

庄咸昌

新中国成立前，我在上海工作，1954年学校毕业后分配到一汽，不久有幸被派往苏联实习。当时我们国家的工业建设刚刚起步，制造汽车更是从零开始，到苏联实习是为了学习苏联这个发达国家的汽车生产过程，学习他们的汽车制造技术，造出中国的汽车，这也是我梦寐以求的事。短暂的一年实习很快就过去了，这一年使我收获颇丰，受益匪浅。

我虽然在学校学了一些专业技术理论，但对造汽车还是刚刚接触，以前根本没看到过汽车生产，更没有实践的经验。初到莫斯科斯大林汽车厂，感到一切都很新鲜，眼界大开。这座工厂规模宏大，厂房林立，设备按专业、工艺流程有序排列，完全是大工业的生产景象。我实习的是热处理专业，这个专业就是通过把汽车零件进行热处理后，提高零件的耐磨性和强度，如对零件进行渗碳、氰化、调质、高频淬火等，当然这些我都是第一次看到。在斯大林汽车厂我们一方面听指导教师讲课，一方面操作实习。指导老师要求我们从理论到实践都全部了解掌握。现代化生产是有序的流水化生产，这与我们解放初期手工式作坊式的生产完全两回事。现代化生产，机器按工艺流程排列，工人按操作规程、工艺规程进行生产，一切生产活动做到制度化、标准化，确保零件的工艺质量，最后达到整个产品的合格。在苏联学到的汽车生产技术和管理方法，在一汽的建厂初期起到了非常好的作用，也为我以后的成长打下了良好的基础。

苏联同志对我们兄弟般的友谊之情，更使我难忘。实习中要看什么

本文作者庄咸昌在莫斯科红场留影。

技术资料，导师亲自帮助解决。导师经常询问我们工作和生活情况、有什么困难，有时还邀请中国实习生到家中去做客。苏联人热情豪爽，对我们非常友好。记得有一次在红场游玩，有一群女同志走上前来要和我们合影，还写下地址要把照片寄给我们。我们的俄语水平不高，也出了不少笑话。有一次我们在小店喝牛奶，我们学着说俄语"牛奶、牛奶"，"牛奶"在俄语里的谐音是"很多"，结果服务员又给我们一人上了一杯，搞得我们大笑不已。我们有时也去逛商店，当时苏联比我国富裕得多，物资供应较丰富，由于我们囊中羞涩，常常是看而不买。苏联环境很美，街道整齐干净，绿化也好，那时有一种感觉，我们何时才能赶上"老大哥"呢。一晃五十年过去了，五十年来世界发生了翻天覆地的变化。但这段在苏联实习的经历，对我一生成长起着重要的作用，现在回忆起来还是那么美好。

（庄咸昌，1931 年出生，吉林工业大学夜大毕业，1954 年赴苏联实习。曾任一汽热处理分厂工艺员、技术科长、车间主任、副厂长、东风汽车公司传动轴厂厂长、发动机厂厂长，东风汽车公司副总经理等职。）

有幸的机遇

蔡世淦

新中国成立前，看到马路上跑的外国汽车，就想怎么没有中国自己造的汽车？新中国成立后，自己能亲身参加中国第一汽车制造厂工作，生产出中国自己的汽车，自己也从一个旧社会的工人成长为新中国汽车工业战线上一名技术管理人员，一股自豪感油然而生。这是党组织的培养和给予幸运机遇的结果。一是有幸学校毕业后被分配到第一汽车制造厂工作；二是有幸成为一汽派赴苏联实习生中的一员。正是由于这两个机遇，使我能为我国汽车工业的发展干了一辈子。

在苏联实习的一年间，感受很深。亲眼看到了世界上第一个社会主义国家什么样，看到了苏联人民为建设社会主义忘我的热情，看到了苏联人民过着幸福美好的生活，看到了苏联人民高尚的精神文明品质，看到了苏联人民怀念斯大林时代的激动感情，当时给我留下了深刻的印象。

我是派去学习汽车弹簧制造技术和工艺技术管理的，在实习中无论是苏联导师还是工人师傅，都热情地帮助我。在生产实际中学习汽车弹簧制造技术，采取逐道工序学习的方法。由于我语言不熟练，工人们就做示范动作给我看，还主动让我也试一试，指点每道工序应掌握的要领。工人是实行计件工资，为了让我学会，他们不惜耽误工时，然后再加快速度干，补上落下的定额数量，甚至有的工人少拿计件工资也不在意。这种无私的国际主义精神给我很深的印象。回国后，我们立即投入一汽调试生产。在苏联学习到的技术知识，在调试生产中得到实际应用，并很顺利地按时按质地完成了全部调试任务，保证了一汽按时出车的总进

本文作者蔡世淦（前排右三）1956年实习结束时，与欢送的苏联同志们合影留念。后排右二为实习导师别利科夫。

度要求。我从心里感谢苏联同志们给予我技术知识的帮助。

在工艺技术管理方面，实习中体会最深的是，汽车生产是在大量流水线上进行，由几万道工序生产出上万个零部件，工艺要保证产品图纸要求，才能组装出一辆辆合格的汽车。在斯大林汽车厂，为了保证生产出合格的零部件，制定了一整套工艺规程。从原材料进厂到生产全过程，每个部门管理人员，每个生产工人都必须严格按工艺规程办事，特别是不完全自动化生产条件下尤为重要，这一点在苏联工厂实习时，导师、工部主任讲得最多。他们还经常开展工艺纪律检查，对不遵守工艺规程的人员进行批评教育。工艺规程确是反映大量流水生产中的客观规律，违反了和破坏了就会使生产受到损失。记得我们在"大跃进"年代把按工艺规程办事当成是用条条框框束缚群众创造性，在一段时间内不按工艺规程办事，使产品质量下降，物资消耗增大，管理混乱，不得不在全厂开展全面管理整顿。管理整顿首先从工艺整顿开始，那时我从车间调到工艺处，搞全厂工艺整顿工作，给领导当参谋。通过整顿，按工艺规程办事在全厂又得到应有的重视。

在一年实习中，我和苏联导师、技术人员、工人师傅都相处得很好，彼此建立了深厚的友谊。我当时年轻，他们给我起了个苏联名字叫沙沙，的确叫起来多一份亲切感。在"五一"和十月革命节，我们和他们一起到红场参加集会游行，还被邀请到他们家里做客。他们热情招待，俄式西餐做得也很丰盛。记得第一次见烤乳猪这道菜，是在热处理工程师阿里西王娜家里。通过做客，也看到了苏联人的家庭生活情况，住房宽敞舒适，环境优美，卫生文明，体现出苏联人民的幸福生活。在回国前夕，热情的导师、技术人员、工人师傅和我一起拍照留念，还集体送我一台"波罗的海"牌收音机作为纪念。这在当时是较贵重的礼物，这种深厚友谊的表示，现在想起来还久久不能忘怀。

在"文化大革命"后期，我调到第二汽车制造厂工作。去了正好参加"东风"五吨载重车的生产建设。"东风"五吨的生产准备，基本上用一汽学苏联生产准备的一套模式，编制生产准备综合进度，进行调试生产，做调试工艺结论，投入批量生产，提高生产能力，最后顺利地生产出合格的"东风"五吨载重车。这是从苏联学到的经验又一次在生产实际中的成功应用。

改革开放年代是二汽新的发展年代，也是每一个人能够发挥才能的年代。我直接参与了组建以二汽为核心的东风汽车联营公司的工作。

几十年来，我为汽车工业发展做了一点工作，当然是由于党组织培养的结果，但在苏联实习一年打下的技术管理知识基础，也具有不可忽视的作用。

在一汽和二汽工作时还有两件有幸的回忆。一是去苏联实习前，一汽先组织实习人员突击学习俄语，在俄语班八个月的学习期间，有幸和江泽民同志一起学习、生活并同一批赴苏联去实习。他是从上海调到一汽参加俄语班学习的，我们同住在一个大宿舍，因我也是扬州地区人，是老乡见老乡。还有我的同学唐伯仁是上海人，所以我们很快熟悉了，常在课余饭后凑在一起随便聊天说笑。唐伯仁还认识俄语班工作人员中一位年轻、活泼、大方的上海俏姑娘，也常跑来凑热闹，在一起用上海话聊天，常跟俏姑娘开玩笑，显得轻松有趣。唐伯仁和江泽民同志还谈些解放前参加地下党活动的情况，使我对他们多一份敬佩。江泽民同志英语基础好，学俄语入门快，他对我们工人出身没有学过外语的，常在聊天中谈一些学习方法，还鼓励我们不要怕困难，只要下功夫是能学会的。二是1977年我去北京出差，在一机部招待所饭厅里与江泽民同志相遇，他刚从罗马尼亚出差回国。我们边吃边谈，他还关心地问起在俄语班时熟人的情况。1995年正巧钱其琛副总理、全国政协副主席王兆国参观厦门金龙旅行车公司，我也参加接待，陪同参观，王兆国同志特意向钱副总理介绍我是二汽老同志来支援厦门汽车工业发展的，还提及我在一汽曾和江泽民同志一起赴苏实习一事。钱副总理随即问我一个问题，当年一汽派出大批人员赴苏实习的做法，现在国内企业引进国外项目还要不要那样做。当时我回答，现在国内企业引进国外项目，如果能像一汽当年派成套人员去苏联实习，先拿来用上，再消化改进和提高，这样可以加快引进国外项目投产速度。钱副总理听后说，当年建设一汽学苏联的经验是很宝贵的。这是钱副总理对当年一汽派大批人员去苏联学习的做法的赞赏。

（蔡世淦，1930年出生，1955年赴苏联实习。回国后，曾任一汽金属品车间工艺员、底盘车间技术科副科长、工艺处综合工艺科科长、总调度室值班主任，二汽生产准备处主任工程师、工艺处副处长、联营办公室主任、副总工程师等职。）

一生事业追求的起步

宋正发

1951 年，我进入了武汉动力机厂工作。1953 年 10 月，把我从武汉动力机厂调到长春第一汽车制造厂，分配到南岭技术学校学习文化、技术，1954 年 7 月转入一汽俄文班学习。

1955 年 7 月，一汽党组织派我赴苏联斯大林汽车厂实习，这是我人生中事业追求的起步。

在去苏联的旅途中，我的心情既兴奋又激动。我想，党组织这样重视、培养我们，我一定要珍惜这次机会，加倍努力，学好苏联的先进技术和生产经验，用优异成绩报答党组织，报效祖国。

到苏联后，组织上安排我到汽车厂的锻造车间实习，实习的工种是调整工。我在实习活动中，得到陈子良主任的教导和帮助。陈子良主任平易近人，对人热情、宽厚，经常关心我们的学习和生活，教导我们和苏联导师及同志们搞好关系。学习中我们遇到困难和问题时，他总是安慰我们不要着急，一步一步地来，要多动脑筋，不明白的多问苏联导师和工人师傅们。陈主任的耐心教导，对我们的实习很有帮助，也激发了我们学习先进技术和生产管理经验的热情。

在实习中，我遇到的最大困难是语言不通。特别是在听苏联老师讲技术课时，由于我的俄文基础差听不懂，只能抄黑板，回到宿舍再通过查辞典来理解讲课内容。有一次老师讲锻模构造，讲到为什么有的锻模燕尾开有两个键槽，有的只开一个键槽时，我没听明白，俄华辞典上也找不到答案，苦得我晚上连觉都未睡好。第二天一上班，我就到车间向调整工师傅请教。调整工师傅热情地领我到暂停用的设备跟前看锤头上的燕尾键槽，我观察到有的开在右边，有的开在左边。由于直观，我立即就明白了，原来开两个键槽为的是使模具在不同设备上通用，达到节约模具的目的。

我们在苏联实习期间，亲眼看到和亲身体验到苏联人民对中国人民有着深厚的友好感情。我们在苏联实习期间，无论是在工厂还是在社会上，都受到苏联人民的热情、友好和无私的帮助与关心。我实习的导师是一位工段长，对我们实习生非常关心，非常负责任。他安排我学加热切边锻打等技术，经常检查我的实习情况，根据我学到的操作技术，适当安排我上设备独立操作，锻造一些简单零件，如变速操纵杆等。他还安排调整工师傅带我学习调整安装模具和做生产准备工作，带我到技检

作者宋正发（前排左）1955年在莫斯科参加庆祝十月革命节游行时留影。中为实习生陈子良，右为姚雅清。

部门学习锻件质量鉴别工作，到毛坯部了解剪切料是为各锻造工部生产用料做准备。通过导师的精心安排和无私帮助及工人师傅热情传授技术，使我在短短的八个多月的时间里圆满地完成了实习任务。

实习中有一件事最令我难忘。导师安排我到锻连杆小组实习，学锻连杆。一开始，老师傅不让我摸设备，更不让我操作设备。我想，这样下去，恐怕学不好技术。于是，我就想办法。当我见加热工忙不过来时，就立即主动上去帮忙。干着干着我的手套破了，该组一位五十来岁的女切边工尤娜看见了，不仅把她的新手套给了我，要我换上，而且还让锻连杆的老师傅尽快教我锻连杆。老师傅怕出废品，扣他们的工资，半天没有答应。在尤娜的再次说服下，老师傅才让我上了设备。这件事我至今还记忆犹新。这里包含着苏联人民对我们的深情厚谊。

在实习期间，我们还参加了苏联十月革命节的游行庆祝活动。我和陈子良、姚雅清等同志一起排在苏联同志中间，见到了苏联当时的党和国家领导人检阅威武雄壮的部队和群众游行队伍的情景，苏联同志还和我们一同唱起了《莫斯科—北京》。我们参观了列宁故居和列宁墓，瞻仰了世界无产阶级革命导师列宁的遗容。参观了克里姆林宫。在克里姆林宫游览时遇到两位苏联青年人，他们非常友好地向我们问好并和我们一道合影留念。

通过在苏联八个多月的实习，我在锻造生产技术上有了很大的收获，学到了很多新鲜的知识，同时在思想上也受到深刻的国际共产主义教育。在苏联同志们的热情、友好、无私的帮助下，在实习生党总支的正确领导关心下，我们按时完成了一汽党组织交给我们的实习任务。

在我们回国前夕，实习生党总支召开回国人员会议，陈子良书记宣布我为临时党支部书记，负责回国人员一路上的有关事宜。在回国人员的互相关心帮助下，我们锻造、铸造、冲压等单位实习人员于 1956 年

4 月初安全顺利地到达长春。

（宋正发，1930 年出生，1955 年 7 月赴苏联实习。曾任一汽锻造车间模锻工部调整工、工长，锻造厂模锻车间副主任、生产技术科科长，二汽锻造厂副厂长、企管办主任、业务宣传处处长等职。）

源于学习和实践的锻炼

张鼎华

1951年1月，我在上海交通大学工业管理工程系即将毕业，为响应祖国号召，参军抗美援朝，在沈阳军委炮校任文化教员。

1953年11月，我由部队转业到652厂（一汽）。时近寒冬，虽然长春气温已到零下，但冻土上的土建工程却干得热火朝天，令我精神振奋。我先被分配到人事处，后调到生产处。1954年底通知我去学俄文，准备到莫斯科斯大林汽车厂实习。

1955年6月，我随实习团到斯大林汽车厂，实习岗位是生产处备品配件负责人。同时在生产处实习的有孟戈非处长和周洪德同志，我们三人的实习内容都是分别安排的，而且是单独实习。我有两位导师，为主的是生产处副处长，他负责讲授和指导汽车厂总平面布置，以产品为对象，以工艺性质设置车间的特点，汽车厂具体的生产计划编制程序、内容、方法等。还安排我去有关车间计调科熟悉产品生产工艺和计调科的工作。另一位导师负责讲授生产组织和管理方面的理论知识，计划编制方法、依据，各种在制品的定额和计算，设备生产能力及生产周期的计算方法等。导师们对我既耐心又很热情，指导具体，安排严密。

实习过程中，孟戈非同志深入实际，勤学好问，善于观察和思考，对我颇有启发。刘守华、张剑飞、陈子良等同志，他们不仅在各自的岗位上不畏艰难、孜孜不倦地学习，还经常鼓励我们年轻同志克服语言和业务上的困难，好好学习。

本文作者张鼎华（后排左一）与中国实习生在高尔基公园门口留影。

一天，在铸工车间实习时，我突然晕倒，计调科同志急忙把我送往厂职工医院治疗。住院期间，医生和护士不时地来看望我，关心地问这问那。同病房的病友或与我聊天，或陪我去医院小花园散步。舒拉姑娘还代表导师和生产处来医院问候。当医院请医学院教授来会诊那天，处领导孟戈非和俄文水平高的江泽民同志一起来医院，与医院教授对话，了解我的病情。他们告诉我我患的是胆囊炎，不严重。嘱咐我安心治疗，康复后再出院，安慰我不要牵挂学习。经过一周的打针治疗，我康复出院了，又重新回到实习岗位。同志们的干劲激励我在病后更加努力学习，弥补因住院而丢失的时间。

在实习中，除了要学生产技术方面的知识，还要努力学习管理方面的知识，如编制计划的具体方法和技巧及在执行计划过程中检查计划完成情况和主动协调有关方面的关系等。回国后我们学的知识在一汽生产处工作中进一步得到实践、验证和提高。

一天，我在冲压车间实习时，幸运地遇到了朱德委员长来斯大林汽车厂参观。他对汽车生产很有兴趣，仔细地看了车身冲压。还亲切地鼓励我们要虚心向苏联同志学习，要勤问，把要学的东西都学到手，回国后为祖国制造自己的汽车。对朱德委员长的谆谆教导，我至今还深记不忘。

实习期间，副处长导师请我去他们家做客。他全家人热情地接待我，晚餐时，他们好奇地问中国餐及中国人民生活情况，我连说带打手势，聊得挺舒畅。生产处舒拉姑娘邀请我参加他们共青团的一次郊游，使我紧张的学习神经得到了调剂。我们还参加了1955年的十月革命节游行。在实习、住院治疗和其他活动中，我总的感觉是苏联同志对中国实习生很热情、很友好。

和我同寝室的有葛葆璇、王文、钱素珍，我们四人分别在经济计划处、变速箱、技术安全处和生产处实习。从宿舍到工厂上下班都乘有轨电车，就餐都在工厂或宿舍区食堂。周末有时买些农产品做顿中国餐改善生活。有时假日出去转转。我们还到过列宁墓瞻仰过列宁遗体；到过红场的百货大楼浏览，看到橱窗里、货架上摆满了各种各样的商品，物资确实丰富；到过文化气息浓厚的高尔基公园等。莫斯科的道路清扫、洒水、除雪都是机械化，人们的环保意识较强，市容整洁。

1958年底，我和我爱人服从组织分配到了原子能工业部从事尖端科学技术事业。崭新的工作又一次促使我踏上了艰苦的学习和工作征途。我先在部里生产技术局，后到工厂。在厂里任生产技术处副处长兼管厂生产调度室。当时，由部任命的工厂内管理生产技术的女处长很是罕见，不少人议论说："她能行吗?"我深感责任之重大，兢兢业业，不敢掉以轻心。回顾我之所以能胜任新的工作，并得到厂领导的赞扬，乃源于我有在苏联实习的知识基础及在一汽实践的锻炼和经验。

（张鼎华，女，1928年出生，1951年在上海交通大学参军抗美援朝，1955年赴苏联实习。回国后，在一汽生产处任计划员、副科长。后调入核工业部二局二处任科长，调504厂任厂调度室主任、生产技术处副处长，调405厂任中央试验室主任、计划处副处长。1984年调中国重型汽车集团规划处任职。）

过"文""武"两关

李中康

近五十年前的事了，已有些淡漠。最近读了不少关于当年到莫斯科学习的文章，都写得很好，也引起了自己的一些回忆。我当时在一汽冲压车间（现在的车身厂），被派赴苏实习焊接，还有十多位同志分别实习别的专业，赵润普同志是车间主任。具体的实习生活已有些忘却，只想把印象较深的三件事讲述出来。

驾驶室的焊接

同时和我搞焊接专业的还有李振荣和孟昭贵两位同志，他们都是有多年工作经验的师傅。李师傅是焊接调整工，负责焊接设备的调整（遗憾的是十多年前他已经去世了），孟师傅是驾驶室的焊接工长，我是焊接工艺员。我们三人像是个无形的小组，当时的任务很明确，要我们把驾驶室的整套焊接技术学回来。我们每人都有自己的导师，订有全年的实习计划，每天都按计划进行。我的导师是工艺处焊接实验室的一位主管工程师，在我们到达之前他给我们制订了一个计划，和我交谈之后，做了较大的修改，他强调说："能多学些就应多学。驾驶室的焊接是接触焊接，是最基本的，容易掌握，既然有潜力，其他的电弧焊、钎焊、电渣焊等都应该学。现在就有一个学电渣焊的好机会，厂内正在为你们厂焊接3500吨压床滑块，是全苏巴顿焊接研究院主持开发的新技术，你一定要去学。"我理解了老师的意图，决心认真全面地学。

当时苏联人民对中国人民的感情是真挚的，我的导师也不例外，作为焊接实验室的一位主管工程师，他希望把他所知道的一切，一股脑儿地都教给我。初始的一两个月，每天早晨近一个半小时上理论课，导师口述讲稿，让我速记。一个月下来，笔记记了一大本，我逐渐感到呆板、枯燥，但又不好意思向导师直接提出来改变这种学习方式。又过了一段时间，终于和导师商量后，改变为更灵活有效的方法。他非常认真地找到很多参考书，画出重点，让我自己按计划阅读、作笔记，他随时答疑。现在回想起来，那段时间虽有些"填鸭式"，但收获是非常大的。

整个实习期间，大部分是在现场度过的。驾驶室各大总成、分总成的焊接工艺都要弄明白，而且要亲自干熟，焊接设备和装备也需弄懂，因为领导有言在先，在实习结束时，要我们三个搞焊接的人，从头至尾亲自焊出完整的驾驶室来。

紧张而有序的学习时光即将结束，随之而来的有"文""武"两个关口要过。"文"的是导师安排的结业测试；"武"的是我们三人要在现场当着领导和其他人的面，亲自把驾驶室焊出来。本来这两"关"是比较容易通过的，思想上并没有压力，但情况有变，结业测试的主持人不是原规定的导师，而是老资格的焊接实验室主任，室内的主管工程师都参加。我立即找导师问其原因，导师说这是教育部门安排的"花样"，就这样定了，不用紧张，再好好准备一下就可以了。说真的，这又不是正规的毕业答辩，我倒不是太紧张，主要是那位终日严肃的室主任"老头"当主持人，使我感到有些小题大做，不太自然，当然也担心有个别问题万一答不上来"难看"。但既然这样定了，也就只能乖乖地把那几个厚厚的笔记本又拿出来，耐着性子苦读了一遍。此时，同批的那些人都在欢乐的气氛中做着回国的准备。

经过一段努力，"文"的这一关顺利地过去了。另一个"驾驶室焊接关"也费了不少时间做准备，当时的场面也不小，中方车间主任赵润普亲临督导，几位苏方导师、看热闹的苏联工人、部分实习生，围了不少人，还有一位在莫斯科大学新闻系的中国女留学生张擎（名字记不准了）手持相机活跃在车间现场。紧张有序的半小时的"表演"终于胜利地结束了，当大家高兴地鼓掌并喊着"未来的中国驾驶室出来了"慢慢散去时，我们三人已是汗流浃背气喘吁吁了。

3500 吨大压床的焊接

通过导师的安排，我来到了压床焊接现场。这是专为制造这台压床而新建的大厂房，场面十分壮观，一百多吨重、状似火车车厢般的大滑块平卧在厂房中，在它的四周立壁有多条接缝处，趴伏着多个"乌龟"样的电渣焊接头，发着低沉的嗤嗤声直立着向上爬。这种电渣焊是电弧焊的一种特殊形式，它是焊接保护剂熔化成渣后，浮在熔池上面保护熔化金属不氧化，故曰电渣焊。在 20 世纪 50 年代，高效率的气体保护焊尚未问世，电渣焊在特厚板材的焊接中起到了关键作用。当时的苏联焊接技术在世界上是领先的。按正常情况，这种全新技术、全新设备的研制是保密的，因为这台大压床是苏联制造的第一台特大型设备，现场管理是很严的，禁止随便出入，但对中国人是敞开的。现场的人员并不多，也没有很多的设备，显得空旷而整洁，和那喧闹拥挤的冲压现场相比像是到了另外一个天地。经介绍知道，现场工作人员是巴顿焊接研究院派驻到这里的专家小组。我很快就和全组人熟悉了，他们非常热情地向我讲解各方面的问题，使我受益匪浅，至今难忘。

两年后轿车的焊接

从苏联实习回来，我在技术科搞焊接工作。过了两年多，开始大干

本文作者李中康（左二）与王少林（右二）及外国专家在一起。

"东风"轿车，轿车车身的生产任务落到了我们冲压车间（现在的车身厂）。虽然卡车驾驶室和轿车车身有共同点，但毕竟有本质的差别。全厂上下奋勇苦战半年多，经历过若干个不眠之夜，共装出来七十多个白车身和部分整车。经过冷静的思索和总结，总厂决定停止"东风"，改为生产"红旗"，并决定派王少林同志和我，立即去苏联和捷克学习轿车生产经验，此事发生在 1959 年的一二月份。

我们先到了老地方李哈乔夫汽车厂，见到了原工艺总专家卡拉乔夫（该厂的工艺处长），他非常热情地接待了我们，提出了很多好的建议和具体安排。接着考察了莫斯科人汽车厂，原苏联总专家希格乔夫正在这里任总工程师，他也非常热情地接待了我们，亲自领我们参观，解答问题，陪了我们一天。晚上还在家中宴请了我们，把从中国带回去的高级餐具都用上了，还做了几个"准中国菜"。席间，他几乎问到了所有他熟悉的中国同志，特别关心他的翻译郑树森同志。

稍后，我们来到位于莫斯科西北数百公里的高尔基汽车厂。这是苏联最大的汽车厂，也是苏联的轿车基地，大批量的"伏尔加"轿车，中高档的海鸥牌轿车均出自该厂，同时还生产大批量的中型卡车（老牌叫嘎斯，ГАЗ 是高尔基汽车厂的简称）和吉普。因为厂大而先进，在这里我们停留了较长的时间，学习和考察的收获也是最大的。

下一站是捷克的汽车厂。到布拉格后，我们先到了驻捷克大使馆，当时的大使是曹瑛同志，他也非常热情地接待了我们，并安排了后一段的日程。当时正值春节前，他预先邀请我们到大使馆过春节。

在捷克我们考察了两个和轿车有关的汽车厂：斯柯达汽车厂和太脱拉汽车厂。

在这篇文章即将结束的时候，我还想写一点关于和王少林同志相处中的一些小事，作为回忆的一个侧面，也是对他的一个追念。

这是我和王少林同志同吃、同住、同工作的一个多月。我那时只是个焊接组长，他当时算得上是"大官"了（生产指挥部领导、检查处处长），并且是早期参加革命的老干部。但他朴实无华、平易近人，从不把自己的意见强加于人，也不无原则地去迎合人。这期间我俩干同样的事：记笔记、提问题、共同讨论。他侧重管理和质量检查，我侧重结构和工艺。一个多月中，天天就是这样周而复始地重复着：参观、考察、讨论、记笔记。长此下来，我俩之间工作和生活得非常融洽，他不再是个"大官"，倒像个大哥了。

这次出国考察，制装和住宿等都是在额度内实报实销。王少林同志语重心长地对我说："这次总厂派我们两个人出国考察，说明一是对我们的信任，二是这项任务的急迫，一切从简，速去速回。"我们确实这样做了。在国外住一般旅馆，因忙而误饭时，就买些廉价食品回住处吃，从未到大饭店去享受那"实报实销"。从这些小地方我感悟到他人品的高尚，作风的严谨，以及钻研好学的精神，再联想到他那不幸的遭遇，以致过早地离开了我们，就更加深深地怀念他。

（李中康，1931 年出生，1952 年唐山铁道学院机械系本科毕业，1955 年 7 月赴苏联学习焊接技术。回国后，曾任一汽冲压车间工艺员、轿车厂厂长、一汽副厂长、一汽集团公司副总经理等职。）

我的三位实习指导老师

冯云翔

我是 1955 年 7 月去苏联斯大林汽车厂实习经济计划工作的，给我讲过课和指导过实习的导师不下十余人，他们对我的热情帮助都给我留下了美好的记忆，其中印象最为深刻，并使我毕生难忘的有三位导师。

慈母般的导师：玛·阿·莎姆松诺娃

还没有去苏联之前，就听郭力厂长谈到斯大林汽车厂经济计划处有一批业务精明的老太太，给他留下了深刻的印象。这个评价一点也不过分，处内几个科室为首的都是五十岁上下的老太太，我的直接指导老师玛莉亚·阿力克塞耶芙娜·莎姆松诺娃就是处内最受人尊敬的一位女科长。她所负责的综合计划科主管着整个汽车厂生产、劳动、成本计划的编制，以及主要经济计划的跟踪分析控制工作，任务相当繁重。可是，她兢兢业业、默默无闻、年复一年地工作着。当姑娘的时候她就来到汽车厂，到了 63 岁的高龄，因为工作需要组织上还没有让她退休。她没有子女，家中还有一个患糖尿病的丈夫，需要每天给他打针、做饭。作为一个每天坚持上班的老人，家庭负担确实不轻，但是很少听到她叫苦。她把全身精力都用在工作上，特别是一忙起来，走路都带小跑，工作效率连年轻人也难以赶上，处里同志们说：她把一生都献给了汽车厂。

她不仅工作认真负责，对我们年轻的中国实习生也是慈母般的关怀。她每天首先安排我阅读有关文件资料，然后挤时间给我讲课，同时安排我到生产处、会计处、财务处、生产准备处等关联处室以及基层车间实习，扩充我的视野。每次从一个单位实习回来，她都要反复地问我是谁给我进行的辅导，听懂了没有。刚开始的时候，由于语言上的障碍，心中没有底，即使我已经搞明白了，出于中国人的"谦虚"习惯，有几次都是用"差不多""基本上"等不肯定的语言加以回答。由于这不符合俄罗斯人回答问题干脆直爽的习惯，被她误解为我还没有完全听懂，逼得我不得不用结结巴巴的俄语把我理解的意思叙述一遍，说明我已经听懂了。这种慈母般的耐心，使我至今难以忘怀。

我师从玛莉亚·阿历克塞耶芙娜实习只有一年时间，却给我留下深刻印象。回国后，经常在家中同妻子葛葆璇议论她，怀念她，觉得她是我一生学习的榜样。特别是上了岁数后，每当工作忙起来，导师的形象就会在脑海中浮现出来。我出身贫寒，在旧社会饱受失学失业之苦；新中国成立后，上大学，去苏联，走上了自己做梦也没有想到的幸福之路。因此，对党、对国家、对人民总是有一种知遇报恩的感情，淡泊名利，力求奉献。导师那种顾全大局、毕生敬业的精神，对我上述思想的形成也有很大影响。

有学者风度的导师：谢·阿·普洛崔洛夫

谢拉非·阿力克山特洛维奇·普洛崔洛夫是当时的经济计划处处长，是一位受人尊敬的领导。他不仅精通业务，而且善于琢磨思考，总结经验，理论上造诣很深，我至今还珍藏着他编著的书籍和在报纸杂志上发表的文章。在我心目中他是一位具有学者风度的导师。我平时很少见到他，但每次接触，他都会给我提出一些带有哲理性的问题，指导我全面掌握管理知识，在我的思想上撞击出新的火花。有一次他见到我时突然问我，降低成本有哪些途径？我列出了诸如降低原材料消耗等十多项措施。他听了比较满意，最后还提醒我说：不要忘了开展厂内经济核算、发动职工提合理化建议。你们中国不是提倡从群众中来，到群众中去吗？这就是走群众路线降低成本的重要途径。在我实习回来的1958年，他还专门把由他编的《工厂经济代表会议》一书寄给了我们，书中叙述的就是他们厂通过职工代表会议的形式，动员全厂职工提合理化建议降低成本的经验和做法。

当时，苏联实行高度集中的计划经济体制，工厂的主要指标都是汽车工业部确定的，企业活动余地很小。编制计划的工作固然重要，执行计划更为艰难。他工作比较超脱，把诸如编制计划、下达指标、审批费用预算等日常具体业务工作都交给副处长处理，自己只是在办好的文件上签个字。而他把主要精力更多地放在关心计划的环境、条件，以及计划的实施情况的控制和分析上。每天一上班，都由秘书向处内的主要骨干下达指令，要求他们提供各种分析预测资料。

对他的工作作风，我一开始也不是很理解的，但随着业务经验的不断积累，特别是自己也当上了领导以后，越来越觉得这是培养干部、摆脱事务主义的好做法。对自己还不明白的事情，一定要亲自动手去做；对自己熟悉的业务，尽量发挥业务骨干的积极性，以便腾出精力从事更深层次的工作。

导师与挚友：巴·谢·高里丹斯基

巴维尔·谢维里耶维奇·高里丹斯基是工具一车间的经济计划科科长，业务知识全面，实际经验丰富，是经济计划系统的佼佼者。我曾经随他实习一周时间，受益匪浅。他能够用简短的语言深入浅出地把复杂的业务表达得清清楚楚，我和陈杰、葛葆璇这几个中国实习生都非常钦佩他、尊敬他。他也特别关心我们。在朱总司令参加苏共"二十大"后来厂参观的那个上午，他先得知朱总司令要来的消息，特地把我们安排

作者冯云翔（拿花者）离苏前在车站与导师玛·阿·莎姆松洛娃（左二）、格·阿·奥尔洛夫（左三）、娜·伊·斯维特绍娃（左五）合影。

在朱总司令必经的工具三车间，他们为一汽制造的组合机床旁边，使我们幸福地见到了朱总司令。葛葆璇还同朱老总说上了话，使她激动不已。在我实习回国不久，他也被派到一汽来作为经济计划专家帮助工作。在将近一年的共事中，我们的友谊得到进一步加深。厂里安排他给中层干部讲课，由于对一些专业词汇普通翻译不能适应，李岚清同志就负担起翻译的重任，我就把他讲课的内容写在黑板上，供听课者抄录。后来李岚清同志把他的讲稿整理成《汽车工业企业经济计划工作》一书，通过机械工业出版社向全国发行。我们在实际工作中遇到的一些问题和困难可以随时找他请教，求得支持。他有一些好想法，一般也是先找我们这些去过苏联的实习生商量，以便使形成的建议更加结合中国的国情。一汽之所以在开工生产的一年多时间里，就成功地把苏联那套成熟的经验引进来，建立起比较完整的经济计划工作系统，巴维尔同我们的亲密合作起了很大的作用。当时苏联专家都已经陆续回国，最后留在一汽的只有三人。为了使他生活上不感到孤单，星期天就成了我们这些留苏实习生与苏联朋友密切交往的时间。我们工作上互相帮助，生活上互相关心，巴维尔成为我，也可以说成为我们全家最崇敬和信赖的一位苏联籍的良师益友。巴维尔回国后担任了工资处处长，1959 年以后我们中断了联系。

多年过去了，三位导师都已作古，留下的是珍贵的、美好的回忆。

（冯云翔，1931 年出生，1953 年上海财经学院工业管理系机械专业毕业，1955 年 7 月赴苏联实习经济计划工作，1956 年回国。在一汽历任经济计划处科长、处长，企业管理办公室主任，技术经济政策研究室主任，一汽副总经济师等职务。）

实习使我掌握了
铸造生产的科学知识

吴玉亭

我是一个铸造工人。13 岁在沈阳市三菱机器厂学徒，后到天津市丰田汽车制配厂，也在中国资本家的工厂干过两年。可以说我对铸造生产还是比较了解的，但是对铸造型砂、芯砂的配制和铸造原材料，却几乎什么知识也没有。

1953 年 8 月，我由天津汽车制配厂调来一汽支援重点工程建设，并赴苏实习，心情非常激动。因为调令急，我们买不到火车票，开了一个介绍信，盖上公章即是火车票。这样我们就在火车餐车的库房里坐着或躺在麻袋上。当火车开到铁岭车站时，因为下大暴雨把铁路给冲坏了，我们下车在铁岭等了几天也没通车，就沿着铁路线向长春步行。路上趟过大清河、小清河，一直走到金沟子火车站。那里有四平火车站开来的抢修车。等它返回时，我们就爬上了这辆货车。一路在车上受烟熏、灰打，连眼都睁不开。经过半天一夜总算到了四平，然后我们又坐火车来到了长春。

我在苏联实习铸造配砂专业。在实习期间，通过导师的讲解，学习铸造工艺文件和材料的国家标准，又在实验室通过师傅们帮助做试验，使我对铸造造型、制芯材料有了一个初步的了解。

为了保证生产和提高生产效率，降低成本，斯大林汽车厂设有中央试验室和车间快速试验室。中央试验室负责进厂原材料的检测和新材料的试制工作。车间试验室负责现生产检测工作。车间配制的芯砂都要经过试验室检测合格后，凭合格单再送到制芯车间使用。没有合格单是不

408

准送车间使用的。型砂是由碾中取样检测的，还要定时由输送带上和造型生产线上取样检测。

通过实习，我了解到，试验室的工作是技术性较强的工作，要由技术较强的技术工人操作。我和王俊义同志在实习中也和他们一起做试验。将自己配制的芯砂和由车间取来的砂样，放在八字形的模具中，用重锤打三下制成试样。每样砂做成三片试样，经过烘干、冷却后进行干拉强度试验。经过多次试验，我和王俊义作的试样干拉强度还是没有苏联老工人作的试样干拉强度高。

苏联导师叫我到配砂工段去观察、记录配砂工人操作情况，什么材料加了多少？取的是什么砂型？使我不但进一步了解了配制型砂、芯砂的程序，也懂得了遵守工艺规程的重要性。如不按工艺规程操作就会出废品。特别是配制纸浆芯砂，辊碾的时间一长就会发生皂化。

在苏联实习我看到了从配砂、制芯、造型、熔化浇铸、清理一条龙大量流水铸造生产线，大开了眼界，增加了铸造生产的知识。

为了生产不间断地进行，上道工序必须对下道工序生产负责。配砂的工段长每天上下班前都必须到造型线和制芯生产线上检查型砂、芯砂供应情况。有一次，一名工长检查中发现型砂供应不足，他就快速返回配砂工段，在工段叫人时没有人应声，于是他就自己开碾配制。当他把碾砂机开动时，突然听到一声惨叫，当时就把一名清理设备的工人轧死在封闭的碾砂机中。这是一个惨痛的血的教训，由此使我深刻认识到严格遵守岗位责任制的重要性。

斯大林汽车厂铸造生产的质量管理方面，每天早晨有一个由各工段组成的质量分析会。我和一起实习的杜贵勇、龚震几个人也去参加学习，我们每次都是先到会场。有一次我们发现了一个呛火的气缸盖废品，我们分析认为是砂芯的气孔没有堵好造成的，废品当然是砂芯车间的。但是在他们分析时，把责任判到了熔化车间。等分析会后，我们请教了检查工段长。他反问我们是什么原因？我们说是砂芯的气孔没有堵好造成的。他讲不对。还叫我们去芯库检查有没有没堵好气孔的砂芯，并叫我们去浇铸工段查原因。我们在熔化浇铸工段观察了一段时间后，终于发现了造成汽缸盖呛火的原因。它是由于铸工输送带不停地运行，当砂型将越过浇铸点时眼看就要浇不上了，这时就有另一名浇铸工人拿一根木棒向前推铁水包强行浇铸。这样浇得不准，弄得砂型上面有一些铁水，就把砂型的通气孔给堵死了，造成呛火。从这件事我们认识到，一个先进的大量流水生产的铸造工厂，除要有严格、科学的管理制度外，同时要有一批有丰富生产经验的管理人员，这是企业正常生产的重要保证。

1955 年末，我们从苏联实习结束回到长春。当时是建厂后期，正在进行设备安装调试。此时配砂和砂芯是一个车间，我和厂里的老同志、技术人员对新工人进行了再培训。组织他们学习工艺文件，熟悉生产路线和岗位责任制；组织清洗设备和工艺装备、工装；进行了工装、设备的调试。当时我们的碾砂机没有安装好，就到铸模厂去配制芯砂，用小车拉回来使用。新的芯盒一些活块配制得都非常严密，开始不灵活，打不出芯子来，经过不断地使用调试就逐渐地好了。芯砂也是反复使用的，将打好的芯子毁坏了，用砂再打。

在设备大量安装时苏联专家也来了。他们和工人师傅们、技术人员在现场一起工作。设备安装大部分都很顺利，有个别的设备也有制造上的缺陷，如有一台 115 碾砂机在运转时半边齿轮咬合比较紧。经过反复调试，苏联专家和技术员、工人一起分析，认为这个小故障不影响设备运行，经过一段时间的磨合就会好的，并决定验收。后来实践证明这个判断是对的。

在经过一系列准备工作后，在有的设备还没有安装好的情况下，我们采取迂回生产的办法开炉生产。配制型砂的碾砂机没有安装好，我们就用配制芯砂的碾砂机配制型砂。由于配制芯砂的碾砂机没有粉碎加料系统，就用人工将膨润土和煤粉加入碾中进行配制。配好的型砂放入砂斗中，用电动车运到输送皮带旁，再用人工一锹一锹地铲到输送带上送到砂仓中准备造型使用。

配砂用的煤粉是从热电厂的煤粉仓中扒出来的，然后一麻袋一麻袋地运到铸造厂的。弄煤粉的工人师傅们，除了牙和眼球是白的外，全身都是黑的。

熔化的起重设备没有安装好，工人师傅们就用搭人梯、手搬、肩扛、传递的办法，把生铁等熔化材料运到熔化的平台上。总之，赴苏学习使我掌握了先进的铸造生产知识，为一汽的开工生产做出了贡献。

（吴玉亭，1928 年出生，1955 年 4 月赴苏联实习。回国后，曾任一汽铸造分厂砂芯、配砂车间主任，铸造厂副厂长，精铸厂副厂长。）

实习经济计划工作的回忆

张剑飞

　　一汽派遣到苏联斯大林汽车制造厂实习经济计划工作的干部先后有六位，除了我全面实习经济计划管理外，冯云翔实习综合计划工作，吴忠良实习基本车间计划管理，陈杰实习辅助车间计划管理，葛葆璇实习价格管理与统计分析。在我之后，李岚清也去实习了经济计划、劳动工资、财务会计等管理工作。从专业安排来看，我们这支经济计划管理实习小分队是全面配套的，厂里对此考虑得非常周到。

　　我在实习中遇到的首要困难、也是最大的困难就是语言上的障碍。我1938年就参加了新四军，青年时期是在枪林弹雨中度过的，失去了许多学习文化的机会。1953年转入工业建设时已进入中年，出国前虽然经过了半年多的俄语突击培训，但实际应用起来还是不行。好在我们这个实习小分队里，除我之外都是刚从学校毕业不久的大专学生，他们在学校里都接受过系统专业知识的培训，原来就有英语基础，出国前补学俄语，在实习中经过短期同苏联人交往，语言上过关都比较顺利。他们朝气蓬勃，主动热情。同这些年轻人朝夕相处，一起实习，从他们身上学到了很多我所没有的东西，也增添了我克服困难的勇气和信心。在这些年轻同志的帮助下，加上自己的努力，遇到的困难就迎刃而解了。

　　斯大林汽车厂当时就是一个具有五十多年历史的老企业，有着十分丰富的管理工作经验。我们实习的经济计划处又是厂长直接领导的综合管理部门，工作联系面很宽，并具有相当的权威性。到了处里，什么都感到很新鲜，觉得需要学习的东西实在太多，必须抓紧学习，所以劲头十足，可以说达到了如饥似渴的程度。白天在厂里听导师讲课，阅读有关资料，并经常下车间熟悉汽车生产过程，了解基层单位的经济管理工作；晚上回到宿舍，回忆当天的学习情况，整理好笔记，对不太明白的地方，及时与其他同志交流，直到学懂弄通为止。

我们在苏联实习经济计划管理工作的一个十分有利的条件，就是他们为我厂编写了一整套的共有 62 分册的《生产组织设计》，其中经济计划部分就有综合计划、基本车间计划、辅助车间计划、价格、统计和分析、技术措施经济效果计算办法等 6 个分册。这部《生产组织设计》都是他们的业务骨干撰写的，写的都是他们现行的工作程序和工作方法，甚至于采用什么表格、运用什么计算公式都规定得很具体，实际上就是他们厂现行制度和方法的写实和总结，因而具有很大的现实性和可操作性。我们在实习中，一方面学习这部《生产组织设计》，一方面对照阅读他们的资料，观察他们的工作流程和工作方法，遇到不明白的地方再有针对性地向导师提问，就很快地理解并掌握了他们的经济计划管理体系、工作程序和工作方法。这部《生产组织设计》，在实习时是苏联导师给我们中国实习生授课的主要教材，回国后就成了我们向国内同志们传授苏联管理经验、建立经济计划管理体系的主要依据。一汽在开工生产以后，之所以能够很快地建立起正常的经济管理乃至整个企业管理秩序，这部《生产组织设计》起了很大的作用。

我们在苏联学习的时候正处于中苏两国关系最好的时期，领导要求我们视苏联为"老大哥"，全心全意地向苏联学习。苏联的指导老师和朋友们对我们中国实习生也给予了热情友好的关怀和真诚无私的帮助。我的指导老师安娜·尼古拉耶芙娜·华西里耶芙娜，是位五十多岁的副处长，她有着丰富的专业知识和实践经验，在处长的授权下领导着几乎整个经济计划处和经济计划系统的日常业务工作，即使是处长主管的科室和工作，如综合计划、价格方案等，往往也要在她那里初审平衡后，才由处长签发。在她的安排和指导下，我可以阅读处内的所有计划统计报表和有关文件资料，了解全处乃至整个系统的管理业务。当时，处内很多资料是保密的，特别是综合计划科的计划数字资料，按厂里的规定，只有处内少数人员可以接触使用，下班后把它锁进保险柜，封上胶泥，钥匙由科长亲自保管。但是，对我和在综合计划科实习的冯云翔同志来说，可以例外地阅读到这些资料。这说明他们对我国实习生是充分友好和信任的，这对我们也是一个很大的鼓舞。

经济计划处处长谢拉菲·阿力克山特洛维奇·普洛崔洛夫是一个具有学者风度受人尊敬的同志，他对我们实习生也很关心，经常提醒我们，要注意学习如何发动全厂职工挖掘内部潜力，来提高劳动生产率和降低成本。直到我回国以后，他还把他编撰的《工厂经济代表会议》一书和在《共产党人》上发表的文章寄给我，把我称之为他的"战友"。有一个月工厂没有完成劳动生产率计划指标，影响了当月的工资水平，厂里召开了批评检讨会，普洛崔洛夫处长专门请我和冯云翔同志参加了那次会议。会上许多基层单位的领导严厉批评了经济计划处长和劳动工资处长。会后，普洛崔洛夫对我俩说："我们不能给你们尽说好的，也得让你们看看我们工作中的缺点和错误。当计划处长不能是仅命令别人，指责别人，完不成指标也是要负责的。"他对中国实习生这种坦诚相待的态度，使我们很受感动。

为了感谢苏联导师和朋友们对我们实习生的友谊和帮助，我们专门在国内订制了一面送给他们的锦旗，锦旗的中央以中俄两国文字绣着"真诚的友谊，无私的援助"几个大字，锦旗的下方绣着我们五个实习生的签名。在赠旗的会上，处长普洛崔洛夫激动万分，记得他紧紧地捧着锦旗，说："这是最珍贵的礼物，它象征我们两个处的永恒友谊，我将永远保存它。"

本文作者张剑飞（右一）同实习生陈子良（中）、冯云翔（左）在列宁墓前留影。

在我结束实习任务回国的前夕，经济计划处的全体同志联名给我写了一封信。信中写道：

敬爱的张剑飞同志：

当你结束在苏联莫斯科汽车厂的实习，即将回国之际，经济计划处的全体成员向你表示衷心的友好祝愿。

我厂经济计划处全体成员的任务，不仅是向您传授了我处职责范围内综合知识与经验，而且还同您交流了如何领导各部门的经验，以及如何妥善处理工厂内部各种业务关系的经验。这对您，一位领导者来说，在实际工作中是非常重要的。

我们高兴地看到，您虽然遇到了学习经济计划知识和学习语言的双重困难，但最终很好地完成了摆在您面前的任务。当你们即将离别时，我们衷心地祝愿并相信您一定能把你们汽车厂的经济计划工作搞得更出色。

今后，希望您努力学习，深化社会主义经济基础理论。

希望您在工作中严格要求自己，严格要求下级。

您虽然即将回国，但我们之间的友谊不会停止。因为苏联人民永远不会忘记自己的朋友，即使他在天涯海角。

敬爱的朋友张剑飞，祝愿您工作顺利，生活幸福。

请您向全厂及经济计划处全体职工转达我们的衷心问候。祝愿你们尽快制造出中国人民所需要的国产汽车。

谢·阿·普洛崔洛夫、安·尼·华西里耶芙娜等

34名经济计划处成员签名。

这封热情洋溢的信是我在苏联实习经济计划工作的鉴定，也是导师和朋友们对我今后工作的期望和要求，我一直把它保存着，作为鞭策自己前进的动力。

1956年下半年开始，经济计划处的实习生先后回国，很快把一汽的经济计划工作秩序和经济计划制度建立起来，形成了以降低成本为目标，各项经济指标分解落实到车间和有关处室的内部经济核算体系，开展了群众性的班组经济核算和节约活动，使一汽的经济计划管理工作，乃至整个企业管理工作在汽车行业和机械行业一直处于领先地位。

在苏联实习期间，我们利用休息日游览了莫斯科红场，瞻仰了列宁墓，在参观列宁故居的时候，亲自听到了列宁的讲话录音，还参观了一些名胜古迹，这些都给我留下深刻的印象。特别值得回忆的是，1956年春天，朱德委员长在参加苏共代表大会期间参观了斯大林汽车厂，我有幸和该厂厂长一起陪同朱德委员长参观了该厂的发动机、冲压、总装配等车间的生产过程。朱德委员长当时已有七十高龄，还非常认真地观看和听取意见，使我受到很大的教益和

鼓舞，让我毕生难忘。

（张剑飞，1917年出生，1936年在安徽省立中学参加抗日救国活动，1938年参加新四军，1949年转入地方政府，任浙江省鄞县县长、县委书记。1954年调入一汽任劳资处处长，1955年9月赴苏联实习。1956年9月回国后任一汽经济计划处处长。1960年调离一汽，先后任一机部生产调度局党组副书记、副局长，汽车总局党组副书记、副局长，中国汽车工业总公司正局级顾问等职，1986年离休。）

从工人学成液压设计工程师

史纪定

我们这批三十余人的实习队由张剑飞同志带队，于 1955 年 10 月中旬赴苏联莫斯科斯大林汽车厂实习。实习期为一年。我们这批实习人员中有 30% 是工农出身的干部，出国前只学习了几个月的俄语，因此这些学员文化水平和俄语水平较低，对学好技术有一定困难。经实习队总支与厂方教育处协商，确定在下班后业余时间里为俄语水平低的学员举办俄语班，提高大家的听、讲水平。我是俄语班里的一员。

我的实习岗位是"液压设计工程师"。我出身是工人，虽然在一机部上海第二设计分局金工科搞过两年工艺设计，业余时间参加过数理化和机械制图等课程的学习，但是要承担起"液压设计"有相当大的困难。苏方也认为我文化水平与实习岗位不相适应，可能完不成实习任务，并提出能否换一个实习岗位。经实习队党组织研究决定，不更换实习专业。张剑飞同志还亲自找我谈心，鼓励我一定要刻苦学习，把这门技术学到手。当时我立即回忆起出国前确定我实习专业时的情景。当一汽出国管理处告诉我，我的实习专业是液压时，我惊呆了，什么叫液压？怎样搞？当时我对液压技术既无实际知识，更无理论基础。因此我回答：我搞不了液压设计。我可以不去苏联实习。并与工作人员争论了一番。第二天上午，有位领导同志找我谈心，鼓励我要有决心、有勇气去承担这门技术的学习，并语重心长地说：我们国家就是要从广大工人、农民中间培养出一大批工程师和专家，你是其中的一员。一定要努力学习，报答党和祖国人民对你的信任和希望。每当我回忆这段历史性的谈话，

史纪定（后）同实习生和苏联朋友在郊外野游时留影。

就使我信心倍增。但是，当时没有一本中文方面的液压技术书籍，因此我只能从俄文书中和实习岗位上的实物和图纸资料中学习液压技术，困难十分之大。

在苏联实习期间，我常到书店购买旧的液压方面的书籍，从书本中了解液压元件的结构、工作原理及其功能，并把经自己消化的意思翻译成俄文，去向导师请教。导师安排我先在液压工段参加液压元件修理和试验，一个月后到机械处设计科学习液压设计。1956 年 7—8 月份，饶斌和陈祖涛两位同志到莫斯科看望我们并了解我们的实习情况，他们决定要我和盛吉庆同志延长两个月实习期，到莫斯科组合机床设计院去实习组合机床设计，我实习组合机床液压系统设计。

在一年多的实习生活中，我深刻体会到当时的苏联党和人民对我国的援助是无私的，技术上是毫无保留的。在我实习的每一个科室和部门，导师们都是热情地、耐心地教我，并把关键的技术参数无保留地传授给我。例如在实习时，我的导师布朗传授给我一个液压元件设计时主要技术参数计算的经验公式，该公式至今我仍在使用。实习期间我记下的实习笔记达十多万字，这些笔记为我后来的工作打下了有力的基础。实习期结束前，经过考试，我以优良成绩获得了"液压设计工程师"称号，圆满地完成了实习任务。1956年12月下旬我回到祖国。

在苏联实习的日子里，实习队党组织经常不断地关怀我，总支书记张剑飞同志常与我谈心，在政治上、学习上、生活上关心我。例如，我到苏联近两个月时，曾高烧到41℃，总支与厂方管理处联系，立即把我送进医院治疗，经过二十来天治疗痊愈时，总支又派人专程去接我出院。总支还常常教育我们要遵守外事规则，要与苏联同志处理好关系。特别是在苏共"二十大"后，苏联国内政治生活中出现一些混乱时，中国党政代表团到莫斯科，由彭真、李富春等领导同志给我们学生和实习生做了国内形势和苏联政治的报告，讲明中国党和政府对苏联政况的态度，并要求我们做到两点：一对苏联政况不表态，二要努力学习文化、技术，学好后立即回国，参加祖国建设。

因为我延长了实习时间，所以张剑飞同志回国前把我托付给刚到莫斯科的李岚清和夏治涛两位同志，请他们多关照。这样，李岚清同志又像张剑飞同志一样关心我的学习和生活。总支为了照顾我有更好的学习环境，在最后几个月让我一个人住一个房间（一般都是四人一间），给我创造了良好的学习条件。因此可以说，实习生总支对我的不断关爱是我学习好技术的动力。

赴苏实习决定了我一生奋斗的事业。我在汽车制造工业的设备部门干了四十多年设备液压技术工作，并取得了一定的成绩。曾编著和组织编写了六本技术书籍，撰写了九十多篇论文，其中有五十多篇文章刊于国内有关技术刊物上。我曾任湖北省机械设计与传动学会常务理事、省设计技术委员会委员、省汽车专业技术委员会委员，并被北京理工大学聘为液压传动与控制专业高级工程师指导教师，被东风公司评为首批有突出贡献专家和学科带头人等。

这些成绩的取得，应当归功于各级党组织对我的培养与关爱，归功于实习期间各位导师的指导，以及在实际工作中同事们的帮助。

（史纪定，1933 年出生，1955 年 10 月赴苏联实习。曾在一汽机动处设计科，二汽设备修造厂、机械处、动力处、装备公司等单位任职。）

回首成才路，不忘导师情

王锡春

回顾一汽建厂初期赴苏联实习的 365 天，使人振奋、欣慰。新中国成立之初，由于帝国主义封锁我们，我国国民经济建设第一个五年计划要上马，技术人才奇缺。社会主义的苏联伸出友谊之手，一汽是其中的第一批重点项目之一。国家从祖国四面八方调集人员来支援一汽建设，选送五百多人学习俄语，并分批赴苏联莫斯科斯大林汽车厂实习，培训汽车专业人才。

涂装是汽车制造不可缺少的重要专业之一，在 1954 年至 1956 年间，一汽派出了刘莔芬、张吉祥（附件车间的油漆工长）、刘长治（冲压车间油漆工部主任）、我、薛陆第（冲压车间油漆工长）五人配套实习涂装专业。

刘莔芬和我，1954 年 8 月刚从杭州化工学校毕业，分配到一汽俄文班学习俄语，准备赴苏实习。刘莔芬同志比我早赴苏半年。我们两人都在斯大林汽车厂工艺处油漆试验室实习油漆工艺师之职，苏联友人为便于称呼，都给我们起了爱称，称呼刘莔芬为"丹娘"，由于我身高体壮，就简称为"王"。苏联导师不仅为我们编写了详细的实习计划，在生活、工作、学习等方面也给予极大的关爱。刘莔芬同志 1956 年 3 月底结业回国，工艺处和油漆室领导为她开了隆重的欢送会。

刚去时因语言不熟和无专业知识，导师安排我做油漆进厂检验工作，从当试验员开始。接着给我讲专业基础理论，指导我通读两厚本大学专业教材《漆膜形成物工艺学》《非金属涂层工艺学》，让我熟悉材料

本文作者王锡春（左七）与油漆试验室同志合影。左一为实习生刘莅芬。

技术条件及检验方法和载重汽车各零部件的涂装工艺卡及有关工艺管理文件。半年后语言上基本过关，专业也进步很快。1956 年 5 月薛陆第同志刚到冲压车间实习，其导师、现场油漆工艺师打电话给我，"王，快来给我当翻译。"他们将我们勤奋学习和抢着干活的精神，专业知识上的进步，与刚分配到试验室学涂装专业的大学生比较，竖起大拇指，说："好样的"。

　　他们认为新中国将来会制造轿车，在实习后期，超计划安排我到吉斯牌豪华高级轿车和大客车涂装工部去实习，还为我联系参观莫斯科人轿车厂涂装车间。为培养我们开发新工艺、新技术的能力，导师带领我参加当时先进的杯式静电涂装法、中温锌盐磷化工艺的试验工作和技术研讨会。油漆试验室主任从英国考察一回来，就给我们介绍英国轿车涂装技术状况，并在我回国临行之前赠送给我一厚本晒图复制的"访英报告"和一套气动静电喷枪的照片图。同时使我学到涂装工艺管理、新工艺、新技术的开发和了解国际汽车涂装动态等的思维和科学工作方法，并使我爱上汽车涂装专业，立志为我国汽车涂装赶上国际先进水平奋斗终生。1956 年 10 月我结业归国，油漆试验室的女士们都到车站为我送行，真是依依不舍，非常留恋。回国后她们还给我寄来最新出版的《非金属涂层工艺学》一书和全室同志签名的为"第六届世界青年和大学生运动会（1957）莫斯科"特制原"吉尔"厂纪念盘。

一年的实习，为我专业发展打下结实、良好的基础。回国后，学到的东西很快得以应用。如 1958 年在国内首次试制成气动静电喷枪和静电涂装法；在试制国产第一辆东风牌轿车和红旗牌高级轿车时，由我主持涂装工作，通过领导、技术人员和工人师傅"三结合"，出色地完成了任务。

回国后，我在一汽一干就是四十多年，并从事同一专业（汽车涂装），参加了一汽的三次创业，和汽车涂装及其用材的三次全面引进及消化吸收工作。一汽这个大"熔炉"将我炼成了有用之才，使我在推动我国汽车涂装技术进步中做出了一点贡献。1983 年、1989 年，我首批被机电部批准晋升为高级工程师和研究员级高级工程师（对 1954 年中专生来说都是破格晋升）。1986 年和 1988 年两次被评为厂劳动模范。相继主编出版了《涂装技术》、《最新汽车涂装技术》（1997 年机械工业出版社出版）、《汽车车身涂装技术（王锡春文集)》（汽车工程学会涂装专业委员会和《汽车工艺与材料》编辑部 2000 年 8 月出版)、《汽车修补涂装技术手册》（2001 年 2 月化学工业出版社出版）和若干本厂内教材，在国内外期刊和技术交流会上发表文章近百篇。分别荣获了 1989 年度和 1999 年度国家科技进步二等奖。在社会上兼任过中国化工学会涂料学会副理事长，中国表面工程协会常务理事、涂装分会副理事长，全国涂料、颜料标准化技术委员会副主任，中国汽车工程学会涂装专业委员会多届主任、名誉主任，吉林工业大学教授等职。

实现了自己的理想，取得了上述业绩，成为了我国汽车涂装专业

的带头人，不能忘记苏联导师的无私相助和一汽的栽培。现虽年老退
出一二线，但仍愿将自己的专业知识、宝贵经验和余热奉献给一汽和
社会。

　　（王锡春，1934 年出生，1955 年 10 月赴苏联实习。曾任一汽工
　　艺处油漆试验室主任、工艺处副处长，一汽涂装中心总工程师、合
　　资办指挥。）

导师言传身教让我终身受益

李应堂

1954 年，年仅 20 岁的我从上海交大毕业，分配到建设中的一汽机动处，被派跟随苏联安装专家布依诺夫记录整理技术资料。当时虽不懂俄语，但凭着苏联专家的言传身教，受益颇多。

这年的 11 月我被选去学习俄语，并于 1955 年 11 月被派到莫斯科斯大林汽车厂实习。莫斯科的冬天滴水成冰，我是南方人，穿着笨重的皮衣、皮裤仍冷得发抖，但我的心是热的。我们实习生到达的当天，斯大林汽车厂铸造分厂举行了隆重的欢迎会。会上我应邀用口琴吹奏了《喀秋莎》和《静静的顿河》两首苏联歌曲，不太动听的吹奏技巧却赢得了热烈的掌声和热情的拥抱。和其他赴苏联学习的年轻人一样，我深感党对我们的期望，心中激情澎湃，希望在短短的一年里学习到更多的知识，回国后报效祖国。

在苏联最值得庆幸的是我遇到两位好老师，他们的言传身教让我终身受益。一位是著名的可锻件专家、汽车厂总冶金师、博士索夫诺夫教授；另一位是专业厂主管工艺师，严肃认真、少言寡语的尼古拉老先生。

索夫诺夫专门为我们讲授可锻铸铁形成机理，以及这种铸铁用于汽车产品中的工艺特点、生产中可能出现的铸造缺陷等理论基础。索夫诺夫讲一口纯莫斯科口音的俄语，开始讲课时我听不懂，但能读懂。索夫诺夫便让秘书把他的讲义打印出来，上课时先发讲稿，这件事让我们非常感动。

为了让我们弄懂可锻铸铁的形成机理，他让大家自己动手，磨试样，分析金相图片，再结合学过的专业理论，我们很快就理解了可锻铸铁产生的全过程。

1956年2月，我们从《真理报》上获悉朱德总司令要参观斯大林汽车厂，就用半天时间去迎接朱老总。我站在欢迎的人群中，与苏联人一块儿激动地大声喊着："乌拉"，没想到陪同朱老总的苏联工作人员径直走到我跟前，要我陪同朱老总参观。朱老总关切地询问了许多问题，教导我们要跟苏联同志搞好关系，好好学习他们的技术长处。就这样，我挽着总司令的胳膊陪了他两个多小时。第二天我去上课仍沉浸在喜悦之中，然而索夫诺夫却毫不留情地当着众人批评了我一顿，说我耽误的时间多了。看来他当时还不大了解我的心情。不过，由此我更敬重这位老师了。

回国前三天，索夫诺夫送给我一包资料，他说：这是他的发明专利，即在铸铁冶炼中加入某种特殊金属，可以大大缩短热处理时间。回国之后果然派上用场，这是一件十分珍贵的礼品。

尼古拉老先生是一位年过半百、眼睛近视、在二战中曾负伤腿有残疾的高个老头。第一天见到我他就说：年轻人，欢迎你，我叫尼古拉·阿列克谢维奇，你就简单点叫我尼古拉吧。事前他在他的办公室为我安排了一张办公桌，他的办公室堆满了各种各样的废品铸件和各种砂芯。上午，来找他的人很多，大多是为处理车间各种各样的工艺技术问题。下午他穿着一件多口袋的工作服，装上卡尺、放大镜和一本厚厚的笔记本，带上我，从铸造厂的熔炼车间、检验间、化验室，走到清理车间的废品库。他特别注意每天产生的成堆废品，用力正反面搬弄它们，全神贯注地用放大镜仔细分析每个废品的形成原因，对于重要产品的废品立即勾出草图写上注解，并通知有关人员将废品送到他的办公室。开始几天，跟着他重复做这些工作，几乎每天一身灰尘一身汗，觉得实在太枯燥了，当时也不知道这些工作有什么意义。星期一上班，他让我参加由厂长召开的有关生产、技术部门的综合会议，目的是全面分析一周内产品的质量和废品状况，最后落实到各单位月度奖金分配上。由于利益所在，会议期间会发生相互指责、严重争吵现象。遇到这样的情况，厂长会站起来让尼古拉先谈谈自己的看法。由于他每天深入车间，又全面掌握生产一线的技术和废品状况，加之他严密的科学分析和完整的笔记记录，与会者大多心悦诚服。后来我发现他的发言往往成为每次会议解决问题的基点。尼古拉为了专业厂不断提高产品质量，降低废品率，费尽心机。从此，我更加佩服这位老先生的敬业精神和科学态度。

尼古拉不但抓紧我的实习进度，也十分关心我回国后能否独立开发新产品工艺。实习中期，他曾两次要求我独立制作该厂准备开发的越野车短桥壳体和大型拖拉机的差速器壳体，让我独立编制整套生产工艺和图纸。事前他耐心介绍这类产品制作工艺的若干基本原则，并要求我先下车间系统了解同类产品的工艺状况，诸如它们的浇注系统是如何设计布置的？它们的分型面有什么特点，用几个砂芯组合的？生产中有可能出现哪些废品？尼古拉要求我不但要收集现有资料，更重要的要结合产品实际多动脑筋，在试验中不断修正工艺，要不怕失败。我没有辜负尼古拉对我的期望，一步一个脚印，精心设计了两个复杂件的全套工艺资料，又经过老师仔细审核修正，终于投入了试制。经过三轮试验修改后，结果我成功了。在一次新产品总结会上，尼古拉竖起大拇指当众表扬了我，这是我平生第一次在生产工艺实践中获得的奖励。如今，四十多年过去了，想起这件事我仍激动不已。

1956 年 11 月，我被苏方授予"总工艺师"称号，并准备回国。在莫斯科车站，厂里的技术员、老师们与我吻别，依依不舍地流下泪水。

实习为我终身从事铸造事业打下了良好基础。回国后，我立即投入了紧张的"解放"车的生产准备和产品调试工作。后来我有幸和一大群年轻人，直接参与了我国第一辆"东风"轿车和"红旗"轿车的试制开发，接着又开发了军用越野车。那时候，西方世界对我们封锁，没有任何参考资料，困难很多，只有一点点地摸索积累经验。在大家的共同努力下，这些项目均获得成功，为祖国争了光。

1966 年我和一大批建设大军来到湖北郧阳山区开始建设二汽。同年我被派到欧洲、日本考察，费尽周折引进当时世界先进设备和生产线，这批设备为东风公司以后的发展奠定了坚实基础。

回忆过去，我这辈子与祖国的汽车工业尤其是铸造专业结下了不解之缘。在二汽，我又参加过两个铸造厂的建设，与同志们一块创造过不少科研成果和新产品。如今我早已退休，但仍被东风汽车公司总工程师室聘用，享受国家特殊贡献津贴。作为一个科技人员，一辈子能有机会从事三个大型铸造厂的建设并在那里工作，实在是我最大的快乐与幸福。同时，我也要感谢当年苏联老师对我的培养教育。

（李应堂，1934 年出生，1954 年毕业于上海交通大学，1955 年赴苏联实习。回国后，曾任一汽铸造分厂技术科副科长、二汽铸造二厂技术厂长、铸造三厂厂长、二汽总工程师室主任，研究员级高级工程师等职。）

紧张而愉快的生活

吕晋华

　　我去苏联实习时，同行的有十几人，我是其中唯一的女同志。我们于 1955 年 12 月 19 日离开长春。上车后听苏联列车员讲，前一天朱总司令乘专车去苏联参加苏共"二十大"。当火车到满洲里时天气已很寒冷，气温在零下四十多度。开始我们去餐车吃饭时没有戴手套，开车门时，一接触到门把手，手就被粘住了，用力拉开，手上已有了几个血泡，只能返回戴上手套再去就餐。由于天气寒冷，沿途我们很少下车，只是火车进入苏联境内时，我们都下车，在车站餐厅用餐，等待车厢换轨。火车一直在茫茫雪海中奔驰，只有白桦树挺立在两旁，偶尔见到一二处小木屋，这是西伯利亚唯一的点缀。漫长寂静的旅途正是学习俄文的好机会，这样好像时间过得还挺快，几天后到达了莫斯科。

　　记得来苏不久，有一天刚上班，车间主任将我们中国实习生叫了去，告知我们朱总司令上午来车间参观。当时我们在可锻铸铁车间实习的七八个人，和苏联的接待人员一起等候在车间门口。当朱总司令来到时，我和丁金惠两个女同志过去搀扶，与其他人员一起陪同朱总司令参观，当时还与总司令一起照了相。过了不久，谭震林同志给当时在苏联的留学生和实习生作报告，大意是介绍国内的形势，印象比较深的是经济建设速度放慢了，国家的重点建设项目，除一汽正在建设中，二汽、三汽和洛阳拖拉机厂等将要暂缓上马。上述两次见到国家领导人后，在夏季，饶斌厂长在陈祖涛同志的陪同下去东德订购设备和钢材，回国途经莫斯科时来看望了我们。星期天饶厂长还和我们实习人员一起畅游顿

本文作者吕晋华（右二）同来苏的饶斌厂长一同畅游顿河时留影。左二为饶斌厂长，左一张鼎华，左三张剑飞，右一王文。

河，照片就是那时照的。国家领导人和厂领导同志的到来，对我们身在国外的实习生鼓舞非常大。

一年的实习生活紧张而愉快。我们每天一早乘电车到工厂，一般都是几人一起走。我在车间技术科，学的是可锻铸铁热处理。开始一段时间，导师每天上午带我去车间，介绍有关工艺和实际操作，下午给我讲课，详细讲授可锻铸铁生产过程、金属的熔炼、各种元素对热处理和铸件性能的影响等，有时也带我去做试验。下班后洗完澡就去车间食堂吃晚饭。晚上我们都各自将白天学到的记下来，并整理笔记，还要学习导师指定我们学的专业书籍，因此每晚总要学到十点多钟才休息。

星期六晚上和星期天是休息和自由活动时间。我们同期实习的有近百人，女同志较少，约十来人，在一起大家都认识。星期六晚上在一楼有舞会，是我们实习生内部组织的，我和其他几个女同志有时也去跳一会儿。喜欢下棋的人找同伴下下棋，也有喜欢摄影的就忙着印照片。初到莫斯科时都去各处参观、游玩和照相，莫斯科的红场、列宁墓、大剧院、莫斯科大学、列宁故居、托尔斯泰故居、有名的地主庄园等都组织我们去参观过。后来没有集体活动也就不常去了，休息日一般洗洗衣服和看看书。平时我们都在车间食堂用餐，星期天在宿舍，附近也无食堂，只能自己动手来烧饭。我们就近在副食店买来大米、面条、鸡蛋、香肠以及菠菜等，一顿饭很快就烧成。每星期改换一次口味，我们感到很有意思。记得有一次，江泽民和何赐文见我在吃饭，他们也坐下来一起吃了。在我记忆中他们是很少自己烧饭吃的，休息天常去书店，在学习上他们比一般人更努力。

总之，在苏联斯大林汽车厂实习的情景，留在我记忆深处的永远是那么美好、紧张和有意义，使我终生难忘。

（吕晋华，女，1935 年出生，中专金属冶炼专业毕业，1955 年12 月赴苏联实习。曾任一汽铸一车间技术员、一机部汽车局技术员、中国汽车工业公司科技部高级工程师等职。）

一生最难忘怀的日子

袁执连

在一汽建厂初期，由于工作需要，曾派出多批人员到苏联斯大林汽车厂实习。那时，对每位赴苏实习人员来说，都是党和人民对自己的信任和培养，是一件十分高兴的事。1955年末，我与一批同志同样怀着十分愉快的心情，带着一汽交给我们的实习任务来到莫斯科斯大林汽车厂。在那里实习的一年，是我一生中最难忘怀的日子。

我实习的是检验装备检验工程师。学习内容包括检验夹具、检验自动机、平衡机和硬度计量等专业知识。所以，我的实习导师有五位之多，他们中有高级工程师、总工长和工长。无论哪位实习导师都很认真地备课，都热情和耐心地讲解专业知识。那时，由于我的俄语水平不高，不能很快听懂所讲的内容，所以实习导师讲得很慢，或先抄写讲稿再反复解释。其中使我特别感动的是硬度计量方面的实习导师马尔恰诺夫。他是一位老工人出身的工长，文化水平不高，为了给我讲好课，请他正在读科技大学的儿子帮助写讲稿。还有一位工人师傅叶菲莫夫，为了给我购买硬度计量方面的参考书，跑了好几家书店。所有这些都体现了苏联朋友的友好情谊。

在实习中，实习导师都很重视对我实践能力的培养，常带我到工作现场实地教学，请我实际操作，锻炼独立解决问题的能力。通过实习导师讲课、业余加班加点整理资料消化理解和自学，以及实际操作锻炼，使我较好地完成了实习任务。

除了专业学习，在生活方面各位实习导师对我也很关怀。我的主

本文作者袁执连（右）与实习生齐显扬在莫斯科留影。

实习导师卡拉别特金，是该厂技术检查处机械科副手、总工长，他一方面给我讲检验夹具专业课及业务管理，全面安排我的实习，另一方面在生活上像老大哥关照小弟弟一样，陪同我一起吃午餐，我牙痛陪我去医院看牙，还和我一起参加节日游行，请我到家里做客。他有时也到宿舍来看望我，在一起谈论一些生活上的事情。我回国时，他除了赠我纪念品，还把两本讲课笔记送给我留念。我的平衡机专业实习导师巴斯，是平衡机实验室主任，是很有名望的工程师。除了讲课外，他还给我们四名同时实习该专业的实习生讲述了关于他对"吉斯–150"汽车曲轴取消平衡块、改进平衡方法节省原材料的革新故事，使我们体会到他勇于创新的精神。当他的女儿考上莫斯科大学时，他热情地邀请我们四名实习生到他家里做客，共同庆贺。我们一起唱歌、跳舞、会餐，他的女儿还为我们演奏了钢琴，大家处得亲如一家人。

赴苏实习确定了我的工作专业，回国后我在一汽质量处分工负责全厂平衡机和硬度计的定期检定和日常维修的技术工作。虽然我已尽力做好本职工作，但总觉得自己是经过国家培养和赴苏实习的人，在工作岗位上应多作点贡献。

1963 年，一汽的汽车年产量接近 4 万辆。由于产量的增加，锻件热处理后的布氏硬度检测效率成为生产上的一个"瓶颈"。当时锻造厂为了解决产量和硬度检测效率低的矛盾，只好用七台机械式布氏硬度计三班倒来检测硬度。机械式布氏硬度计易出故障，所以即使七台机器三班倒有时也难完成任务。布氏硬度计工作效率问题，本应是设备、工装部门的事，但是，当时国内外还没有一种高效率布氏硬度计可供给。看到这种情况，我感到这虽然不是我的本职工作，但为了一汽生产发展，应主动想想办法。于是，我应用赴苏实习学到的硬度计量方面的有关知识，设计了高效率液压布氏硬度计。经过制造、调试和改进，获得成功，用于生产，提高检测效率 30 倍以上，用一台高效率液压布氏硬度计代替了七台机械式布氏硬度计，并取消了三班倒。该项成果曾获 1964 年一汽科技成果三等奖。70 年代一汽吉林标准件分厂复制了高效率液压布氏硬度计，还加上半自动送料装置，解决了大量连杆螺栓100% 检测布氏硬度的难题。此外，国内很多工厂都复制或购买了这种高效率液压布氏硬度计，这项成果在国内各地开花结果。四十多年来，我在自己专业中还有一些成果在生产中发挥着作用。可以说这是我对党和国家派我赴苏实习的一点回报。

（袁执连，1934 年出生，1953 年到一汽工作，1955 年赴苏联实习。回国后，在一汽质量处、计量处任职。）

与岚清同志一起实习的日子

夏治涛

　　1956 年 9 月，我们作为一汽赴苏联李哈乔夫汽车厂实习的最后成员来到莫斯科，带队的是李岚清同志。这批实习生有十余人，连同原来尚未结束实习的共有一百多人，一半实习工长，实习期半年，一半实习工程师，实习期一年，实习科长职务的三人：岚清同志、我和王杰（他主要是到高尔基汽车厂实习）。到莫斯科后，我们组成了实习生总支，由岚清同志任书记，其他成员是我、章松林、赵志伟。由上届总支领导张剑飞同志宣布并移交。他还对我说："我对你不熟悉，是岚清推荐的，你们要好好合作。"的确，我们总支始终是非常团结的。岚清同志比我年轻，有朝气，工作认真负责，待人热情，而且俄语也很好，组织能力强，这对带领我们大家很好地完成实习任务非常有利。有关实习生的一些实习和思想方面的问题，他常和我商量。向大使馆汇报，他也让我一起去。我感到他对我是很信任的，而我也乐于协助他工作。

　　考虑到部分工人出身的学员俄语水平还不够，岚清同志与厂方教育处联系，在下班后的业余时间，为这些学员举办学习班，以提高大家的听读水平。我因报到时间太晚，参加正规学习时间比别人少了半年多，所以也参加了学习。我因有英语基础，比他们占了便宜。这些学习，对大家后来的实习和生活帮助很大。

　　针对我们这批实习生基本上都是年轻人的特点，总支比较重视思想工作，特别是在遵守外事规则、与苏联同志间的关系等方面，抓得很紧，稍有苗头，就做思想工作。因此，实习都很顺利，没有人违犯规则，厂方对我们的评价都比较好。

为了丰富实习生们的业余生活，提高实习效果，总支和厂里一起拟订了一系列的节假日活动。在这一年实习期间我们参观了托尔斯泰故居、列宁故居、奥斯特洛夫斯基博物馆，与卓娅母亲见面，和苏联小朋友一起过夏令营。所有这些，使我们增加了对苏联的认识。实习期间，我们还在莫斯科听过彭真、胡耀邦同志的报告，并且利用世界青年联欢节在莫斯科召开的机会，与一汽参加联欢节的代表李治国同志会了面，了解了国内、厂内的情况，以慰怀念祖国之情。

1957 年 9 月，我们在岚清同志的领导下，圆满地完成了实习任务。回到长春时，饶斌同志亲自到火车站来接我们。

回想起来，我从无锡机床厂调到一汽，第一个认识的人就是岚清同

本文作者夏治涛（后排右一）1957 年夏天在莫斯科参观少先队夏令营时留影。后排左五为李岚清同志。

志，印象特别深刻。因为调动我时，无锡机床厂不想放，所以拖了半年多，直到机床局干部处派人到机床厂做工作后，才放我走。所以到一汽干部处报到后，便让我直接到俄文班，而此时离去苏联仅三个月了。一到俄文班报到，首先见到的是岚清同志。他见我到了很高兴，他说："你怎么到现在才来，我们出国的衣服都做好了，我不知你的身材如何，替你做了两套中等身材的衣服。"我正巧是中等身材，一穿正好，我们都很高兴。岚清同志待人非常热情，在我们将结束实习时，他又帮了我很大的忙。我的妻子翁申渊，当时在无锡职工业余中学教书，她如要调动工作，必须在暑假或寒假，而我回国是在9月份，如果我回国后再申请调我妻子，至少得过一年半载才能解决。我就把这难处和岚清同志说了，他说："我帮你办。"他就写信给厂里汇报了情况，很快在8月份厂里就去了调令。同时他还考虑到我们回国前她就要来报到，而长春又没有熟人，所以又把他家的地址告诉我，要我让她到长春后先找他的妻子章素贞同志，以解除单身一人初到异地的寂寞，从此，她们俩也就成了好朋友。

时光流逝，四十多年过去了，但这些往事，仍历历在目，值得回忆。岚清同志后来成为了党和国家的领导人，但在我们见面时，我感到他仍像当年一样的亲近。

（夏治涛，1923年出生，1956年9月赴苏联实习。曾任一汽机械处、机电分厂、机动处设计科科长，一汽机动处副处长，二汽设备修造厂筹建处负责人，建设二汽总指挥部设计组长，二汽工厂设计处处长，二汽副总工程师。）

我的俄罗斯情结

严福根

我们是一汽最后一批赴苏实习的，由李岚清任组长。李岚清同志在计划处实习，我与夏治涛在机械处实习。那时苏联是每周五天半工作制，我们平时每天晚上规定在自修后才集体看些电视节目，按规定时间作息。李岚清同志为党支部书记，我任团支部文体委员。业余时间我们组织与俄方赛篮球、乒乓球，到学校作"介绍中国"的报告等活动。还碰上第六届世界青年联欢节，我们当了几天的志愿者。在与苏联人民广泛的交往中，相互之间有了沟通和了解。有些上了年纪的苏联人从中国实习生的形象看到了中国的未来与希望，他们说："现在你们到我们这里来学习，将来我们要到你们那里去学习。"这两句话真使我毕生难忘。

苏联朋友真挚的感情，使我深受感动。厂技术教育处的罗马宁科夫对我们真是无微不至的关怀。到厂初期，他生怕我们的俄语过不了关，专门请人为我们辅导俄语。要求每位导师为我们制订实习一年的计划，到期满回国前进行考试与核评，非常认真。休假日经常不断地组织我们去参观访问，如列宁故居、莫斯科郊外的高尔克村、俄罗斯大作家列夫·托尔斯泰的故居——在作家的书房里还收藏有研究中国文化的书籍。参观了在 50 年代许多中国青年都阅读过的小说《钢铁是怎样炼成的》一书的作者尼古拉·奥斯特洛夫斯基的博物馆，由担任馆长的他的夫人亲自接待我们。还访问了苏联英雄卓娅与舒拉的母亲，她热诚地接待我们，并合影留念。老太太曾访问过我国，向中国青年们作了多次的报告。当然晋谒在红场上的列宁、斯大林陵墓，瞻仰他们两位的遗容是必不可少的活动。有意义的活动还有在暑假期间，我们去夏令营参加小朋友的集体活动，与他们成了忘年交，使我们似乎也回到了童年时代。对俄罗斯悠久的文化艺术我们当然也有重点地欣赏了一番，如莫斯科大剧院由乌兰诺娃领衔演出的芭蕾舞剧《天鹅湖》，还有水上芭蕾舞表演，著名的大马戏团的表演，以及莫斯科油画展览馆的展览等。50年代莫斯科的食品供应还算是可以的，当我们的春节来临时，厂方运来了食品与葡萄酒等，向中国实习生们表示节日祝贺。我们这些平时不喝酒的人，也就品尝起洋葡萄酒来了。在这一年的实习生涯中，在党支部的领导下，大家真正过得团结、紧张、严肃、活泼。那段生活，经常引起我美好的回忆。

自1957年实习期满回国后，我一直给实习导师写信，保持着联系，但后来由于众所周知的原因，不得不中断了好多年。本人还在"史无前例"中蒙受了麻烦，认为再要重返苏联是不可能的事了。可是随着改革开放的逐步深化，国内外的形势有了变化，到1985年我有了取道莫斯科转机去德国法兰克福的机会。当飞机徐徐降落在莫斯科机场时，阔别28载后又看到了莫斯科郊外郁郁葱葱的森林，宽敞雄伟的候机楼，不过边防军、海关、机务工作人员已经是年轻一代的了。我们在这里有几小时的休息逗留时间，并用午餐。能再次用上既熟悉而似乎又生疏的俄语，好像身历梦境。1989年冶金工业部的领导录用我与意大利贝恩梯公司合作，在苏联伏尔加格勒地区的沃尔斯基钢管厂为海外工程的常驻代表。事隔三十多年我又一次乘上北京—乌兰巴托—莫斯科的国际列车。同车去西欧留学的中国学生较多，一路上又领略了阔别多年的风土人情，真是感慨万千。到莫斯科不久，我就到李哈乔夫汽车厂机械处拜望，得知我的导师已病故，尚有几位老同志退休后返聘于原岗位。他们的退休工资不高，住房都很宽敞，子女们的工资收入都不差，私用小汽车的普及率不断上升，最常见的是拉达牌小汽车。我们原来实习期间居住的那幢宿舍楼，已成了"醒酒所"。这一年多的时间，我基本上都在

本文作者严福根（前排左三），1957 年 9 月回国前与苏联同事在莫斯科雅罗斯拉夫火车站合影。右起第三人为同去实习的夏治涛同志。

工地上。休假日我们搭乘上了年纪的人驾驶的私车，当他们知道我们是中国人时，会不要我们付费，当然我们还是坚持要给的。这说明广大的俄罗斯人民对中国人民在内心里仍蕴藏着传统的友谊。

1992 年，我又一次出差去俄罗斯、乌克兰、德国，苏联已解体，但到莫斯科时总还要与李哈乔夫汽车厂的老同志们会晤，彼此都很珍惜久别重逢的机会。回国后我继续用信件、电话、传真与俄罗斯朋友保持联系。

我原来学过英语，当年在一汽脱产学的俄语，是我的第二外语。由于全身心投入学习，基础打得很扎实，虽然中断了那么多年，经过两次驻俄工作与出差，使我的俄语水平有所恢复与提高，对这个民族与语言也有了更深的感情。我退休以后，除有时为西欧国家的来华人员作技术翻译外，也乐意为来自独联体国家的人员作翻译，使退休生活丰富多彩，也能用曾付出辛勤学到的俄语，为国际合作做些微薄的贡献。

（严福根，1932 年出生，1955 年调一汽工作，1956 年赴苏联实习。回国后，在一汽机械动力处任职，后调上海水泵厂、宝钢总厂任职。）

我为有这样的导师而自豪

李其耀

我是 1956 年 9 月由一汽派送到苏联莫斯科李哈乔夫汽车厂实习的最后一批学员。当时能到苏联学习先进技术、经验，感到非常幸运，但同时又承受着能否如期完成组织上交给的实习任务的沉重压力。因为当时是根据一汽生产需求来分配实习学员所要学的专业，对学员来说，分配什么就学什么，没有挑选余地。我本是学机制专业的，而所分配的实习专业是"感应加热工艺装备设计"。这个专业是热处理专业中的一个分支，它涉及的知识面较广，需熟悉掌握机制、电工原理和热处理三个方面综合的专业知识。另外，我还了解到当时在国内还没有这个专业。我就在这种只知道实习专业的名称，对具体实习内容却一无所知的情况下踏上了出国征途。

到苏联后，我被安排到该厂冶金处电加热车间设计科。此车间是当时苏联承包一汽全部感应淬火零件的工装和淬火设备的设计及制造单位。由科长伊·诺·舍柯良洛夫担任我的实习导师，这是一位瘦高个子、两眼炯炯有神、外表威严、言谈利落的中年人。开始实习的第一天，他交给我一份详细的俄语实习计划。这份计划是根据我实习的专业目的、任务和要求而制订的。计划划分了几个阶段，并把每个阶段需掌握的理论知识、实习内容、实际操作等都详细列出，更具体的是将导师每个阶段讲课内容、学时、阅读的资料、到现场实习时间及应达到的目的都作了细致的安排。这份计划经过导师讲解后，使我明确了通过实习我应学到的知识技能以及达到的水平。此时，我真为有这样认真负责的

443

本文作者李其耀（前排左二）1957年夏天在李哈乔夫汽车厂电加热车间设计科与苏联同志合影。前排左三为作者实习导师。

导师感到高兴，这也进一步增强了我完成各项实习任务的信心。

实习开始后，按计划上的内容，导师领着我到该厂下属各分厂的生产车间，给我介绍专业的分布及应用情况，在各工位上还结合专业实际讲解处理各种零件的技术要求、工装结构以及装备特点。通过最初几个月在各个工位上的学习，使我对所实习专业的范畴与应用范围，在感性上有了初步的认识。

导师给我上专业理论课都是在晚上下班后利用业余时间进行的。虽然出国前在一汽俄语专修班学习了一年，但由于实习的专业是在出国之前才公布的，致使有许多俄语专业词汇掌握得不够，这给我听讲时增加了理解的难度。针对出现的问题，导师一方面把有关专业词汇写在纸上，要我自己查字典，同时在讲课时用通俗的语言讲解，并以图表形式加以说明，直到我理解为止。我再把当天讲过的内容进行整理做好笔记，以加深理解记忆。就这样，在长达半年的时间里，导师每周有两三个晚上，为我讲课三个多小时。使我最感动的是，莫斯科的夏天，同样也非常炎热，尤其是在上课时，由于室内通风不好，导师不停地用手帕擦着脸上的汗水，但他没有因此而缩短上课时间或压缩授课内容，始终坚持把课讲完。虽然时光已过去45年之久，但导师讲课时的神态和表情还依然清晰地留在我的脑海中。

为把学到的专业理论知识与生产实际结合，导师带我到电热车间内的工装制作现场，结合工人师傅正在进行制造的工装，参与动手实际操作，以了解其制作工艺和操作要领及需掌握的关键环节。导师对现场实习内容还进行系统总结，以加强我对所学理论知识在生产实践中的运用。

实习后期，导师让我以设计科一员的身份，参与科内工装所需设计项目。导师要我根据项目所提出的技术条件，拟出所设计工装的思路、方案、结构要素及技术要求等，经他审定修改后画出正规的设计图纸。这个阶段的工作是检验我完成实习任务的情况和能否在今后掌握运用并担负此专业的工装设计工作。

一年的实习时间是短暂的，而中苏两国人民的友谊是深厚的、无私的、真诚的。在知识上导师毫无保留地把他所积累的经验传给我；在学习上他时刻关心我，并找出有关参考资料让我熟悉掌握；在实际操作中亲自带领我到现场，针对问题进行分析比较。在完成实习任务回国前，他针对我所学的专业内容，又从设计科的存档资料中挑选了各种典型的工装、夹具和图表资料，经复制后让我带回国，并说："这些资料对你今后工作很有用，带着吧。"当我拿着资料时，感激之情充满胸怀。

在回国后的几十年中，赴苏学习的这个专业成为我终生从事的工作。

1993年，我受二汽派遣率专业技术团到俄罗斯考察，又重新踏上莫斯科旧地。也许是缘分，在这次考察项目的技术谈判中，俄方负责这项谈判工作的正是我当年在苏联实习时的导师。因历史原因，几十年我们双方都没有任何联系，如今，突然见面，真是喜出望外，高兴的心情无法形容。

这次去俄罗斯，是考察他们专业技术方面的开拓与应用状况，并进行购置有关设备的谈判。在双方进行谈判的过程中，导师提供了有关的说明和技术资料，并详细介绍了这些年来他们在设备中所采用的新技术。另一方面还联系安排带领我们到李哈乔夫厂，观察现生产使用的新设备，让我们完整地看到了一个零件处理的全自动过程。为使我们能更深入地了解所需设备的结构，他还取出设备的各个部件图纸，在共同商讨下按我们的要求达成共识，最后签订了技术协议和提供设备的合同。此外，导师还安排我们观看了他们新开发并已用于生产中的全自动新设备。这些使我们在专业技术上大开眼界，得到很大的收获。

在这次技术谈判中，使我感动的是，年过古稀，满头银发，步履有些艰难的导师，还是那样坦然无私的又一次在专业技术上给予我们全力支持和帮助。我为有这样的导师而自豪，愿中俄两国人民的友谊万古长青。

（李其耀，1933 年出生，1956 年 9 月赴苏联实习。曾在一汽工艺处高频室、东风汽车公司工艺研究所任职。）

友谊的花朵

赵　光

我是 1956 年 9 月到 1957 年 9 月赴苏实习的。在这一年中，我的政治思想、业务能力有了很大的进步，确实值得回忆。现从记忆中摘取几只花朵。

苏联人民心目中的中国共产党

1956 年 2 月，苏联共产党召开了第二十次代表大会，尖锐地揭露和批判了斯大林在领导苏联社会主义建设中的严重错误以及他的个人崇拜、个人迷信所造成的严重后果。同时，赫鲁晓夫提出不用无产阶级专政，通过议会道路向社会主义过渡，即"和平过渡"。当时在苏联国内和国际上都引起了很大的震动。帝国主义乘机掀起世界性的反共反社会主义的浪潮，在人民群众中造成了极大的混乱，给国际共产主义运动带来巨大的困难。这一系列的做法和论点，中国共产党是不赞成的。全盘否定斯大林领导的苏联共产党和人民为社会主义斗争的历史是错误的。为此，《人民日报》发表了《关于无产阶级专政的历史经验》《再论无产阶级专政的历史经验》，强调了中国要继续加强人民民主专政，进一步扩大国家的民主生活，健全党的民主集中制，加强对党的组织和党员的监督。同时指出个人崇拜是一个长远的历史现象，一定会在党的生活中有反映。但我们党的任务是坚决反对突出个人和歌功颂德，反对官僚主义，坚持集体领导和个人分工负责制的原则。中国共产党明确严肃地阐

实习结束，苏联同志送给本文作者赵光（前排中间者）一束鲜花表示祝贺，并合影留念。

明了自己的立场和态度，这在当时的苏联人民中引起了极大的反响。李哈乔夫厂的干部、工人和卫国战争中的战士、残废军人虽有同感，但不敢公开讲，有的偷偷告诉我说：中国的毛（毛主席）是这样的（伸出大拇指头比画给我看）。中国共产党也是这样的（同样伸出拇指）。赫鲁晓夫是这个样的（伸出小拇指），并再三嘱咐我不要和别人讲。我实习单位的一名卫国战争的残废军人，偷偷走到我身边，低声对我讲："我看国际共产主义运动的中心将来会转移到中国。你信不信？"

中苏人民的友谊是永恒的

我对外国人，尤其是对高鼻子蓝眼睛的白种人的习性，一点也不了解，甚至有点怕。但在一年的实习过程中，我深深体会到苏联人民是坦诚友好的。

我实习的专业是起重运输设备和工位器具的设计，被分配到起重运输设备设计处。我的导师有两名，一名是处长，主管实习计划的制订、检查和考评；一名是老工程师索宁，已70多岁，主管日常的实习。实习计划订得很好，可用四句话概括：计划具体，目标明确，阶段检查，终结考评。整个实习计划分四个阶段。第一阶段：熟悉业务，了解现场；第二阶段：熟悉资料，掌握用途；第三阶段：熟悉元件，参与设计；第四阶段：熟悉工艺，独立设计。当然四个阶段不是截然分开，而是相互交叉进行的。整个学习最难的是第一阶段，万事开头难嘛。专业不熟悉，从零学起，这是一难；俄文只能简单会话，专业名词不懂，这是二难；见人怕羞，不敢说话，这是三难。索宁导师看出我的心思，开导我不要着急，慢慢来。他找了一本起重运输设备设计方面的书给我看，这本书对我帮助很大。我如饥似渴地看这本书，把专业生词写在小纸条上背，大约花了一个多月的时间，基本上能看懂图纸和专业书了，与朋友交谈也能表达出大意来了。这时我就敢一个人下车间观看起重运输设备的应用情况，对这些设备有了感性的认识。到了第二个阶段，我的导师把常用的气动、液压、电动（器）元件和标准手册、图册给我看，让我熟悉这些标准部（元）件的结构、原理和用途。同时，我还摘抄这些部（元）件的图纸，以备回国应用。有空时，也帮苏联朋友画画图。这一段花了较多的时间。

我的处长导师常去看我，检查一下实习情况。他看到我画了一本元（部）件手册，非常高兴、满意，不断地讲很好、很好，望我继续努力。我说是在两位导师耐心细致教导下取得的。

第三阶段是实习的重点，导师选了一种推杆式输送链的资料和部分总图给我看，让我研究一下它们的工艺路线和工作原理，以及全线采用的起重运输设备和工位器具。推杆悬链在苏联当时也是新东西，尚未采用，但他们已着手设计这种链子。导师让我参与他们的部分线段的设计工作。所以，在此阶段我特别用心，一边参加设计，一边把设计所采用的一些元（部）件和标准结构等抄下来。这一段时间，大约三个多月。导师看到我进步很快，有一定独立工作能力，就让我搞一条小的部件装配线的推杆悬链的设计，这是第四个阶段。为了设计好这条链子，我到现场了解工艺路线、起重运输设备的选用和搬运方式、工位器具的摆放和选择，以及班产量、节拍速度等数据，花了很长时间。导师看了非常满意，并请处内的其他苏联朋友也来看，告诉大家我们的米拉（我的俄文名字）自己做了一条推杆悬链的技术设计，真了不起。第二天上午，苏联朋友送了我一束花，他们把友谊的花朵戴在我的头上，并合影留念。他们对我没有秘密，什么都让我看、抄，甚至有些新的设计图也复制给我，真令人感动。

整个实习任务结束后，处长导师和索宁导师对我进行答辩考评。在答辩中，我很顺利地通过，导师们很满意。临回国时，索宁导师告诉我："你被评为主任设计师"，我很高兴地拥抱了索宁导师。回国后，在一汽铸造厂小件清理工段，我设计了一条小件清理线，采用了推杆悬链，可以减轻体力劳动和改善粉尘污染。这条链子的机械部分设计由我负责，电器部分的设计由耿昭杰同志负责。这条链子是一个试验，拟通过试验，改进和完善设计，以便推广应用。后由于种种原因停止试制。

支部工作做得好

在李哈乔夫汽车厂实习的不光是一汽的人，还有洛阳轴承厂、洛阳拖拉机厂的人。但到苏联同一个工厂实习，就要统一领导，我们这一批的支部书记是李岚清同志。他以身作则，严格要求，认真负责。他的实习任务很重，经常晚归，但他的支部工作做得很好。

李岚清同志经常与同志谈心，做过细的思想工作，发现问题及时纠正。他经常告诫大家，要维护中国人的尊严，树立中国人的形象。他带领大家学习讨论外事纪律和实习要求，在实习中善于发现问题及时处理。如苏联姑娘很喜欢中国的小伙子，晚上经常有一帮姑娘到我们实习生的宿舍玩打手背游戏，谁输了就要坦白地说出你爱谁。有时几位姑娘同爱一个小伙子，搞得我们的男同志很尴尬。这样一连好多天玩游戏，也搞得男同志无法学习。支部发现了这个问题，就找一些党员了解情况，做党员的思想工作，告诫党员要严守纪律，这种现象不能再继续下去了，如果发展下去，后果不堪设想。并告诫我们的实习生婉言谢绝，不要伤害她们。说明我们晚上要学习、做作业。以后，再没有发生类似问题。

那时出国费用很低，尤其是实习人员更低。为了省一些钱，大家都是自己做饭。这样一面实习，一面采购做饭是很辛苦的，尤其是男同志更困难。如果吃不好，会影响实习效果。因此支部号召大家，可以自愿组成互助小组。我们小组有四人，李岚清、王杰、王冬绵和我。原则上是男同志采购，女同志做饭，但事实上很难做到。他们二人都是支委，工作很忙，晚上回来又晚，经常是我们两个女同志既采购又做饭。有时回来晚了，我们不给他们饭吃，说你们没有买菜回来，还没有做饭。岚清说，对不起我去买。大家哈哈笑过后，就吃饭。吃饭时有说有笑，很开心。四人相处得非常融洽。

1993年7月13日，我们又回到"娘家"长春一汽，参加建厂40周年纪念大会。当时在苏联实习的六人，还有李治国副厂长，听说李岚清同志也来参加大会，大家都很高兴，想见见这位老同学。如今他是国家领导人，他会见我们吗？他们让我联系，因为我和李副总理都住在南湖宾馆。我写了一封短信，很诚恳，望他在百忙中抽空，哪怕是五分钟也好，见见老同学。当晚11点，他给我打电话，请他们来。但因太晚了，有的人家里没有电话，最后决定第二天（14日）早晨7点15分接见大家。陪同接见的还有李副总理的夫人章素贞同志。老同学见面格外亲热。

劳模李治国参加第六届世界青年联欢节

1957 年在苏联举办了第六届世界青年联欢节，一汽的李治国同志参加了这次联欢节。代表团参观了李哈乔夫汽车厂，李治国同志也随代表团到厂参观。由李岚清同志带着我们实习生向李治国献花，欢迎他到工厂参观，苏联朋友也去欢迎。有几位苏联朋友和我说，李先生不简单，了不起，能参加这样的世界大会，说明李先生在工作上对国家贡献很大，是中国的"劳模"。这也说明汽车厂在中国的地位。最后，李治国同志和我们合影留念。

（赵光，女，1930 年出生，1947 年参加革命，1950 年毕业于博山工业专科学校，1950 年在济南第二机床厂工作，1953 年调入一汽，1956 年赴苏联实习。1957 年起在一汽从事非标设备设计工作，1960 年调汽车局，1969 年到机械部科技司、质量司工作，曾任质量管理处处长。）

赴苏实习受用一生

周启厘

实习前——突击学俄文

1955 年 5 月，组织上通知我在去苏联莫斯科斯大林汽车厂（李哈乔夫汽车厂）实习前，先到一汽俄文专修班突击学习一段时间俄文。那时，俄文专修班里约集中有二百来人，每隔几个月，就赴苏一批。到 1956 年，只剩下了我们十多个人仍没有接到通知。此时，学校就把我们集中到一个教室里继续学习。到了这一年的五六月份，又新来了一名学员，要算是到俄文班学习的最后一个人了，他就是李岚清同志。

9 月份，我们接到起程去莫斯科的通知，此时，李岚清同志仅仅在俄文班学习了三四个月时间，而我们其他同学都已学了一年多。当时，班里学习制度相当严格，配备了三名白俄姑娘和一名中国俄文教师，班里创造了一种强化讲俄文的环境氛围。同学之间、师生之间交往、生活往来，一天到晚，都不能用中文，如果谁说了一句中文，就算犯规，便要罚扣分（用一种白纸卡片代替"罚分"）。在这种强制的条件和浓厚的气氛下学习，对于李岚清同志来说就更困难了。由于他非常自觉，十分刻苦，因此，他很快地和我们大家融合到一起，并为后来我们都能顺利地在苏联实习、生活和获取较好的成绩起到决定性的作用。

实习期间——充满情谊

我们一行十多位同志是一汽派赴苏联莫斯科李哈乔夫汽车厂实习的最后一批。

火车行驶了七天八夜终于到达莫斯科。我们被安排在工厂集体宿舍的第二层。次日，我们每个人都拿到各自导师为我们制定的一份实习大纲。我被安排在厂技术检查处对外协作产品质量检查科实习。我的实习指导老师是已到退休年龄的技术检查处处长——老共产党员、老红军战士，我们尊称他米哈依尔·华西里·华西里维奇。他对我特别严格认真，除了每天一上班要用两个小时讲课外，下班前还要用一个小时给我总结一天实习的收获。空闲时他总给我讲在俄国内战时期他在布琼尼军

参观卓娅烈士纪念馆后和卓娅母亲合影。左一为本文作者周启厘。

队中骑马挥刀战斗的情景。他为了收我这个实习生，提前两年让他的女儿卓娅学习中文，他给我取的俄国名字叫尤拉。后来全处同事及与我接触的人都叫我尤拉了。他几乎每个月都邀请我去他家做客，因为他的女儿会讲中文，所以彼此交流就很方便了。去他家做客总是邀请好多人，我们从下午两点吃午饭，一直到晚上八九点仍筵席不散，继续吃、喝、唱、跳，大家都沉浸在一片欢乐的气氛中。在苏联实习期间，所有我接触过的苏联朋友，对我们都是有问必答，十分热情，毫无保留地手把手地指教。无论在生活方面还是在学习方面，对待我们都像对待亲人一样，照顾得无微不至。

拿我学的汽车上所需的外协品来说吧，这类产品种类多，品种规格多，质量要求又高，无论其品种数，还是产值在每辆汽车上所占的比重都在 50% 以上，加上所有外协品都不是本厂生产的，是由外厂协作生产配套供应的，所以情况也就更加复杂。为了我回国后真正学有所用，导师除了手把手地教我每项检验的内容外，还经常派人专程带我到莫斯科周边城市的外协品生产厂家去参观学习，驻外厂现场进行质量检查的实践，以便能更多更好地了解外协品的结构、生产过程的质量检查方法、质量标准和验收程序，等等。

实习之余，厂方很关心我们的业余生活，并对我们进行生动的革命教育，如参观莫斯科名胜古迹和博物馆，观看戏剧和电影，瞻仰列宁、斯大林陵墓，访问历史名人，如《钢铁是怎样炼成的》一书中保尔的情人丽达的原型人物，卫国战争中牺牲的英雄卓娅和舒拉的母亲，假日还组织我们旅游。

1957 年 7 月，我们结束实习回到了祖国。由于一汽的工厂设计和李哈乔夫汽车厂一致，我被分到一汽技术检查处相对应的科——对外协作产品检查科，任技术员兼工长。当时，科里有干部和技术工人十多人。我向他们介绍并传授了在苏联协作产品质量检查科的工作情况、工作方法、检验制度、检验设备和产品质量标准等，使科里的工作很快走上正轨。做到了有规可查，有序可循。不少检验用的仪器设备（多属非标设备），也按我从苏联带回来的资料和草图进行了购置和设计生产。多年后我回到一汽，该科使用的质量标准和检验设备，还保留着当初的状态。

1958年后，汽车协作产品的质量问题很突出，到了非整顿不可的时候。当时机械部沈鸿副部长在亲自抓汽车整体质量的同时，狠抓汽车协作产品的质量，并决定先从舆论入手，要求由汽车局带头，先搞一个全国汽车协作产品质量问题展览会，宗旨是引起国内各有关部门的重视，以便采取措施，落实整顿规划。

为了搞好这个展览会，汽车局领导向一汽提出要借调熟悉业务的同志赴京筹办。当时，曾与我在苏联一起实习过的一汽王少林副厂长亲自写信介绍我的情况，我就到汽车局报到了。从此，我便在这门专业领域内驰骋。

感受教益，一生受用

赴苏实习回来，我在一汽工作了约5年左右，就调到汽车局，干了整整35年，始终不渝地从事着与汽车协作产品质量有关的工作。

随着我国汽车工业的发展，汽车零部件厂家逾数千家之多，其中绝大多数是协作产品。由于我国自50年代至80年代的三十多年里，实行的是计划经济体制，工作的管理模式也是仿效苏联，而我正好处在行业领导部门的管理工作岗位上，因此能很自然地运用在苏联获得的知识得心应手地开展工作。作为汽车行业领导部门的工作人员，我自觉地充分运用自己学到的知识，在各个时期，组织和帮助汽车协作产品的龙头企业建立了为行业服务的各类研究所（室）不下十多个，如汽车摩擦材料研究所、汽车电器研究所、灯具研究所、火花塞研究所、汽车附件研究所、转向器研究所，等等。并对汽车协作产品中的重要产品积极开展质量评比、技术交流、技术引进、合资、合营及合作生产等一系列工作。粉碎"四人帮"以后，当我国国民经济从商品经济向市场经济过渡中，我又不失时机地动员和积极鼓动汽车协作产品生产企业，相继成立经济技术信息专业网络，以便更好地适应形势的发展和要求。1995年，我因病退休了。现在回忆起来，一汽组织派我赴苏实习这门专业，真是让我受用一生，一生受用。

（周启厘，1934年出生，1955年长春汽车制造学校毕业，1956年9月赴苏联实习。曾任一汽技术检查处协作产品质量检查科技术员，后调中国汽车工业总公司任技术员、工程师、高级工程师、处长等职。）

珍藏着的感情

宗富宸

我是 1956 年 7 月从上海参加国家重点建设，到长春一汽俄文班学习的。当时参加学习的学员，除一汽的之外，还有洛阳拖拉机厂、哈尔滨轴承厂等兄弟单位的学员，约有三百人左右。在学习中大家是很刻苦的，每天早晨 5 点左右起床背单词，如果不这样就跟不上，因而学习的劲头是很大的。

经过一段时间的学习后，我们被派往苏联莫斯科李哈乔夫汽车厂实习，是最后一批，我记得当时带队的支部书记是李岚清同志，他是很认真负责的。火车上，在我国境内的伙食很合大家口味，每顿饭都是一扫而光。可进苏联境内就不行了，因吃的是苏式饮食，吃不惯，他就动员大家，不能浪费，后来采取了互助的办法，效果比较好。经过一周的旅行，我们到达了莫斯科。

在李哈乔夫汽车厂，我被派往冲模车间调整工部实习调整工。在这里，对我来说一切都是新的，面临着很多困难，但是冲模车间的工友同志鼓励我，不要怕困难。他们帮助我学习俄语，在我的笔记本上抄写着所有各种类型模具的名称。我不会使用气动砂轮，苏联工友们热情地手把手地教我。如果我稍有不明白的时候，他们就不厌其烦地重复一次，甚至二次三次，直到我全部明白为止。

车间领导对我的实习也很重视，实习操作老师和理论老师系统地给我们上课和辅导。在导师的帮助下，我很快掌握了冲模调整的方法，我不仅会调整各种类型的冲模，而且会独立制造许多冲模。

本文作者宗富宸（左五）在红场与苏联朋友合影。

星期日有专人组织我们外出参观，有四件事使我终生难忘。第一是瞻仰伟大导师遗容。一天他们陪我们来到了莫斯科红场，那里排了很长的队，因我们是中国人，优待我们没有排队就走进了列宁墓，去瞻仰苏联人民伟大导师列宁和斯大林的遗体。在场所有的人鸦雀无声，哨兵立正守卫，非常严肃，表现了对已故领袖的万分敬仰，我们都受到了很大的教育。第二是见到了苏联英雄母亲——卫国战争中的英雄卓娅和舒拉的妈妈。她介绍了两个子女的英雄事迹，接着还与我们合影留念，后来给了我们每人一张照片。第三是到莫斯科红场观光。这里好像我国的天安门广场，来往的人很多，喜欢在这里留个影。有时当我们站到那里快要拍照的时候，有的苏联姑娘就插进来，和我们手挽手一起照相，并说中国好，这说明她们是非常友好的。第四是参观地铁工程。当我们乘坐莫斯科地铁的时候，感到很方便，特别是地铁的每个站都很豪华，每个站都不一样。在 50 年代,这样的工程,可以算得上是一项大工程。

我原来是上海中华铁工厂的一个钳工,技术水平较低,通过去苏联实习,大开了眼界,技术水平有了很大提高。回国后,在一汽各级领导关心支持下和冲模车间周围同志们的帮助下,又有了新的提高。在比较困难的条件下,我承担"红旗"轿车车门底板的调试任务,为国产"红旗"轿车的试制做出了贡献。连续三次被评为一汽劳动模范,先后多次出席了厂、市、省群英会。在一汽期间我曾两次被派往朝鲜技术援助,荣获一机部评定的援外人员特等奖,为一汽争了光。1968 年,我参加了二汽冲模分厂的建设,是二汽冲模分厂首任生产副厂长。在我主持下,于 1979 年第一个把国产冲模打入了国际市场。所有这一切都源于一汽、二汽对我的培养,都要归功于当初去苏联时打下的坚实基础。

当年完成实习任务即将回国时,我们都依依不舍地向导师和苏联朋友们告别。李岚清同志带领我们实习生联名写了一封告别信,登载在李哈乔夫厂 1957 年 9 月 4 日的厂报上。几十年来这份报纸我一直珍藏着,现在把这封信附在这篇回忆文章后面,表示我对苏联导师和朋友们的深切怀念。

永远不会忘记你们

中国实习生小组

我们中国专家小组结束了工厂实习任务,即将回到自己亲爱的祖国。有谁不想回家!但是,每当想起很快就要向我们的苏联朋友告别时,每个人都有一种即将远离亲人依依不舍的心情。

亲爱的汽车厂职工朋友们!在过去的一年里,你们给了我们各方面的帮助,向我们传授知识,关心我们,使我们在这里的生活和工作感觉到就像在自己家里一样。我们向你们学到很多东西,其中你们的共产主义的劳动态度,无限热爱祖国,尊重同志,更为重要。

告诉你们一个消息，有 500 多名来自长春的青年专家曾经在李哈乔夫汽车厂完成了实习任务，现在他们在中国工作很好，多数人已经成为先进生产者和革新能手。我们向你们保证，回到祖国以后将一如既往地努力学习，实施从你们那里学来的经验。我们将永远向苏联人民学习。

即将回国之际，我们不想对你们说"永别了"，只想说一句话"明晚见"。我们希望在长春再向你们学习，那边将等待着你们去做客。

衷心地感谢你们对我们的关心和帮助，祝愿你们身体健康，共产主义建设取得新成就。

（宗富宸，1932 年出生，业余中专毕业，1956 年赴苏联实习。回国后，先后任一汽工具分厂冲模车间调整工、工长，二汽冲模厂副主任、副厂长，并曾作为中国专家赴朝鲜、泰国工作。）

中苏友谊的结晶

郭 力 遗作

中国第一个汽车工业基地——第一汽车制造厂建成了，在总配线的末端络绎不绝地驶出了祖国国产的汽车，从此我国有了自己的汽车工业，结束了中国不能制造汽车的历史，开辟了中国汽车工业的新纪元。

第一汽车制造厂——这个以头等技术装备起来的工厂，所以能够在短短的三年期间内，完成如此巨大的建设任务并投入生产，再一次证明了解放了的勤劳的中国人民，在党的正确领导下，在工业建设的战线上是战无不胜攻无不取的。这是我们党调动各方面的积极因素，组织全国人民及各兄弟厂大力支援和建设者日以继夜地忘我劳动的巨大成果。尤其使人难忘的是苏联政府和人民对第一汽车制造厂所付出的全面无私的援助，这是中国汽车工业从无到有的重要保证，第一汽车制造厂是中苏两国人民伟大友谊的结晶。

全面无私的援助

大家都知道，要在我国工业技术水平比较落后的基础上，和我们完全没有经验的条件下，建成像第一汽车制造厂这样现代化的具有高度技术水平的工业企业，如果没有苏联全面无私的援助，那简直是不堪设想的。第一汽车制造厂的筹备、建厂、生产全部工作无一不是在苏联援助之下进行的。从厂址选择勘察、原始资料的收集、全面的工厂设计到建筑施工、设备制造与交付、设备安装、生产准备、生产调整到组织汽车生产的全部过程里，都渗透着苏联人民兄弟般友谊的巨大劳动。

　　苏联为了援助我国建设第一汽车厂，曾动员了许多机关单位及成千上万的人参加这项浩大的工程。如参加进行我厂设计的 26 个专业设计机关，分担着全面的设计工作，几乎所有著名的苏联机械制造厂都为我们制造设备，特别是作为直接援助和代我们负责联系各方面工作的莫斯科李哈乔夫汽车厂，为建设第一汽车制造厂作出了巨大的贡献。他们专门成立了"第一汽车制造厂管理处"，组织了各方面的专家参加了工作，除了直接进行全套工艺设计以外，还作为第一汽车制造厂的代表，掌握设计与订货等全部事宜。当许多特殊设备不能到适当机械制造厂制造时，即组织莫斯科李哈乔夫汽车厂的各辅助生产车间进行制造。第一汽车制造厂主要的设备都是苏联制造供应的，其中有许多设备在苏联还是第一次试制，如莫斯科李哈乔夫汽车厂制造的 3500 吨巨型机械压床、联合点焊机、齿轮加工设备等，其他机械厂制造的 8000 周波的直流发电机、高周波淬火机和许多种专用设备等数量众多而又精密的专门的、巨型的各种各样设备都是由苏联工人亲手制造出来，经过检验和实验而后运给我们的。

　　我们亲密的朋友们，还估计到我们在初期生产汽车时制造工具的困难，同时，唯恐我们短期间内尚不能掌握一些复杂工具的制造技术，所以特别为我们担任了大部复杂工具、卡具、冲模模型的制造，还由"第一汽车制造厂管理处"组织莫斯科李哈乔夫汽车厂的各工具车间为我们制造了上万种的工具。

　　更重要的援助是派遣了大批的优秀专家到中国来进行现场的直接帮助。在我们的工厂里各个建厂阶段中到处都有着他们的足迹，每当我们工作遇到不能解决的困难时，都由他们丰富的工作经验和精湛的技术知识一一的迎刃而解。他们经常为解决某一技术问题而废寝忘食地工作着，一直到问题解决为止。这种高度的国际主义精神和社会主义劳动热情鼓舞与教育着我们的集体，他们以坚韧意志和认真负责的工作作风，给我们树立了良好的榜样。同时每一位专家都培养几个徒弟，当固定专家固定徒弟的办法推行后，在培育我们的技术力量上收到了极其显著的效果，许多对自己的专业一无所知的青年徒工现在已能独立的工作了，专家们都保证说，当他们期满回国时，一定要使中国同志能够接替他们的工作。

此外，莫斯科李哈乔夫汽车厂还接收我们大批实习生前去实习，他们为所有实习生准备下了极其便利的实习条件，挑选了有各种专长的专家作老师，手把手进行教导。他们都牺牲休息时间来循循善诱地教导我们的实习生，他们都把教会中国实习生作为自己的荣誉。尽管是语言不通，但经过他们的耐心教导，实习生都按照实习计划完成了课业，并且在实习生的生活上给予了极其热情的照顾，他们不仅是实习生的好老师，而且都变成了知心朋友，使这些实习生成为我们第一汽车制造厂初期的生产骨干，成为学习苏联先进技术先进经验的桥梁。

我们考虑不到的都为我们考虑到了

苏联政府和人民，特别是莫斯科李哈乔夫汽车厂的援助，不仅是根据着合同与协议，而且在许多方面主动地为我们考虑，凡由于我们没有经验考虑不到的地方他们都替我们考虑到了，而且为我们准备好了优越的援助条件。例如在设计中如何考虑准备今后扩建的条件问题，在设备制造中甚至考虑到中国工人不懂俄文操作不便而费了很大的力气写上了中文指示标牌，为我们制造的机械设备和工艺装备都是格外精工细作的。凡是由于我厂某些条件不具备而提出的要求都得到了满足。

这种伟大无私的援助，使我厂全体职工受到了极其深刻而生动的国际主义教育，特别是在我厂与苏联莫斯科李哈乔夫汽车厂之间建立起了直接的深厚友谊。通过他们派遣来的专家和我们派出的实习生，使两个工厂的友谊交织起来，工厂与工厂、车间与车间、个人与个人之间都经

本文作者郭力（右一）同苏联专家一起审查建厂模型。

常互通信息，都以自己的成就互相鼓舞。莫斯科李哈乔夫汽车厂的职工都以我厂所获得的成绩为荣，因为在我们工厂中任何一个角落里都渗透着他们的劳动，这是兄弟国家中兄弟工厂间真挚友谊的范例。

继续向苏联学习

第一汽车制造厂生产汽车还只是刚刚开始，在掌握技术上还只是刚刚入门，我们还必须经过一个相当长的时间的努力，才有可能真正地熟悉和掌握汽车生产技术。要迅速地做到这一点，就必须继续向苏联学习，向苏联汽车厂学习，向苏联专家学习，以不断地得到提高，从而完成我厂"出汽车出人才"的双重任务。

正当我国第一汽车制造厂建成投入生产的时候，让我们向苏联政府和人民，向为中国第一汽车制造厂做出重大贡献的苏联各个部门，向莫斯科李哈乔夫汽车厂的全体职工致以崇高的谢忱，让中苏两国之间的友谊日益巩固和发展。

（原载 1956 年 10 月 16 日《长春日报》）

（郭力，1916 年出生，1935 年于哈尔滨工业大学毕业，1950 年任中国汽车工业筹备组主任，1952 年任一汽（652 厂）厂长，后任一汽副厂长兼总工程师、一汽厂长兼党委书记。1965 年任一机部副部长。1976 年 2 月逝世。）

谁也破坏不了的友谊

王少林　遗作

　　星期天，7月15日，我乘车到苏联朋友的乡间别墅做客。美丽的俄罗斯自然风光令我赞叹，在林间饶有兴趣地采集蘑菇令人愉悦。我们唱歌，沿河散步，完全忘记了一周的劳累。这一天对我来说特别高兴，因为我早晨在报纸上读到，在我的祖国——中国，生产出了第一批国产汽车。这个欢乐的事件不能不使我激动，在高涨的情绪下度过了这一天。

　　星期一，7月16日，当我刚刚跨进我工作的办公室的门槛时，所有的苏联同志都站起来欢迎我，热情握手并高声地说着同一个词："解放"。晚上，当我拿着《真理报》回到宿舍时，苏联朋友向我和我的同胞表示祝贺，这是真诚的同志和朋友感到的高兴。另一天，当我参观

本文作者王少林（前排右一）1956年在莫斯科与苏联朋友合影。

汽车部件厂和化油器厂时，上至工厂领导，下至工厂警卫人员都向我祝贺长春汽车制造厂的胜利。周二，《莫斯科汽车工人报》以大字标题报道了在长春开始生产解放牌汽车的消息。

在中国开始生产国产汽车——这是我国英雄的人民富有灵感的创造和忘我劳动的成果，我们也清楚地知道，这个胜利也是与你们兄弟般的帮助分不开的，你们向我们传授了多年积累的宝贵经验，为中国培养了很多专业干部，作为他们中一员的我，正在你们工厂进行着生产实习。很快，我们将要回到祖国，投入到长春汽车制造厂那里紧张和富有创造性的生活中去。

《莫斯科汽车工人报》在献给中国汽车制造者获得第一批成果的社论中写道："前面还有不少困难，掌握技术的困难，但我们相信，依靠苏联汽车制造业的丰富经验，中国朋友们一定会克服那些困难。"不能不同意这些意见，我们确实将会有不少困难，但我们坚信，有苏联同志的帮助，我们将能克服困难，在短时期内完全达到工厂的设计生产纲领。同志们，谢谢你们的帮助，谢谢你们善良和衷心的祝愿！我们很快就要从这儿回祖国了，但我们在莫斯科结识了卓越的朋友，永远的朋友！

（潘盛兴译自 1956 年 8 月 1 日《莫斯科汽车工人报》第 180 期）

（王少林，1925 年出生，1953 年调到一汽工作，1955 年赴苏联实习。回国后，曾任一汽检查处处长、一汽副厂长。）

永不磨灭的印象

沈尧中　遗作

在莫斯科汽车厂一年多的实习，以及回国后在本厂向苏联专家们学习和一起工作的过程中，使我不仅对苏联和苏联人民有了进一步的了解，并且留下了不可磨灭的深刻印象。

这个印象，不只是由于苏联具备了社会主义社会的外貌，更重要的是它的社会主义社会的实质，一切为劳动人民着想，为劳动人民创造生活、工作、学习上优越条件的实质，以及劳动人民的自觉的劳动热情和普遍的好学风气。

在早晨赶上班的各种公共交通车辆内，随时可看到有人捧着书籍孜孜不倦地学习着。下班也可以看到很多人夹着书包赶到夜大学、补习班去学习。在世界上藏书最多的列宁图书馆里，在技术博物馆旁边的技术图书馆里，在各宿舍区内的小图书馆里，在汽车厂文化宫内的图书馆里，不论休息日或下班的时候，都可以看到很多老年人和年轻人在找寻着自己感兴趣的学习资料。

在列宁山上的莫斯科大学，不但有成千上万的苏联大学生，同时亦培养着很多外国的留学生。凡是参观过这个大学的人，都羡慕这些大学生有着优越的学习条件。而这个世界第一的高等学府——莫斯科大学的大门也和苏联的其他大学一样，是向着全苏维埃优秀的劳动人民敞开着的。

在一些游艺会上，常常可以听到工人们朗诵普希金或马雅可夫斯基或他们自己所写的诗篇。在他们送给我们的礼品和照片上亦往往会有他

本文作者沈尧中在莫斯科农业展览馆前留影。

们亲笔题写的小诗。在苏联脑力劳动和体力劳动之间的界限已不太大了。在我实习的车间里有一个我所熟悉的调整工、夜大学的学生，由于工作的需要他被调到中央设计室担任设计师的工作。在我回国时他已经很能胜任新的设计工作了。苏联就是这样在具有相当高的平均文化水平的人民中间，每年涌现出大量的科学技术人才。

苏联人民的高贵品质不但表现在他们对事业上，同时也表现在对兄弟国家的大公无私的诚挚的帮助上。我的实习导师和帮助我们金属品车间完成了生产调整任务后回国的专家们，他们深切地关怀着我厂的生产，经常来信告诉我们关于莫斯科汽车厂的新成就和新工艺，给我们改进现有的工艺提供了有利条件。阿基莫夫专家回国后常来信，最近来信告诉我们，莫斯科汽车厂已着手将数量众多的滑油嘴由自动车改为冷镦加工。实习导师米哈伊洛夫亦常来信说他们冷镦机上采用硬质合金模子，以及缩短零件工艺路线的新成就等。罗申专家回国后不久就寄来了很具体的解决镍铬钢切削性能问题的技术资料。他们踏实的工作作风和对我们诚挚的指导和友谊，深深地印在我们的心上。当十月革命节 40 周年即将来临的时候，我不禁要高呼：中苏两国之间伟大的永恒友谊万岁！伟大的苏联共产党万岁！

（原载 1957 年 11 月 1 日一汽《汽车工人报》）

（沈尧中，1926 年出生，1947 年上海交通大学毕业，1954 年 6 月赴苏联实习。回国后，先后任一汽金属品车间技术科长、工艺处处长、副总工程师、总工艺师。1997 年病逝。）

附件一：李哈乔夫汽车厂简介

莫斯科李哈乔夫汽车厂——简称"吉尔（ЗИЛ）"工厂，是苏共二十大以后，于1956年6月26日由莫斯科斯大林汽车厂——简称"吉斯（ЗИС）"工厂更名而来。

一

李哈乔夫汽车厂的最早名称是"阿模（AMO）"工厂。它是苏联十月革命以前，在沙皇政府的大力资助下，由银行家兼工商业资本家梁布辛斯基弟兄联合五家公司，于1915年开始筹建的。从意大利"菲亚特"公司引进三吨载重车的产品技术，从美国、瑞士等国购买生产装备，原计划1916年竣工，1917年投产，但由于国外设备迟迟不能到货等原因，工厂始终未能按计划建成。十月革命后，梁布辛斯基弟兄抛弃工厂，抽走资金，出逃外国，工厂处于严重的瘫痪状态。

十月革命胜利以后，年轻的苏维埃国家与外国干涉军和国内反革命进行了长时期的生死搏战。当时国内粮食和日用品都十分匮乏，工人吃不饱，穿不暖。"阿模"工厂的工人们在饥饿中不仅尽力保护着自己的工厂，并且在未完工的工厂里开始组织生产。他们从修理汽车中学习组装汽车，用拆卸下来的各种零件学习组装发动机，用手工的办法加工必须大型锻锤和专机才能生产的曲轴等复杂零件，以坚忍不拔的毅力，克服了难以想象的种种困难，终于在1924年11月1日生产出第一辆"阿

模 –Ф–15"型汽车。1924 年 11 月 7 日十月革命节的那一天，10 辆由苏联工人和工程师们亲手制造的"阿模 –Ф–15"型汽车，随着游行队伍通过红场，接受斯大林和苏联领导人的检阅，从此开创了生产汽车的历史。在 1926—1927 年度，"阿模"工厂生产了 425 辆汽车。

二

1929 年是苏联社会主义经济建设实现"大转变的一年"，有计划有步骤地履行和扩建旧有的汽车工厂——"阿模"工厂被列入第一个五年计划的重点项目。"阿模"工厂位于莫斯科市东南郊的裴菲列夫丛林区。革命前，人迹稀少，草木丛生，"阿模"工厂也只是仅有几间未完工厂房的小工厂。在扩建和改造中，工人们砍除了空地里的树木和残株，填平了泥沼和水塘，建起了新的巨大厂房。在两年多的时间中，工厂的车间总面积增加了 5 倍，达到了 120 万平方米；工厂占地面积从 50 公顷扩大到 500 公顷；职工人数从 3000 增加到 3 万；年产汽车能力从 3000 辆扩大到 2.5 万辆。1931 年 10 月 21 日，新建工厂的传送带开始启动，同月 25 日，生产出 27 辆"阿模 –3"新型载重汽车，并参加了当年十月革命节的红场检阅。从此，"阿模"工厂就完全被改造成一个生产力强大的汽车工厂，成为苏联第一个汽车巨人。

"阿模"工厂的翻新扩建改造，是在苏共中央和斯大林亲切关怀下完成的。斯大林给工厂的任务，成为全体职工加快汽车发展的强大动力。根据全体职工的请求，从 1931 年 10 月 1 日起，"阿模"厂以斯大林的名字命名，改名为斯大林汽车工厂，简称"吉斯（ЗИС）"工厂。

从 1934 年至 1937 年，斯大林汽车工厂又进行了第二次扩建工程。扩建的任务是要把载重汽车的生产量提高一倍，生产新型的"ЗИС–5"载重车，同时还要生产高级小轿车和大客车。通过这次改造，工厂又增添了新的车间和新的机器设备。与过去不同的是所增添的设备完全是本国生产的,这说明苏联在重工业建设方面已经获得了很大的胜利。斯大林汽车工厂经过这两次的技术改造,技术装备水平和汽车产量空前提高。1928年,年产量总共还不到700辆,1937年,年产量已超过6万辆,在卫国战争之前,该厂就已达到每4分钟出一辆汽车的生产能力。

三

在1941年6月开始的长达四年之久的反法西斯卫国战争时期,斯大林汽车厂做出了巨大贡献。战争开始以后,工人们在"一切为了前线"、"一切为了胜利"的口号鼓舞下,供应了军队和国家大量的汽车。德国法西斯曾经把这个工厂作为一个轰炸目标,企图摧毁它,但始终没能得逞。1941年底敌人逼近莫斯科之后,工厂奉命撤向后方。几百列火车、一万多个车皮满载着工厂的机器和人员驶向东方。因工厂规模巨大,迁到东方后不得不分拆开来:在米亚斯河畔安置了发动机制造车间,在乌里扬诺夫斯克安置了装配车间,其余的车间分散在车梁宾斯克和沙德林斯克。经过全体员工不分昼夜、不顾严寒的紧张劳动,斯大林汽车厂以惊人的速度重新在新的地方开始了生产。1942年的春天,前线又得到"吉斯"汽车了。当时的生产过程是在战争条件下分散进行的,但是分散在四个地方的车间很快就逐渐完备起来,各自变成一个独立的生产单位。就这样,在艰苦的战争年代,斯大林汽车厂由一个工厂变成了五个工厂,它们同时为保证前线和战时经济服务。

"吉斯"工厂的第五个厂就是留在莫斯科没有撤离的那部分。他们留下来的任务是为前线修理坦克、制造军需品。留下的工人发挥了高度的自我牺牲精神和创造精神,千方百计地克服困难,制造新的电炉和装配线的传动装置。因而,没有把原有的机器运回,莫斯科厂于1943年又恢复了汽车和发动机的生产。

四

1945 年反法西斯战争胜利后，和平建设的大好环境使"吉斯"工厂进入了快速发展增长时期。1946 年 3 月，工厂开始了第三次扩建改造，换型后的新产品"吉斯–150"型汽车平行交叉装配，于 1948 年 1 月 24 日老产品停止装配，4 月 26 日新产品大量生产，年末达到日产 250 辆的规模，创造了著名的不停产新老产品换型过渡的生产准备工作经验。在这次扩建改造中，新建了一批新车间，增添了大批现代化的新装备，军用的三轴越野车、政府官员乘用的高级小轿车，以及大客车、电冰箱、自行车等民用产品也陆续问世，产量大幅度增长。我们一汽实习生去实习的那几年，汽车年产量已经接近 12 万辆的规模。

由于斯大林汽车厂对苏维埃国家所做的贡献，1949 年在庆祝建立苏联汽车工业 25 周年时，苏联最高苏维埃向其授予列宁勋章。在这以前，该厂已荣获一次列宁勋章和一次劳动红旗勋章。

1956 年 6 月 24 日，"吉斯"工厂的老厂长李哈乔夫去世，为了纪念他在改造扩建"吉斯"厂中所作的贡献，苏共中央和苏联部长会议决定把该厂更名为李哈乔夫汽车厂，简称"吉尔（ЗИЛ）"工厂。

五

从 1953 到 1957 年，"吉尔"工厂在完成自身发展和汽车生产任务的同时，还按照中苏两国政府的协议，承担起了援建一汽的繁重任务。其主要内容有：

一、提供了全部当时正在生产的"吉斯–150"产品技术的图纸资料。

二、承担了全部工艺施工设计。为此，在总工程师领导下，于 1953 年初专门成立了长春汽车厂（中国第一汽车厂）设计管理处，简称"А3-1（即一汽）"，抽调有实践经验的专业技术人员，从事这方面的工作，所完成的工作量占整个工厂设计工作量的 70%（一汽的初步设计和技术设计是全苏汽车拖拉机设计院承担的）。

三、承担了全套工艺装备的设计制造和部分专用设备和组合机床的设计制造。如机修车间专门盖了 36 米跨度的大厂房，用于制造 3500 吨大压床；工具三车间成立了机床验证工段，制造出的组合机床经调试验证合格后才发往中国。

四、编制了整套的《生产组织设计》，共有 62 分册，译成中文约 160 多万字。具体规定了一汽的组织机构、人员编制、职责范围、工作流程、管理方法和各种报表。由于这套组织设计是"吉尔"工厂的专业骨干亲自动手编写的，具有很大的可操作性。不仅在一汽的开工生产初期，而且在以后的相当长一段时期内都起着重要作用。

五、派遣专家到一汽现场指导。在一汽建设和开工生产初期，先后曾有 200 名苏联专家来厂工作，其中绝大多数来自这个工厂，他们有着丰富的实践经验。他们一方面在建厂过程中进行监督和指导，帮助一汽迅速建立起正常的生产和管理秩序，解决生产和建设中遇到的难题；一方面又手把手地教会一汽人员如何调试设备、组织生产和管理企业。

六、先后承担了 518 名中国实习生的技术业务培训工作，安排主要技术业务骨干担当实习生的导师。一汽实习生的专业是配套的，纵的方面，从厂长、车间主任、工部主任、工长，到调整工；横的方面，从经济计划、生产调度、产品设计、工艺技术、质量检验、工具制造、设备维修、动能供应，到供应协作、财务会计等专业部门，都有实习人员。在导师们的指导和帮助下，经过一年或八个月的实习，都能够圆满地完成学习任务。回国后，他们在不同的岗位上都很好地发挥了作用，成为汽车工业的骨干。

一汽是中国第一个汽车工业基地，从它诞生的第一天起就肩负着出汽车、出人才的历史任务，如今已被人们公认为中国汽车工业的"摇篮"。回顾一汽发展的历史，一汽当初是李哈乔夫汽车厂援建的，一汽这个"摇篮"中最早的一批领导和技术业务骨干，也是在李哈乔夫汽车厂实习中培养出来的，一汽这个"摇篮"的形成与李哈乔夫汽车厂是密切相关的。

注：本文由冯云翔同志根据《中国汽车工业的摇篮》《"吉尔"工厂的劳动荣誉新篇章》等资料编写。

附件二：一汽赴苏实习人员名单

（按姓氏笔画排列）

丁金惠	丁敏华	丁新顺	万祖绳	于文杰
于晶玮	马　志	马广钧	马永才	马宝法
马恺朋	马富元	马麟书	卞怀良	尹大博
尹效志	戈茂庆	毛景福	毛履平	牛振海
王　文	王　杰	王　振	王　钰	王天百
王少林	王世民	王冬棉	王本高	王汉城
王汉清	王玉泉	王会新	王吉章	王守谦
王达勋	王作柯	王希哲	王进瑞	王学治
王学森	王宝山	王明乐	王治宝	王泽山
王秉林	王俊仪	王春高	王显洪	王树森
王洪平	王衍惠	王振业	王致远	王清双
王敬仪	王景魁	王锡春	王榕林	王德元
王德存	王德福	王镜容	邓　辉	邓如松
乐民强	冯云翔	冯武中	冯逸骥	只常荣
史纪定	母奠淮	田贵清	申　维	白卷林
任　荃	任凤国	任景佑	任湛谋	刘　勤
刘子斌	刘云程	刘长治	刘世荣	刘尔巽
刘永芳	刘玉普	刘石洞	刘华庭	刘守华
刘成国	刘克春	刘远凡	刘连德	刘武学
刘经传	刘金钺	刘春官	刘荣茂	刘贵文

刘莅芬	刘梅亭	刘喜昌	刘登云	刘毓泉
刘德全	刘德盛	刘耀明	匡云轩	匡秋生
华国荣	向华礼	吕绍阳	吕晋华	孙中有
孙凤岐	孙守礼	孙远璋	孙国璋	孙述昭
孙金荣	孙继康	孙敏繁	庄 群	庄咸昌
朱世德	朱伯欣	朱定邦	朱新昌	朱槐之
江 华	江泽民	汤金发	汤金良	许月明
许政润	许鸿凯	邢济安	邢德禹	齐显扬
严福根	何广成	何光源	何庆成	何秀坤
何金来	何亮国	何海山	何赐文	余志成
吴永顺	吴玉亭	吴玉康	吴亚洲	吴听松
吴进成	吴忠良	吴秉哲	吴显金	吴荣光
吴敏敬	吴德涛	宋 玉	宋正发	寿永之
应国才	张 铎	张 琦	张 瑛	张 鹏
张三多	张广瑜	张丰信	张文厚	张曰骞
张世浩	张永和	张立成	张先文	张吉祥
张安民	张成武	张秀来	张学全	张学孟
张承祥	张明忠	张治忠	张绍文	张金城
张俊庭	张剑飞	张南舟	张树山	张洪奎
张荣高	张顺林	张玺久	张继良	张颂华
张维良	张维勤	张善棠	张登彦	张鼎华
张德庆	张德宗	忻元达	忻志芳	李 成
李三保	李子政	李广仁	李才国	李中康
李凤桐	李正坤	李正铭	李传祚	李光喜
李延玉	李岚清	李应堂	李其耀	李宝定
李建国	李明武	李松龄	李绍瀛	李泉宝
李振荣	李晓琴	李泰云	李敏宝	李惠民

李德时	李德泉	杜 政	杜贵勇	杨 靖
杨文廖	杨占田	杨光琦	杨建勋	杨春华
杨树忠	杨桂林	杨瑞华	汪声銮	汶 漪
沈士良	沈光烈	沈华铨	沈尧中	沈庚献
沈根发	沈钰涛	沈维荣	肖 曼	肖玉和
肖耕民	肖逢霖	苏 天	苏学端	谷振安
连仲文	邱信祺	邹勇根	邹萃伦	邹锡令
陆文灏	陆兴德	陆维熊	陈 杰	陈 悦
陈子良	陈云祥	陈世钰	陈本华	陈华文
陈如德	陈廷椿	陈有根	陈希良	陈志中
陈昆瑞	陈明达	陈知非	陈金才	陈金洪
陈祖涛	陈振康	陈根焕	陈海根	陈爱先
陈敏学	陈善述	陈德仁	陈懿霞	卓祥宽
周 志	周传文	周汝格	周启厘	周孝根
周怀飞	周苏奎	周宝顺	周显道	周洪德
周德生	周德昭	孟 伯	孟戈非	孟世孔
孟昭贵	孟根达赉	宗富辰	岳国庆	庞景馨
杭焕荣	林文亭	林博文	竺培曜	罗世卿
范广升	范之杰	范玉觉	范恒光	郑文斌
郑国琦	郑衍钊	金长庚	金德山	侯明明
侯金有	侯根祥	俞 荃	俞振隆	姚亚清
姚国熊	姚家瑞	姜立岩	姜兆梦	姜忠敏
姜福宽	宣德良	施 祥	施一志	施大年
柯文清	济世彪	祝安生	胡 成	胡传聿
胡庆和	胡启新	胡灿如	胡炳明	胡美德
胡深伐	胡善甫	费有本	贺富才	赵 文
赵 玉	赵 光	赵万全	赵凤岐	赵世方

赵吉祥	赵如钧	赵廷学	赵志伟	赵洪昌
赵润普	赵新铭	赵骥千	郝宝林	钟玉庆
钟萼华	闻树宝	闻耀祖	骆淑璋	唐万超
唐云显	唐永芳	唐伯仁	唐岳庭	唐瑞阶
夏子涛	夏永良	夏永瑞	夏昌丽	夏智昂
奚 威	奚 敏	姬文魁	展法真	席甲坤
徐见闻	徐庆宝	徐延龄	徐近舜	徐荣华
秦传玺	秦关湘	秦秉常	秦德合	聂长清
聂春福	袁执连	袁建能	袁襄礼	谈卜麟
郭 力	郭兆铭	郭其祥	郭景祥	钱云良
钱元均	钱以永	钱玉郎	钱庚三	钱素珍
顾永生	顾犹龙	顾学进	顾培根	高凤岐
高文玉	高学仁	高忠华	高忠良	高忠福
高恕民	高敏正	高景云	高福林	崔玉珍
常光甲	常福成	梁连坡	盛吉庆	章松林
章晟焕	章培仁	隋福利	黄一然	黄日福
黄兆銮	黄志浩	黄甫庭	黄质平	黄质鎏
黄厚元	黄炳仁	黄耀庭	龚 震	龚才保
龚介人	龚维德	傅永康	傅绍敏	傅金岭
傅家川	喻曙光	彭 磊	彭永乾	彭炳昆
曾正明	温玉声	温传顺	游佩英	程文祥
程庆华	葛葆璇	董永清	董达民	董连祥
董根友	蒋希圣	蒋国通	蒋肇和	谢 云
谢 渊	谢启增	谢奉先	谢洪瑞	谢炳祺
辜祖勋	韩玉麟	韩 贵	韩子真	韩玉峰
韩吉祥	韩建庆	窦万昆	虞志良	詹永淦
詹国华	詹海峰	鲍福驷	熊 熙	臧日升

臧明堂　　蔡世淦　　赛志汉　　滕云起　　潘小力

潘承烈　　潘盛兴　　薛文玺　　薛陆第　　薛殿发

戴根宪　　戴浙新

后　记

据记载，我国 20 世纪 50 年代赴苏联的留学生和实习生共有一万多人，一汽是我国机械行业派遣实习生人数最多的一个单位。为弘扬一汽历来注重学习的精神，我们代表编委会组织当年的一部分实习生撰写了这部回忆录。这些史料也是中国汽车工业发展初期宝贵的资料，是很有历史意义的。

半个多世纪过去了，当年去苏联莫斯科李哈乔夫汽车厂实习的 519 名实习生中，有近 350 名同志先后调离了一汽，他们中的绝大多数都已经离退休，其中 100 多名已经去世。本书汇集了 104 篇回忆文章，3 篇已故同志当年发表在《长春日报》、一汽厂报和李哈乔夫汽车厂厂报上的文章。撰写这些回忆录的同志多数已经七八十岁高龄，有的卧病在床，只能口授，由家人代笔写成。104 篇回忆录中，有 48 篇来自长春，22 篇来自十堰，14 篇来自北京，其余的来自上海、济南、南京、长沙、深圳、苏州，最远的来自德国的汉堡。由于篇幅和时间有限，加之不少老同志离退休后通信地址不明，不可能邀请所有的赴苏实习生写回忆文章，请予谅解。

文章是按实习时间先后顺序排列的，在编辑过程中对来稿也做了一些修改，由于我们组织和编辑工作能力有限，难免有不周和差错之处，敬请读者批评指正。

江泽民同志曾是当年一汽赴苏实习的成员之一。本书刊登了江泽民同志 2000 年视察一汽时赠给一汽老同志的带有批注的诗笺。当年也曾参加赴苏实习的国务院原副总理李岚清同志为本书题写了书名，并亲自撰写文章《友谊记忆地久天长——在苏联汽车厂实习人员的岁月》。当年在苏联大使馆联络一汽建设工作，后曾任一汽厂长、中汽公司总经理的李刚同志为本书写了序言。

本书的组稿和编辑工作得到了东风汽车公司史志办、老科协和王达勋、赵志民同志，中汽公司的任荃、北京齿轮厂的刘耀明等同志以及一汽行政领导、咨询委员会、老科协等的大力协助。一汽档案馆、史志办的多位同志为本书编辑出版做了许多具体工作。在此，特向所有为编辑出版这本书提供帮助的同志深表感谢。

编　者
2020 年 11 月

封面题字：李岚清

责任编辑：陈佳冉

封面设计：王欢欢

图书在版编目（CIP）数据

风华正茂的岁月：在莫斯科李哈乔夫汽车厂实习的日子／中国第一汽车
 集团公司 编 . —北京：人民出版社，2020.12

ISBN 978－7－01－022548－7

I.①风… II.①中… III.①汽车工业－工业史－史料－长春－1953–1956

 IV.① F426.471

中国版本图书馆 CIP 数据核字（2020）第 193928 号

风华正茂的岁月
FENGHUA ZHENGMAO DE SUIYUE

——在莫斯科李哈乔夫汽车厂实习的日子

中国第一汽车集团公司 编

人民出版社 出版发行
（100706 北京市东城区隆福寺街 99 号）

中煤（北京）印务有限公司印刷 新华书店经销

2020 年 12 月第 1 版 2020 年 12 月北京第 1 次印刷
开本：710 毫米 ×1000 毫米 1/16 印张：31.25 插页：3
字数：438 千字

ISBN 978－7－01－022548－7 定价：158.00 元

邮购地址 100706 北京市东城区隆福寺街 99 号
人民东方图书销售中心 电话（010）65250042 65289539